金融集团信息化
管理模式与风险管控

石 兴 著

中国金融出版社

责任编辑：张怡姮
责任校对：孙　蕊
责任印制：陈晓川

图书在版编目（CIP）数据

金融集团信息化管理模式与风险管控／石兴著 . —北京：中国金融出版社，2022.8
ISBN 978-7-5220-1724-2

Ⅰ.①金…　Ⅱ.①石…　Ⅲ.①金融公司—企业集团—企业信息化—风险管理—研究—中国　Ⅳ.①F832.3

中国版本图书馆 CIP 数据核字（2022）第 151502 号

金融集团信息化管理模式与风险管控
JINRONG JITUAN XINXIHUA GUANLI MOSHI YU FENGXIAN GUANKONG

出版
发行　中国金融出版社

社址　北京市丰台区益泽路 2 号
市场开发部　（010）66024766，63805472，63439533（传真）
网上书店　www.cfph.cn
　　　　　　（010）66024766，63372837（传真）
读者服务部　（010）66070833，62568380
邮编　100071
经销　新华书店
印刷　保利达印务有限公司
尺寸　185 毫米×260 毫米
印张　19.75
字数　409 千
版次　2022 年 8 月第 1 版
印次　2022 年 8 月第 1 次印刷
定价　86.00 元
ISBN 978-7-5220-1724-2
如出现印装错误本社负责调换　联系电话(010)63263947

序

　　石兴同志的书样送来有段时间了，只因工作有点忙，断断续续翻看了一遍，对结构和内容有了初步了解。白露之后，气候宜人，我又完整地看了一遍书稿。本书系统研究了两大方面内容，一是信息化服务共享集中的内在逻辑与信息化管理模式优化，二是信息化风险与信息安全管理机制与路径，看似相对独立的两个方面，其实是一个有机整体，因为信息化风险与信息安全管理是基于信息化管理优化模式之建立。看完之后，与石兴同志对此研究是有共鸣的。

　　2000 年前后，我国保险集团陆续成立，纷纷将信息化业务全部集中于集团作为其加强对保险子公司管理的重要载体，于是信息化管理模式由保险子公司集中管理转变为保险集团统一集中管理。2005 年前后，保险集团兴起后援中心建设，随后将信息化所有职能部门都移至后援中心。痛点和难点及其衍生的问题在实践中时有暴露，有的得到了磨合优化，有的长期以来无法解决。2015 年开始，一些保险集团开始反思，信息化管理模式及其组织形态不断优化演进，乃至剧烈的变革或调整，旨在促进信息技术与保险业深度融合，实现创新发展、共享发展、转型发展。经过十年左右的演变，目前我国保险集团信息化管理模式各异：有的全部回归保险子公司；有的部分集中在集团，部分回归保险子公司；有的依然全部集中于集团；有的采用 IT "双模①" 方式来优化集团和子公司之间的信息化工作分工与协同；大型商业银行、金融控股集团也有信息化管理模式优化之需。但鲜有专家学者对信息化管理模式演变的原因、理论支撑、内在逻辑和优化模式等进行研究总结。

　　党的十八届五中全会确定网信事业代表新的生产力发展方向，日新月异的信息技术对社会经济各个方面产生了深远的影响，国家间在网络空间的竞争日趋激烈。由于网络的开放性和计算机系统的不完善性带来了许多病毒、漏洞，乃至被人趁隙攻击，信息化风险尤其是信息安全面临严峻的挑战。信息安全作为一种非传统安全，已成为国家安全的重要组成部分。没有信息安全就没有国家安全，没有信息化就没有现代化，深刻揭示了信息化和信息安全对国家发展利益的重要性。

---

　　① 信息化建设的交付模式，一种侧重于传统和稳态的系统开发，强调安全和稳定，简称为瀑布或传统开发交付模式；另一种侧重于创新的系统开发，强调敏捷性和速度，简称迭代或敏态开发交付模式。

2016 年 4 月，习近平总书记在网络安全和信息化工作座谈会上指出，金融、能源、电力、通信、交通等领域的关键信息、基础设施是经济社会运行的神经中枢，是网络安全的重中之重，也是可能遭到重点攻击的目标。不出问题则已，一出就可能导致交通中断、金融紊乱、电力瘫痪等重大风险，具有很大的破坏性和杀伤力。

金融行业是国家经济运行的中枢，是信息数据密集的行业，高度依赖信息技术，其业态环境已被深度改变；信息化已经成为日常运营的操作平台，管理决策的重要支持，转型发展的创新载体，获客能力的先发优势和风险管理的智能工具。如因信息化风险、信息安全问题导致营业中断等事件，对客户而言，势必会影响其业务交易的意愿与对金融机构的选择；对金融机构而言，会局部影响或系统性严重影响其经营管理与市场竞争能力；对国计民生来说，会影响到数据安全、个人隐私乃至社会安全稳定。所以金融行业要坚决守住信息安全底线是落实中央提出"三大攻坚仗"的重要工作任务之一。①

信息技术是金融科技的内核，在推动金融业创新发展的同时，也在积聚和引发新的风险。目前，金融业信息安全基础设施总体偏弱，信息系统连续性运行存在风险和隐患，全员信息安全意识不高，相关系统存在交叉感染风险，信息安全保障水平有待提升等。金融集团应结合自身实际，切实推进信息安全"三同步"②，提高信息安全的投入，培养各类合格的信息安全风险管理专业队伍，夯实金融业可持续发展的基石。

鉴于信息化管理优化模式与信息化风险管理的重要性，石兴同志对此做了有意义的潜心研究，并取得了较多的研究成果，具有一定的创新性、系统性和可操作性。

一、确立了集团内信息化服务共享的理论基础。认为集团内可供共享的信息化服务之产品属性是俱乐部产品，但偏向于私人产品。信息化服务共享不是共享经济的一种形态，而是基于俱乐部产品理论，落实共享发展理念的一种制度安排。

二、建立了信息化服务共享的基本逻辑。集团内信息化服务集中共享的基本逻辑是以共享前为提的分层集中，共享是前提，分层是基础，集中是实现共享的管理手段。这一逻辑是集团信息化治理架构和信息化管理模式的根本遵循。进而研究了信息化服务共享集中的层级、共享目录、组织形态和协同机制等，回答了信息化服务不是集中程度越高越经济的问题。

三、提出了信息化管理优化模式。通过比较分析信息化治理架构、信息化管理

---

① 习近平总书记在党的十九大报告中提出：要坚决打好防范化解重大风险、精准脱贫、污染防治的攻坚战。
② 信息安全与信息系统要同步规划、同步建设、同步使用。

模式、共享集中变革案例及其启示，基于信息化服务共享集中之逻辑和制度安排，以及信息化管理模式的决定因素，提出了金融集团信息化"横与纵治理结构"，以及信息化管理优化模式、组织形态及其职责边界，以理顺其内部信息化分工与合作，形成一加一大于N的效果。

四、对信息化风险管理的基本概念做了系统研究。提出了信息化风险组成要素和新定义，全面研究了信息化风险分类、特征和形成机理，系统归纳了信息化风险识别与评估方法，信息化风险事件及其等级，信息化风险事件损失数据库建立的方法，对信息化风险损失计量模型做了系统介绍。研究了信息化风险普遍绝对性与管控资源有限性之间的平衡。

五、提出了信息化风险管理政策。金融机构总体风险管理政策对信息化风险管理提出了要求，但没有考虑信息化风险定义的复杂性及其独有的特征，会阻碍数字化时代的创新发展，具有不可操作性；进而提出了符合金融科技发展定位的信息化风险管理政策、风险偏好选择、容忍度和关键风险指标及其限额体系。

六、构建了信息化风险管理框架。信息化风险管理需要管理机制和技术工具有机结合，为此对其制衡机制、质量管理、绩效考核、外包风险、新技术应用风险、信息系统连续性运行计划、网络安全、数据安全和应用安全等专题的制度、技术、工具、方法或指标体系等做了全面研究，同时提出了信息化风险防控的五道防线理论，旨在建立可感知、可度量、可监管的风险管理机制。

七、提出了信息化管理法规与监管规定完善方向和具体建议。在对我国现行信息化管理的法规条例、部门规章、监管规定、标准规范等进行分析研究的基础上，借鉴国外信息化立法和监管经验，就信息安全风险管理的国家法规、行业规章、监管规定和技术标准规范四个方面提出了完善建议，对 C-ROSS① 制度框架第 10 号和 11 号关于信息化风险评估提出了改进意见。

我国大型商业银行、保险集团和金融控股集团都在走向综合经营。2020 年 9 月，国务院颁布了《关于实施金融控股公司准入管理的决定》，可以预见我国金融集团会逐步增加。信息化管理优化模式、风险管理机制是金融集团公司实现创新发展、转型发展、共享发展和可持续发展的重要商业管理模式或机制，保险集团对此研究与实践更为迫切。由于大型商业银行、金融控股集团的经营范围、内部业务板块与其相类似，且金融行业的信息化风险都属于操作风险，即使有的内容以保险行业为例，也可为大型商业银行、金融控股集团等所参考借鉴。

---

① 中国风险导向的偿付能力体系（China Risk Oriented Solvency System，C-ROSS），简称"偿二代"。

石兴同志于 2016 年 12 月获上海领军金才，申请的课题获上海市金融局立项，并获课题经费资助。该同志长期从事保险营销、两核运营、风险管理等工作，密切关注金融业，尤其是保险业内最新动态和发展趋势；加盟中国太平以来，一直从事金融科技和两核运营的风险管理工作，为本课题的研究积累了一定经验；同时理论联系实际，不断深入思考；利用业余时间创作，付出了艰辛的努力，着实不易。

这是我见到的国内第一本关于这方面的专著，应该予以鼓励，我愿意为之作序。

但愿课题的出版能够为读者和金融机构在信息化管理方面提供一些解决问题的思路与方案、技术与工具，并能为金融业监管部门提供借鉴，相关研究成果也可为其他行业参考。

周延礼

全国政协委员

国务院参事室金融研究中心研究员

原中国保监会党委副书记、副主席

2021 年 9 月 22 日

目 录

1. 引言

1.1 保险集团与金融集团

1949 年新中国成立前，我国没有保险集团，只有专业的人寿保险公司或财产保险公司。之后的三十年间，我国境内仅有中国人民保险公司一家，主要从事财产保险业务，经营少量的人身保险业务。1959 年后的二十年间，受当时相关错误路线方针的指导和其后十年"文化大革命"的影响，中国人民保险公司停办一切国内保险业务，仅保留了部分涉外业务，且由中国人民银行（临时设立了国外业务保险处）接办，对外仍用中国人民保险公司招牌。那段时间，中国人民保险公司已经名存实亡了，但境外保险业务（主要在香港）从未中断过。

1979 年，中国人民银行全国分行长会议建议恢复中国人民保险公司并获国务院同意，由此我国保险业得以恢复。1986 年，新疆生产建设兵团成立了新疆生产建设兵团农牧业保险公司。1987 年，交通银行成立保险部。1988 年，平安保险公司在深圳蛇口成立。

1991 年，经国务院批准，交通银行保险业务与银行业务分离，成立中国太平洋保险公司。同年，平安保险公司更名为中国平安保险公司。1992 年，以美国友邦保险有限公司成立上海分公司为标志，保险业开始尝试对外开放，我国保险业由此进入了高速起跑的阶段。因基数小，1991 年至 1995 年，产寿险业务发展增速惊人，但主要还是以财产保险业务为主。

1995 年 10 月 1 日，我国第一部《保险法》正式实施。该法第九十一条第二款规定：同一保险人不得同时兼营财产保险业务和人身保险业务。同一保险人是指同一个具有法人资格的保险公司；该款同时又规定《保险法》施行前已设立的保险公司实行分业经营的办法须由国务院批准才能实施。主要考虑因素是同一保险人将财产保险业务与人身保险业务分离会牵涉众多被保险人的公众利益，比较复杂，必须妥善处理。

市场意识较为敏感的平安保险为了弯道超车，借鉴我国台湾、香港地区和国外保险市场的经验，提前认识到我国人口红利所隐藏的潜力巨大的寿险业务商机，于是加快布局，"引进外脑、注入外体"，在管理团队、营销队伍等诸方面做了充分的准备。1996—2001 年，我国保险业的发展突飞猛进。1997 年，寿险保费首次超过了非寿险，为彼时产寿险分业经营打下了业务相对均衡的基础。

1996 年 7 月 23 日，中国人民保险公司率先改组为中国人民保险（集团）公司，这是我国保险业发展历史上首家保险集团，下设三家公司，即中保财产保险有限公司、中保人寿保险有限公司、中保再保险公司；境外保险业务则划归至中国保险股份有限公司，该公司与香港中国保险（集团）有限公司合称中国保险集团，实行"两块牌子，一套班子"，后来又整合为中国保险（控股）有限公司。

1998 年 11 月，中国保险监督管理委员①会正式成立，要求产、寿险实行严格的分业经营。1998 年 10 月，中国人民保险（集团）公司被撤销，中保财产保险有限公司恢复为中国人民保险公司，中保人寿保险有限公司更名为中国人寿保险公司，中保再保险有限公司更名为中国再保险公司。

2001 年，我国加入了世界贸易组织，保险业成为我国对外开放力度最大的金融行业，对我国保险市场产生了深远的影响，自此，我国保险业经营主体不断增加，业务范围不断拓宽，经营区域不断扩大，竞争压力不断加大。中资保险公司根据法律法规和行业发展趋势，深化体制改革，转换经营机制、增强竞争能力。2001 年，中国太平洋保险公司更名为中国太平洋保险（集团）股份有限公司，下设独立法人的人寿和财产两家专业保险公司。2003 年 2 月，中国平安保险公司更名为中国平安保险（集团）股份有限公司，7 月，中国人民保险公司重组改制为中国人保控股公司，12 月，中国再保险公司重组改制为中国再保险（集团）公司，三家集团公司都同样下设独立法人的专业人寿、财产保险公司或再保险公司。2007 年 6 月，中国人保控股公司复名为中国人民保险集团公司，与此同时，中国人寿保险公司重组改制为中国人寿保险（集团）公司。2009 年，中国保险（控股）有限公司正式更名为中国太平保险集团有限责任公司。至此，国有保险集团经营局面基本形成。

此后，由新疆生产建设兵团农牧业保险公司改制而来的中华联合保险集团成立，阳光保险集团、华泰保险集团等也先后改制落地，我国保险集团公司数量初具规模。

为了规范保险集团公司的管理，在原保监会下发的《保险集团公司管理办法（试行）》（保监发〔2010〕29 号）的基础上，中国银行保险监督管理委员会重新修订颁布了《保险集团公司监督管理办法》（2021 年第 13 号令），关于保险集团的定义明确为，依法登记注册并经银保监会批准设立，名称中具有"保险集团"或"保险控股"字样，对保险集团成员公司实施控制、共同控制或重大影响的公司；保险集团是指保险集团公司及受其控制、共同控制或重大影响的公司组成的企业集合，该企业集合中除保险集团公司外，有两家以上子公司为保险公司，且保险业务为该企业集合的主要业务。人寿保险、财产保险、车险、农险、责任保险、健康保险和养老保险等专业公司往往是保险集团控股的主要成员。

---

① 2017 年，国务院决定撤销中国保险监督管理委员和中国银行业监督管理委员会，合并成立中国银行保险监督管理委员会。

时至今日，一些保险集团已经设立了投资（资本）公司、资产管理公司、基金公司、租赁公司等系列投资产业公司，有的收购或控股了中小银行，有的还经营与保险业务紧密相关的医食住行相关中介业务，以构建全链条的经营生态圈。一些保险集团已经完全转型为综合金融集团了。

巴塞尔银行监管委员会、国际证监会组织和国际保险监督官组织联合论坛所发布的《金融集团监管原则》（2012 版）将金融集团定义为，在受监管的银行业、保险、证券或资产管理中，实质性地从事至少两类金融业务，并对附属机构有控制力和重大影响的所有集团公司，包括金融控股公司。

比照上述相关定义，金融集团是指依法登记注册并经国务院授权机构批准设立，名称中具有"金融集团"或"金融控股"字样，对集团成员公司实施控制、共同控制或重大影响的公司；金融集团是指集团公司及受其控制、共同控制或重大影响的公司组成的企业集合，该企业集合中，至少实质性地从事受监管的银行、证券、保险或投资业务中两类金融业务，有两家以上子公司为金融类公司，且银行、证券、保险业或投资业务为该企业集合的主营业务。

大型商业银行、金融控股集团与保险集团一样，有保险、基金、证券、投行等金融机构，亦已演变成综合金融集团了。根据这一定义，当初交通银行设立中国太平洋保险、海通证券、信托公司等，可能是我国最早的一家金融集团了。

2019 年 7 月，中国人民银行会同相关部门起草并公布的《金融控股公司监督管理试行办法（征求意见稿）》，明确"投资控股两类或两类以上金融机构且达到一定规模的企业集团，应当向中国人民银行申请设立金融控股公司，由其依法对金融控股公司实施监管"，"涉及的行政许可事项则由国务院决定"。

2020 年 9 月 2 日，国务院常务会议通过了《关于实施金融控股公司准入管理的决定》，明确非金融企业、自然人等控股或实际控制两个或者两个以上不同类型金融机构，且控股或实际控制的金融机构总资产规模符合要求的，应申请设立金融控股公司。准入管理的明确为前述《办法》的落地发出了关键信号，意味着金融控股公司必须"持牌经营"，这将是实施金融控股公司监管的关键一步，对金融控股公司的监管给出了方向性指引，以防止相关风险对实体经济产生冲击，或产生系统性风险。

金融集团有三种类型，一是以保险起家的金融集团；二是以银行起家的金融集团；三是非金融企业、自然人等控股或实际控制的金融集团，目前尚无证券机构牵头成立的金融集团。

可以预见不远的将来，我国金融集团的数量可能会逐步增加。

1.2 经营范围与业务板块简述

一家全面综合经营的金融集团业务经营范围一般有保险业务、投资产业、资产管理、商业银行、金融租赁、证券基金、金融科技以及上下游关联公司等，根据经营性质归类，可分为保险、银行、投资、科技和生态圈五大板块，有的板块内公司较为单一，有的则设有多家公司，以保险集团为例说明如下：

保险业务板块一般下设人寿保险、养老保险、财产保险、车险、健康保险、农业保险、保险中介、再保险等专业公司。

商业银行一般由收购兼并而来，有的参股了一些地方商业银行，商业银行板块较为单一。

投资产业板块是由保险机构资金特性、承保投资双轮驱动的盈利模式、客户需求和提升市场竞争力等因素而生，机构逐渐增多，包括资产管理、基金、证券、金融租赁、资本、不动产、养老产业等公司。

金融科技板块主要是指为集团内外提供信息科技服务、金融科技创新、互联网金融和智慧城市建设等服务的相关公司，通常包括实行事业部制管理的集团信息中心，或由信息中心改制而来的金融科技公司，或在信息中心之外另设的金融科技公司，主要对外提供技术服务。

生态圈板块由少数领先的保险集团于 2015 年前后发展起来，主要目的是构建金融生态圈以促进保险、银行等主业发展，成立或收购了关于车辆、医生、医药、住房经纪等生活圈方面的服务性平台公司。

某种意义上说，投资产业、金融科技也是为保险和银行等主业服务的，属于生态圈的一部分。银行与保险之间交叉销售，银行渠道是保险业务收入主要来源之一，代销保险所获手续费是银行中间业务收入的主要来源，保险机构则是银行发卡的重要渠道。故金融集团内不同板块之间是一个互为促进的生态圈。

具体经营银行和保险业务的商业银行或保险公司在全国有广泛的分支机构。以中国银行和中国太平保险集团为代表，在境外还设立了较多营业机构。

1.3　信息化发展的主要历程

纵观世界文明史，人类社会经历了农业革命、工业革命和正在经历的信息革命。每一次产业技术革命都会给生产力带来一次质的飞跃，对政治、经济、文化、生态和军事等人类社会各领域发展产生了深远的影响。金融业天生与数字打交道，具有通过信息化建设提升业务效率的内生需求和天然优势。

信息化是指一个组织将计算机、通信、网络等现代信息技术，应用于分析决策、交易处理、业务运营和内部控制等经营管理方面的过程。具体内容包括建立健全信息化治理机制，制定并实施信息化管理制度，规划建设信息化基础设施，开发运维信息系统，开展信息化风险管理，建立相应的信息安全保障体系，以及内外部信息化审计等工作。

新中国成立以来，信息技术在我国银行保险业的应用经历了空白阶段、初始阶段、发展阶段和成熟阶段四个阶段，目前正在迈进数字化转型的高级阶段。以保险业为例作一说明。

一、空白阶段（1995 年之前）

20 世纪 70 年代末，我国处于改革开放初期，金融业产品较为单一，经营管理较为粗放，日常经营管理中。分支机构根据纸质文件规定，大多自行决定业务交易，或者通过传真、电话请示总部进行相关业务决策，通过手工记账和算盘加总进行人工计算，再通过电话、传真汇总至总部进行财务决算。1979 年，国务院批准银行业可以引进国外计算机进行试点，人民银行启动了 YBS（银行保险系统）项目，IBM System/360 系统率先被银行引进，但试点进度缓慢。1990 年前后，一些分支机构开始购买电脑，但鲜有局域网开通，其主要功能是打印、存储。信息技术在银行保险业的应用处于完全空白阶段。

二、初始阶段（1996—2005 年）

由于 IBM 主机提供了稳定和强大的性能，1995 年前后，金融机构纷纷购买软硬件设备，以此作为现代化经营管理变革的起始。信息系统最初运用在业务条线，其次是财务条线，核心业务系统、财务系统的初步建成是这一阶段的里程碑。在省辖网络化试点的基础上，2000 年前后，集团内子公司或其分支机构内部局域网的普遍采用标志着银行保险行业信息化出现了萌芽。信息化初始运用所带来的经营管理水平和市场竞争能力的显著提升极大地鼓舞了决策团队，深刻影响了金融行业的发展趋势，信息技术应用成为当初时代的潮流。

信息化建设从机构端倒逼，与集团总部几乎并行建设，逐步形成了地区化的分散架构，以地区为单位划分网络，乃至大型的省级机构都配有大型主机，但联通能力差，成本也非常高。

2001 年，我国加入世贸组织，保险业成为对外开放力度最大的金融业，保险业信息化面临的情形最为复杂，因监管规定不断推陈出新，市场快速发展，竞争新手的鲇鱼效应和客户需求爆发式增长等影响，保险行业的经营体制不断演进，产品不断丰富，经营区域不断扩大，渠道不断拓展，信息化因此成为经营管理矛盾的焦点，业务发展的瓶颈，一直处于被动应对的状况。

三、发展阶段（2006—2015 年）

这一阶段初期，金融机构开始数据初步集中工作，改变了内部信息相互隔离，需要逐级上报的窘境，使内部信息高效顺畅地流通起来。2008 年前后，保险集团纷纷成立，大型商业银行综合经营范围不断拓宽，借鉴国外信息化建设经验和自身经营管理的需要，都投入巨资以推进信息化建设。保险集团在其子公司信息化集中、数据初步集中的基础上，统筹谋划集团层面的信息化集中运营管理，实施数据大集中，这是本阶段的标志性事件。以数据集中为先导，将分散的数据集中到全国的数据中心，形成了大集中架构体系，与之同步集中的不仅有数据、软件和硬件设备，还有全国集中的开发运维团队，信息化集中运营服务效果立竿见影。

随着信息技术运用的需求由线到面的不断拓展和深化，既懂业务又懂信息技术的复合型人才辈出，业务需求与信息技术交互融合，信息化水平不断提高。

这一阶段我国金融行业信息化发展进程可以用突飞猛进来形容，并出现了几个显著特征：一是信息化发展战略已经完全成为集团（公司）发展战略的一部分，是支撑战略；二是信息化已经渗入金融机构经营管理的各个方面和环节；三是信息技术与业务发展相互融合，相互促进，极大地提升了金融机构的核心竞争力，有力促进了我国金融行业的发展。

由于新业务发展较快，经常出现上新业务就上新系统，即"专机专用的局面"，也就是我们今天常说的竖井式开发，这种做法资源浪费极大。

四、成熟阶段（2016—2020 年）

2011 年至今，云计算快速地成为一项成熟的技术，2018 年前后，金融机构私有云纷纷升起，资源利用效率明显得到改善，基于云架构所构建的分布式运用持续开展主机下移进程，这就形成了业务系统集中式（大机上的集中式架构核心系统）+分布式（云上的分布式架构应用系统）的架构体系，解决了"竖井式"开发造成的信息系统割裂和资源浪费等现象，全面提升了信息化应用能力。

初始阶段以来二十多年，信息化全面深入创新应用，我国金融行业业态发生了深刻的变革。随着信息系统对业务的全覆盖乃至非业务覆盖率的不断提高，信息化复杂程度持续提升。有些技术存在成熟度不高的问题，技术漏洞时常出现，外部攻击手段日益多样，且呈高科技化、隐蔽化等特征，网络环境下的信息安全威胁更加复杂，常规攻击不断衍变，网络空间有组织、大规模的攻击和威胁时有发生，信息化风险防范面临更大的挑战。

面对风险与安全挑战，"先发展，后规范，再成熟"是创新发展的常见路径。近年来，信息化管理主管部门的行业规定或办法相继出台。2016 年，我国首部信息化方面的法律《中华人民共和国网络安全法》正式颁布，《中华人民共和国数据安全法》等法律法规也陆续生效，2020 年全国信息安全标准化技术委员会归口的 28 项国家标准开始实施，金融行业信息化系列监管规定、标准规范也陆续实施。所有这些法规条例、监管规定和标准规范对金融业信息化健康发展起到了极为重要的作用。

防范重大风险是中央提出的三大攻坚战之一。全面贯彻相关信息安全法规和监管规定，严格实施金融业信息技术标准化、程序化和规范化，有效提升了金融网络安全技术防护能力、基础设施核心技术掌控能力、信息技术风险防范能力和安全运营管理能力，金融业信息化工作趋于成熟。当然，信息技术创新应用是一把"双刃剑"，信息安全永远在路上。

五、高级阶段(2020 年之后)

经过四十年的发展，我国金融业进入了存量时代，意味着提质时代的来临。今天的客户偏好、商业环境、信息技术创新、发展驱动力等因素正在推动金融业开启新一轮转型发展，信息化建设迎来了高级阶段，即数字化转型发展的阶段。2018 年末，据对部分寿险、产险和医疗保险公司数字化转型发展推动因素的调查，客户偏好、利益驱动和商业模式是保险机构转型发展三大主要因素，见图 1-1。

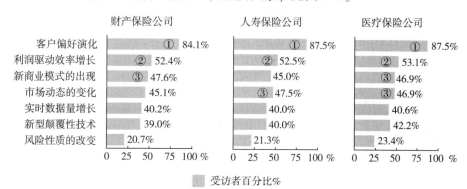

图 1-1 保险业数字化转型的关键推动因素

意大利忠利保险全球商务与国际首席执行官 Frederic de Courtois 指出，"信息数据的连通性、移动性和可访问性已经改变了我们所做的一切，为我们提供了一个独特的机会，经营管理发生了范式变革"。数字敏捷性成为保险业转型发展的成功秘籍，见图 1-2。

图 1-2 保险业数字化转型发展成功之关键

目前，云计算、大数据、移动互联网、物联网、生物识别、人工智能、区块链、自动驾驶和可穿戴设备等技术正成为金融行业竞逐的目标，有的技术运用已经较为成熟。一些国内领先的保险集团提出了"保险（金融）+科技""互联网+保险"等发展战略，更有新锐金融机构脱胎于金融科技企业，深耕互联网渠道，以信息化、互联网、数字化为主要发展战略来引领金融业的发展，成为科技金融公司的新宠。2019年前后，中国平安提出了金融科技集团的战略目标，立志成为金融科技创新的领头雁。工商银行实施了"大数据和信息化银行"发展战略，成立了专门的大数据部门，积极打造"电子商务、社交娱乐和金融服务"相结合的移动互联网平台。中国人寿实施了"一张网、三朵云"规划，实现网络架构互联网化，基础设施虚拟化，应用系统移动化。泰康人寿成立了专门的大数据部门和移动应用部门，全面推动大数据和移动应用的发展。

我国保险业的信息化建设相较于银行业起步晚，起点低，但进程却不慢，主要保险集团完全赶上了我国银行业，乃至世界保险业信息化建设的步伐。

可以预测2020年以后，数字化时代将全面引领金融业的发展，不断推动经营管理、业务发展和客户服务水平的提升。信息化部门及其队伍将成为金融集团最大的部门和团队，掌握信息技术和金融业务的复合型、前瞻性人才比比皆是，将进一步深刻改变金融行业发展生态，数字化引领的企业战略将成为信息化建设的主要特征，信息化的监管也会迎来关键性变革。

1.4　信息技术主要应用介绍

金融集团根据自身发展战略，借鉴国内外信息化建设的成功经验，制定集团信息化发展蓝图，加大信息化投入，推动经营管理与信息技术的深度融合，不断提升信息化水平，信息技术的触角已经伸向经营管理的每个角落，乃至党建纪检工作等方面，成为日常经营管理的大动脉，被高度依赖的技术工具，关系到机构未来发展战略的制高点。信息技术的应用简要归纳如下：

一、集团公司

集团公司一般不经营具体业务，主要是对集团内所有子公司进行管理。虽然不同的集团对子公司有不同的管理模式，信息化的治理有所不同，但信息技术在集团内的应用范围大同小异，主要是能够共享的后台系统，包括行政办公系统、人力资源系统、、财务资金系统、审计系统、客户服务系统、品牌宣传系统（各类官微、官宣、公众号等）、风险管理与合规系统以及党建纪检系统等。因不同集团经营范围不同，经营管理颗粒度也不同，信息技术应用程度有所不同。例如有的集团为了加强投资端的风险管控，设有诸如资产管理系统、资信系统、投资业务监控分析系统等，有的为了推进数据资源共享与管理，设有统一数据管理平台、客户信息管理系统等。集团内各单位共享中后台系统，对促进集团系统降本增效、实现数据集中、互联互通，提升经营管理水平起到了极其重要的作用。

二、子公司

信息技术在下属子公司的应用更为具体化，既有可直接共享的集团相关系统，也有自己少量的中后台系统，不同公司都有其特定的经营范围和客户群体，故都有其自身的前端系统。

（一）保险业务板块

保险子公司的信息系统主要是中台和前端个性化的应用系统，主要大类包括产品管理系统、精算与定价系统、营销渠道管理系统、核心业务系统、收付费系统、客户服务信息系统、调度查勘（调查）系统等，还包括各类 App 软件、电子商务、互联网等。

（二）投资产业板块

以资产管理公司为例，建立了投资决策、风险管理、运营管理、办公交互和数据仓库在内的五大平台，共 40 余个应用系统。一家基金管理公司的系统也不少。信息技术在板块内各公司的应用较为全面，且必须符合监管规定。以此类推，这一板块软件系统不少，且有共享的机会。

（三）商业银行板块

商业银行的信息系统主要分为业务系统、管理信息系统、渠道系统和其他系统四大类。以业务系统为例，有清分清算系统、国际结算系统、保理业务系统、外汇清算系统、银行 IC 卡系统、信用卡系统、基金托管系统、债券交易系统和外汇交易系统等核心业务系统。据统计银行有 100 多个信息系统。银行与保险的联动非常紧密，集团内银保合作则更是如此，无论业务、渠道、客户、产品等诸多方面都有系统对接。

（四）金融科技板块

集团自身及其内部共享的信息系统都在信息中心或金融科技公司，有的集团信息化工作实施高度集中，所以金融科技板块主要为集团内提供信息化服务，同时也为信息化建设与管理，自建了相关系统，如信息安全系统、质量管理系统、数据中心监控系统。如有对外提供信息化服务，信息技术的开发与运用更为广泛。

（五）生态圈板块

生态圈板块的公司经营规模一般不大，与集团内其他公司经营管理差异较大，信息化一般都由集团信息中心或金融科技公司开发或外购系统软件，以满足各自经营管理需要。这些系统如何与保险、银行等系统对接，促进业务发展，这是信息化工作需要进一步深入思考的。这一板块信息化工作一般没有行业监管，但数据真实性乃每家企业合规经营的底线。

应该说金融集团的信息技术应用大同小异，主业的信息技术应用较为成熟，信息化水平较高；其他板块次之。

上述仅仅是举例而已，应用不一而足。随着银行保险业持续健康发展，综合经营的不断拓宽、客户个性化服务需求层出不穷，经营管理模式变革和创新，业务与信息技术交互融合，银行保险信息化的覆盖面不断扩大。信息化不是做不到，就怕想不到，没有信息化，就没有金融行业的现代化。信息化建设是实现创新发展、引领改革、提升市场竞争能力，防范经营管理风险的重要保证。

信息技术不断发展及其在国民经济各行各业的广泛应用成为金融业信息化发展的重要推动力，特别是保险（资产管理）业与银行业、证券行业等越来越紧密的关系，专业化分工与合作的加强，以及国外金融业信息化发展的借鉴，不断促进了我国金融科技的创新和信息化的发展。随着网络时代的到来，国民经济和社会的信息化水平不断提高，信息技术在金融行业的应用必将更为广泛和深入。

1.5　信息化管理基本现状

一、信息化管理简述

一般来说，集团层面主要负责信息化战略规划、投入预算、治理结构、重大项目立项推进、信息化绩效考核等，以及可以共享的信息化服务等。

因保险业监管规定，各家保险公司必须要有各自独立的销售、精算、核保核赔（以下简称两核）、再保、财务、收付等系统，所以一般都由其自身管理信息化工作。如果保险集团将所有保险子公司信息技术集中，基本也是物理集中，信息中心/金融科技公司还是要设立相应的部门或科室为各家保险子公司提供对应服务；保险子公司则设置相应的部门与集团信息科技部、信息中心/金融科技公司相对接，主要负责业务需求管理、工作协调，以及相关信息化工作。

大型商业银行信息化工作基本围绕银行业务开展，对其他板块或公司的信息化管理只是通过预算方式间接管理，保险等子公司几乎完全处于独立负责自身信息化工作，乃至数据中心有可能自建或外租。由于银行牌照稀缺，准入门槛较高，保险集团进入银行业一般是兼并收购；2006年中国平安保险收购深圳发展银行（后更名为平安银行），这是保险集团迈向综合金融最为显著的标志。保险集团内的商业银行信息化工作基本处于自我运营管理的状态，集团对此管理指导协调较少。

投资产业板块与银行、保险板块业态差异较大，板块内相关公司较多，经营性质和方式还是有差异的，有的分属不同的监管部门，信息化管理各不相同。长期以来，较多集团一直想通过信息化加强对投资产业板块的管理，促进板块内的信息技术共享，但因各种原因，集团化管理力度不一，收效甚微，板块内信息技术共享较弱，目前基本处于各自为政的运营管理状态。这一板块风险较大，有的集团开始设立统一的投资管理分析监控平台、资信征信平台等，以信息化管理为抓手，加强对这一板块及其所属公司的管理，也可避免各自重复投资。

金融科技板块是集团信息化工作的主力军，是为集团内部信息技术及其共享化、标准化、规范化运营管理提供服务的主要单位，也是集团科技创新的重要平台。技术力量雄厚的集团除了为自己系统提供信息化服务外，还对外提供信息化服务，乃至面向非保险行业的信息化服务。

生态圈板块目前主要由保险集团所设，集团对其信息化运营管理也着力不多，主要通过预算对其信息化工作进行间接管理，基本处于各家公司各负其责状态。

保险集团由保险起家，成立之初保险板块内公司就较多，集团化管理意识较强，信息化共享集中管理较为成型。大型商业银行和金融控股集团一般都以银行业务起家，银行业务都是唯一牌照，一业独大，集团化的信息化统筹管理意识较弱，通常只负责银行业务的信息化工作，对其他子公司仅仅通过预算（支出）予以指导，所有信息化工作都由各家子公司自行负责，集团内信息化服务共享没有被引起充分的重视，即使可供共享的同一板块（有的银行已有多家保险公司）的信息化服务也尚未全面整合。

二、信息化管理组织形态

金融集团信息化工作的职能管理部门往往是信息科技部/信息中心，是可以融规划管理和开发运维等于一体的部门，也可以将信息中心和信息科技部分离（一般应该分设），信息科技部为集团信息化职能管理部门，负责集团系统信息化的规划管理工作，开发运维等具体信息化工作则交由信息中心（信息中心一般包括数据中心）负责实施。信息科技部与信息中心部门负责人可以完全分开，也可以部分交叉任职。金融集团大多将信息中心设置为独立事业部。

目前金融集团内子公司大多设有信息科技部，在集团的统筹领导下，负责自身的信息化工作。即使有的集团依然将所有子公司的信息技术实施大集中，子公司为了创新发展，在不改变集团既定信息化组织格局的情况下，也成立信息科技部，以图快速应对业务创新发展的需要。

近年来，一些大型的商业银行和保险公司纷纷设立金融科技公司，一种由信息中心改制注册成立，定位于以服务集团内部系统为根本，也可拓展外部市场，即主要是为集团内部服务，与信息中心定位几乎一致（本书将全面或主要服务于集团的金融科技公司也视为信息中心，以下合并简称为"信息中心"，为论述方便，少数段落也称金融科技公司）；另一种是实力雄厚的金融集团在信息中心之外另外单独成立，主要为集团外部提供信息化服务，乃至面向非金融行业的信息化服务，诸如智慧城市建设等。本书所指的"金科"，特指为集团外部提供信息化服务的金融科技公司（以下简称"金科"），以示区别于前述的服务于集团内部的金融科技公司。需要说明的是，经过近十年不懈的努力，少数信息技术力量雄厚的金融集团已经完全实现了金科服务于集团外部的定位。

有的金融集团还设有互联网公司，专门从事网上金融产品的销售。

三、信息中心与后援中心

2005 年前后，保险集团尚未成立，保险子公司纷纷设立两核中心，两核工作由机构端集中至其总部，信息化管理也纷纷随之集中起来。由于当初职场所限，保险公司纷纷在外租借办公场所，形成了后援中心的雏形。

保险集团成立前后，纷纷将信息化业务全部集中于集团作为其加强对保险子公司管理的重要载体，而保险子公司信息化管理集中为集团信息化集中打下了基础。2008 年前后，虽然较多保险集团改制设立尚处于酝酿或报批过程之中，但已经兴起以信息系统集中开发运维，数据中心集中运行为目标的后援中心建设。保险集团成立之际，国内一些保险集团后援中心已经建设完成。

后援中心投入运营后，集中的对象主要是保险主业的两核、客户服务、数据中心和系统的开发运维等，信息中心一般都放在后援中心。

近二十年的实践磨合，尤其是近十年来，我国保险集团的信息化管理组织形态发生了较大的变革和调整。无论何种形式，集团信息科技部的职能范围依然包括治理、规划、预算、协调等，但信息中心的职能在优化。

以某保险集团公司为例，2008 年，在其后援中心成立之初，集团规划将信息中心移至后援中心，并将信息中心定位为服务各公司的"操作平台"，管理、规划、督导、协调等职能全部集中在集团公司。2011 年，集团进行了 IT 治理的专项规划，制定了《信息化建设管理规定》，进一步明确了信息中心是"集团内负责信息化建设和服务的提供者"，并根据集团信息化管理职能部门的布置和要求，协助做好集团整体信息化规划、督导、协调等工作；集团公司及其主管部门是信息化工作的决策者、管理协调者；各专业公司是信息化建设需求的提出者。

大型商业银行则较早另建或租赁职场，成立数据中心；为了发展需要，几乎与保险集团同步，也纷纷投入巨资建设后援中心，但主要是为银行主业服务的，建成后将信息技术、客户服务、信用卡业务等集中在后援中心。如有空间，后设的保险子公司则将机房、客户服务等也集中于银行的后援中心。

四、双模 IT 下的组织形态

伴随着云计算带来的应用繁荣，依托于互联网架构的新应用不断出现，互联网金融创新给信息技术带来了深刻变化。互联网金融产品研发需要学习借鉴互联网思维，采用面向交付、注重体验、方法敏捷、响应快速、业务与技术紧密协作的敏态（迭代）研发模式，实现产品的小步快跑迭代创新。应用开发迭代周期从数月缩短为数天，类似于秒杀、红包等突发性、高并发应用需要更加弹性的技术架构，这类信息化工作对应的是创新应用，功能需求不太明确的，目标客户群存在不确定性，容量需求波动较大，数字化程度较高，IT 模式需要较高的敏捷性。

银行、保险机构还有大量的传统金融产品，安全要求极高，监管审计严格，处理逻辑复杂，要求稳扎稳打，系统安全运行，其目标客户群相对明确，功能需求相对稳定，容量增长可期，适合采用严谨有序的工作流程、技术规范和质量控制标准的传统（瀑布）研发模式，以维持其关键业务的安全可靠性和稳定性。

面对互联网金融产品和传统金融产品值显著差异，需要采取差异化的研发模式，形成敏态研发与传统研发相辅相成，以适应自身业务繁多、系统复杂的研发环境，提升产品研发效率。Gartner 于 2014 年提出了关于双模信息技术（以下简称"双模IT"）的理念。双模 IT 是信息化建设的两种交付模式，一种侧重于传统和稳态的系统开发，强调安全和稳定，简称为瀑布或传统开发交付模式，另一种侧重于创新的系统开发，强调敏捷性和速度，简称迭代或敏态开发交付模式，比如开发运维一体化（DevOps[①]）等。

双模 IT 旨在解决传统企业在互联网化转型过程中碰到的快速迭代、快速响应客户需求等问题的一种创新研发模式，不少集团结合实际运用了这种模式。目前，少数保险集团信息化工作依然实行全面高度集中的，采用双模 IT 可以有效解决部分痛点，即保险集团给予保险子公司敏捷开发的权限，以前段轻型应用敏态模式为主，并赋予信息化创新的职能，满足"互联网+"这一战略情形下信息技术快速创新迭代升级之趋势，以图快速应对业务创新发展、客户个性化的需要，为此，保险子公司重新设置了信息科技部门。信息中心则以后台重型应用稳态模式为主，主要负责基础设施建设、数据中心运行、中后端共享系统的建设，以及战略性、创新性、共享性和前瞻性项目的建设。实践也证明敏捷开发与传统开发双轨制模式有效解决了保险集团信息化高度集中带来的一些痛点和难点，提升了信息化运营管理的效率和质量。

综上，金融集团如果信息化管理都由各子公司自行负责，传统开发与敏捷开发较为容易结合；如果中后台系统实行集中，前端专属系统归属于各子公司，也会有利于敏捷开发作用的更好发挥。

---

① DevOps 是开发（Dev）和运营（Ops）的复合词，它将人、流程和技术结合起来，不断地为客户提供价值。DevOps 使以前孤立的角色（开发、IT 运营、质量工程和安全）可以协调和协作，以生产更好、更可靠的产品。

2. 术语定义

为方便读者阅读研究，对每一章相关定义作如下释义。

一、第一章之释义

金融集团是指依法登记注册并经国务院授权机构批准设立，名称中具有"金融集团"或"金融控股"字样，对集团成员公司实施控制、共同控制或重大影响的公司；是指集团公司及受其控制、共同控制或重大影响的公司组成的企业集合，该企业集合中，至少实质性地从事受监管的银行业、保险、证券或资产管理等中两类金融业务，有两家以上子公司为金融类公司，且银行、证券或保险业务为该企业集合的主营业务。

信息化有广义和狭义之分。广义的信息化是指培育发展以智能化工具为代表的信息技术为新型生产力，并使之造福于社会的过程，从而使得人的智能潜力以及社会物质资源潜力被充分发挥，个人行为、组织决策和社会运行趋于更为合理状态。狭义的信息化是指一个单位将计算机、通信、网络等现代信息技术，应用于分析决策、业务交易、业务运营和内部控制等经营管理方面的过程，以持续提高经营管理质量和效率，提升竞争能力。本书论述的是狭义信息化。

信息科技是指信息系统、数字化通信技术、运营技术、网络或物联网技术、电子数据、云计算、电子数据、软件工程等现代信息技术之和。

金融科技（FinTech）是指有潜力改变金融行业业态的各类新兴科技和创新性商业模式的总和。保险科技（InsurTech）是金融科技的重要分支。

大型商业银行和保险公司等设立的金融科技服务公司有三种类型：第一种由集团内的信息中心改制注册成立，服务对象还是集团内部系统；第二种是既为集团系统提供相关的信息化服务，也为外部提供服务，但主要为集团内部服务；第三种是在信息中心之外单独成立，主要为集团外部提供信息化服务。本书将前二者合并简称为"信息中心"，第三种简称为"金科"。

二、第三章之释义

俱乐部产品（club products）是指在某一范围内由个体出资，并在此范围内的所有成员通过免费或者有偿使用的方式获得利益的产品；是介于纯私人产品和纯公共产品之间的特定产品，指虽然具有私人产品的基本特点，但却不十分强烈，且在一定程度上又具有准公共产品的特征，然其受益范围较小或有特定的规定。俱乐部产品既属于非纯公共产品，即准公产品的一类（通常需要付费），又属于非纯私人产品的产品，如通常的一些会员制的运动俱乐部、读书社、行业协会等。

俱乐部产品均衡理论就是当俱乐部同时满足最优数量和最优使用者数量的均衡时，人均交费额等于产出量乘以每位使用者的边际替代率，并等于每位使用者带来的边际拥挤成本，而且使每位使用者的净收益达到最大。

集团的信息化服务统指其信息科技部和/或信息中心（主要是指信息中心）为其内部单位所提供的各类信息化工作。包括信息化战略规划、信息技术、资源管理、设施设备、运行管理、风险管理等方面的专业技术服务。信息化服务最为重要的支撑是各类专业人才、设备资产与费用等方面的投入。

集团内信息化服务共享是指同一技术产品、软件系统、设施设备或专业服务等，能为集团系统所有单位或部分单位，乃至两个单位所共享。集团内的信息化服务共享是基于俱乐部产品理论，贯彻落实共享发展理念，挖掘内部各种资源潜力，提高其使用效率，促进集团内不同单位一起共享发展，进而为客户提供更好的保障与服务，实现整体降本增效提质，让相关当事方都能获益的一种制度安排。

集团内信息化服务集中的基本逻辑是以共享为前提的分层集中，共享是前提，分层是基础，集中是实现共享的管理的手段。这是金融集团信息化治理架构和信息化管理模式的基本遵循。

集团内的信息化服务共享是基于俱乐部产品理论，贯彻落实中央提出的共享发展理念，挖掘内部各种资源潜力，提高其使用效率，促进集团内不同单位一起共享发展，进而为客户提供更好的保障与服务，实现整体降本增效提质，让相关当事方都能获益的一种制度安排。

三、第四章之释义

信息化治理是指金融机构通过明确有关信息化决策权归属和信息化工作责任，依据信息化战略规划目标、信息化管理制度，充分利用信息化资源，提升客户体验水准，加强信息化风险管理，促进金融科技创新，推动业务高质量发展，实现集团利益最大化的管理机制。

信息化管理模式是指金融集团根据自身经营管理的需要，基于信息化治理框架而建立的信息化日常运营管理的模式；直观的反映就是其信息化管理的组织形态、流程环节、方式方法等。

信息化管理的基本原则：一是安全性、可靠性和有效性相统一；二是信息化战略与整体战略相符合，与业务战略相融合；三是创新发展与技术路线相一致；四是应用软件与管理需求相吻合，统筹安全与发展、安全与建设、安全与运营的关系，确保本机构信息系统安全稳定持续运行。

优化后的信息化治理是指在集团战略规划和信息化规划统一指导下，基于集团内信息化服务集中是以共享为前提的分层集中之基本逻辑，以横向为统筹治理，纵向为单元治理，横与纵相结合的优化治理模式，简称"横与纵治理架构"。基本特征是二级治理、三级共享、三层集中、市场配置、适度干预。组织形态是信息科技部为集团信息化主管职能部门，信息中心主内、为信息化服务共享的建设和运营管理主体，子公司配合并负责自身信息化工作，金科（如有）主外，主要对外提供信息化服务。需要注意的是这一模式必须明确各自的职责边界与协同配合。

优化后信息化管理模式是指基于"横与纵治理架构"，在集团统一的信息化战略引领下，集团层面统筹管理，负责信息化战略规划和预算，协调推进；信息中心横向管理，负责集团和板块两个层面、与信息化服务共享相关的信息化工作以及集团和子公司交办的其他信息化工作；子公司纵向管理，配合集团及其信息中心的信息化工作，并负责自己职权范围内信息化工作事宜。信息化资源由集团统筹，按照职责权限配置并决策。所有信息化工作要按照既定的制度、流程、工具和方式方法开展。

四、第五章之释义

信息化风险定义：一个组织在营运管理过程中，使用或依赖互联互通等信息科技时，因管理不善、专业技术能力所限、内外部故意和/或无意攻击源、自然灾害、意外事故、外部运营环境等因素所导致的技术缺陷或漏洞、设施与设备毁坏、管理与决策失误等，可能会引发与原定预期目标产生的不利偏差、不确定性和不安全性等。信息化风险不一定造成信息化故障事件，即不一定产生损失。

容灾风险是指由于信息科技基础设施，基础架构和/或其备份资源所提供的服务中断而带来的风险，主要包括楼宇级容灾风险和城市级容灾风险，容灾风险的成因包括：地震、火灾、洪水、雷电等自然灾害，战争和恐怖袭击，以及断电、网络中断、备份资源故障等。

容灾能力是指灾难性风险事件发生时，在保证业务数据不丢失或尽量少丢失的情况下，信息系统不间断运行，并提供生产和服务的能力。按照对系统的保护程度来划分，包括数据级容灾能力、应用级容灾能力和业务级容灾能力。

容错风险是指信息化管理或者信息技术软硬件存在漏洞所出现的非预期故障风险，包括软件故障、硬件故障、人为操作失误和人为恶意破坏等。

容错能力是指风险事件发生时，保证生产系统继续运行，或在可容忍的时间范围内恢复运行的能力。容错能力本质上是冗余及其管理、故障检测与诊断和系统状态的维护与恢复。主要通过故障检测与屏蔽、设备冗余等技术工具和方法，以及相关管理机制加以解决。

信息安全风险指的是在信息化建设中，各类应用系统及其赖以运行的基础网络所处理的数据信息，由于其可能存在的软硬件缺陷，系统集成缺陷等，以及信息安全管理中潜在的薄弱环节，而导致的信息资产的机密性、可用性和完整性等被破坏并带来损失的风险。信息安全风险是信息化风险的一个重要子集。

五、第六章之释义

信息化风险识别是指采用相关的模型、工具和方法，根据信息化风险形成机理，鉴别信息系统建设和运行过程中可能导致信息化故障的风险因素及其发生节点的过程。

关键风险指标法（KRI），是衡量信息化风险状况的定量法。通过对指标的定期监控，可以对信息化风险变化有代表性的某些方面进行跟踪和预警，并根据指标所处的区域决定是否采取控制措施。

风险与控制自评估法（RCSA）是指风险管理部门对信息系统建设、运行维护、信息数据管理等信息化工作流程进行分析识别，并评估其中隐含的风险点，并对业务流程现有控制措施的合理性和有效性进行评价。

损失数据收集法（LDC）是指通过不断收集至少三年的信息化故障事件的损失数据，挖掘分析，识别潜在的风险、发生概率、评估可能的损失程度。

风险地图法（Risk Map）是根据风险暴露与信息化业务部门的风险容忍度，以地图分布形式，显示特定风险事件的风险暴露分布状况，根据特定风险在风险地图中的落点，决定是否对风险采取适当的控制措施。

风险资本又称经济资本占用，是指发放一笔贷款或者办理一项保险业务，可能造成非预期损失的大小，需用股东资本金来抵补，故风险资本是用于配置给某一资产或业务，用以减缓风险冲击的资本。根据非预期的损失计算出来的总额就是风险资本或经济资本占用。

预期损失计量是对风险事件的发生概率和损失后果进行推演，得出在一定概率分布下的损失大小。

情景分析法主要通过模拟一定时间内的风险因素和损失事件的可能变化，并考虑因素和事件之间的依赖关系，模拟得出分布和映射关系，给出对目标变量的可能影响。情景分析法主要应用于对低频高损的事件进行推测和模拟，考虑特定情形下这些事件各种可能出现的结果及其概率，可以用于尾部损失数据的频率和严重度分布估计，也可以对事先假设好的频率分布（如泊松分布）和严重度分布的估计。情景分析法一般可以利用内部或者外部的历史损失数据，从中筛选可能发生的情景，或者根据业务性质以及宏观环境，在理论上假设某些情景出现，对风险发生频率和损失严重度的评估。情景分析法常见的应用模型有 FMEA 法、故障树法和极值法等。

贝叶斯网络法又被称为因果网络、信任网络、知识图等，是在贝叶斯定理的理论基础上，构建的以不确定的主观判断知识为依据，通过不断获取的观测数据信息推导事物之间因果关系的理论模型。贝叶斯网络能够用先验概率和条件概率把各种相关信息纳入同一个网络结构中，直观地反映各节点之间的因果关系和条件关系，特别适合对不确定、不完全或不明确信息的处理。这一方法既可以根据网络中某一个节点的状态，进行正向或逆向的推理，也可以根据新观测到的数据不断调整各节点的状态，提升对不确定性问题处理的有效性。

六、第七章之释义

信息化管理制衡机制的要素主要包括制度、流程、内部控制体系、标准和绩效考核等，各要素之间存在互为关联和辅助的关系。

信息化风险管理是指根据信息化治理的目标，通过信息化风险管理流程、计量模型和技术工具等，将事前预防、事中控制和事后分析有机结合，实现信息化风险的有效管控，确保信息化运营管理平稳有序，既要推进创新发展，又要实现业务连续性管理。

信息化绩效评价是指对照既定的目标、职能、指标体系或统一的标准，运用定量分析、定性评价等工具方法，按照一定程序，对指定期间的信息化管理效果和过程做出客观、公正和准确的综合评判。信息化绩效评价可以是信息化工作的整体，也可以是局部流程或项目，乃至团队或岗位。

双模 IT 专指信息化建设的两种交付模式。一种侧重于传统和稳态的系统开发模式，强调安全和稳定，称之为传统（瀑布）研发模式；另一种侧重于创新和敏态的系统开发模式，强调敏捷性和速度，称之为敏态（迭代）开发模式。

信息化质量管理是以为用户提供满意的信息技术和服务为中心，以全员为基础，建立的一套科学、严密、高效的质量管理体系，加强信息化风险管理，实现信息系统安全平稳运行，促进降本增效提质的信息化全部管理活动。

信息化内部控制体系是指为了加强信息化风险管理，确保信息化工作依法合规，系统稳定运行，实现战略规划和经营目标而设置的内部自行检查、制约和调整的自律系统和机制。

七、第八章之释义

信息化风险管理的第一道防线包括信息技术的业务部门及其用户部门。信息技术业务部门是指一个组织直接承担信息化规划预算、系统建设，运行管理、技术创新等信息技术管理与业务部门。信息技术的用户部门是指该组织应用信息系统开展工作的所有部门；从这个角度说，信息技术的业务部门也是用户部门，具有双重角色。本书所指的用户部门更多的是指一个组织的前台业务部门和支持业务的相关中台部门，主要是业务营销部门和运营部门等。

信息化风险管理第一点五道防线是指信息安全管理部门。由于信息安全管理的专业性，又具有信息技术业务部门的特性，基本自成体系，且与一道防线的关系更为密切，所以不能简单地将信息安全划到一道防线或者二道防线，本书将介于一、二道防线之间的信息安全作为一点五道防线，使其更贴近于信息安全管理的本质。

信息化风险管理第四道防线是指对故意或疏忽导致信息化故障事件所造成损失的相关责任人进行问责追责的部门，包括纪检和监察部门。

八、第九章之释义

业务连续性管理（Business Continuity Management，BCM）是指金融机构为保护客户、员工的利益不因产品服务等营业中断而进行韧性、连续性、危机响应等相关举措的管理流程。金融机构通过 BCM 识别潜在的危机和风险，并根据自身业务发展特点，制定风险应对策略、应急响应、业务连续性计划等，降低因为非计划的灾难性事件造成的损失和影响。金融机构的业务连续性管理流程包括设定目标、风险分析、构建业务连续性计划、培训与测试、演练，以及检测与更新等管理环节，确保实现业务连续性管理之目标。

业务连续性运营计划（Business Continuity Plan，BCP）是业务连续性管理最为重要的部分，是指针对业务连续性管理所识别的潜在危机和风险，根据自身业务发展特点，所制订的确保业务连续不断运营的管理计划，将突发的运行中断控制在可容许范围之内，并将负面影响减轻到最低程度的事前预案。业务连续性计划可根据机构大小、复杂程度、风险种类和经营管理环节等而设置单一或多个业务连续性计划，业务连续性计划是一个动态文件，需要根据变化定期更新。一个完善的业务连续性计划一般由十个方面组成。

信息系统连续性运行计划是指为确保业务连续性计划的落实，对业务连续性管理所识别的潜在信息化风险和危机，事先制定预案，将突发的信息系统运行中断控制在可容许范围之内，并将负面影响减轻到最低程度。信息系统业务连续性计划主要包括基础设施与设备准备、事件响应、灾害恢复计划和危机管理。灾难恢复计划（DRP）是信息系统连续性运行计划的主要预案。

信息系统灾难恢复机制是指为应对信息化风险可能导致的信息系统，尤其是重要业务系统运行异常，进而导致其重要业务运营中断事件的影响，所建立的应急响应、报告与恢复之管理和技术的机制与工具。信息系统灾难恢复机制的总体目标：通过持续开展业务连续性管理流程循环，以有效防范意外中断事件或立即启动意外中断事件响应，将其影响降低到风险容忍度之内，或者降低到最低影响程度，消除因业务运营中断造成的影响和损失，进而保障业务连续运营。

恢复点目标（Recovery Point Objective，RPO），即信息化故障或灾难事件发生后，在对业务造成损失或影响之前，可容忍的最大数据丢失量，即该目标表示为事件发生到最近一次在前备份的时长。

事件（Event）是指当超过可容忍的最大数据丢失时长后，会对业务产生重大损害的影响，则可将该信息化故障或灾难事件称为事件。

恢复时间目标（Recovery Time Objective，RTO）是指突发事件发生后，从系统宕机导致业务停顿之刻开始，到恢复至可以支持业务运营之时的时间段。

最大可容忍业务中断时间（Maximum Tolerable Downtime，MTD）指的是可以接受的业务流程中断时长，这段时间为 RTO 与为可能继续中断运营设置的冗余恢复时间之和。

演练与测试。演练指的是需要人员参与的对于业务连续性运营计划及相关流程单方面或全方位的验证。测试是指一种特定的演练形式，旨在测试一定操作环境下系统的韧性、可靠性和具体表现。一般而言，演练和测试的主要差异在于演练主要关注人员的培养和测试，而测试则更多关注系统特定方面的可靠性。

信息化外包是指金融机构将本机构信息化工作委托给服务提供商进行处理的行为，包括咨询外包、系统建设外包、系统运行维护外包、基础设施外包和信息安全外包等。

九、第十章之释义

信息安全风险是指在信息化建设中，各类应用系统及其赖以运行的基础网络、处理的数据和信息，由于其可能存在的软硬件缺陷，系统集成缺陷等，以及信息安全管理中存在的潜在薄弱环节，而导致的不同程度的安全风险。

信息安全是指利用信息技术及其管理手段，保护信息在采集、传输、交换、处理和存储等过程中的可用性、保密性、完整性、不可否认性、可控性、未授权拷贝和所寄生系统的安全性。信息安全包括网络安全、系统安全和内容安全，涵盖物理环境、网络、主机系统、桌面系统、数据、应用、存储、灾备、安全事件管理、人员等各层面的安全。信息安全较为侧重于计算机数据与信息的安全。

网络安全是指网络系统的硬件、软件及其系统中的数据受到保护，不因偶然或恶意的原因而受到破坏、更改、泄露，系统连续可靠正常地运行，网络服务不中断；网络安全侧重于研究网络环境下的计算机安全。

信息安全 CIA 框架是指信息安全的三个核心属性：保密性（Confidentiality）、完整性（Integrity）和可用性（Accountability）。

信息安全保障指标基线是指关键信息安全能力指标组合的监控基线，是一套满足信息安全基本目标的最小对策集合，对某一信息系统、某一领域、某一单位等的安全保障进行测评及机构自我检查。

信息系统全生命周期是指项目立项、需求分析、设计规划、技术采购/研究开发、系统测试、试运行、正式上线、运行维护、系统升级和报废退出等过程。

数据标准是指一整套的数据规范、管控流程和技术工具，用以确保集团的各种重要信息，在集团内外的使用和交换都是一致的、准确的。数据标准管理是指为了确保企业范围内数据标准的有效性和适用性而建立、维护、应用数据标准的一系列过程。

数据架构及其管理。数据架构是指促进数据资产存储、集成、使用、访问和传输的框架结构组件，支持数据的集中管理和分析应用。数据架构管理是指定义和维护数据架构与数据模型的一系列规范的过程。数据架构管理的目标是设计满足长期需求的数据架构，制定可实现的架构规划；建立企业级数据模型和应用级数据模型；探明企业数据分布；明确可信数据源及数据流。

数据质量及其管理。数据质量是指数据满足集团业务需求与业务规则的程度，主要从数据的准确性、完整性、时效性、一致性、唯一性的维度进行描述和度量。数据质量管理是指在数据创建、加工、使用和迁移等过程中，通过开展数据质量问题发现、问题分析、整改及评估考核等一系列核心活动，提高数据质量以满足业务要求的过程。数据质量管理的目标有二：一是形成度量、监控和报告数据质量水平的有效工作方式；二是持续提升数据质量，满足既定的业务预期。

主数据及其管理。主数据是指在集团范围内跨业务条线、跨系统共享的，相对静态的、描述业务实体的数据集合。主数据管理是指一整套管理手段与管理流程，涉及如何在集团范围内识别、创建、整合、使用并维护主数据的全过程。

元数据及其管理。元数据是指描述数据的数据，用来描述数据的业务涵义、技术涵义、加工处理过程、质量、覆盖范围、逻辑和物理结构，数据的所有者和提供方式等相关信息。元数据管理是指对用以描述数据，操纵和应用数据的过程进行管理，包括元数据定义、生命周期管理、应用等工作。

数据生命周期，是指数据从产生到销毁的全过程，包括数据的收集、创建、分发、存储、使用、归档、销毁。数据生命周期管理，是指通过方法、流程和工具，管理数据在全生命周期中的规范操作。

安全开发生命周期（Security Development Lifecycle，SDL）是微软提出的从安全角度指导软件开发过程的管理模式，其核心理念就是将安全考虑集成在软件开发的需求分析、设计、编码、测试和维护等各阶段。从需求、设计到发布产品的每一个阶段都增加相应的安全活动，以减少软件中漏洞的数量并将安全缺陷降低到最小程度。

3. 集团信息化服务共享之逻辑

我国保险集团成立伊始，纷纷将信息化工作全部集中于集团作为标志性管理举措，以期加强集团对所属机构的管控，实现信息化服务共享，降本增效提质之初心，但实践效果却众说纷纭。在保险业逆周期期间，信息化服务方和被服务方之间矛盾渐显突出。大型商业银行和金融控股集团主要由商业银行起家，行业利润较高，通过集团信息化服务共享推动降本增效意识较弱。总体来讲，金融集团信息化服务集中共享的理论与实践处于探索之中。

3.1 共享经济理论与共享发展理念

一、共享经济经典理论

共享经济（Sharing Economy）最早由社会学教授马科斯·费尔逊（Marcus Felson）和琼·斯潘思（JoeL. Spaeth）在1978年发表的论文（*Community structure and collabora-tive consumption, a routine activity approach*）中提出。共享经济现象却是在最近几年才流行的，其理论也有了新的发展。共享经济是一种优化资源配置、高效社会治理的新经济模式，由资源供给方或者第三方通过建立组织机构、技术平台或物理场所，将暂时闲置的资源、技术、产品或服务等，有偿提供给资源的需求方使用或享受服务，而供给方则获得相应回报的市场化模式，也可通过这个渠道为某个创新项目筹集资金等。

共享经济组织形式一般有三种，一是通过媒介平台实现需方和供方之间闲置资源的有偿共享使用。二是基于商业目的，通过第三方机构、物理场所或电子商务平台，使供需双方达成有偿共享使用。三是政府通过财政拨款建设或购置公共产品或者准公共产品，以无偿或回收成本的共享方式供用户使用。

共享经济的产品一般具有公共产品或准公共产品的特征，不同的产品还有以下不同的特征或相应组合：一是基于互联网、物联网、大数据、云计算、人工智能等技术支撑；二是广泛的数据应用；三是通过共享实现海量、分散、闲置资源的优化配置；四是以市场化方式，为社会提供高效的服务，满足多样化的社会需求。关于共享经济的驱动力，经济学家科恩给出了三个理由：第一，共享经济能使消费者感觉有更大的主动权和透明度，能基本解决消费者遭遇到四个问题，即波动性、不确定性、复杂性和模糊性，消费者在消费过程中可充分发挥自我掌控能力；第二，当今世界范围内正出现信任危机，当消费者发现卖家与自己产生共鸣时，感觉更可信，这类消费更具吸引力；第三，消费者和供应者都在交换过程中更受益，消费者通过合理的价格满足了自己的需求，供应者从闲置物品中获得了额外的收益。

共享在网络生活中的应用非常普遍，从文字、图片到视频、软件，共享行为无处不在。随着社交网络的日益成熟，当前共享内容已不再局限于虚拟资源，而是扩展到房子、车子等消费实体，形成了新一代的商业模式"共享经济"。从本质上说，金融行业本身就是基于共享经济理论的一种经济形态。

共享经济的运作机制有两种方式：一是供给机制。采用俱乐部形式，每个成员都捐献一份财物，从而每个成员都可以共享全部财物，或者通过俱乐部这个组织，以市场化、补偿或调配方式实现集团内部需方和供方的有偿让渡。二是市场交换机制。共享产品的供给方式除了借助市场外，还可以通过网络平台、智能手机、社交网站或单一供给者等方式，实现点对点交易或规模化出售、出租，为供求双方提供结对机会。以带有 GPS 定位功能的智能手机和平板电脑为代表的信息终端可以让需求者了解标的物概貌，使得共享经济及其当事方觉得比以往更加便宜、便捷、透明和主动，使分散的交易具备了形成更大规模的可能性。

二、共享发展理念

党的十八届五中全会提出了"创新、协调、绿色、开放、共享"五大发展理念，五大发展理念相互贯通、相互促进，是具有内在联系的集合体，其中共享发展是出发点，也是归宿点，更是其他四种发展理念的落脚点。共享发展理念强调了三层内涵：一是共享发展的核心是以人民为中心的发展思想，必须坚持发展为了人民、发展依靠人民、发展成果由人民共享的制度安排；二是必须坚持全民共享是目标，全面共享是内容，共建共享是基础，渐进共享是途径；三是体现的价值是共同富裕和公平正义，实现全体人民在共建共享发展中有更多获得感，增强发展动力，增进人民团结，朝着共同富裕方向稳步前进。

坚持共享发展，就是着力增进人民福祉，增强人民的获得感，解决社会公平正义问题。然而，随着我国分配不公问题、阶层收入差距问题、城乡发展不平衡问题凸显，我国当前社会主要矛盾，是人民日益增长的美好生活需要和不平衡、不充分的发展之间的矛盾。人们在共享改革发展成果上面临一些体制机制障碍。无论是共享发展，还是全面深入改革，都是要破除实现社会公平正义的体制机制障碍，打破既得利益阻力，实现全面小康。只有这样，才能实现人民对美好生活的向往，中国共产党长期执政才能牢固。因此，共享发展理念是共享经济理论在社会主义中国的实践与发展。

三、共享经济理论与共享发展理念之间关系

共享发展理念是在共享经济理论基础上发展起来的，但其内涵有了质的升华，是实现共同发展、共同富裕和公平正义的一种重要社会制度安排。共享经济是提升资源利用效率、进而提高经济效益的一种经济制度，是企业经营行为。无论是共享经济还

是共享发展理念，都以提升现有相关资源的使用效率，实现个体福利的提升和社会整体的可持续发展为目标。

共享经济有设定的基本元素，包括交易主体、交易客体、交易机制、组织或平台、监管机构和文化基础。

交易主体可以是供求双方，供给者和使用者，或者出租者和租借者。

交易机制可以互助、有偿和无偿。互助形式是每个成员都捐献一份财物，从而每个成员都可以共享全部集体财物。有偿形式是当事方通过市场化机制，需方从供方处得到使用权或所有权，无偿就是纯公共产品的供给。交易形式可以是一对一、一对多等方式。

交易平台可以是机构、电子商务平台、网站或者是具体场所等。

交易客体就是共享的标的物，一般都是商品，而非公共产品。

监管者，尤其在有偿机制下是必不可少的，主要为了实现交易的真实、可靠与安全，提升共享品质、效率。

共享发展理念强调的是在共建基础上，推进社会财富再分配，实现共同富裕。共享的对象可以是公共产品、财政转移等。

3.2 俱乐部产品基本理论

一、公共经济学关于产品定义

共享经济经典理论基础是公共产品的供求。

根据公共经济学理论，社会产品分为公共产品和私人产品。公共产品可以被划分为纯公共产品和准公共产品两类。私人产品也可以分成两类，即纯私人产品和俱乐部产品。按照萨缪尔森所著的《公共支出的纯理论》，前述产品定义及其内容简析如下。

纯公共产品或劳务是指每个人消费这种物品或劳务不会导致别人对该种产品或劳务消费的减少，具有三个显著的特征：一是效用的非分割性；二是消费的非竞争性；三是受益的非排他性。纯公共产品一般具有规模经济的特征，消费上不存在"拥挤效应"，不可能通过特定的技术手段进行排他性使用，否则代价将非常高昂。国防、国家安全、法律秩序等属于典型的纯公共物品。

准公共物品介于私人物品和纯公共物品之间，它的范围十分广泛，相对于纯公共物品而言，它的某些性质发生了变化。准公共产品可以细分为三类：第一类是区域型准公共产品，其使用和消费局限在一定的地域中，受益的范围是有限的，如地方公共物品（并不一定具有排他性）。第二类是排他型准公共产品，这类产品是可以共用的，一个人的使用不能够排斥其他人的使用，然而出于私益，它在消费上却可能存在着竞争，物品使用中可能存在着"拥挤效应"和"过度使用"问题，这类物品如地下水流域与水体资源、牧区、森林、灌溉渠道等。第三类是付费型准公共产品，具有明显的排他性，由于消费"拥挤点"的存在，往往必须通过付费，才能消费，它包括俱乐部产品、有线电视频道和高速公路等。

纯私人产品。凡是可以由个别消费者所占有和享用的产品或劳务，具有竞争性、排他性和可分割性三个特点的产品就是私人产品。纯私人产品是指那些同时具备排他性竞争性特征的产品，包括大多数私人产品。

俱乐部产品（club products）是指在某一范围内由个体或集体出资，并在此范围内的所有成员通过免费或者有偿使用的方式获得利益的产品，是介于纯私人产品和纯公共产品之间的特定产品，虽然具有私人产品的基本特点，但却不十分强烈，且在一定程度上又具有准公共产品的特征，然其受益范围较小或有特定的规定。俱乐部产品既属于非纯公共产品，如准公产品的一类（通常需要付费）；又属于非纯私人产品的产品，如通常的一些会员制的运动俱乐部、读书社、行业协会等。

俱乐部是一种组织，它仅对俱乐部成员提供商品。在俱乐部内部，成员对俱乐部产品的消费是平等的、非排他的，俱乐部为了提供产品而支出的成本补偿来自向俱乐部成员的收费，但收费的原则可以是平等的，也可以是不平等的，可实行多种价格。俱乐部理论中有一个关键的概念就是拥挤。俱乐部成员所获得的俱乐部产品的数量和质量依赖于成员的数量及其构成，即是否存在消费拥挤。如果拥挤等于零，那么与纯公共产品的情况一致。如果俱乐部的规模为一个人，实际上就是私人产品；如果是所有人，就是群体内纯公共产品了。拥挤性是俱乐部产品的一个特征。

二、俱乐部产品理论

俱乐部理论是研究非纯公共品的供给、需求与均衡数量的理论，基本目的是研究非纯公共品的配置效率问题。

（一）供给数量均衡

拥挤性公共产品产出的最优条件实际上就是纯公共产品均衡条件的一个延伸。如果我们给定一个包括一定人口数量 N 的经济体，每个成员都具有对某公共产品相对于其他产品的偏好，这些偏好在 N 个人中随机分布。与纯公共产品不同，那里多一个人消费不影响其他人消费，因此多一个人不会改变任何一个人的偏好。拥挤性公共产品由于多一个人消费会发生拥挤，因此随着消费人数的增加，每个人对公共产品和其他产品的相对偏好会发生变动。如果给定某种公共产品使用者的数量，那么该公共产品的均衡与上述纯公共产品的分析方法完全一样。最优供给数量将出现在最后供给单位产生的边际收益之和等于其边际成本时。与纯公共产品不同之处是发生在人数变动的时候。这种区别我们可以用图 3-1 表示。

图 3-1（a），假定原先有两个消费者 A 和 B，其对某公共产品的需求为 Da 和 Db，加总的需求曲线为 Da+Db，均衡数量为 Go，现在增加了一个消费者 C，由于该产品是纯公共产品，因此在该均衡数量上，C 的加入不影响 A 和 B 的边际收益或需求曲线，但是由于 C 的加入，总的边际收益却增加了，最优的数量应该扩大到新的边际收

益加总曲线与供给曲线相交的数量 G_1 处。由于 C 的加入，每个人享有的公共产品都比原来多了，总收益上升，这就是公共产品的规模收益。

但是，当产品为拥挤性公共产品时，消费者 C 的加入会降低原有消费者的边际收益或需求曲线，因为 C 的加入增加了拥挤度，降低了 A 和 B 使用时的舒适度等。于是 A 和 B 的需求曲线下移。如图 3-1（b）所示，A 和 B 的需求曲线下移到 D′a 和 D′b，加总的需求曲线下移到 D′a+D′b+D′c，均衡数量也随之减少，公共产品的规模收益被增加的成本（由于拥挤而减少的收益）部分抵销。而最终的均衡取决于拥挤的程度。只要有了拥挤带来的收益损失的衡量，我们同样可以找到均衡点。根据图形，我们可以得出结论，拥挤性公共产品的数量均衡条件，依然是萨缪尔森条件，即边际成本等于边际收益之和。

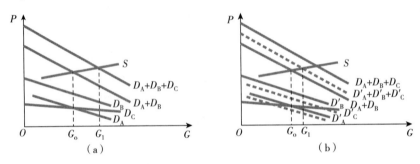

图 3-1 纯公共产品和拥挤性公共产品的需求加总比较

拥挤性公共产品的这种低效应构成布坎南俱乐部理论的基础。俱乐部产品是可以排除其他人消费的一种拥挤性非纯公共产品，并且可以由不同的俱乐部提供。

（二）使用者均衡

俱乐部理论不仅包括分析俱乐部产品的最优供给水平，同时还包括最优的使用者数量分析。假定所有潜在的俱乐部成员具有相同的偏好，并且所有人公平分担产品的供给和运营成本。图 3-2 描述了给定的俱乐部产品 G，使用者数量增加时给其中一位特定的俱乐部成员的利益带来的影响。

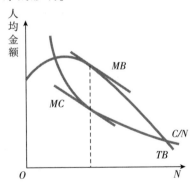

图 3-2 俱乐部产品使用者数量的均衡

曲线 TB 表示当使用者数量增加时，该特定使用者所获得的总收益的变化情况。起初该曲线上升，表明当人数较少时，拥挤性不突出，俱乐部产品更接近于群体内的纯公共产品，因此其规模收益比较明显，但是随着人数的不断增加，该消费者从该俱乐部产品中获得的收益最终是下降的（典型的例子如球类运动，一个人的时候几乎没有收益，人数增加才能进行各种形式的运动，但人数过多又变得无法运动了）。TB 曲线的斜率反映了每增加一位消费者所产生的边际利益。这种边际利益是负的，我们将其定义为对某一位成员的边际拥挤成本。因为俱乐部的成员数为 N 个，所以每增加一名消费者而使得全体消费者利益受到的损失为 N×MB。

假设俱乐部产品的成本 C 在所有消费者中平摊，则每位消费者应承担的成本为 C/N。对于以给定水平的公共产品 G，C 为常数，则 C/N 为一条双曲线。C/N 的斜率为边际成本 MC。边际成本也为负，因为加入的使用者分担了部分成本从而减少了其他成员的成本。

人均净利益达到最大值，或者表明当人均交费额正好等于边际拥挤成本（–N×MB）时，达到公共产品使用者数量的均衡，即新增一名成员为现有成员节约的费用，等于强加在原有消费者身上的边际拥挤成本或机会成本。

因此，俱乐部产品均衡理论就是当俱乐部同时满足最优供给数量和最优使用者数量的均衡时，人均交费额 C/N 将等于产出量乘以每位使用者的边际替代率，并等于每位使用者带来的边际拥挤成本（–N×MB），而且每位使用者的净收益达到最大。

俱乐部产品理论与共享经济最大区别是共享对象和共享范围的数量多寡，前者可以是少数乃至极少，后者一般较大乃至海量。

3.3　信息化服务共享之产品属性

金融集团的信息化服务统指其信息科技部和信息中心（主要是指信息中心）为其内部单位所提供的各类信息化工作，包括信息化战略规划、信息技术、资源管理、设施设备、运行管理、风险管理等方面的专业技术服务。信息化服务最为重要的支撑是各类专业人才和设备资产与费用等方面的投入。

一、信息化服务共享及其分类

金融集团内信息化服务可分为两类，一类是专属的，即信息化服务仅仅为集团内某家子公司提供或为其所有，没有共享可言。另一类则是同一信息化服务可在集团内全部或部分机构之间可以共享。

集团内信息化服务共享是指同一信息技术产品、软件系统、设施设备或专业服务等，能为集团系统所有单位或部分单位，乃至两个单位所共享。信息化服务共享主要有两种分类：一是按照层级分类，可以分为集团级、板块级（乃至特定公司之间的共享）和子公司（银行、保险一般拥有众多分公司）的三级共享。二是按照对象分类，可分为资源类、技术类和服务类共享，资源类共享又可细分为基础设施、设备资源和人力资源等。技术类共享可进一步分为专利技术、知识产权和标准组件等较为成熟的信息技术等，信息技术可以分为外购和自建两种。专业服务共享包括系统建设、测试运维、运行管理、数据管理、风险管理、信息安全、质量管理、规划咨询、标准化管理等。自建信息技术和专业服务共享的背后主要是人才资源的共享。

集团内资源类和专业服务共享一般都具有拥挤性特征，共享的前提是资源尚未被充分利用，如果拥挤状况不能解决或共享壁垒不能被打破，就无法实现共享。所以资源被充分利用后，除非增加投入，否则就无法扩大共享的范围。技术类共享一般情况下，可以无限制地反复应用，不存在拥挤现象。但是初始开发、升级换代等需要投入，共享需求方应该分摊供方的先前投入，供方可产生正向收入。

集团内信息化服务共享通过内设相关组织、媒介或交易平台，让集团内相关单位可以更加主动、比较透明地自我掌握哪些信息技术、资产设备和专业服务能为己共享使用，并且愿意为之支付费用，以分摊供方之前投入的研发费用或采购成本（也可称之为沉没成本）。集团内信息化服务共享的目的是挖掘利用集团内的信息技术、资产设备和专业服务等闲置或未被充分利用的资源，通过市场化配置供内部共享使用，也可采取分摊方法、行政干预等机制实施共享，以降低集团内重复投资，促进共同发展，实现供需双方的共同获益，集团利益最大化。

二、信息化服务共享之产品属性

如果将金融集团比作俱乐部，根据俱乐部产品理论，专属的信息化服务显然属于私人产品。共享的信息化服务则属于俱乐部产品，乃机构用户数量较少的俱乐部产品，是偏向于私人产品的俱乐部产品。

集团可供共享的信息化服务产品数量及其使用者都是较少的，也许只有一对一，这是由集团内信息化服务的特性所决定，所以俱乐部产品理论对金融集团内的信息化服务共享显得十分简单。对于信息技术而言，只要供方和需方在共享中同时获益，就能实现供给均衡或者使用者均衡。对于信息化设施资源和人力资源共享而言，存在着阶梯式[①]拥挤特征，因在集团内部，使用者相对固定，但随着信息化不断发展，工作量会不断增加，每当产生拥挤，增加投入，实现新的均衡，就可以满足共享当事方的期望。

金融集团内信息化服务共享，从经济形态看，虽然具有共享经济的某些特征，但不明显，故不是共享经济。从共享发展理念看，集团内信息化服务共享主要出于自身降本增效提质的需要，而非一种普而广之的理念，更不涉及社会财富再分配，至多是

---

① 类似于阶梯式固定成本，即在一定业务规模内，资源不存在拥挤，但当超过一定规模后，资源的使用就会产生拥挤。

落实共享发展理念的一种举措。

综上，集团内的信息化服务共享是基于俱乐部产品理论，贯彻落实中央提出的共享发展理念，挖掘内部各种资源潜力，提高其使用效率，促进集团内不同单位一起共享发展，进而为客户提供更好的保障与服务，实现整体降本增效提质，让相关当事方都能获益的一种制度安排。

3.4　信息化服务共享之内在逻辑

金融行业是背负社会公众乃至国家信用、负债经营的特殊服务行业，本身就是基于共享经济理论的一种经济形态，是实现特定物品在不同供需之间使用权有偿转移，集合社会上的闲置资金，实现当事方之间的有偿共享，为投资者、委托方或客户提供投资收益、保险保障、理财服务，促进社会各行各业发展的组织或平台。

金融集团内不同的单位因各种原因，在发展速度、规模、效益等方面存在差异。信息科技是核心竞争能力载体，但因资金所限和相关指标考核等因素，各单位的信息化建设及其投入是有差距的。信息化投入的持续性与巨额性着实给相关单位，尤其是保险（集团）公司造成不小的成本压力。可供共享的信息化服务实现集团内有偿共享，则供需双方从中获益，如果是无偿的，则需方从中获益，最终实现集团利益最大化，所以集团内信息化服务共享是有其合理的利益驱动的。

基于集团内信息化服务共享之产品属性，结合集团内部经营板块的分布和信息系统共享集中运营管理的实际，集团内信息化服务共享的内在逻辑研究归纳如下：

一、共享的基本原则

一是有利于可供共享的信息化服务实现集团内相关层级的共享，提高资源利用效率，提升经营管理质量和效率，降低经营管理成本，最终实现集团利益最大化；二是有利于加强信息化风险管理，实现系统安全平稳运行，全面提升业务连续性管理水平；三是有利于拓宽客户触点，提升内外客户体验水平，拓展获客渠道和质效，促进业务又好又快发展；四是有利于业务经营管理与信息技术深度融合，推动数字化时代行业创新发展；任何与上述原则相左的，信息化服务共享就失去了意义。

二、集中的前提条件

集团的信息化服务集中是建立在共享基础上的，而不是建立在集中基础上的共享，这是集中的前提条件，不能为了物理集中而集中。离开这一条件，信息化服务集中就会失去意义。基于这一条件，集团须适时梳理调整集团系统内可以共享的信息化服务清单，以便做好共享基础上的集中。

三、共享程度递减秩序

根据 Oracle 和汇丰的实践经验总结，一般来说，金融集团内中后台的信息化服务共享程度高一些，而越关系外部客户的、需要及时反馈、及时作出市场反应的信息系统，即与市场、渠道、客户、产品等关联紧密度较高，信息化工作应留在机构端完成。共享程度由金融机构的后台向中前台递减。

保险业监管规定，各家保险公司必须要有各自独立的销售、精算、两核、再保、财务、收付等系统，这些系统大多是中前端信息技术系统，个性化较强，可以说是专属系统，所以类似这些系统是不能共享应用的，因为没有内在的共享基础，当然信息系统的相关技术可能被类似单位有共享运用的可能。所以信息化服务不是集中越多就越好。

需要注意的是不能共享的，专属的个性化的系统，敏态开发等信息化工作归属金融集团内子公司，不等于说集团将其置于不问不管的状态，而应该通过信息化战略规划、专项规划、预算投入等加以统筹管理，并可建立备案机制或相关媒介，推动可供共享的信息技术、设施设备、信息化专业服务等尽可能共享，以避免信息化重复投入，提高集团系统整体信息化水平。例如保险集团内寿险和非寿险公司都有单独或在核心业务系统内设置反欺诈系统，系统虽然不能共享，但健康险、意外险和车险人伤方面的反欺诈系统技术、承保与理赔数据等可以共享，集团可统筹规划引导，共享反欺诈信息技术，以避免重复投入，同时可建立集团统一数据平台，提升集团系统反欺诈工作水平。

四、信息化服务共享的产品基础

集团内信息化服务的共享，必须建立在俱乐部产品基础上，基于集团信息化服务共享的特点，建立在偏向于私人产品的俱乐部产品基础上，离开这一基础，就不能实现信息化服务共享。

五、信息化服务共享层级

如前所述，集团信息化服务共享主要分为集团、板块和子公司三个层级。

（一）集团层级

集团层级是指信息化服务可在在集团系统内整体共享或绝大部分、乃至少数成员之间共享，如信息科技部负责信息化战略规划、预算及其调整等全局性统筹管理，信息中心则负责具体信息化工作，包括各类共享系统、基础设施、数据中心、商业智能与数据管理、风险管理与合规和各类共享应用平台或软件，乃至全球（区域）运营中心等共享平台等。

（二）板块层级

根据集团经营板块来确定信息化服务的共享内容，但须根据每一板块内公司的差异性等因素来审慎确定。板块内公司如果差异较大，共享内容几乎没有，一般各公司都自行负责其专属的信息化工作。只有类似性质的公司，相关的信息技术、数据资源等才可以共享，这也是为什么保险集团内保险主业板块信息化集中共享较为成熟的原因，其他板块共享程度次之，乃至没有共享可言。有的金融集团投资板块内子公司较多，信息化服务共享内容应该不少。由于板块是虚拟的，故集团应根据实际情况，指定信息中心牵头，或者指定这一板块的头部公司牵头，制定板块内部的共享清单、相关共享机制，集团加以考核，以落实共享发展的理念，实现降本增效提质。需要注意的是，头部公司牵头往往效果不佳。集团还是应指定信息中心负责。

当然，集团内相关公司之间也可以就某一信息化服务在跨板块之间小范围，乃至一对一地进行共享。

（三）子公司层级

这一层级主要是指有大量分支机构的银行和保险子公司总部。以保险子公司为例，由最初散诸于分公司的信息化工作现在都全面集中于子公司总部。一般来说，凡是在集团信息中心层面不能实现的集团和板块两个层级共享的信息化服务一般都应集中于子公司。

六、信息化服务标准化

标准化是金融集团推广信息化服务共享的有效手段，也是信息化管理的重要方面。信息化服务标准化包括技术架构、基础设施、应用平台、系统软件、数据管理、质量管理、风险管理和信息安全等。以数据资源共享为例，要统一数据分类标准、制定各类数据标准、完善统计数据接口标准等，才能推进数据资源的共享应用，实现数据资源整合，开展大数据挖掘分析。

综上所述，金融集团内信息化服务集中的基本逻辑是以共享为前提的分层集中，共享是前提，分层是基础，集中是实现共享的管理手段。这是金融集团信息化治理架构和信息化管理模式的基本遵循。

信息科技日新月异，其影响不仅是眼前的，而且是深远的，金融集团需要对信息化服务共享的内在逻辑适时微调，因这六点基本都是核心内容。

3.5　信息化服务共享机制

基于金融集团信息化服务共享逻辑，必须建立相关共享机制，以提升信息化服务共享的质量和效率。

一、共享服务目录

梳理建立可供共享的信息化服务目录是金融集团内信息化服务共享最基础的工

作，推行"明码标价、质价相符、市场化运作"之俱乐部信息化服务的市场化配置机制，逐步建立收费目录制。

信息科技部或信息中心要牵头对信息化服务进行全面梳理，确定哪些能为集团整体、板块内部乃至特定范围（两家公司及其以上）内共享。金融集团内信息化服务共享的种类较多，目录列示如下：

（一）信息技术

1. 标准化的应用软件或组件；

2. 技术专利发明、著作权和知识产权；

3. 各类应用平台，包括核心业务平台、商业智能和大数据平台、财会报表平台、风险管理与合规平台、全球服务资源平台；

4. 各类可供共享的中后台系统，等等。

（二）硬件设备

1. 终端设备；

2. 基础设施；

3. 资产设备；

4. 网络设备，等等。

（三）数据资源

1. 主数据；

2. 参考数据；

3. 交易数据；

4. 指标数据，等等。

（四）专业服务

1. 信息化管理服务，包括信息化战略、预算、规划、治理、质量管理，以及信息技术和运行管理的标准化、规范化、流程化等方面的服务；

2. 信息安全管理服务，制定安全管理标准和指标体系，制定统一的信息安全规划与标准，指导检查各单位信息安全及其落实情况等；

3. 信息化风险管理与合规服务，包括外包风险管理、灾难恢复计划、设置信息化关键风险指标和合规管理等；

4. 数据中心、灾备中心运行服务等；

5. 信息技术服务，包括运维服务、测试服务、咨询服务、信息化风险与管理指标自动化监控服务；

6. 开发共享类信息系统，包括集团系统全局性、前瞻性、共享性、战略性和基础性信息化项目的立项开发；

7. 集团系统科技创新和孵化，等等。

（五）受托类

信息中心可以受托为专业公司提供各类专属的信息系统开发在内的相关信息化服务。

据此，信息科技部或信息中心根据集团、板块和子公司三个共享层级的实际情况，结合共享的信息化服务内容，确定不同层级的信息化服务共享目录。一般说来，如果属于集团层级的共享目录，板块、子公司一般也能共享。反之，在板块、子公司层级共享的目录，一般在集团层级是不能实现共享的。

信息化服务共享范围、共享层级要根据信息化创新发展情势、集团内设机构的发展、战略规划、预算投入、信息化治理和经营管理模式的调整而调整，信息化服务共享目录也要适时合理地作出调整。

二、计价分摊办法

根据共享目录，可以制定信息化服务共享收费的基本目录和子目录，以便建立金融集团内信息化服务共享市场化配置机制，常见收费目录举例见表3-1。

表3-1　信息化服务共享目录

序号	基本目录	子目录	含税价格	计价单位	备注
1	信息化技术人力成本	架构、开发、运维基础建设等		元/人月或天	
2	信息化管理人力成本	战略规划、预算管理、风险管理、网络安全、质量管理、数据管理等		元/人月或天	
3	机房设施	数据中心、灾备中心		元/U/月	U指机柜
4	技术专利	技术专利、著作权、技术发明等		元/件	
5	资产设备	小型机			
6	系统管理	信息安全、网络运维、数据库等		元/U/月	U指机柜
7	一级广域网运维管理			元/线路/月	

信息化服务共享目录可以根据实际情况，核算颗粒度等要求进行合并或细分。价格测算一般根据服务内容和近三年成本水平来测算。信息中心的行政、人事、财务、稽核等部门的人力成本、固定资产摊销、费用开支或租金等，可按照被服务对象的保费收入、服务费收入或使用率等基准进行分摊。

以集团的中后台系统为例，办公系统等信息化项目是开门营业的基本系统，其初始投资相当于开办费用，是"沉没成本"。投入运营后主要是运维费用，可按照信息化资产摊销规则、信息化人力成本或者外包费用等计价收费，合理分摊。如果为不同信息化系统制定不同的收费价格标准，则基于收费目录的计价相当纷杂。因此要本着"尽可能精细化、复杂问题简单化"的思路，合理归类确定计价规则。当然如果需要重大投入升级迭代，开发费用投入的分摊则按照一事一议的计价规则确定分摊办法即可。

三、预算管理

如果金融集团内信息化服务实行高度集中，在市场竞争激烈、经营压力较大的情况下，信息化预算及其调整是难点，因为信息化服务集中机制下的预算涉及管理方、服务方、被服务方乃至最终的承担方等。如果基于信息化服务的集中以共享为前提的基本逻辑，信息化预算难度将减轻不少。集团的信息化预算编制由两个方面汇总而成：一是集团层级，二是子公司层级。

预算管理协调机制和方法具体如下：一是对于服务目录中各公司专属项目费用，由各子公司自行核定，如涉及信息中心，则由信息中心与项目所属公司进行沟通核定，达成一致后纳入其年度预算。二是对于服务目录中集团共享类项目的费用，由信息中心与集团用户部门进行沟通核定，达成一致后，按照集团信息化服务共享投入分摊办法和计算规则分摊至相关公司，并纳入各公司年度预算。三是信息中心在年度服务费预算评估时，总成本费用按照以服务目录测算后总金额，加上一定上浮比例进行编制，增额部分主要用于专业技术人才培养、储备和技术创新。四是对于战略性、前瞻性、共享性、创新性和基础性信息化项目，集团可采用集团预算拨款、统一费用分摊的方式，或者与相关方一事一议的方式。五是建立与完善服务成本评估优化机制和信息化绩效评价机制。通过常态化跟踪、监控、回顾和行业对标等模式，建立成本分析模型与服务成本评估优化机制，推动服务目录制定的标准化，精细化程度持续优化，服务价格水平日益合理和市场化，不断优化费用结构占比，持续提升资源使用效能。

信息化预算必须在相关直接当事方达成一致的基础上，报经集团预算委员会批准。鉴于信息化预算的复杂性，可以在集团预算总体框架内，由信息化委员会或信息科技部牵头，财务部一起参加，相关当事方协商一致，确立集团整体信息化项目规划和预算，以避免预算扯皮。如果预算委员会确定了信息化预算总体金额，当事人之间没有达成一致，那样的预算会落空的。

信息技术人力资源既包括信息化战略规划、架构设计、开发运维等技术专才，也需要高级的技术人才从事前沿技术研究和创新工作等，当然也有机房值班、网线布点等相对基础的技术人才。信息中心是信息科技的实体单位，部门、岗位、编制较多，信息化预算三大成本支出之一就是薪酬，往往没有一一对应关系，肯定存在成本费用不甚透明、较难按照"谁受益，谁承担"的原则进行归集，这也是信息化预算难点之一。只能复杂问题简单化，合理归类目录，按照讨论一致的规则进行计价或分摊。

当然集团也可以根据历史经验数据，信息中心的投入可由其预算调拨，资金来源可按既定规则在子公司之间分摊，或由子公司的利润上缴解决。

四、共享管理机制

信息化服务共享集中涉及管理方、受托方（服务方）和委托方（被服务方）等，信息化工作与业务又是紧密关联和融合，所以相关子公司的分管领导或职能部门负责人应参与信息中心或相关板块内信息化工作，以便建立共享共管沟通机制，实现管理联动、考核联动和效益联动，形成利益共同体，明确责权、共享利益、共担责任，推动集团相关资源的有效整合和共享等。在项目建设方面，建立项目管理机制，强化需求统筹分析、建设过程管理，以不断完善项目投资效果评价机制、费用收取与分摊模式。在职责边界方面，明确管理方、服务方和被服务方之间的职能定位，健全制度规范，优化协同机制等。共享管理机制视集团内信息化服务共享板块、内容和集中程度等因素而定。

五、共享媒介

金融集团内信息化服务共享涉及较多方面和内容，为调动相关方参与共享的积极性，应提高共享的透明度，为此信息中心应建立信息化服务共享的媒介或平台，将可供共享的信息化服务名称、技术内容、适用范围、效果和费用投入等诸方面信息放在该媒介平台上；即使子公司投资自建的成熟组件也应放在该媒介平台上，以供其他兄弟公司可能的共享选择。信息中心要详细分析梳理集团层面、板块层面，尤其是保险和投资板块内可能存在的信息化服务共享清单，也作为共享媒介平台的重要内容之一。

以保险客户信息数据共享为例，保险（集团）公司应建设以电子账户为核心的统一客户信息数据共享平台。电子账户是以消费者为单位，记录消费者的身份信息及与其相关的保单信息的总账户，归集了消费者在保险集团内不同子公司拥有权益（包括所有权，消费者为投保人；索赔权，消费者为被保险人；受益权，消费者为受益人）及其相关信息，用于保险子公司、保险消费者共享自身相关的所有保单信息，并能逐步实现在线投保、保费缴纳、保全服务、理赔查询、领取保险金、投资理财等，为客户提供更完善、更便捷的服务。这一媒介平台也可以归集客户在集团内银行、证券和基金等方面的账户信息。

以电子账户为核心的统一信息平台的建立，实现了客户端全方位的信息归集，有助于保险集团掌握数据的时效性、准确性和灵活性；有助于数据分析与监测预警，防范金融风险、确保金融安全；同一集团内保险、证券和银行等方面的账户，在不泄露个人隐私的前提下进行共享，对数据挖掘分析，可以提高营销的精准度，发现业务潜力所在。也可为各级监管部门提供数据服务，支持监管的现代化转型。

六、共享配置机制

本着集团利益最大化、有利于调动各方积极性为原则，集团信息科技部应牵头建立信息化服务共享的内部市场化配置，包括集团立项的项目经费来源与分摊机制，信息化服务共享的收费目录、费用分摊方法等，也应建立集团内部行政干扰机制。分类分述如下：

一是关于信息技术共享方面。信息技术、知识产权和技术专利等可以无限重复使用的，本身需求共享的机构不会很多，所以不存在拥挤消费或过度使用。

二是关于资产设备共享方面，信息化资产设备主要有基础设施、网络设施和硬件设备等，共享时都会因其容量限制，存在消费拥挤现象。当同时满足最优数量供给和最优使用者数量均衡时，机构用户的平均缴费额将等于供给量/投入成本乘以每位用户的边际替代率，并等于每位用户带来的边际拥挤成本，而且每位使用者的净收益达到最大，否则就要增加购买或新建资产设备，以实现新的均衡。

三是关于信息化专业服务共享方面。这类服务主要由信息化各类技术专业人才提供，因而存在专业人才数量因服务内容过多而被过度使用导致人才短缺，即消费拥挤。当专业服务工作量维持在适度范围内时，可以不需要增加人力资源，但当工作量增加，必须招聘专业人才以满足业务发展的需要，所以成本是呈阶梯式上升的。资源配置与费用分摊呈阶段性稳定状态。

七、共享服务机制

为了提高信息化服务共享的质量和效率，建立透明高效的信息化服务共享机制，包括公布服务标准与监督机制，订立服务水平协议（SLA），建立双方各层面的沟通机制、调研机制等。

八、建立技术共享应用开发机制

作为信息科技主要实施单位的信息中心，要推广服务化架构思想、领域驱动设计理念和模块化开发方法，建立有利于共享的信息技术研发组织，建立基于组件、模块和服务进行集成开发的应用开发模式。结合基础技术平台的建设和集成应用，在应用系统中使用成熟的公共组件，基于良好的模块规范和服务接口，分层分组进行并行开发，在应用系统开发进度、质量得到保证的同时，更好地控制成本，逐步实现系统开发的正规化和平台化，实现自主知识产权、应用系统标准组件等在集团内的共享使用。信息中心应该建立开放的平台解决方案，并对相关技术组件等进行合理分类，各子公司可以免费接入平台系统并查看代码，以方便共享成熟的技术组件、知识产权和专利等，在平台上共同开发系统。而这一机制目前在绝大多数集团没有被试点推广。

集团内的利益总体是一致的，当然也有局部利益与整体利益的冲突，以及集团内部考核等原因所产生的机构之间的壁垒。只要局部利益按照市场化机制得到一定的弥补，集团内部一般多会愿意共享信息化服务。当局部利益与整体利益相冲突且不可调和时，集团也可以进行适当的行政或价格干预。

4. 集团信息化管理模式优化

信息化管理模式必须从信息化治理谈起，因为后者是前者的决定性因素之一。本章相关研究案例主要以保险集团及其保险板块为例展开论述。商业银行等金融机构可借鉴参考。

4.1 信息化治理结构及其优化

金融机构的信息化治理是指通过明确有关信息化决策权归属和信息化工作责任，依据信息化战略规划目标和信息化管理制度，充分利用信息化资源，提升客户体验水准，加强信息化风险管理，促进金融科技创新，推动业务高质量快速发展，实现集团利益最大化的管理机制。信息化治理架构是指金融机构从其董事会、管理层、专业委员会、职能部门和子公司的整体信息化管理组织及其职能分工与合作，把信息化建设和安全责任落到实处，定岗、定职、定责。

根据我国银行业和保险业相关监管规定，商业银行和保险机构的信息化治理应设有信息化工作委员会，分管总经理或者首席信息官等基本组织和岗位。国外一些知名金融集团十分重视信息化工作，设置了全方位数字化高管团队，包括首席数字官（Chief Digital Officer，CDO）负责设计并提供客户体验层面的企业级数字能力建设，首席科学官（Chief Science Officer，CSO）负责搭建数据科学家团队，开展跨业务线、跨职能线的数据分析，首席技术官（Chief Technology Officer，CTO）负责信息技术部门的战略性重组，首席信息官（Chief Information Officer，CIO）负责信息技术系统和平台的建设和信息安全，首席风险官（Chief Risk Officer，CRO）负责信息化风险管理。我国金融集团可以参考设置。

一、信息化治理结构介绍

集团信息化治理结构一般有三种：联邦式、分散式和集中式。三种形式根据信息技术资源以及决策机制在信息技术职能部门、业务单元（子公司）的分布，据实采用。

（一）分散式治理结构

分散式治理结构指信息化资源、信息化决策分散于各个业务单元（BU，子公司）。每一个业务单元拥有独立的 IT 部门，以承担单元内部的信息化建设、运行与管理。分散式治理结构通常适用于以业务创新为驱动，快速响应业务需求变化为导向的信息化战略，各单元基本自行管理信息化工作，完成需求分析等开发职能。这一模式可以简化协调层次，提高沟通与决策效率，提升信息化服务的响应能力。但是分散式的治理结构非常依赖于一个建立在机构总体层面的信息化管理政策体系。但这种方式在集团层面上对各单元进行信息化集中管理难度很大。如果缺乏机构总体层面的统一管理，容易导致基础设施和应用重复建设，并可能会降低信息化服务共享程度和效率等问题。

（二）集中式治理结构

不同于分散式治理结构，在集中式治理结构下，集团通常会设立一个信息化职能部门对其所有的信息化工作进行统一管理。该职能部门与各业务单元不会建立对应关系，而是按照信息化工作流程管理，一般分为需求、开发、测试、运行等信息化业务部门，并作为被独立考核的主体。这种治理结构具有部门职责明确、管理容易、组织方便等优势，有利于信息化工作的优化，有利于资源的有效整合，有利于技术解决方案导向的信息化战略。由于较强的信息化驱动因素，信息技术与业务需要紧密融合，在技术方案导向下业务单元与信息化部门在需求、开发、运维及成本控制等方面需要较多协调，故在本治理结构下，容易造成信息化工作与所经营的业务脱节。

（三）联邦式治理结构

联邦式信息化治理架构综合了分散式和集中式的部分优点，集团通常会设立一个信息化职能部门对其所有的信息化资源、运营决策进行统一管理。同时在该部门内部一般按照对应条线配置信息化资源，对可供共享基础设施等提供统一的建设运行维护。通过决策机制和考核机制，建立信息化职能部门与各业务单元的协同机制，例如共同决策，信息化绩效与对应业务单元业绩挂钩等。基于以客户为中心，以服务为导向，在联邦式治理架构下，可以实现在需求分析、开发、测试、项目管理等职能上，信息技术部门与业务条线相互对应，从而面向业务整合资源，以便更加贴近业务需求，有助于提高信息化服务的专业化水平，共享基础设施服务，有助于降低运行维护成本等。由于信息化职能部门内的技术条线可以与业务单元进行沟通，提高了信息化业务条线与业务单元之间的协调效率。

这种模式还是存在以下主要问题：一是没有分清哪些信息化服务可以共享、共享的层级，哪些信息化服务应该集中在集团层面、板块层面或子公司层面，如果没有遵循集团内信息化服务集中是以共享为前提分层集中这一逻辑，片面强调物理集中，不该集中的集中了，就不能实现其降本增效提质之初衷，还会导致成本的增加。二是信息化资源和服务还是全部集中在集团层面，虽然信息中心建立了对应于子公司的服务部门，由于还是统一集中服务，存在一定的信息技术与业务经营管理不能深度融合的现象，会使前端信息系统升级迭代、运营维护，新系统开发等与一线机构、市场和客户之间存在时间和空间距离，导致沟通传导有时滞，乃至不畅或脱节，增加了沟通成本，易产生技术漏洞和程序缺陷。三是金融业的创新发展往往由经营管理、客户需求和业务发展等所驱动，倘若信息化建设的主角在集团，而处于一线的金融机构是专属的信息化工作的配角，仅仅是需求的提出者、参与者，不是直接决策者或主导者，则不利于整体创新发展。

二、当前信息化治理存在的问题

治理依据几乎空白。原银监会于 2009 年颁布实施的《商业银行科技风险管理指引》涉及银行业信息化治理，业已落后于信息化的发展。原保监会于 2015 年下发了《保险机构信息化监管规定（征求意见稿）》，但至今未予施行。

治理存在灰色地带。保险集团在保险板块、投资板块的信息化治理相对强一些，商业银行则在银行板块信息化治理强一些。金融集团整体的信息化治理存在不同程度的短板，尤其是作为信息化服务和金融科技主力军的集团信息中心与专业子公司之间的信息化管理职责不甚清楚，存在灰色地带。

没有考虑集中的前提条件。如前所述，金融集团内信息化服务集中是以共享为前提的分层共享集中，上述三种信息化治理模式大多没有考虑这一逻辑，更多考虑物理集中。信息化服务大集中不会产生规模经济效应，实现降本增效提质之目的。信息中心过于考虑设置对应部门提供信息化服务，没有从有利于信息化服务共享角度设置开发创新架构。

信息化治理水平有待提高。信息安全部门大多没有独立设置，与信息化风险管理之间的本质关系没有理顺；尚未考虑信息化风险管理与信息安全管理之特点，实施集团内统一标准化、规范化管理；尚未针对信息化风险特点，重构信息化风险管理的防线；业务连续性管理的落脚点在具体经营的子公司，同一家子公司或同一条线的业务连续性运营管理、系统连续运行计划会涉及两个及其以上的独立机构，容易产生故障延迟处理问题，难度也会有所提高。

增加了信息化预算的难度。金融集团内信息化服务大集中于信息中心，其收入来源于被服务方的项目投入和所支付的服务费。集团信息化规划和预算涉及较多各自承担经营考核指标的独立法人机构，且项目种类与内容较多。在经营压力越来越大的情况下，信息化预算投入与分摊成了主要难题，尤其是那些基础性、前瞻性、战略性、创新性、共享性项目投入大、见效慢，预算来源及其分摊难度较大；信息化建设的近期与远期、局部与整体利益如何解决是实现集团利益最大化的一个难点。

三、信息化治理结构优化

信息化治理模式是金融（集团）公司上层决策机制。无论是哪一种治理结构模式，都应以有利于推动集团业务发展，有助于提升经营管理水平，有利于信息化服务共享、决策效率和质量的提高，有利于信息化风险管理，有利于金融科技创新发展为衡量标准，归结于最重要的一点就是有利于集团整体降本增效提质。

根据原银监会颁布的《商业银行信息科技风险管理指引》，参考原保监会下发的《保险机构信息化监管规定（征求意见稿）》，考虑各子公司独立法人的自主经营、独立核算、绩效考核等情况，以及上述三种信息化治理结构的介绍，集团信息化治理模式的优化应以第三种联邦式治理结构为基础，优化后的信息化治理结构是指在集团战略规划和信息化规划的统一指导下，基于集团内信息化服务集中是以共享为前提的分层集中这一基本遵循，以横向（共享的信息化工作为主）为统筹治理，以纵向（专属的信息化工作为主）为单元治理，横与纵相结合的优化治理模式，简称"横与纵治理架构"。基本特征是二级治理、三级共享、三层集中、市场配置、适度干预。组织形态是信息科技部为集团信息化主管职能部门，信息中心主内、为信息化服务共享的建设和运营管理主体，子公司配合并负责自身信息化工作，金科（如设立）主外、主要为集团外部客户提供信息化服务（也可接受子公司委托的业务）。需要注意的是这一模式必须明确各自的职责边界与协同配合。以保险集团为例，集团完整的信息化治理框架见图4-1。

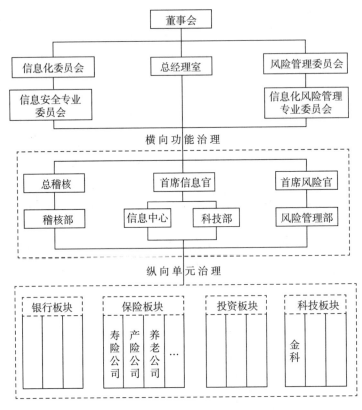

图4-1 共享机制下保险集团信息化治理框架

注1：横向功能治理包括集团信息化战略规划、预算投入、统筹协调、两个层级共享、稽核、信息化管理和建立信息化管理模式与机制等；

注2：纵向单元治理指各业务单元成立信息化治理架构，在集团统筹领导下，管理自身信息化工作；

注3：板块是虚拟化的，不是一个组织。

由于信息化风险具有普遍绝对性特征，完全杜绝是不可能的，信息化治理要在信息化投入与信息安全之间取得平衡。信息化治理还要从结构和机制两个方面建立适当的监控平台与手段，确保信息化管理与业务经营两方面依法合规，风险可控。

优化后的信息化治理结构遵循了集团内信息化服务集中以共享为前提的分层集中这一基本逻辑，有利于加强业务连续性管理，减小了信息化预算的难度。

信息化治理最为重要的是监管文件的完善。《商业银行科技风险管理指引》2009年颁布，久已时远，《保险机构信息化监管规定》没有生效。两份文件存在较大区别。银保监会应制定统一的《银行保险机构信息化监管规定》，刻不容缓。

信息化治理在金融（集团）公司直接而具体的体现是治理架构的设置优化，一是在信息化委员会下设信息安全专业委员会，同时要在信息中心设立信息安全部门，二是在风险管理委员会下设信息化风险管理专业委员会，在信息中心风险管理部下设信息化风险管理科室。信息中心的风险管理部和信息安全部在集团风险管理部、信息科技部和信息中心的双重领导下，对集团各单位开展规范、标准的信息安全风险管理工作。进一步明确风险管理部负责整体的信息化风险管理，信息安全部门应在风险管理部的统筹下，专门负责信息安全工作。确保信息化风险管理一盘棋，一起推动将信息化风险管理。

信息化治理是金融集团顶层设计内容之一，是公司治理中至关重要的一部分，对能否达到设定的远景、使命、战略目标较为关键。信息化治理的对象是人，要求人与人之间建立协作机制，为此要建立合理的信息化绩效考核与问责办法。

4.2 信息化管理模式的决定性因素

信息化治理需要与之相应的信息化管理模式，以及规章制度、安全指标体系、内部控制工具和方法等来配套。信息化管理是在既定的信息化治理模式下，管理层为实现公司的目标而采取的行动。缺乏良好信息化治理模式，即使有"很好"的信息化管理体系（实际上是不可能的），也就像一座地基不牢固的大厦；同样，如无有效的信息化管理模式，单纯的治理模式也只能是一个美好的蓝图，不能解决信息化管理中存在的问题，实现信息化治理的目的。信息化管理最初的对象往往是业务系统，以保险业为例是两核管理及其系统。

一、两核管理演变与信息系统

经营管理和客户需求往往是信息化建设的主要推动因素，故金融集团都十分重视其信息化建设。两核系统是保险公司的核心业务系统，是信息技术在保险业最初应用领域之一，信息化管理模式的演变从此说起。

我国恢复保险业四十年来，经营管理模式经历了自我摸索、由外借鉴、改革创新，由粗放到精细，逐步走向成熟。两核模式的演变也可以说是保险公司经营管理模式演变的缩影。

1995 年以前是自主分散阶段。保险公司经营管理极为粗放，分公司有较大的自主权，产品（财产险、车辆险和货运险老三样）较为单一，分公司乃至支公司都可自行决定是否承保。再加上我国地域广袤，业务环境迥异，保证险、责任险和信用险等高风险业务需求较多，专业人才断层，这一阶段两核风险频出，有的给公司造成巨大损失。

1996—2000 年是分级控制阶段。在两核政策规定和权限内，由分支机构自行两核，不符合两核规定和超权限的，则由公司总部人工审批。少数保险机构虽然开始了部分业务的两核系统控制试点，但因两核系统处于初始阶段，机构还是可以越权决定的。两核主要靠规章制度、人工批复和检查方式等进行管理。

2001—2010 年是总公司集中运营阶段。在前期系统控制两核试点运营的基础上，为了提高两核运营质量和效率，各家保险总公司纷纷成立两核中心，将两核集中在总公司运营操作，由条线管理变为块块管理，将所有标准化、流程化的业务之两核政策和权限等规定嵌入业务系统，基本实现了通过信息系统对所有业务的两核管控。

2010—2015 年是集团系统集中运营管理阶段。2010 年前后国内主要保险集团相继成立，并将其旗下保险公司两核业务统一集中作为加强集团管理的一个举措，两核系统相应作了调整，但没有多大变化，因为不同的两核部门还是服务于不同的专业公司，仅仅是两核业务运营在专业公司集中的基础上进行了再次集中。

两核集中于集团运营磨合一段时间后，引起了业内普遍的反思：一是我国保险业高度市场化、个性化，价格敏感性、时效性要求都较高，两核决策需要快速响应。二是从市场营销、产品开发定价和核保核赔一体化经营决策角度出发，需要提升经营管理链的协同效应。三是两核是保险公司经营管理的核心，是业务经营决策的中枢，监管要求各家保险公司必须要有自己的核心业务系统，且不能外包。因此，同类型公司两核共享程度较低，不同类型保险公司之间的两核共享程度更低，但相关技术组件有共享机会的。四是两核高度全面集中可能存在不经济现象。

以财产险中的车险为例，车险两核是较为标准化、流程化的险种，应该说完全可以集中在集团层面运营。保险集团成立时大多将车险两核集中起来，但是经过一段时间磨合，纷纷回归保险公司。因为车险利润超薄，往往处于盈亏平衡的边缘，乃至承保亏损，是精细化管理的险种。车险的产品精算、营销策略、两核政策等要根据监管政策、当月经营状况、市场变化等需要随时协同调整，信息系统同时需要根据业务政策、更新系统流程或权限设置。如果车险的综合费用率、综合赔付率涉及两个独立的单位，如何进行考核？没有扯皮才怪呢！这是典型的标准化、流程化产品也不能集中于集团运营的重要理由。标准化如此，非标准化的财产险、工程险自始至终都没有实现集团层面的集中运营。

2015 年前后，绝大多数保险集团将两核归还保险子公司，让两核队伍更为直接、及时听到"前线的炮声"，使经营管理决策更加贴近市场。这也是不能共享的信息化服务回归保险子公司的原因之一。

两核运营管理的演变历程，其组织形态经历了由条线指导、条线纵向管理（业务条线）、块块横向管理（保险公司内部设立两核中心）、集团层面管理，再回到块块横向管理。目前，我国保险业的两核几乎都回到保险子公司总部集中运营管理的模式，少数继续实行集团层面的集中，利弊自有各家诸言。

非标准较强、个性化的两核业务即使集中在子公司总部层面也是以人工为主，由系统操作配合来完成两核。国外一些保险集团两核也有按照区域、险种、客户等分类进行两核集中运营管理，也没有做到所有险种的全面集中运营管理。险种的条线管理一直存在，需要分权限、按条件进行分级审批。

两核业务管理模式变化所带来了的信息化管理的变化是信息化管理模式演变的一个缩影而已。应该说两核业务管理模式对信息技术系统的变更影响不大，因为系统是一个灵活切换、延展的工具或平台，但对信息化管理模式会产生一定的影响。

二、信息化管理模式的影响因素

信息化管理模式是指金融（集团）公司根据自身经营管理的需要，基于信息化治理框架而建立的信息化日常运营管理的模式，直观的反映就是信息化管理的组织形态、流程环节、方式方法等。该模式由多重因素决定。

（一）法规政策

国家的法律条例、信息化主管部门的规章制度和行业监管部门的监管规定是信息化管理模式的决定性因数之一，对金融集团信息化管理模式影响较大。

（二）资本实力

信息化建设是费时费力费钱的工程，既有系统开发运维的投入，又有战略性、前瞻性的项目投资，还需要持续性的资金投入，以促进信息化建设不断升级迭代，满足经营管理的需要。例如系统开发运维、数据中心等信息化项目的建设与运行管理采用何种方式（自主、外包、自主与外包相结合等）与集团的实力息息相关，进而对信息化管理模式产生影响。因此，集团的实力和信息化建设的性价比是信息化管理模式的影响因素之一。

（三）发展战略

金融（集团）公司等都会根据国家五年规划，定期制定发展战略或三年滚动预算，信息化发展战略是其总体发展战略的重要支撑。如何转型发展，走传统型金融公司还是走金融科技公司或互联网公司，专注于集团主业还是走向综合经营，"引进来"还是"走出去"；立足国内还是跨国经营等，不同的发展战略对信息化管理模式的确立起着重大影响。

（四）管理类型

按照经营管理维度分类，集团可分为资本控制型、战略控制型、经营控制型等，显然集团信息化管理必须根据不同的管理类型来设计，与之相匹配，满足集团对子公司的管理。以资本控制和战略控制型的集团为例，集团层面信息化建设的重点在制定战略规划，确定预算投入，推进战略实施等。经营控制型除了上述信息化建设外，还要对子公司的业务运营进行管控、分析、指导。实践中，这一分类界限已经不甚清晰。信息化管理模式必须根据集团管理类型和需要而塑形。

（五）经营范围

如前所述，金融集团一般都由最初的银行业或保险主业发展起来，有的坚持主营业务，适度发展上下游或横向金融业务，有的则完全综合经营，横跨保险、银行、证券、基金、投资，乃至生态圈上下游业务，信息化管理模式需要随之进行调整。

（六）经营管理模式

经营管理模式是指集团、各家公司的经营管理决策方法和流程等。保险业务经营管理模式主要内容包括业务流程、业务渠道、两核管理、财务资金管理、客户服务、风险管理等，其中某一部分及其组织管理形式的变化都或多或少影响到信息化运营管理模式。

（七）共享集中程度

集团内信息化服务是否实行共享、共享内容、共享层级的设置和集中程度等会直接影响到信息化的治理架构和组织形式，进而成为决定信息化管理模式的因素之一。

不同的发展阶段有不同的发展战略、管理类型、经营管理模式等，信息化管理模式也应适时调整优化。

4.3　信息化管理模式比较研究

信息化管理模式较为直观的反映就是其信息化条线管理方式、经营管理信息化的过程及其组织形态。

一、现行信息化管理模式

不同的集团，信息化管理方式、内容等有所不同，但信息化管理现行模式还是可以归纳提炼为以下三种。

（一）全面集中模式

集团成立之初，一般都将信息化的战略规划、预算投入、信息安全、开发建设、运营维护等所有信息化工作集中于集团层面，由集团信息中心/信息科技部全面负责，子公司成立运营职能部门与之对接，并负责各自需求。这是集团成立初期采取行政命令推行的理想化模式，这种模式当初几乎没有考虑集团内各家子公司经营范围之差异性、系统的专属性、信息化服务共享的逻辑性、降本增效的可能性等因素。

（二）模块集中模式

由于信息中心/信息科技部队伍庞大，管理的资产巨大，工作内容众多、任务繁重，集团于是将信息化职能管理与信息化具体工作分离，即将信息科技部与信息中心分设。信息科技部负责集团系统信息化战略规划、预算管理、协调推进等全局统筹管理职能。信息中心负责信息科技部职能以外的所有信息系统建设、运维、数据中心运行等具体信息化工作，以及信息科技部布置的相关工作，乃至协助其履行相关职责，集团对信息中心实行事业部制管理，我们称之为模块集中。由此信息化管理形成了在集团总经理室和信息化委员会领导下的信息科技部为领导方、集团相关部门和子公司为被服务方（或者称为业务需求方，也是信息化建设的主要出资方），信息中心为服务方（成本中心），三足鼎立的信息化运营管理格局。

（三）共享集中模式

在集团的统一领导规划下，信息中心主要负责集团管理自身相关系统，集团内共享性系统、信息化管理与服务，集团确定的战略性、在集团的统一领导规划下，信息中心主要负责集团管理自身相关系统，集团内共享性系统，集团确定的战略性、前瞻性、共享性、基础性、创新性项目的研究开发，以及集团整体的数据中心、灾备中心运行等。专属信息系统建设、运维管理等信息化工作集中于各子公司。这一模式最重要的一项工作内容是要确定哪些信息化工作集中于集团信息中心，哪些是子公司层面。

二、信息化管理模式比较研究

（一）全面集中模式

1. 优点

一是统筹执行力度较强。集团层面集战略规划、预算投入、开发运维等于一体，有利于期初投入大、见效慢的战略性、前瞻性、共享性项目的立项建设，协调管理层级少，有利于工作效率的提高。

二是职责边界较为清楚。专业公司设立相关职能部门，接受集团条线管理指导、收集辖内机构的信息化建设要求，提出信息化建设项目及其详细业务需求，其他都是集团层面的工作，职责边界清楚，扯皮推诿少。

三是便于集团内部共享。这一模式下，所有的信息化服务与资源等都集中于集团层面，有利于打破集团内子公司之间的技术和管理壁垒，便于可以共享的信息技术、服务和资源实现内部共享，避免重复建设与投入。

四是有利于标准化实施。全面集中有利于实施信息化建设的标准化、流程化和规范化，有利于信息安全、风险管理与合规等管理制度的统一与规范。

2. 缺点

一是集团层面的信息化集中是在专业公司总部信息化集中基础上的二次集中，会使信息系统升级迭代、运营维护，新系统开发等与一线机构、市场和客户进一步扩大了时间和空间距离，导致沟通传导有时滞，乃至不畅、不准确，技术与业务可能相脱节，甚至不能用同一"语言"进行沟通，容易造成沟通与服务不到位，增加沟通成本，需求统筹调研分析与系统开发运维因此可能产生偏差，容易造成开发和运行出现技术漏洞、程序缺陷。

二是这一模式乃集团成立之初的产物，是行政干预的结果，强调的是物理集中以促进共享发展，实现降本增效，实践结果可能存在某些方面的事与愿违，因为信息化服务共享是有内在逻辑，集中是以共享为前提的。如果没有遵循这一规律，片面强调物理集中，就不能很好地践行共享发展的理念，不能实现降本增效提质之初心，且直接影响了保险子公司信息化建设的积极性。同时，信息化工作全部物理集中于集团，不该集中的也集中了，信息中心一般还是设有专职部门为不同的子公司提供信息化服务，有点形似集中，神似则非也。高度集中必定存在不经济现象。

三是行业的创新发展往往是业务驱动的，金融市场、服务模式、产品创新、渠道拓展、客户个性化需求等是信息化创新的重要推手，同时信息技术与业务经营管理的相互融合，会不断提高创新发展的速度和质量。倘若专属的信息化工作的主角在集团、而处于一线的子公司为配角，技术与业务相互融合有隔层，不太利于整体创新发展。

四是双模 IT 的采用和自身创新发展的需要，子公司纷纷设立自己的信息科技职能部门，从事创新和敏捷开发。由分属两个不同单位的信息化部门为同一对象提供信息化服务，可能存在人才浪费现象，难以产生一加一大于二的效果。

五是信息化工作与市场营销、产品开发、运营管理、分析决策等密不可分。全面集中导致信息系统运行管理涉及两个乃至多个独立单位，对系统升级迭代、安全运行管理协调都提出了不小的挑战。技术创新与敏捷开发一般都与核心业务系统紧密相关，核心业务系统的升级迭代和运行维护等与创新敏捷开发所外挂的功能模块也是密切相关的，同一信息系统有不同单位牵涉其中，当发生信息事故，分清故障原因与责任是颇为费神费力的事情，扯皮现象不可避免。即使分清了责任，也会伤了感情，以后会产生防备心态，明哲保身，不利于今后工作的协调开展。

六是信息化全面集中于集团，再加上信息化工作的特性，信息化成本分摊很难做到一一对应，完全透明，导致信息化预算较难在相关当事方之间达成一致。

（二）模块集中管理模式

1. 优点

这一模式实现了集团信息化战略规划等管理职能与具体建设运行管理职能的分离。虽然信息中心实行事业部制，但毕竟是集团的部门，故前述第一种模式的优点还是存在的，但稍微有所弱化。

2. 缺点

这里主要比较研究这一模式下关于信息中心改制为金融科技公司后的劣势。2008年，国内某保险集团在所有信息技术力量集中的基础上，率先改制成立金融科技公司，受此影响，一些保险集团亦步亦趋，近二年来，大型商业银行也纷纷效仿，意在提升集团金融科技含量，服务好集团系统的前提下，参与信息化市场竞争，对外提供服务，增加集团收入来源的渠道。

金融科技公司的成立，改变了信息中心与子公司存在的上下级关系，成为平行关系，进一步强化了这一模式下三足鼎立的局面，带来的缺点会更多，具体分析如下：

一是作为独立法人，即使服务于集团系统为根本，不以盈利为目的，但被认为是有盈利的企图，双方会站在自身角度思考对方。子公司还可能认为，既然是独立法人，应该参与市场竞争，为集团创收，如收入还是全部来自集团内被服务方所支付的服务费用，金融科技公司会被置于尴尬的境地，也会导致局部利益与集团整体利益不协调。

二是在行业竞争激烈的情况下，子公司经营压力加大、利润趋薄，信息化协调工作难度就会加大，成本分摊、费用收取和年度预算成为老大难问题，还会出现子公司拟付金融科技公司的信息化预算与后者收取的服务费预算不一致的怪现象，预算流于形式，不利于战略性、前瞻性、基础性、共享性等项目投入，尤其是在行业周期性低谷阶段，这种矛盾会进一步凸显。

三是信息中心组织形态下，毕竟是集团层面的职能部门，与子公司存在某种意义上的上下级关系，有利于工作上的协调。金融科技公司组织形态下，同一项目或事件中，如存在职责边界交叉，可能容易产生各说各话，推诿扯皮的现象。

四是金融科技公司可以对外拓展市场，增加了收入的外部渠道。但近年来的实践说明，绝大多数没有实现外部收入零的突破，或者微乎其微，可以忽略不计，还是主要来源于集团内被服务方所交的服务费。因是独立法人，就要开立增值税发票给子公司，这会增加集团系统的整体税负成本。

五是子公司与金融科技公司之间的实质关系是信息化外包，既然金融科技公司可以拓展市场的信息化业务，应该也允许子公司招标选择信息化外包商，比较经济性、合理性。这对金融科技公司提出了挑战。

（三）共享集中模式

1. 优点

总体来讲，这一模式是对第二种模式的扬长避短，将不能共享的中端和前端个性化的信息系统（如面向客户端的系统），按照信息系统所有权归属，回归各子公司负责，解决了全面集中和模块集中两种运营模式的一些问题，优点分析如下：

一是基本解决了信息化工作与业务一线脱节，业务需求与信息技术相互分离，有利于信息技术与业务的融合、促进创新发展，有利于根据市场和客户的反应，信息系统的流程、权限设置等及时作出快速反应。

二是减轻了项目投资的收取和分摊、内部服务费等信息化预算项目等方面的扯皮现象。

三是基本明确了哪些系统应集中在集团，哪些应集中于子公司。一定程度上减轻了强行集中所带来的不经济现象。

四是专属于子公司的信息化工作回归后，在集团统筹管理下，子公司集信息化战略规划、预算投入、开发运维于一体，相关的规划、开发与需求等在同一公司内部完成，有助于信息化建设与发展在一个单位内部解决，与优化后的集团信息化治理架构比较接近。

五是信息化故障发生后责任划分扯皮的问题会相对减少，有利于进一步提升故障处理效率和质量。

六是人跟事走，原先在信息中心的相关技术团队重新回归子公司总部，与其信息科技部团队有机整合，会产生一加一大于二的效果。

2. 缺点

一是按照系统产权属性回归子公司后，同一板块内部公司间共享难度有所增加。

二是信息化管理三足鼎立所带来的问题依然存在，但降低了全面集中和模块集中所带来的相关问题。

上述三种模式存在三个共性问题，一是都没有认识到集团内信息化服务集中是以共享为前提的分层集中这一内在逻辑，即没有按照集团、板块和子公司三个层级来考虑共享前提下的集中，而这恰恰是集团信息化治理架构和信息化管理模式的基本遵循。二是共享集中主要考虑的是信息系统、灾备中心和数据中心等方面，没有考虑集团内统一标准化的信息化管理方面的共享，包括信息化风险管理、信息安全管理、质量管理等，以提升集团内信息化管理水平。三是没有建立技术共享应用开发机制，以共享集团内专利技术、成熟组件和知识产权等，提升信息化技术共享的质量和效率，降低重复投资和浪费。

每一种方案都有其优缺点，需要分析哪些是关键的、哪种方案优点大于缺点，缺点是否能够通过相关机制安排来解决，总体权衡考虑。

4.4　信息化服务共享变革案例

三种信息化管理模式各自存在的缺点和信息化治理面临的共性问题（也会直接反映到信息化管理中），或多或少在不同的金融（集团）公司的信息化管理中有所体现，保险集团更为突出，这也是近年来保险集团信息化管理模式不断调整变革的原因。大多数著名金融集团拥有强大的后援服务系统，通过搭建统一、集中、高效的信息技术支持平台，统一服务作业标准，进行信息化共享集中。跨国金融集团将信息化服务共享分为集团共享、区域共享、板块共享和混合共享等。这里分别研究国际和国内两家著名保险集团的共享变革案例。

4.4.1　国外 DA 保险集团案例

DA 保险集团早在 2010 年之前就建设了系列基础性共享服务设施。2010 年集团组建了共享中心（AMOS），制定了标准化的中后台运营管理流程和模式，以期整合资源，推动数字化转型，降低集团管理的复杂度，实现降本增效。

2015 年集团制定了五大方面的复兴战略计划，以谋求集团向高质量发展转型，其中之一就是全面数字化战略，简化产品和业务流程，专注数字化技术和平台研发。2010 年至今十多年中，AMOS 采取了四大举措，实现信息化管理模式的转型：

整合集团内共享职能。在 AMOS 成立前，DA 就不断推动全球各子公司的业务流程、组织架构的标准化和相对统一的运营模式，为整合共享职能奠定了坚实的基础。AMOS 成立后，持续整合分散在集团内部的共享职能，确立为全球各子公司提供信息技术基础设施建设、平台和应用开发、商业服务为信息化服务共享的三大方向，包括核心业务平台、商业智能和大数据平台、财会报表平台、人力资源平台、风险管理与合规平台、全球服务资源平台、全球保险运营中心、DA 内部咨询等。

重组内部应用架构。2016 年，AMOS 将原有的基础设施、应用平台、商业服务三大服务板块细分为八大服务支柱，包括架构和信息安全、全球运营平台、客户平台、全球产品线、全球发布网络、解决方案管理等，分别提供精细化的数字解决方案。同时 AMOS 内部提出 20/15 计划，即为在 2020 年实现集团数字化目标，在 2015 年前弥补自身存在的短板，确定快速交付数字化转型项目、提供更稳定的运营系统等具体任务目标。

将信息化前瞻性、战略性基础设施建设作为共享的集中基础。2013 年起，DA 集团将信息技术基础设施建设作为支撑数字化的关键，主要包括全球网络、数据中心整合、DA 虚拟客户端、全球身份和访问管理等。

一是全球网络（DA Global Network）：将集团分散在各地网络集合为高速的数据和语音网络。

二是数据中心整合（Data Center Consolidation）：将 DA 的异构数据中心环境转变为统一的私有云基础架构，超过 140 家集团内数据中心整合到 5 个战略位置。

三是虚拟客户端（DA Virtual Client）：为员工提供灵活的虚拟桌面环境，协助维护 DA 的全球业务连续性运营管理。

四是全球身份和访问管理（Global Identity and Access Management）：用于身份识别和身份管理的全球身份存储和工具套件。

持续推进全球应用平台开发。一是移动和互联网应用系统。二是 DA 保险核心业务系统。三是全球分析平台，为客户提供一致的数字化体验。四是确立数字化是客户与保险公司交互的主要方式。保险客户所期待的是简单清晰的产品展示、一键式购买体验、24 小时在线响应、定制化创新性产品。保险集团需要以 360 度的客户视角，改变原有的产品和服务交互方式，创造人性化、无缝连接的客户体验。

为实现"完全数字化"目标，DA 提出"数字默认（Digital by Default）"和"技术卓越（Technical Excellence）"战略，并设立了五大转型支柱，即全球数字工厂、全球数字合作伙伴、完全数字业务（Digital Pure Play）、投资初创企业（DA X）、高级商业分析，从多角度实现数字化转型。

在实施数字化转型前，往往需要内部"软件"和"硬件"都做好充分准备，硬件方面主要指信息技术运营层面的升级，软件方面则包括管理层、组织架构、人才配备等。

坚持创新驱动，探索生态圈+科技孵化器。为顺应移动互联时代的需求，DA 加快自身生态圈的构建。对内部，DA 将其保险核心业务系统 ABS 打造成为开放的平台解决方案，合作的保险公司或信息技术公司可以免费接入系统并查看代码，各方在资源公开的平台上共同开发系统。对外部，DA 接入其他创新平台和应用程序，消费者不需要登录其集团的 App 或者网站，可直接在第三方平台上选择 DA 的产品和服务，通过流量导入快速扩展市场份额。同时，DA 也在探索新的商业模式，一是通过初创公司孵化快速扩展产业边界，集团旗下设有创业孵化器公司，专注于保险、资产管理、协助服务领域的创新性业务，发掘有潜在价值的创业公司对其进行投资开发。二是通过成立独立实验室培育创新项目，成立了"全球数字化工厂"，由不同国家的专家和技术人员组成的客户体验专家团队在 6~8 周内完成用户需求探索、跟踪数字化进程、将用户概念转化为数字型解决方案、将解决方案试点推广到其他国家的全过程。

信息化基础设施及网络平台的建设离不开大量持续的投入。2010—2016 年，DA 集团对 AMOS 的年均投入超过 3 亿欧元，主要集中在软件投资及运营设备采购等方面。随着 AMOS 职能的不断丰富，人力成本也不断增加，全球员工数量从 2011 年的 1711 人增长到 2015 年的 4314 人。不过，投入的回报已经开始显现。DA 集团通过信息化共享服务和规模应用效应，不断推进降本增效提质，根据核算数据，2015 年基本回收了之前信息化投入。

4.4.2 国内 CP 保险集团案例

中国 CP 保险集团是国内外具有重要影响的保险机构，是国内金融行业信息化管理模式变革的一个典型代表，研究其综合金融下的信息化管理模式变革不无参考意义。

从 2002 年起，CP 集团大刀阔斧实行"系统集中，人员集中，预算集中"的信息化治理与管理模式大改革，旨在改变集团内每家保险公司都自成体系的信息化管理模式所导致的人力资源、信息化基础设施、技术设备和相关资源重复建设和资源浪费的现象。2008 年，为推进集团综合金融战略，确立了"一个客户，一个账户，多个产品，一站式服务"的信息化应用架构体系，进一步推动后援集中项目，实现组织架构与运作模式的优化与完善。与此同时，集团将原先信息中心的事业部制改为公司制，成立 CP 金融科技公司（以下简称"CP 金科"），实行公司化、市场化运作。CP 金科是集团的高科技内核，面向集团公司及其下属子公司提供信息化规划、开发和运营等信息化服务。经过几年发展，集团实现了信息化服务的完全集中，集团内的相关信息化业务全部委托 CP 金科来负责实施。

2012 年，互联网兴起，集团趁势全盘布局，成立了 7 家互联网公司，覆盖医食住行。按照互联网"短平快"的特性，各个互联网子公司又配备了自己的 IT 团队，以快速应对市场变化以及用户需求。CP 金科作为集团层面信息技术主战场，其职能开始逐步转变，主要任务是数据中心整合和信息安全。

2015 年前后，CP 集团致力于成为国际领先的科技型个人金融生活服务集团，以"金融+科技""金融+生态"为指引，以科技引领业务变革，积极推动"科技赋能金融、科技赋能生态、生态赋能金融"转型发展战略，将创新科技深度运用于构建"金融服务、医疗健康、汽车服务、房产服务、智慧城市"五大生态圈，优化综合金融获客渠道和质效。通过"一个客户、多种产品、一站式服务"的信息化服务共享变革，助力其综合金融整体发展，持续提升服务效率、完善风险防控、降低运营成本、促进业务发展。

2016 年，财险、寿险、养老险、证券、信托和普惠等传统金融业务也相继互联网化，原先在 CP 金科的开发运维等信息化职能相继回归专业公司，集团内各子公司重新设置了信息化职能部门和信息技术团队。集团从共享角度出发，对 CP 金科进行重新定位，以信息化服务共享为前提，明确了五大重点职能：一是集团系统整体共享或相关板块内共享的信息系统运行服务；二是信息安全、数据安全和运营安全等方面的专业技术服务；三是成为支撑各个专业子公司的平台，包括集成云平台、大数据平台、信息安全平台、统一账户体系平台和用户体系平台；四是科技创新和孵化；五是基于自身信息科技实力，信息化发展趋势和市场的需要，CP 金科瞄准技术前沿，为社会提供信息技术和智慧城市建设服务，实现了信息化服务外部市场化共享。最终第五项职能成为 CP 金科最为重要的定位。

由此归纳，CP 集团的信息化管理模式的演变经历了三个阶段：2008—2012 年属于完全集中阶段，各家公司的信息化服务全部交由 CP 金科来完成。2013—2015 年为混合模式阶段，随着互联网和移动互联网的兴起，集团保险子公司为了迅速适应和跟上市场变化的节奏，对信息化工作提出了"更快"的要求，为实现这个目的，各公司再次成立了自己的信息技术部门，主要承担与业务紧密相关的系统开发工作。这个阶段，CP 的信息化运营管理处于混合模式，CP 金科和各家公司在信息化工作上的职责有所重叠。2016 年至今，集团重新梳理了信息化运营管理模式和角色分工，CP 金科专注于两大方面：一是服务于集团共享性、基础性、全局性、创新性的信息化工作，包括科技创新赋能金融和生态圈；二是面向市场，为社会提供信息技术、金融科技和智慧城市等方面的解决方案，实现了信息技术和服务外部市场化共享。各子公司则专注于业务相关的前端应用系统建设和维护。

CP 集团的信息化管理模式的优化，极大地促进了保险科技的创新，以 2020 年度为例，CP 集团先后获得了 20 多项国内外技术创新奖项。科技创新的目的是科技成果的应用与转化，以期降本增效，管控风险，拓展获客渠道和质效，促进业务健康快速发展。如融入了声纹和微表情识别的产品伽马投入生产后，仅一个月的调用量就过亿。该产品在 CP 集团的普惠应用后，CP 金科根据个人相关生活信息确定的个人诚信和还款能力所建立的立体信用评估体系，3 分钟就能完成纯线上贷款额为 5000 元到 3 万元的小额放贷，其中 10 秒钟完成身份识别，坏账率不到 1% 的骄人业绩。当然，后台提供高效、实时、高复杂度处理能力的云平台是必不可少。车险反欺诈也是一个成功的应用场景案例，人工智能在智能读片、碰撞鉴别、费用估算等各个环节应用，兼顾了理赔风控和客户体验，其中98.7%的理赔案件一天内赔付，39%的案件一小时内赔付，极大地提高了理赔质量和效率。

为了提升科技力量，CP集团及其科技公司多次赴美参加麻省理工亚洲招聘会，并与芝加哥大学、香港科技大学、新加坡数据科学研究院等全球顶尖专业机构建立合作关系。人才国际化战略引来新血液的加入，让CP金科团队快速成长，人才聚集效应及其效果十分明显。科技创新成果及其转化取得了骄人业绩，极大地促进了五大金融生态圈的发展，进而促进了保险、银行和投资板块的发展。

4.4.3 案例研究启示

国内外两家著名保险集团信息化共享管理变革案例研究，给我们的主要启示如下：

一、顶层设计为关键

根据整体发展战略，集团应制定统一的信息化战略规划、预算管理，强势主导，协调推进，才能实现既定的信息化蓝图。信息化管理模式涉及集团相关部门和各家公司的业务流程、组织架构、团队归属、共享内容、集中程度、运营机制等，关系到集团经营发展战略能否成功实现。如果各家子公司囿于各自的局部利益，就会难以实现集团信息化的整体管治。需要注意的是，保险子公司和商业银行的分支机构众多，信息化资产庞大，故集团在顶层设计时必须听取各机构，乃至其下设机构的意见，在全面权衡、沟通一致的基础上设计思考，以使信息化管理模式更具可行性，满足集团及其下属公司的需要，确保内部信息化整体运营管理协调、高效。

战略蓝图一经确定，强化执行乃关键。信息化预算等资源必须要满足信息化战略规划，以支持和推动集团整体发展战略落地。金融集团机构众多，必须树立整体一盘棋，各项信息化具体举措要紧紧围绕集团统一的信息化战略展开，直至最终实现信息化发展蓝图。

二、创新组织与人才保障为支撑

金融（集团）公司一方面希望实现以客户体验为核心的流程再造，另一方面希望实现以技术驱动创新发展。许多集团尝试建立内部创新组织，一方面营造创新氛围，另一方面也期待突破原有机制的限制，由内而外进行创新尝试。有些企业的内部创新组织可能只是提出创意想法，而有些公司内部创新组织可以直接进行开发和实施。创新离不开人才，也离不开技术和创新机制上的革新。转型是否建立在统一战略之下，知识和技术是否有效转化，尤其是人才资源是否跟得上转型步伐是问题的关键所在。为此，企业还需要建设一支与之相匹配的人才队伍。作为拥有300多年历史的英国保险集团 Aviva，花了两年时间，招募了许多与数字领域相关的人才，如网络游戏、科技领域、娱乐行业、客户体验、设计师、App 开发等行业的顶尖人才，他们对保险行业的数字化革新充满热情，这些人员的加入也在转变 Aviva 的文化。技术专家、互联网运营人员等非保险行业人才的加入，打破了原有的企业文化。如何调和不同行业背景的人才在一起和谐工作，也成为转型过程中必须解决的问题。

三、构建共享变革之基础

信息化管理模式共享变革的取向需要总体设计，也要对技术应用架构、共享平台、基础设施等硬件，管理层、组织架构、人才配备等软件进行分项思考，同时要规范信息化标准、流程与规范等，做好共享集中全面准备。

四、梳理共享清单

在实施信息化服务集中前，集团必须梳理、整合分散在各单位的共享职能，并根据集团的发展演进持续梳理。只有确立了可以共享的信息化服务，才能确立以共享为基础的信息化服务的集中，这是一条极其重要的原则。集团应从整体角度出发，将前瞻性、创新性、基础性、战略性等共享性信息化建设项目由集团统一规划建设，由集团内部共享，避免信息化重复投资建设。

五、成果须有效转化

麦肯锡的一项报告显示，如果只有少数公司成为数字技术的获益者，更多的企业在转型过程中消耗了一部分利润，而最终受益的主要是消费者，企业本身受益不大，这不是创新的初衷。这种情况在金融行业也同样可能发生。金融（集团）公司投入资金和人力进行数字化探索，通过合作和购买服务进行转型，但是这些投入在多大程度上能够提升企业效率和效益有待考量。统计分析研究发现，知识和技术转化为生产力并非想象中那么有效。

信息技术和业务融合是金融行业创新发展的不竭源泉。集团要建立创新孵化主体，强化战略性、前沿性、前瞻性金融领域的科技创新，并建立相应的应用场景，促进科技成果转化为生产力，只有新技术有合适应用场景，并产生经济效益，才能吸引并为集团相关公司所共享。

六、建立分层共享集中之边界

金融集团往往由多层级的机构组成，集团下面的各子公司是条线经营的枢纽。同类型公司构成了经营板块。如前所述，信息化服务共享由集团、板块和总公司三个层级组成，集团和板块两个层级都由信息中心实施，共享信息化服务肯定存在职能交叉，为此必须明确界定信息化管理在集团层面、信息中心与子公司三者之间的职责边界，以免于职能交叉、管理重叠、推诿扯皮。

七、信息技术共享开发机制

除了通过规划和预算统筹推进集团信息化服务外，集团还可以通过技术和管理标准化、规范化来加强信息化管理，提升信息技术与管理共享服务水平。为此信息中心应借鉴 DA 做法，建立开放的平台解决方案，即集团内信息技术共享应用开发机制，各方在资源公开的平台上共同开发系统。

八、金科成立的条件

通过对专业技术力量、市场需求、业务前景、客户基础、中期和远期收入目标，盈亏前景等诸方面的可行性研究，认为外部市场有客户、专业技术力量雄厚、专利技术产品能领先、收支盈余可预期，则可以考虑另外单独成立金科，以拓宽收入来源渠道、提升金融科技含量、提高集团品牌美誉度，

近年来，以保险集团为代表的的金融集团之信息化管理模式不断变革。背后的原因是在探索信息化服务共享的内在逻辑，目的是降本增效提质，如果不分青红皂白全面集中，不该集中的集中了，或该共享的却没有集中，背离了信息化管理的初衷和目的，就是一个失效的信息化管理模式。

4.5 信息化管理模式优化

针对信息化治理存在的问题，根据集团信息化服务共享的内在逻辑，信息化服务共享变革案例研究启示和信息化治理框架优化等，通过三种信息化管理模式的比较研究，以分层集中管理模式为基础，集团信息化管理模式优化已经跃然纸上。

一、共享集中之层级与实施

根据集团内信息化服务集中是以共享为前提的分层集中这一基本遵循，共享集中分为三个层级，即集团层级、板块层级和子公司层级，前两者一般由信息中心负责，后者由各子公司总部负责实施。

二、共享内容

共享的内容不仅包括系统软件、数据中心、灾备中心等技术或设施，还应包括提高集团整体信息化战略规划、预算管理、运营管理、信息安全风险管理等方面的信息化管理服务等。

三、信息化运营管理基本形态

信息科技部是集团的信息化管理职能部门，是落实集团董事会、总经理室和信

息化委员会所布置工作的牵头职能部门，统筹推进集团系统信息化工作。信息中心是集团内信息化工作的主力军，是集团科技创新赋能金融和生态的内核，是集团创新应用的平台，主要是侧重于对内提供集团和板块两个层面共享的信息化服务，集团系统性、全局性、基础性、前瞻性、战略性、创新性信息化项目的建设和以及信息安全、技术标准与规范等信息化技术服务，实行事业部制。如果信息技术实力强大，又有对外提供服务的市场，才可考虑成立独立法人体制的金科；当然金科也可以接受集团内子公司委托的信息化工作。子公司设立信息科技部，各自负责专属的信息化工作，专注于自身中前端应用系统建设、维护和创新。以此基本形成信息中心对内，金科对外，子公司配合集团并专注于自身信息化工作，内部良性互动、补充与竞争的"三驾马车"格局。

四、信息化工作组织的各自职责

信息化工作最为重要的内容有规划、开发、运营和信息安全管理等四个方面，相关组织的各自主要职责基本围绕之展开，简要列示如下。

（一）集团层面

集团信息科技部的主要职责是依法合规全面推进信息化规划、预算、管理、建设与运行等，包括起草集团信息化治理方案、信息化战略规划，协助或牵头信息化预算和资源分配，推进信息化规章制度建设、信息化服务共享集中、信息化建设、信息技术创新、信息安全风险管理等，具体职责如下：一是牵头制定集团信息化战略发展规划及重大信息化专项规划；二是起草集团信息化工作治理体系、组织架构及配套职能的设立与调整；三是协调，乃至牵头负责集团整体信息化年度专项预算；四是初步审核集团重大信息化项目立项和重大变更，确定全局性、前瞻性、前沿性、战略性、基础性、创新性、共享性的信息化项目与平台；五是审核集团信息化相关重要政策或规章制度等文件；六是统筹制定信息化管理模式，确定集团内信息化服务共享层级与清单，以及信息化服务共享内部市场化配置机制；七是可以在部门挂靠设立项目管理办公室（PMO），督导、协调、推进重点工作安排并组织实施，组织项目评审等；八是制定年度信息化绩效考核办法，等等。

（二）信息中心

根据信息中心的基本定位，其主要职责包括：一是负责集团系统基础性、前瞻性、战略性、共享性信息项目或平台的建设和运行；二是负责集团内共享系统、数据中心和灾备中心的建设、运行维护等；三是集团系统信息技术标准化和规范化；四是集团信息化质量管理、信息安全管理、风险管理等标准化管理与推广，建立信息化风险事件库和损失数据库；五是根据集团确定的共享清单、层级和共享范围等，具体负责集团和板块两个层级的信息化服务共享与实施；六是集团系统外包管理或受托开展外包管理；七是根据集团及子公司委托负责应用系统研发、架构搭建、基础运维，提供信息化相关服务或技术支持，包括但不限于信息化相关咨询规划、IT架构标准管理、系统运维、网络安全保障；八是实施信息化创新与成果孵化；九是制定集团系统相关重要的信息化管理规章制度；十是负责集团信息化基础设施建设与安全管理工作，等等。

鉴于信息中心所管理的资产、人员等规模，以及远离集团职场，位于集团后援中心等因素，信息中心应实行事业部制。

（三）子公司

根据集团内信息化服务共享的内在逻辑，子公司信息化方面的具体职责包括：一是根据集团信息化发展战略、建设规划，推进信息化工作；二是根据集团战略，制定适合本公司信息化战略、建设规划和实施推进策略；三是根据优化后的信息化治理结构，设立与集团、信息中心和本公司相匹配、相适应的信息化治理架构；四是审定属于公司自身的信息化专属项目立项及其变更，但要报备集团信息科技部和信息中心，以便集团、信息中心和相关板块能够分享兄弟子公司信息化动态，在共享媒介平台上寻求共享合作机会；五是在集团信息化政策和规章制度框架体系下，制定适合本公司信息化规章制度、工作流程与机制；六是负责子公司自身专属的信息化项目建设、运维等；七是配合落实集团信息化相关重点工作和重点项目推进，牵头本公司辖内问题的解决，配合或主导跨公司问题的解决；八是结合自身实际，建立与集团信息化管理模式相衔接的自身信息化管理模式，等等。

（四）金科

金科专注于为集团外部提供信息技术服务，也可根据集团及子公司委托负责信息技术创新项目，或者提供信息化相关服务或技术支持；与信息中心形成良性竞争。

需要注意的是，金科对外提供的服务以不损害集团主业核心竞争力为前提，即金科对外提供的信息化服务，与信息中心对内提供的应该是错位的，应该以非金融客户为主，如智慧城市建设、社保信息化建设等，同时也可为集团主业的发展提供扩大客户触点的机会。

五、资源配置

信息化资源由集团统筹，主要按照职责权限配置并决策，即按照集团和子公司两个层面进行配置，涉及集团牵头的信息化项目或板块共享的信息化项目的投入与配置由信息中心或科技信息部牵头落实。

六、信息化服务共享机制

为了提高共享服务效率和质量，降低经营管理成本，必须建立以共享为前提的信息化服务集中运营管理的协同配合机制。3.5 节已对七大机制作了全面阐述，不再赘述。

综上所述，优化后信息化管理模式是指基于"横与纵治理架构"，在集团统一的信息化战略引领下，集团层面统筹管理，负责信息化战略规划和预算，协调推进；信息中心横向管理，负责集团和板块两个层面、与信息化服务共享相关的信息化工作，以及集团和子公司交办的其他信息化工作；子公司纵向管理，配合集团及其信息中心的信息化工作，并负责自己职权范围内信息化工作事宜。信息化资源由集团统筹，按照职责权限配置并决策。所有信息化工作要按照既定的制度、流程、工具和方式方法开展。

上述优化模式是我国金融业、尤其是保险集团发展十多年来实践经验的总结；也会因发展战略、经营管理模式等因素变化而产生局限性，必须适时优化调整，但其基本核心内容是不变的。

可以预测，我国保险业市场化竞争会进一步加剧，保险意识的提高、消费者自我保护意识的加强、保险消费的自我觉醒，保险业承保利润和投资利润的高光时刻已经不再，保险业较高的资本回报率周期阶段已经不再重现，保险（集团）公司内保险机构就信息化投资、建设与运营管理的矛盾会进一步显现，改革理顺保险集团内信息化服务管理模式迫在眉睫，以真正实现保险集团内信息化服务管理模式变革的初心。

集团信息化项目投入动辄百万、千万元，年度预算上亿乃至数十亿元，且是持续性的，故推行集团内信息化服务共享前提下的集中运营管理是有内在利益驱动的，共享效益不小。譬如寿险、产险、健康险和养老四家公司都可经营大病医疗、健康险和意外险业务，都可能要开发或采购大病医疗保险、意外健康业务系统，集团统一集中采购可提高议价能力；如果自己开发建设，只要一家开发完成，可以稍作修改，共享给其他公司使用。

如果银行利率市场化或基准利率扩大浮动幅度，投融资渠道的拓宽，银行业也会像保险业一样由南向北而坐，大型商业银行会逐步意识到信息化管理模式优化所带来的益处。

金融集团信息化服务管理模式没有最好，只有最适合自身实际的。要以有利于共享发展、降本增效提质，有利于风险安全可控、可持续发展为原则，加以不断完善。信息化管理优化模式本身是一个可以变型、升级的共享机制。也就是说，针对企业内外环境的变化，它可以吸收别的有益模式提高自己的竞争力。正因为这一非固化的兼容特性让我们相信，优化模式完全可以不断完善，推动业务发展、客户体验、风险控制、安全运行和管理水平提升到一个新的平台。

4.6 信息技术控制目标（COBIT）

美国信息系统审计和控制协会（ISACA）于1996年首次公布了《信息与相关技术控制目标》（*Control Objectives for Information and Related Technology*，COBIT），这是目前国际上公认的、权威的面向信息技术管理和控制规范，在信息化治理与管理方面得到广泛运用。2019年，ISACA公布了最新版的信息与相关技术控制目标，即COBIT 2019。

4.6.1 《信息技术控制目标》框架

近年来，业界开发和推广了多种最佳实践框架，来协助完成企业信息和技术治理（Enterprise Governance for Information Technology，EGIT）的理解、设计和实施过程。COBIT 2019 融入这些实践成果，立足于信息技术审计领域，并付诸具体实施，如今已发展成为应用广泛的信息化治理和管理框架。

COBIT 构建了信息化治理系统的组件，包括流程、组织结构、政策和程序、信息流、文化和行为、技能和基础设施等，阐明了企业应考虑的设计因素，以建立最合适的治理系统，解决治理问题所采用的方法是将相关的治理组件归类为可在所需的能力级别内，确立信息化治理和管理目标。COBIT 框架机制具体介绍如下：

一、目标受众

COBIT 的目标受众是 EGIT 的利益相关方和企业治理的利益相关方。表 4-1 说明了实施 COBIT 之后，可能给他们带来的好处。

表 4-1　COBIT 益处分析表

利益相关方	COBIT 的好处
内部利益相关方	
董事会	提供有关如何使用 I&T 创造价值的见解，并说明相关董事会的职责
执行管理层	提供有关如何组织和监控整个企业中的 I&T 绩效的指导
业务经理	帮助了解如何获得企业所需的 I&T 解决方案以及如何充分利用新技术来获取新的战略机会
IT 经理	提供以下方面的指导意见：如何以最佳方式构建和组织 IT 部门、管理 IT 绩效、高效和有效地开展 IT 运营、控制 IT 成本，以及使 IT 战略与业务优先级保持一致等
鉴证提供商	帮助管理对外部服务提供商的依赖性、获得 IT 保证，并确保具备有效且高效的内部控制系统
风险管理	帮助确保识别和管理所有 IT 的相关风险
外部利益相关方	
监管机构	帮助确保企业遵守适用的规则和法规，并实施了适当的治理系统来管理和维持合规性
业务伙伴	帮助确保业务伙伴的运营安全、可靠且遵守适用的规则和法规
IT 供应商	帮助确保 IT 供应商的运营安全、可靠且遵守适用的规则和法规

要从 COBIT 框架中获益，需要一定的经验水平，并对企业有深入的了解。只有具备这种经验和了解，用户才能根据企业环境，对通用性质的核心 COBIT 指南进行裁剪，将其转变为有针对性的企业信息化治理与管理指南。

二、COBIT 2019 的原则

COBIT 2019 有两套原则，一是描述企业信息和技术治理系统的核心原则；二是可用于构建企业治理框架的原则。

（一）治理系统的六大原则

1. 创造价值。每个企业都需要治理系统以满足利益相关方的需求，并通过使用信息技术来创造价值。价值反映了效益、风险与资源之间的平衡，企业需要可行的战略和治理系统来实现这一价值。

2. 整体协同。企业信息化治理系统包括若干组件，这些组件可能是不同类型的，但能以整体协同的方式运作。

3. 动态治理。治理系统应该是动态的，意味着每次更改一个或多个设计因素（如战略或技术变更）时，必须考虑这些变化对 EGIT 系统的影响，EGIT 动态视图有助于构建可行的、面向未来的 EGIT 系统。

4. 区分治理与管理。治理系统应明确区分治理与管理的各自相关活动和结构。

5. 量身定制。应根据企业需求量身定制治理系统，使用一系列设计因素作为参数来定制治理系统的组件，并确定优先级。

6. 全面覆盖。治理系统应全面覆盖整个企业，不仅要关注信息技术职能，还要关注企业为实现其目标在各个领域实施的所有技术和信息处理。

（二）治理框架的三大原则

1. 治理框架应基于概念模型，确定关键组件及这些组件之间的关系，从而最大限度保持一致性并实现自动化。

2. 治理框架应该是开放和灵活的。它允许添加新内容并能以最灵活的方式解决新问题，同时保持完整性和一致性。

3. 治理框架应遵守相关的主要标准、框架和法规。

三、治理体系和组件

（一）目标领域

COBIT 中的治理和管理目标分为五个领域。一是评估、指导和监控（EDM）领域，即将治理目标列入评估、指导和监控领域，治理机构将评估战略方案、指导高级管理层执行所选的战略方案并监督战略的实施。二是调整、计划和组织（APO），即针对信息化治理与管理的整体组织、战略和支持开展的相关工作。三是构建、购置和实施（BAI），即确定信息技术解决方案的定义、购置和实施，以及在业务流程的整合应用。四是交付、服务和支持（DSS），即信息化服务的运营交付和支持，包括信息安全服务支持。五是监控、评价和评估（MEA），即对信息技术的性能监控及其与内部性能目标、内部控制目标和外部要求的一致程度开展评估。第一个领域是关于信息化治理方面，后四个领域属于信息化管理目标方面。COBIT 核心模型如图 4-2 所示。

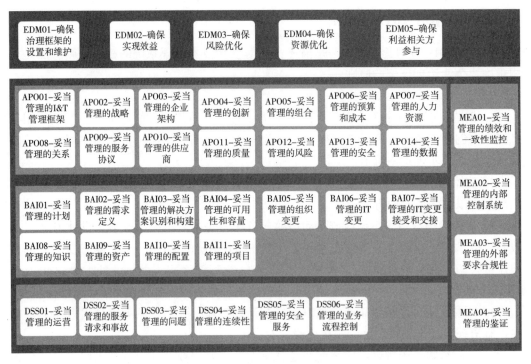

图 4-2 COBIT 治理域和管理域

（二）治理系统的组件

为满足治理和管理目标，每个企业都需要建立、定制和维护由多个组件构成的治理系统。组件是单独或共同促进企业信息化治理系统良好运营的因素。这些组件彼此交互，形成了一个整体性的信息技术治理系统。治理系统的组件包括组织结构、政策和程序、信息项、文化和行为、技能和能力以及服务、基础设施和应用程序，如图 4-3 所示。

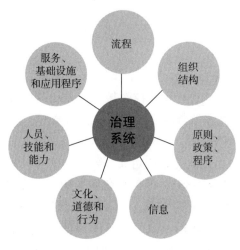

图 4-3 COBIT 治理系统组件

图 4-3 中的流程描述了一组为实现某种目标而安排有序的实务和活动，并生成了一组支持实现整体信息化相关目标的输出内容。组织结构是企业的主要决策实体。原则、政策和框架将理想行为转化为实用的日常管理指导。信息在任何组织中无处不在，包括企业生成和使用的全部信息，COBIT 侧重于有效运转企业治理系统所需的信息。文化、道德和行为（个人层面与企业层面）作为治理和管理活动的成功因素之一，其价值往往被低估，需要引起管理者高度重视。人员、技能和能力对做出正确决策、采取纠正行动和成功完成所有活动的重要性不言而喻，且必不可少。服务、基础设施和应用程序包括为企业提供信息化治理和管理系统的基础设施、技术和应用程序。

（三）焦点领域

焦点领域描述了一个特定的治理主题、领域或问题，可以通过一系列治理和管理目标及其组件来解决。焦点领域包括网络安全、数字化转型、云计算、隐私和开发运营一体化等。焦点领域可能包含通用治理组件及其变体的组合。焦点领域的数量几乎没有限制，正因如此，COBIT 是开放式的，可根据需要添加新的焦点领域，或由主题专家和从业人员对开放式 COBIT 模型进行添加。

（四）设计因素

COBIT 设计因素总计十一项，见图 4-4。

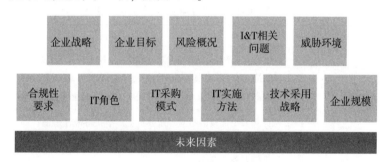

图 4-4 COBIT 设计因素

（五）目标级联

目标级联是指企业目标内在优先序列及其相互关系，是信息化治理系统的关键设计因素之一。COBIT 2019 全面整合、精简、澄清和更新了目标级联，将企业目标转化为优先的一致性目标，见图 4-5。

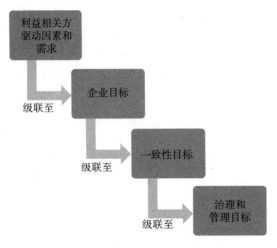

图 4-5　企业目标级联

四、COBIT 治理和管理目标分类

根据图 4-2 COBIT 治理域和管理域，对 COBIT 治理和管理目标五个领域所涉及的内容共计 40 项进一步细化分类阐述，见表 4-2。

表 4-2　COBIT 治理与管理目标分类表

参考资料	名称	目的
EDM01	确保治理框架的设置和维护	提供与企业治理方法相结合的一致方法。L&T 相关决策必须与企业的战略和目标保持一致，并实现期望的价值。为此，应确保 I&T 相关流程得到有效和透明的监督，符合法律、合同和监管要求，以及满足董事会成员的治理要求
EDM02	确保实现效益	保证从 I&T 促成的举措、服务及资产中获得最佳价值；以经济高效的方式提供解决方案和服务；可靠准确地维护成本和效益信息，从而有效和高效地支持业务需求
EDM03	确保风险优化	确保 I&T 相关企业风险不超过企业的风险偏好和风险容忍度，识别和管控 I&T 风险对企业价值的影响，以及最大限度地降低不合规的可能性
EDM04	确保资源优化	确保以最优的方式满足企业的资源需求，优化 I&T 成本，提高效益实现的可能性，并为未来的改变做好准备
EDM05	确保利益相关方参与	确保利益相关方支持 I&T 战略和路线图；与利益相关方保持及时有效的沟通；以及建立报告基础以提高绩效。识别待改进的领域，并确认 I&T 相关目标和战略与企业战略保持一致
APO01	妥当管理的 I&T 管理框架	实施一致的管理方法来满足企业治理要求，且涵盖以下治理组件，例如：管理流程、组织结构、角色和职责、可靠且可重复的活动、信息项、政策和程序、技能和能力、文化和行为以及服务、基础设施和应用程序

参考资料	名称	目的
APO02	妥当管理的战略	支持组织的数字化转型战略，并通过递增路线图实现期望的价值。采用I&T整体性方法，确保每项举措都与总体战略明确相关。推动组织实现所有方面的变革，从渠道和流程到数据、文化、技能、运营模式和激励机制
APO03	妥当管理的企业架构	表示不同的构建区块，它们构成企业及其相互关系以及指导设计与发展演变的原则，促进标准、快速及有效地交付运营和战略目标
APO04	妥当管理的创新	利用I&T发展和新兴技术来获取竞争优势、推动业务创新、提高客户体验以及改善运营效率和效果
APO05	妥当管理的组合	优化总体计划组合的绩效，以应对个别计划、产品和服务的绩效以及不断变化的企业优先级和需求
APO06	妥当管理的预算和成本	促进IT与企业利益相关方之间的合作伙伴关系，有效和高效地使用I&T相关资源，在解决方案和服务的成本与业务价值方面保持透明并采取问责制。使企业能够就I&T解决方案和服务的使用做出明智的决策
APO07	妥当管理的人力资源	优化人力资源能力，以实现企业目标
APO08	妥当管理的关系	掌握正确的知识、技能和行为，来创造更好的成果，增强信心和相互信任，以及有效地利用资源，以促进与业务利益相关方建立富有成效的关系
APO09	妥当管理的服务协议	确保I&T产品、服务和服务水平满足当前和未来的企业需求
APO10	妥当管理的供应商	优化可用的I&T能力，以支持I&T战略和路线图，最大限度地降低与不履约或不合规供应商相关的风险，并确保有竞争力的定价
APO11	妥当管理的质量	确保以一致的方式交付技术解决方案和服务，以满足企业的质量要求和利益相关方的需求
APO12	妥当管理的风险	将I&T相关企业风险管理整合到总体企业风险管理（ERM）中，并平衡I&T相关企业风险管理的成本和效益
APO13	妥当管理的安全	确保将信息安全事故的发生和影响保持在企业的风险偏好水平内
APO14	妥当管理的数据	确保有效利用关键数据资产，以实现企业目标和目的
BAI01	妥当管理的计划	实现期望的业务价值，降低因意外的延迟、成本和价值流失带来的风险。为此，应改进与业务部门和最终用户的沟通并提高他们的参与度，确保计划交付成果和计划内后续项目的价值和质量，并最大限度地提高对投资组合的贡献
BAI02	妥当管理的需求定义	创建最优解决方案，在满足企业需求的同时最大限度地降低风险
BAI03	妥当管理的解决方案识别和构建	确保以敏捷和可扩展的方式交付数字产品和服务。建立及时、成本高效并且能够支持企业战略和运营目标的解决方案（技术、业务流程和工作流程）
BAI04	妥当管理的可用性和容量	通过预测未来的性能和容量要求来维护服务可用性、有效的资源管理并优化系统性能
BAI05	妥当管理的组织变更	为业务变更做好准备和承诺，减少失败的风险

续表

参考资料	名称	目的
BAI06	妥当管理的IT变更	快速、可靠地交付业务变更。缓解对变更后环境的稳定性或完整性产生负面影响的风险
BAI07	妥当管理的IT变更接受和交接	根据协定的期望和成果,安全地实施解决方案
BAI08	妥当管理的知识	为所有员工提供能支持企业I&T治理和管理以及做出明智决策所需的知识和管理信息
BAI09	妥当管理的资产	核算所有I&T资产并优化这些资产提供的价值
BAI10	妥当管理的配置	提供关于服务资产的充分信息,以有效地管理服务。评估变更影响并处理服务事故
BAI11	妥当管理的项目	通过改进与业务部门和最终用户的沟通并提高他们的参与度来实现定义的项目成果,并降低因意外的延迟、成本和价值流失带来的风险。确保项目交付成果的价值和质量,并最大限度地提高它们对定义的计划和投资组合的贡献
DSS01	妥当管理的运营	按计划提供可运行的I&T产品和服务成果
DSS02	妥当管理的服务请求和事故	通过快速解决用户查询和事件来实现生产力的提升和最大限度地减少中断。评估变更影响并处理服务事故。处理用户请求并在事故后恢复服务
DSS03	妥当管理的问题	通过减少运营问题来提高可用性和服务水平,降低成本,提高客户的便利度和满意度,以及通过确定根本原因协助解决问题
DSS04	妥当管理的连续性	在发生重大中断事件(如威胁、机会、要求)时快速调整,维持业务运营,并将资源和信息的可用性保持在企业可接受的水平之上
DSS05	妥当管理的安全服务	最大限度降低运营信息安全漏洞和事故造成的业务影响
DSS06	妥当管理的业务流程控制	维护企业内部业务流程或外包运营所处理的信息资产的完整性和安全性
MEA01	妥当管理的绩效和一致性监控	提供透明的绩效和一致性,并推动目标的实现
MEA02	妥当管理的内部控制系统	在内部控制系统的充分性方面实现关键利益相关方透明度,从而建立运营信任、对实现企业目标的信心并充分了解剩余风险
MEA03	妥当管理的外部要求合规性	确保企业符合所有适用的外部要求
MEA04	妥当管理的鉴证	促使组织设计和制定高效且有效的鉴证举措,并使用基于公认的鉴证方法的路线图来指导鉴证审查的规划、范围界定、执行和后续跟进

五、COBIT 的绩效管理

（一）绩效管理的定义

绩效管理是治理和管理系统中不可或缺的一部分。绩效管理旨在评估信息化治理和管理系统及所有组件的运作情况，以及如何改进，达到所需的水平。它包括概念和方法，如能力级别和成熟度级别。通常用"COBIT 绩效管理"（COBIT Performance Management，CPM）来描述这些活动。

（二）绩效管理的原则

一是易于理解和使用。二是符合且支持 COBIT 概念模型，能够促进所有类型的治理系统组件的绩效管理，还能管理流程以及其他类型组件（如组织结构或信息）的绩效。三是能提供可靠、可重复的相关结果。四是必须足够灵活，才能支持具有不同优先级和需求的不同组织的要求。五是能支持不同类型的评估，包括自我评估、正式评估和审计等。

（三）绩效管理概述

绩效管理模型要基本符合能力成熟度模型集成（Capability Maturity Model Integration，CMMI）项下 Development V2.0 概念，并进行扩展：一是流程活动与能力级别相关，二是未来的指南可能会定义其他治理和管理组件类型（如组织结构、信息）的能力级别，三是成熟度级别与焦点领域（即一系列治理和管理目标及支持组件）相关，达到所有必需的能力级别便可达到相应的成熟度级别，见图4-6。

图 4-6　绩效管理模型

注 1：COBIT 5 PAM（Process Assessment Method），过程评估方法有两项标准规范，ISO/IEC 15504 指信息技术-软件过程评估，ISO/IEC 33000 指软件过程可持续性评估度量框架。

注 2：CMMI2.0 是全球公认的软件，即产品和系统开发最佳实践过程改进模型，能够帮助组织提升绩效。

（四）管理流程绩效

1. 流程能力级别

COBIT 2019 支持基于 CMMI 的流程能力方案。每个治理和管理目标内的流程可在 0 到 5 之间的不同能力级别下运行。能力级别用于衡量流程的实施和执行情况。图 4-7 为 COBIT 流程成熟度模型，描述了模型、递增的能力级别以及每个级别的一般特征。

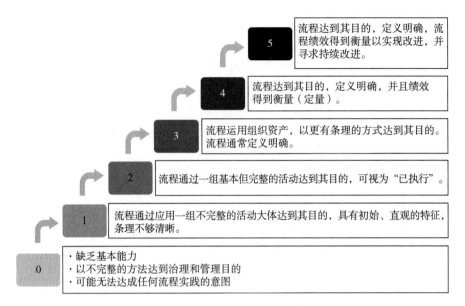

图4-7 COBIT流程成熟度模型

COBIT核心模型为所有流程活动分配了能力级别，明确定义了流程以及达到不同能力级别所需的活动。

2. 流程活动评级

能力级别的实现程度可能有所不同，可以用一组评级来表示。可用评级的范围取决于执行绩效评估的背景。有些独立认证的正式方法会采用二元的通过/未通过的评级方式，非独立认证的方法（通常用于绩效改进背景）在使用较大范围的评级时效果更好，例如：

（1）完全——达到能力级别的程度超过85%（仍带有主观性，但可以通过审查或评估动力组件来证实，例如流程活动、流程目标或组织结构的良好实践）。

（2）大致——达到能力级别的程度在50%~85%。

（3）部分——达到能力级别的程度在15%~50%。

（4）未达到——达到能力级别的程度低于15%。

3. 焦点领域成熟度级别

如果没有适用于单个流程能力评级的颗粒度，则需要一个更高的级别来表示绩效，成熟度级别可实现此目的。COBIT 2019将成熟度级别定义为焦点领域层级的绩效衡量指标，见图4-8。

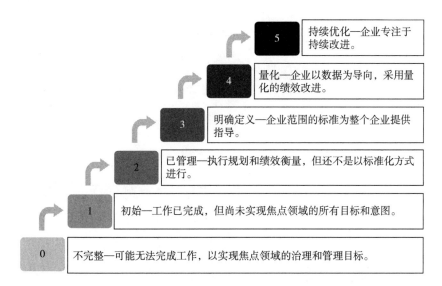

图 4-8 **COBIT 焦点领域成熟度级别**

成熟度级别与焦点领域（即一系列治理和管理目标及支持组件）相关。如果焦点领域所包含的全部流程都达到特定的能力级别，则该焦点领域达到了相应的成熟度级别。

（五）其他治理系统组件的绩效管理

1. 组织结构的绩效管理

虽然目前还没有公认或正式的方法用于评估组织结构，但可以根据以下标准进行非完全正式的评估。

（1）成功执行了组织结构或角色（执行人、责任人、咨询人和知情人）负有责任或职责的流程实践。

（2）成功运用了一些组织结构方面的良好实践。

（3）成功运用了一些组织结构方面的管理实践（对组织结构而言是非功能性实践）。

2. 信息项的绩效管理

目前还没有公认或正式的方法用于评估信息项，但可以根据信息参考模型来进行非完全正式的评估。此模型定义了三项主要的信息质量标准以及 15 项子标准，如图 4-9 所示。

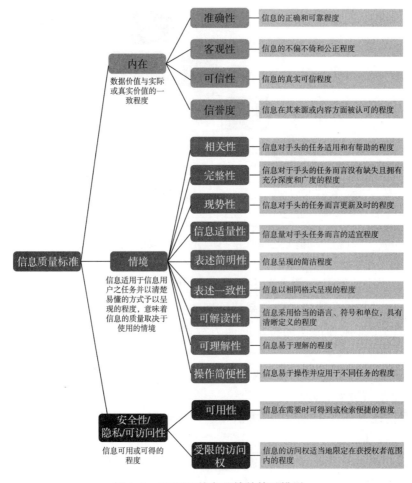

图 4-9 COBIT 信息项绩效管理模型

3. 文化和行为的绩效管理

对于文化和行为治理组件，可针对良好的 IT 治理和管理，定义一组可取的和/或不可取的行为，并为每个行为分配不同的能力级别。

六、量身定制的治理系统

（一）设计因素

设计因素对企业治理系统定制产生的影响体现在多个方面。COBIT 将这些影响划分为三种不同的类型，如图 4-10 所示。

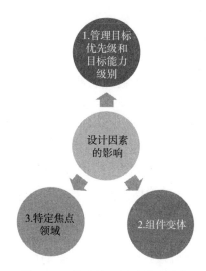

图 4-10　信息治理设计影响因素

管理目标优先级选择。COBIT 核心模型包含 40 个治理和管理目标，每个目标由相应的流程和一些相关组件构成。它们本质上是均等的，没有先后顺序。但是设计因素可以影响这种均等关系，使某些治理和管理目标比其他目标更重要，甚至使某些治理和管理目标可忽略不计。在实践中，治理和管理目标的重要性越高，意味着为其设定的目标能力级别越高。

组件变体。实现治理和管理目标需要多个组件，一些设计因素可能影响一个或多个组件的重要性，或者要求特定的变体。

对特定焦点领域的需求。有些设计因素（如威胁环境、特定风险、目标开发方法和基础设施设置）将会推动核心 COBIT 模型内容到具体环境转变的需求。

（二）设计流程

COBIT 治理系统设计流程有四个步骤，见图 4-11。

图 4-11　COBIT 治理系统设计流程

在设计流程的不同阶段和步骤中，会提出实现治理和管理目标或实施相关治理系统组件的优先级建议、针对目标能力级别的建议，以及采用特定治理系统组件变体的建议等。

其中一些步骤或子步骤可能会产生彼此的冲突，考虑到存在大量设计因素，以及设计因素指导意见和所用映射表的通用性质，这也是不可避免的。

在设计流程的最后阶段，将在不同步骤中获得的所有指导意见排列在设计"画板"上，尽可能地解决"画板"上所有要素之间的冲突，并得出最终结论，这一过程没有万能秘方。最终设计将是基于设计"画板"上所有要素的具体决策。通过遵循这些步骤，企业将获得针对其需求定制的治理系统。

七、COBIT 实施方法

COBIT 实施方法包含 7 个阶段：一是有哪些驱动因素？二是现在到了什么程度？三是我们想要达到什么目标？四是我们需要完成什么行动？五是我们如何实现？六是我们是否实现？七是我们如何保持前进的动力？见图 4-12。

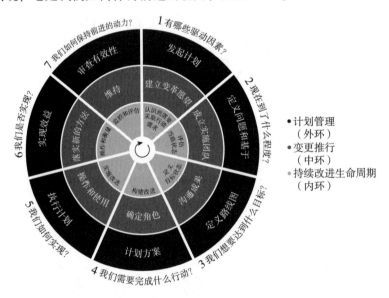

图 4-12　COBIT 实施方法与阶段

（一）有哪些驱动因素

实施方法的第一阶段是识别当前变更驱动因素，促使执行管理层产生变革愿望，然后通过业务案例概述来表达。变更驱动因素属于内部或外部事件、状况或关键问题等，事件、趋势（行业、市场或技术）、绩效下降、软件实施甚至企业目标等都可以变更驱动因素。

与计划实施本身有关的风险将在业务案例中说明并在整个生命周期中进行管理，准备、维护和监控业务案例是评判、支持以及确保任何举措（包括治理系统的改进）成功的重要课题，以期实现计划项目的效益。

（二）现在到了什么程度

为了确保 IT 相关目标与企业战略和风险管理保持一致，需要确定最重要的企业目标、一致性目标和流程的优先次序。

根据选定的企业目标、IT 相关目标和其他设计因素，企业必须确定关键的治理和管理目标，以及具备足够能力的支持流程，以确保成功获得所需的结果。管理层需要了解其当前能力以及可能存在的不足。这可以通过对选定流程的现状进行流程能力评估来实现。

（三）我们想要达到什么目标

这一阶段是设定改进目标，然后进行差距分析来确定潜在解决方案。有些解决方案将快速带来效益，而有些则是更具挑战性的长期任务。应该优先执行可以轻松实现并可能带来最大效益的项目。长期任务应该分解成容易管理的片段。

（四）我们需要完成什么行动

完善的业务案例有助于确保项目效益得以识别和持续监控。所以通过定义有合理业务案例支持的项目和实施变更计划，来规划切实可行的解决方案。

（五）我们如何实现

通过日常实践来实施提议的解决方案，并建立衡量和监控系统来确保业务一致性得以实现，且绩效得到衡量。

成功离不开员工的认知与参与，离不开最高管理层的理解和承诺，离不开受影响的业务和信息化流程所有者的主人翁精神。

（六）我们是否实现

这一阶段侧重于将改进后的治理和管理实践持续转变为正常业务运营。此阶段还侧重于使用绩效指标和期望的效益来监控改进成果。

（七）我们如何保持前进的动力

最后阶段是回顾举措的总体成功程度，确定进一步的治理或管理要求，并强化持续改进的需要。此阶段还需确定进一步改进治理系统的各机会的优先级。

计划和项目管理基于最佳实践并在七个阶段的每个阶段设置了检查点，从而确保计划进展不会偏离轨道，业务案例和风险得到持续更新，并根据情况调整下一阶段的计划。

4.6.2 《信息技术控制目标》的意义

COBIT 在管理层、信息技术相关部门与审计之间，在商业风险、控制需要和技术问题之间搭建了两座桥梁。将信息化过程，信息技术资源与企业的策略与目标（准则）联系起来，形成一个三维的体系结构。

COBIT 提供了彼此沟通的共同语言，有助于管理层决定基于信息技术过程及他们所支持的商业功能的合理控制。考虑企业自身的战略规划，对业务环境和业务战略进行分析定位，并将战略规划所产生的目标、政策、行动计划作为信息技术的关键环境，并由此确定信息技术准则。信息技术为企业战略提供了基于技术的解决方案，为满足业务战略需求提供了技术与工具。

COBIT 覆盖了信息化过程、信息系统全生命周期的管理，在信息技术准则的指导下，利用控制目标模型，分别从规划与组织、获取与实施、交付与支持、监控等过程进行控制、管理信息资源。

COBIT 有较高的实用性。COBIT 有 6 个组件：执行总结（Executive Summary）、管理指引（Management Guidelines）、框架控制目标（Framework Control Objectives）、实施工具（Implementation Tool set）、审计指引（Audit Guidelines），COBIT 还提供了最佳案例和关键成功因素（Chief Success Factor），供企业和组织借鉴。

COBIT 有助于提高信息化治理水平，增加了管理层对控制的感知及支持。提供的实施工具集包括优秀的案例资料，有助于向管理层很好地表述信息化管理概念。管理层在基于最佳控制实践基础上做出正确决策的能力亦得到了提高。通过应用 COBIT 框架进行责任分析，可以做到基于角色的信息化管理，定义过程措施，确保客户利益。

COBIT 实现了信息技术管理工作简易化、标准化、规范化，有助于量化信息技术工作内容，对于那些不具有广博信息技术知识的人来讲，是一个认清信息技术的有价值的工具，也有利于进一步加强对信息化的管理力度，提升管理质量。

COBIT 普遍适用于各种不同的信息化业务项目和审计，有助于信息技术业务审计师具有与信息技术专业人员相同的专业广度，并且可以询问信息化项目、工程相关的问题。出具的信息系统审计报告更容易得到管理层的肯定，有助于提高信息系统审计师的影响力。

COBIT 实现了企业战略与 IT 战略的互动，并形成持续改进的良性循环机制；既包容了当前的情况，也提供将来可能会使用到的指导方针；提供了一种国际通用的信息化管理及问题解决方案；可以较好地实现基于信息化过程及它们所支持的商业功能的合理控制。

COBIT 是一个非常有用的信息化管理框架机制，几乎每个相关方都可以从 COBIT 中获益。金融（集团）公司应该借鉴 COBIT 的信息化治理理念和框架机制，科学、系统地对信息及相关技术进行管理，对推动我国金融行业信息技术的发展和应用具有十分重要的现实意义。

5. 信息化风险基本概念

一个组织所面临信息化风险与其主营业务所面临的风险是完全不同的，但肯定是有关联的。信息化风险管理的基础首先是要对其相关基本概念有完整的认识。

5.1 信息化风险

一、风险的定义

根据国际标准组织 ISO 发布的 ISO31000《风险管理指南》2018 版，风险的标准定义是不确定性对目标的影响。不确定性是指与事件及其后果，或与可能性的理解或知识相关信息的缺失或不完整的状态；目标可以是财务、健康、安全、环境等方面，体现在不同的层次，如战略、组织范围、项目、产品和过程等；不确定性影响目标的偏差可以是积极的，也可以是消极的。风险通常以潜在事件和后果或它们的组合来描述，也可定义为某一事件的发生导致未来结果出现收益或损失的不确定性。从风险可保性角度讲，引致积极后果的风险是不可保的，一般也被认定为不是风险。

魏华林在《保险学原理》一书中认为，风险有两种定义：一种定义强调了风险表现为不确定性；而另一种定义则强调了风险表现为损失的不确定性。若风险表现为不确定性，说明风险产生的结果可能带来损失、获利或是无损失也无获利，属于广义风险。而风险表现为损失的不确定性，说明风险只能表现出损失，没有从风险中获利的可能性，属于狭义风险。从风险可保性角度讲，引致积极后果的风险是不可保的，故可保风险是指狭义风险。

佩费尔（Peffer）认为风险的不确定性是主观的，而概率是客观的，并认为风险是可测度的客观概率的大小。

石兴在《巨灾风险可保性与巨灾保险研究》一书中认为，风险是致灾因子、风险暴露的价值和抗风险能力三因素综合作用下，可能造成人身伤亡、经济损失或责任风险等不利事件发生的不确定性。风险量化的手段之一是数学上某种可能性的测度，人们常常用概率论作为可能性测度来量化风险。忽略了时间、空间和管理因素后，用数学公式表示如下：

$$\text{Risk} = f\,(\text{hazard},\ \text{value@ exposure},\ \text{resistance}) \qquad （公式5-1）$$

即致灾因子和风险暴露价值和抗灾能力之组合的概率。

通常，风险的致灾因子归纳为自然灾害、意外事故和外来原因三大类，更多的是突发的、非主观因素的风险源。

不同的风险定义有其不同角度的理解，都有其一定的应用场景，不存在孰错孰对，但为信息化风险及其传导机理研究提供了借鉴。

二、信息化风险的定义

原银监会 2009 年颁布的《商业银行信息科技风险管理指引》将信息科技风险定义为，信息科技在金融机构运用过程中，由于自然因素、人为因素、技术漏洞和管理缺陷产生的操作、法律和声誉等风险。信息科技是指信息系统、数字化通信技术、运营技术、网络或物联网技术、电子数据、云计算、电子数据、软件工程等现代信息技术。

原保监会在《保险机构信息化风险非现场监管报表及评价体系》中认为，"信息化风险是指信息化工作在合规管理、支持业务创新和业务运营过程中，由于管理流程及资源缺失或不足、自然因素、人为因素和技术漏洞产生的操作风险、法律风险和声誉风险等"。

按照国际信息系统审计和控制协会（ISACA）的定义，信息化风险指由于使用或依赖信息、通信技术、运营技术、网络或物联网技术、电子数据和数字化通信手段等引发的业务或企业目标方面造成损失、损坏、业务中断等不利影响的不确定性。

为准确定义信息化风险，对信息化风险的最基本要素进一步分析如下。

前因：亦称信息化风险源或者风险因子的集合，包括以下其中一个或多个因素的共同作用：一是信息技术自身风险漏洞（资产设备老化、新技术不稳定、资产设备性能缺陷和计算机病毒等）。二是内部人员、外包人员技术专业技能认知所限导致操作错误、技术漏洞、资产设备性能缺陷、管理不当等非故意行为，以及他们的故意行为。三是信息化治理与管理不善，包括信息化规划、立项决策、信息化采购及其决策、内部运行管理、信息安全管理等方面的过失。四是意外事故，如火灾、电力供应中断等。五是有组织的外部第三方无意/故意攻击。六是外部运行环境突变风险，诸如恐怖活动、自然灾害风险等因。前三项可以归类于内部因素，后三项大多为外部因素。这一点说明信息化风险源较为复杂多样。对比风险的定义，信息化风险源更多的是内外部主观因素，而非客观原因或自然灾害等因素。

作用：内部信息技术或通过其传导的外部信息技术，作用于或合力作用于一个组织的经营管理活动，包括分析、决策、运营、交易、信息安全和内部控制等方面，信息化风险通常耦合于系统的建设、测试、上线、运行管理等操作流程等环节之中，这种作用方式是信息化风险的重要特征。

后果：信息化风险的后果既有直接损失，也有间接损失；既有有形损失也有无形损失。主要表现为三种类型：一是直接的有形损失，如基础设施、资产设备等物体毁坏；二是间接损失通常都是无形损失，如品牌声誉受损、法律责任、数据丢失、客户信息泄露等；三是直接的无形损失，如营业中断所导致的营业收入减少、客户流失、法律责任等。还有因战略规划、项目偏差、决策失误所导致的损失等。信息化风险造成的结果及其表现形式也要复杂多样化，但以无形损失居多。

据此，普适性的信息化风险定义如下：一个组织在营运管理过程中，使用或依赖互联互通等信息科技时，因管理不善、专业技术能力所限、内外部故意和/或无意攻击源、自然灾害、意外事故、外部运营环境等因素所导致的技术缺陷或漏洞、设施与设备毁坏、管理与决策失误等，可能会引发与原定预期目标产生的不利偏差、不确定性和不安全性等。

比较分析信息化风险与风险两者定义，信息化风险尚有几点特殊之处，一是信息化风险源较为复杂多样；二是信息化风险源更多的以内外部主观人为因素居多，而风险以客观原因或自然灾害因素居多；三是信息化风险属于狭义风险，一般都会导致不利情景的发生，至多是发生了风险，但没有达到触发损失的条件；四是通过信息技术媒介作用于一个组织的经营管理活动，才会产生信息化风险，虽然没有轨迹，捉摸不定，但有传导载体，有一定的形成机理，这也是信息化故障处理的基础；五是影响和结果较为复杂，计量难度显著增加；六是作用的客体主要是无形的经营管理活动，而非有形的固定资产或流动资产；七是专业性较强，非专业人士对信息化风险管理与处置有点束手无策等。这里尚须作如下几点说明。

一是信息化风险不一定造成信息化故障事件，即不是所有的信息化风险都会造成损失和不良影响，只有达到一定的触发条件，才会造成损失。

二是国内外关于信息化风险源的研究，有的将自然灾害风险列为信息化风险的成因，有的则非也。自然灾害是任何不利事件的风险源，只要作用于任何对象，都会造成标的物的毁坏，属于不可抗力事件。自然灾害不像其他信息化风险源，不需要信息技术这一媒介，没有传导机理，故被认为不属于信息化风险。金融集团的数据中心等位置选择都是经过深思熟虑，发生泥石流、地震、洪水的可能性几乎没有。当然一般性的自然灾害风险还是不可避免的，但数据中心等信息化基础设施的建筑等级要求是A级，要比普通建筑防灾等级都要高，所以一般性自然灾害造成信息化故障也几乎没有。类似还有火灾等情形。

自然灾害事件是信息化风险的触发点之一，自然灾害造成的信息系统运行中止属于容灾风险，可以通过异地灾备方式来加以解决，故将其列为信息化风险源也未尝不可。对信息化基础设施、资产设备造成的物质损失，可以通过保险加以解决，当然自然灾害造成的系统中止所致营业中断损失也可以通过保险解决。

三是信息化投入包含设施建设、资产采购和费用性支出等，是一项持续的战略投入，相较于其在营业收入中的占比或者信息化投入在年度预算支出中的占比，对每家金融机构来说，信息化支出都是巨大的，故信息化采购与决策较多，可能会存在腐败风险、丢失盘亏和决策浪费，这是需要注意的单列风险。腐败风险产生的原因是因信息化管理不善所致，故本质上说也是信息化风险。

5.2 信息化风险分类

信息化风险的分类有很多维度，主要归纳研究如下：

一、按照作用对象分类

信息化风险作用的对象有四个层级，分别是自然人个体、单位组织、部门行业与国家安全。不同层级的信息化风险管理、安全级别要求完全不一样。对一个国家来说，信息化基础设施、国计民生信息数据、军事安全、网络空间主权等国家安全利益的风险防范等级要求最高。

二、按照作用载体分类

信息化风险通过信息技术传导，作用的载体有基础设施、资产设备、应用软件、数据资产、网络设备等，相应地，信息化风险可以此分类。每一类还可以进一步细分，如基础设施风险可以分为消防风险、自然灾害风险、机房动力环境风险等。

三、按照攻击来源分类

信息化风险攻击来源一般可分为外部和内部两类。

内部员工因素造成的风险：各类信息化合格的专业技术人员不足所致操作失误，或者道德与意识缺失，恶意利用内部流程缺陷或安全漏洞攻击等造成的风险。

内部程序造成的风险：因信息技术、业务需求、标准规范、流程设置等方面的缺陷，制度执行不到位等造成的风险。

信息系统本身造成的风险：基础设施环境不完善，系统性能不足，安全措施不到位等造成的风险。

内部管理不善或操作失误造成的风险。

外部第三方恶意攻击造成的风险。

外部合作方管理不善、疏忽或操作失误导致的风险，外包商/供应商管理不善造成的风险。

外部环境变化导致信息技术受到损害带来的风险等。

四、依据攻击类型分类

有害程序风险：包括计算机病毒、蠕虫、特洛伊木马、僵尸网络、混合攻击程序、恶意代码等。

网络攻击风险：包括拒绝服务攻击、后门攻击、漏洞攻击、网络扫描窃听、网络钓鱼、通信干扰等。

信息破坏风险：包括信息篡改、信息假冒、信息泄露、信息窃取、信息丢失等。

泄漏风险：包括违反行政法规、监管规定，泄漏客户数据、隐私信息、国民经济与行业数据等，针对社会事件进行评论形成网上敏感热点，出现一定规模炒作，组织串联，煽动集会游行的信息内容事件等。

设备设施故障风险：包括软硬件自身故障、外围保障设施故障、人为破坏事故等。

灾害性事件风险：包括水灾、台风、地震、雷击、坍塌、火灾等。

恐怖袭击、战争等导致的事件。

五、按照管理功能分类

以原银监会颁布的《商业银行信息科技风险管理指引》为代表，将信息化风险分为信息化治理、信息安全、信息系统的开发、测试和维护、信息科技运行、业务连续性管理、外包管理等领域。这一分类基于信息技术管理活动特点，对每一类管理活动所面临的风险及必须实施的控制手段进行了规范。随后又相继发布了《重要信息系统投产变更管理办法》《数据中心监管指引》《业务连续性监管指引》和《信息科技外包风险管理指引》等文件，细化了相关领域的风险管理目标和监管要求。

原保监会在现有的信息技术相关监管文件中没有做相应的分类，关注的重点侧重于安全保障和灾难恢复领域，指出信息技术风险控制目标是信息系统安全，保证重要信息的可用、保密、完整及真实，保障业务活动的连续性。

阎庆民等在《银行业金融机构信息科技风险监管研究》一书中对信息化风险也做了类似分类：

1. 信息系统研发风险：在信息系统的生命周期中，研发处于周期的初始阶段，因而也是信息化风险产生和酝酿的阶段。这一阶段暴露或者隐藏的风险，对后续的测试、上线、更新等生命周期中的风险都有直接的影响，隐藏的风险可能会在后续的使用过程中暴露出来。

2. 运行维护风险：信息化风险主要暴露在应用和运行维护的过程中，因而保持信息系统有效运行和合理应用是风险管理主要任务。这类风险种类繁多，如运行失效，应用不兼容，误操作等。

3. 业务连续性风险：系统的可用性降低会影响服务质量、响应速度和交易效率，而系统运行的中断更可能会造成业务和服务中断，直接影响业务收入和品牌声誉。

4. 资产安全风险：信息化资产是指能为机构的经营管理带来价值的各种资产，具体形式可以是软件系统、基础设施、硬件设备、专利、数据等。信息资产安全风险主要是指在存储和使用过程中，由于泄密、非法访问、恶意篡改、侵权、丢失或者破坏等行为，导致信息资产的机密性、完整性和可用性受到损害、毁坏的风险。

5. 第三方信息安全风险：是指由机构和客户之外的第三方行为导致的、对信息系统运行和信息技术应用带来不利影响的各种风险。

6. 信息科技管理制度风险：管理制度不健全是信息科技风险积累和暴露的主要原

因之一。

银行、保险的信息化风险都归属于操作风险，银行业对信息化风险的分类对于保险业有一定借鉴作用，银保监会合并后，两者的分类可能趋同。

六、按照管理内容分类

近年来，随着信息技术的创新应用、互联网事业的发展和风险管理认知的逐步提升，在上述第五种管理功能分类的基础上，应全面风险管理需要，信息化风险分类维度和颗粒度进一步扩展和深化，涵盖信息化战略、数据资产、网络安全等诸多方面。

信息化管理风险：因信息化发展战略与整体发展战略产生偏差、信息安全与风险管理不到位、信息技术创新发展、决策浪费等方面产生的风险。

业务支撑风险：主要包含信息系统对业务需求的响应能力、技术架构支持能力、信息安全管理能力、业务发展保障能力等方面可能存在的漏洞与威胁。

数据资源风险：数据是金融行业的战略资产，主要包含生产运行数据、服务运营数据、经营决策数据，以及与之相关的中间业务数据等，数据资源面临的风险主要有不完整、不准确、不合规等所导致的损失风险，包括分析决策、经营管理的失误或数据泄露等风险。

信息安全风险：主要包含日志安全、数据安全、内容安全、接口传输安全、终端显示安全、业务敏感信息安全、网络技术、信息系统安全等方面的漏洞与威胁。

信息技术风险：主要包含信息技术及其创新所需要的相关技术不配套、不成熟，或者技术创新所需要的相应环境、设施、设备不够完善所造成的问题与威胁。

系统生命周期风险：主要包含信息系统全生命周期过程活动（包括信息系统规划管理、项目立项、需求分析、技术引进/研究开发、测试上线、运行维护、迭代升级和报废处置等）所面临的需求偏差、技术漏洞、技术风险、安全隐患、运维风险和防御能力的漏洞与威胁等。

信息科技运行风险：主要包含数据资产访问与管理、信息技术运行操作、系统等级管理等方面带来的运行能力漏洞与威胁。

业务连续性管理风险：主要包含常规和特殊业务场景下，信息系统运行服务的中断和异常，所导致的经济和社会声誉损失和威胁。

外包管理风险：主要包含外包选型、外包能力、外包资源管理等方面对外包目标实现和知识产权保护所带来的漏洞和威胁。

显然，这一分类与第五种分类有重合，但更为合理一些。

七、按照管理目标分类

以国际信息系统审计和控制协会（ISACA）颁布的COBIT框架（信息及相关技术控制目标）为代表，将信息化风险分为以下四类：

信息技术效益和价值实现风险：包括信息技术程序/项目选择、新技术新应用选择、信息化项目投资决策、信息化工作职责分工、应用软件老化、架构灵活性、软件实施等方面的风险。

信息技术程序和项目交付风险：包括项目交付、项目质量、第三方供应商选择、IT专业知识与技能等风险。

信息技术运作和服务交付风险：包括恶意软件、信息存储媒介故障、逻辑入侵、操作失误等风险。

网络空间和信息安全风险：包括隐私数据泄露、网络安全攻击等风险。

这一分类比较笼统，适用于所有行业的信息化风险管理，但对金融行业不太合适。

八、按照风险发生情景分类

上述各种信息化风险的分类，都有其一定的理论依据和实际应用，对信息化风险管理有一定的指导作用。这些划分或多或少存在这样那样的问题：诸如大多分类侧重于信息化风险的某一线索进行分类，并未统观全局，其影响分析也难以将技术缺陷与后果（损失）合理挂钩，风险敏感度不高，对信息化风险管理的前瞻性和预测性不足，不利于风险管理及其流程的落实，另外，风险分类之间都有交叉，较难清晰划分等问题。

从信息化风险发生的情景出发，基于信息化风险生命周期管理，便于风险管理及其流程实施，我们将信息化风险分为容灾风险、容错风险和安全风险三大类。

（一）容灾风险

容灾风险是指由于信息科技基础设施，基础架构和/或其备份资源所提供的服务中断而带来的风险，主要包括楼宇级容灾风险和城市级容灾风险，容灾风险的成因包括地震、火灾、洪水、雷电等自然灾害，战争和恐怖袭击，以及断电、网络中断、备份资源故障等。

容灾能力是指灾难性风险事件发生时，在保证业务数据不丢失或尽量少丢失的情况下，信息系统不间断运行，并提供生产和服务的能力。按照对系统的保护程度来分，包括数据级容灾能力，应用级容灾能力和业务级容灾能力。

（二）容错风险

容错风险是指信息化管理或者信息技术软硬件存在漏洞所出现的非预期故障风险，包括软件故障、硬件故障、人为操作失误和人为恶意破坏等。

容错能力是指风险事件发生时，保证生产系统继续运行，或在可容忍的时间范围内恢复运行的能力。容错能力本质上是冗余及其管理、故障检测与诊断和系统状态的维护与恢复。主要通过故障检测与屏蔽、设备冗余与管理机制等技术手段和工具方法加以解决。

容灾风险与容错风险的最大区别是，容错可以通过站点内的软硬件冗余、高可用设计、备份恢复、故障修复等措施来实现，而容灾必须通过灾备环境接管生产环境提供服务来实现。

（三）安全风险

信息安全风险指的是在信息化建设中，各类应用系统及其赖以运行的基础网络所处理的数据信息，由于其可能存在的软硬件缺陷，系统集成缺陷等，以及信息安全管理中潜在的薄弱环节，而导致的信息资产的机密性、可用性和完整性被破坏并带来损失的风险。信息安全风险内部也有较多分类。

1. 以保护对象分：一是数据安全风险，包括竞争性业务的经营管理数据的泄漏、客户资料的泄漏以及数据被恶意篡改或破坏等风险。二是资产安全风险，指数据资产、实物资产、软件资产、人员资产和服务资产等机密性、可用性和完整性被破坏的风险。

2. 以安全破坏的表现形式分：一是本体安全风险：被保护的信息资产自身被攻击的可能性和脆弱性。二是路径安全风险：访问路径被破坏的可能性，如物理门禁失效，防火墙被攻击，用户账号密码被盗取等风险。

3. 以信息系统环境分类：信息系统运营的内外部环境是确保信息安全的前提和基础。信息安全环境风险包括存储信息化资产设备的物理环境和存储传输数据信息的计算机环境，因自然灾害、外来原因、管理不当、操作失误或内外部攻击等对信息系统运行安全构成的威胁。具体可以细分为：

一是物理环境安全风险。物理环境安全分为机房安全和设备安全。机房安全指数据中心所在环境的安全保护，如区域防护和灾难保护，包括场地安全、温度、湿度、静电、灰尘、防火、用电安全等。设备安全指设备的防盗、防电磁泄漏、防电磁干扰、存储介质管理等，设备安全的主要目标是防止数据中心资产流失、损坏及对业务活动造成的破坏。数据中心运行管理需要一个高可靠的物理安全环境，是一项重要的基础设施建设。因此，物理环境安全风险是数据中心安全风险管理的重要内容。

二是网络边界安全风险。内部网络和外部网络是直接连接的，网络边界的互通性和网络访问的无限制性使得网络边界很容易成为黑客或者恶意分子攻击的入口。如果网络边界安全机制不足，黑客或者恶意分子可以通过外部连接攻入内部网络，进而窃听、监视甚至窃取、篡改内部信息资料，也可以直接对内部网络设备发起攻击，造成网络阻塞，甚至瘫痪。

三是人员安全风险。人员安全风险包括两个方面，一方面是信息安全部门、岗位和编制配备是否达到信息安全的要求；另一方面是信息技术的用户是否遵守操作手册，树牢全员信息安全意识。金融（集团）公司各类员工数量几万到十几万人不等，流动性较大，安全意识参差不齐，给防范数据信息外泄工作提出了重大挑战。据权威机构统计，当前83%的信息安全事故是人为因素造成，而且呈上升的趋势。采取"防内为主、内外兼防"的模式，从提高使用节点自身的安全着手，构筑积极综合的安全防护系统。

为了更好地说明信息化风险发生的情景维度，用表5-1简要说明如下。

表 5-1　信息化风险情景维度分析

风险分类	表现形式	风险根源	作用载体	脆弱性表现	影响范围	作用对象
容错风险	非预期技术故障	软硬件自身故障	系统软硬件	软硬件老化、系统固有缺陷等	信息技术程序和项目交付，信息技术效益和价值实现	金融机构
		内部或外部开发人员	系统软硬件	信息系统研发管理缺陷，第三方管理缺陷		客户
	系统操作错误	内部或外包运维人员	应用系统	系统应用中的运行维护缺陷，第三方管理缺陷	信息技术程序和项目交付，信息技术运作和服务交付	客户
容灾风险	生产机房灾难	火灾、断电等	生产机房	业务连续性经营缺陷	信息技术运作和服务交付	金融机构、客户
		内部或外包运维人员	生产机房	业务连续性经营缺陷	信息技术运作和服务交付，信息技术效益和价值实现	金融机构、客户
	城市级灾难	自然灾害，恐怖袭击等	生产/灾备机房	天然脆弱性	信息技术运作和服务交付，信息技术效益和价值实现	金融机构、客户
安全风险	应用与数据本体安全缺陷	内部或外部攻击人员	应用与数据	信息系统研发管理缺陷	网络空间和信息安全	国家信息安全、行业经营安全、金融机构、客户
	信息技术环境安全保护缺陷	内部或外部攻击人员	应用与数据	安全保护路径存在漏洞，信息资产安全缺陷	网络空间和信息安全	国家信息安全、行业经营安全、金融机构、客户

　　每一种分类都有其理论依据和应用场景，既有其优点，也有其缺点。按照信息化风险发生的情景分类是技术风险与功能管理相结合的一种综合分类，与上述各种信息化风险分类既有联系又有区别。主要的实践意义在于：一是厘清了风险来源、风险载体及其脆弱性、管理流程等元素之间的关系，使风险的识别不会遗漏，也互不重复；二是为风险的传导路径分析奠定了较好的逻辑分析基础；三是前述七种信息化风险分类下的各种风险都能归诸于这一分类项下的容错风险、容灾风险或安全风险，且不存在分类之间的相互交叉；四是便于信息化风险管理及其流程的执行；所以这一划分较为科学合理。当然这一分类的颗粒度较粗，需要详细列示三大类项下的各类细化风险。表 5-2 举例列示了这一风险分类与上述相关信息化风险分类之间的关系。

表5-2　信息化风险情景分类与其他分类之间相互关系

其他维度分类 ＼ 情景分类	容灾风险	容错风险	安全风险
作用载体分类，如消防失效			√
攻击来源分类，如程序漏洞		√	
攻击类型分类，如地震	√		
管理功能分类，如研发风险		√	
管理内容分类，如支撑风险		√	
管理目标分类，新技术风险		√	

这一分类可以将上述七种分类项下的相关风险，根据风险因子，分别对应归类于这三大类。需要注意的是，有的分类项下的具体信息化风险须在这三大类下分别对应归类，有的按照某一维度细分的具体信息化风险可都归类于某一大类下。实践中必须按照风险因子的性质或者近因原则，追根溯源，越精确越好归类，否则初初一看，一些风险可能既可以归类于安全风险，也可以归类于容错风险。容灾风险的风险因子一般较为鲜明单一。

随着信息技术的创新发展，不断萌生新的风险或增大了原有的传统风险，故信息化风险的分类方法很多。但不论何种分类，对照前述第八种分类，我们都可以找到其应属的大类，再次说明了这一分类的科学性。以下两种情形就是较好的例证。

以保险公司数字化运营为例，陡增了很多信息技术与业务融合所产生的业务流程中的风险。

一是用户认证风险。传统的用户认证依托营业场所、实物凭证和面对面的服务方式，仿冒作假的可能性较低。在数字化生态环境下，通过网上非现场、非实物原始凭证、非面对面的方式，客户真实身份识别难度显著提高；同时保险销售、保费支付、理赔结算等都在由电子信息构成的虚拟世界中进行，当事方互不见面，增大了交易者之间在身份确认、信用评价方面的信息不对称。这一风险属于安全风险。

二是客户账户风险。由保单为中心升级为以客户为中心的系统平台后，实现了一家公司、一个账户、多个产品，打通了保险承保、理赔、给付等在一个账户下协同处理，相关保险增值服务、其他金融和社会服务协同处理。但带来了客户支付的真实性风险，如整个保险行业缺乏保险客户统一账户，还会存在客户在保险机构间逆选择、舞弊欺诈、洗钱等风险。穿透式诚信服务、穿透式监督难以得到根本保障。这一风险属于安全风险。

三是电子单证风险。所有业务单证，包括保单电子化后，客户可无限制地进行原样复制，因此，一方面，在发生退保、满期给付等情况下，无法全部收回电子保单；另一方面，在保单发生变更时，无法在客户持有的电子保单上加盖相关签注，无法保证客户凭电子保单二次索赔、二次给付的诉求，从而使保险公司要自我举证前次作业的准确性且没有发生差错，拒绝二次索赔、二次给付便会碰到一些困难。另外，电子单证一旦因保险人内部差错而分发至投保人、被保险人时，将难以收回电子保单，即使要求对方回收清理，也无技术手段可以保证对方清理时没有数据残留。这一风险属于安全风险。

四是外网自助化服务风险。客户服务自助化是大势所趋，业已成为重要方式，代理人和员工演进为保险专家顾问；APP 等自助服务工具突破内网保护，走向互联网开放环境，防攻、防断、防改、防漏、防毒的成为风险管控的永恒主题。这一风险属于安全风险。

五是技术架构风险。保险信息系统服务对象既有内部客户又有外部客户，各类个险业务用户数达到千万级乃至亿级以上，如系统架构设计考虑不周，内外部客户操作不当，就会存在容量风险和运维时间窗口风险，开门红、秒杀等营销活动会顷刻间导致系统中断，快速、稳定、不间断运行服务成为一句空话。这一风险属于容错风险。

六是自动化作业风险。为提高标准化业务运营效率，自动化乃至批处理自动化作业进一步提速，走向实时化。与此同时，一个差错可能会造成影响巨大的"乌龙指"风险，将对客户、公司甚至行业造成难以弥补的声誉风险。另外，云计算技术使 IT 运维工作自动化，也可能造成大批量系统差错和停机，从而造成巨大的业务连续性和声誉风险。这一风险属于容错风险。

七是外部合作风险。保险业务对外合作很多，涉及营销和理赔方面的中介等，主要通过电子单证和数据对接完成，外部合作风险传导速度快，关联性风险控制成为新课题。如合作方私自制作电子单证，业务不符合规范，数据对接不完整、不一致，合作方信息安全控制失效等风险极易传导到集团系统内部。属于安全风险。

再以互联网安全为例，互联网风险、网络风险均是由电脑程序和软件系统所造成，这种风险既来自计算机系统停机、磁盘列阵破坏等不确定因素，也来自网络外部的攻击，以及计算机病毒破坏等因素。由于网络的开放性和计算机操作系统的不完善性，计算机网络已成为网上信息安全隐患不断孳生的温床。网络信息安全问题的表现形式主要有计算机病毒（Computer Virus）、黑客攻击（Hackers Attack）、信息混乱（Information Disorder）和信息污染（Information Pollution）等。网上黑客的攻击活动能量正以每年 10 倍的速度增长，他们利用网上的任何漏洞和缺陷非法进入主机、窃取信息、发送假冒电子邮件等。计算机网络病毒可通过网络进行扩散与传染，传播速度是单机的几十倍，一旦某个程序被感染，则整台机器、整个网络也很快被感染，破坏力极大，导致整个网络的瘫痪。所以互联网风险往往是一种系统性风险，主要有以下几种风险来源。

一是金融网络犯罪。攻击者由过去的单兵作战，无目的的攻击转为以经济利益为目的、针对性的有组织攻击。从敏感信息的收集与贩卖，到伪卡制卡，甚至网银木马的量身定制，在网络上都能找到相应的服务提供商，并且形成完整的以金融网络犯罪分子为中心的"传、取、销"的犯罪链。

二是 DDoS 攻击①。这是目前最有效的一种网络恶意攻击形式，包括传统 SYN 攻击②、DNS 泛洪攻击③、DNS 放大攻击④，以及针对应用层和内容更加难以防御的应用层 DDoS 攻击。

三是互联网自身安全漏洞。当今的互联网病毒、蠕虫、僵尸网络、间谍软件、DDoS 等，犹如洪水般泛滥，所有的这一切都或多或少地从互联网业务支撑系统漏洞走过。

四是病毒木马。目前针对网上交易的木马程序、密码嗅探程序等病毒不断翻新，通过盗取客户资料，直接威胁网银安全，用户如果未对其计算机安装相应的木马查杀软件，就非常容易被感染。

五是信息泄露。在互联网环境下，一些交易平台并没有在"传输、存储、使用、销毁"等环节建立保护敏感信息的完整机制，加大了交易信息泄露风险。

六是网络钓鱼。虽然金融机构对钓鱼网站带来的金融信息危害极其重视，但大量钓鱼网站都建立在海外的网络空间，因而加大了安全监管的难度。

七是移动威胁。移动金融信息风险主要由于移动应用软件的信息安全隐患和用户的防范意识薄弱，给用户造成了严重的经济损失，同时也为移动金融的发展造成阻碍。

八是 APT⑤（Advanced Persistent Threat）攻击。由于其利益驱动特性，与交易和金钱直接相关的金融行业，成为了黑客进攻"首选"，沦为 APT 攻击重灾区，等等。

上述互联网风险都可以归类为信息安全风险。

5.3 优化模式下特有风险

未来金融行业信息技术发展趋势将呈五大特征：一是数字化（Digital），运营过程自动化、自助化和电子化等数字化特征进一步得以强化，数字化管理决策水平进一步提高。二是集成化（Integration），将客户需求、产品研发、渠道销售、客户服务、经营管理决策等紧密地集成起来，因此信息技术也需要从局部走向集成。如果信息化建

---

① DDoS 攻击，分布式拒绝服务（Distributed Denial of Service），将多台计算机联合起来作为攻击平台，通过远程连接，利用恶意程序，对一个或多个目标发起 DDoS 攻击，消耗目标服务器性能或网络带宽，从而造成服务器无法正常地提供服务。

② SYN 攻击属于 DOS 攻击的一种，它利用传输控制协议缺陷，通过发送大量的半连接请求，耗费 CPU 和内存资源。SYN 攻击除了影响主机外，还危害路由器、防火墙等网络系统，事实上 SYN 攻击并不管目标是什么系统，只要这些系统打开 TCP 服务就可以实施。

③ DNS 泛洪攻击，（Domain Name Server，DNS）是一种分布式拒绝服务。

④ DNS 放大攻击（也称为杠杆攻击，DNS Amplification Attack），利用回复包比请求包大的特点（放大流量），伪造请求包的源 IP 地址，将应答包引向被攻击的目标。对于 DNS 服务器来说，只需要抛弃不是自己发出去的请求包的应答包即可。

⑤ APT 攻击，即高级可持续威胁攻击，也称为定向威胁攻击，指某组织对特定对象展开的持续有效的攻击活动。这种攻击活动具有极强的隐蔽性和针对性，通常会运用受感染的各种介质、供应链和社会工程学等多种手段实施先进的、持久的且有效的威胁和攻击。

设缺乏整体规划，各种信息技术应用系统彼此孤立，缺乏有机集成整合应用，就会构成一个个信息孤岛，影响经营管理效率的提升。三是网络化（Internet），跨地域、跨行业，集成化经营的前提需要网络化，借助互联网带来的廉价通讯手段，才能建立全国性乃至全球性的业务运营体系。四是智能化（Intelligent），数据就是信息，信息就是财富，金融集团存有海量的数据，通过数据挖据分析，有助于经营管理决策、精准营销、风险管控等。五是共享化（Sharing），集团内信息化服务共享有其现实的内在逻辑安排和利益驱动，降本增效提质是信息化服务共享的目的。"四化一共享"之发展趋势给集团带来了一些新的或者独有的信息化风险挑战。

一、创新融合风险。数字化时代，任何创新都离不开信息系统，金融（集团）公司的信息化创新活动有几个特点：一是主要围绕金融科技，即经营管理与信息技术的融合；二是信息中心或创新实验室是金融科技创新主要载体；三是新系统、新功能与老系统的融合；四是信息系统在未正式上线前，风险集中于某个信息技术业务单元内。所以融合风险虽然存在，但信息化风险可以在模拟运行环境下进行充分测试，是局部可控的。

二、集中度风险。虽然优化模式较全面集中模式下的集中度风险有所减轻，但依旧存在，有些方面的风险甚至进一步加重。数据中心、资产设备、数据资源等大多集中在同一空间或物理场所，必然带来集中度风险。诸如机房基础设施（电源供应、网络接入、防火防水措施、新风系统等）一旦发生故障，将影响所有子公司信息系统运行。自然灾害、意外事故、外来原因等都可能会造成局部乃至整个集团的系统故障、运营中断。多路电源同时故障，柴油机不能应急中继发电，就会导致数据中心的瘫痪，尚有外包集中度风险等。集中度风险会影响整个集团的业务运营，客户不信任感增加，集团品牌声誉都会受到影响。

三、交叉传染风险，又称传导放大风险非金融集团机构。系统与系统、系统与平台、平台与平台间关联性不强，从结构上抑制了风险快速传导。集团性金融机构，尤其是信息化服务存在集中共享情况下，当一个系统产生风险，或者新技术可能由于自身还不稳定或完善，专业团队尚未全面掌握，或者还没有形成行之有效的风险防控手段，如果同时引入集团内不同公司的共享运用，且与老系统相关，可能会导致多个系统不稳定、系统故障，再加上互联网所致的外部风险导入，产生交叉感染。在全面集中模式下，信息化交叉感染风险的影响范围可能更广，损失程度可能加剧。

信息化风险成因及其传导路径复杂，如何确保安全营运生产，信息安全、网络安全、数据安全、隐私安全，是金融机构始终面临着信息化风险和创新风险的挑战。在数字化生态环境下，集团信息系统、共享平台本身越来越庞大，系统与系统、系统与平台、平台与平台、业务核心系统与第三方系统和平台之间的联系越来越紧密，数据交换也越来越频繁。处于基础地位或关键节点的核心系统、共享平台、第三方平台，一旦出现风险，可能波及集团整体信息安全。

四、数据信息共享风险。集团系统内不同公司有不同的原生性信息数据，数据结构日趋复杂，呈现结构化、半结构化和非结构化相互交汇融合等特征，数据本身也有一定安全风险，如果不能确保数据的权威性、标准性、规范性、完整性和真实性，不加以统一规划、整合、清洗、标准化和结构化处理，就会产生新的系统和平台风险，难以实现有效安全的共享，甚至存在数据资源浪费和安全风险。另一方面，诸如公民个人信息、竞争性数据等，如果引入新技术处理，保管不慎或被不恰当地使用，也会带来一定的泄露风险。

客户各类信息数据资源主要集中于集团的中后台系统，一旦被黑客攻破盗用，或者内部疏于管理、故意行为，就可能会导致各家子公司信息数据被破坏或泄露。网络安全事件影响范围更广，包括但不限于数据泄露风险、数据破坏风险、数据丢失风险以及数据混用风险，还可能造成违反网络安全法律法规的规定。

随着《网络安全法》《数据安全法》等法规的实施，如何有效落实客户隐私保护法规，解决子公司在数据安全保护和集团内数据信息共享之间的矛盾，成为信息化服务共享集中模式下需要思考的问题。

五、故障处理延迟风险。优化模式下，相关系统的全面或局部共享，只有加强，不会削弱。当发生的信息化风险故障涉及不同的单位，可能会出现明哲保身、推诿扯皮等现象，可能会延误故障报告和故障的查找，协调沟通成本增加，故障修复可能延迟。

六、法律合规风险。集团和各子公司均为独立的法人体制，需要各自建立完善的治理架构，职能分工和制衡机制，需要清晰界定集团和子公司之间的职责，兼顾各实体的监管合规要求。例如，从集团层面来看，相关信息化服务共享为子公司提高了效率，节约了成本，而从子公司层面来看，集团信息中心，尤其是金融科技公司提供的共享服务实质上属于关联外包，需要根据相关的监管要求设计相关的外包风险防范措施，涉及关联交易的，要符合内部关联交易规定。

七、业务连续性管理风险。业务连续性管理的落脚点在集团内的子公司，信息系统灾难恢复计划是业务连续性风险管理最为重要的预案，优化模式虽然降低了业务连续性运营风险管理的难度，但如果没有建立相关管理机制，信息化故障引起的系统中断，进而引起业务连续性风险，较非集团性金融机构的风险要大。

上述特有风险的防范举措请见第九章。

5.4　信息化风险主要特征

信息化风险特征要结合作用对象、损失承灾体、风险类型和影响程度等因素来分析，金融行业信息化风险一般具有以下特点：

一、正态分布特征明显

总体而言，信息化风险的特征呈正态分布，图像就是两边低，中间高，即绝大多数信息化风险事件是常态化的、可以承受的风险；小部分事件可以说天天发生，随时随地修复；小部分事件是低频高损，对金融机构会产生重大直接损失，乃至第三方法律责任、品牌信誉等间接损失。

至于具体风险又有不同的特征：系统开发及测试投产等风险的显著特征是高频低损，由于保险机构信息技术环境中应用架构、数据架构、技术架构及基础架构之间的复杂关联性，应用程序的开发投产及变更为频繁，各类新技术应用层出不穷，信息技术环境敏捷性和稳定性的矛盾给运行维护带来了极大的挑战，也增加了风险发生的可能性，呈现风险频率高，损失小的特点。以系统运行中断、数据丢失和业务连续性风险为例，它们的显著特征是低频高损，数据中心瘫痪性故障发生频率极低，但一旦发生，就会给金融机构带来极大的经济损失和声誉影响，甚至监管处罚等。

二、影响面广

信息化故障，尤其是信息系统失效会影响广泛的用户，网络环境下的信息系统，会影响到更大范围的分支机构和用户，即使局部系统失效，影响面也会较大，因为金融行业涉及千家万户，不能正常营业或产生短暂信息化故障都会进行传播，影响面会较快扩散，从而影响客户的流失，营业收入的减少，如果经常发生信息化故障，就会导致客户对金融机构的不信任和不安全感。如果是跨境金融业务，乃至产生国际性影响。信息化风险具有无疆特征。

三、隐蔽性高

对于一般的操作者和使用者而言，信息系统是一个"技术黑箱"，很多信息化风险在发生前是隐含在应用界面之下，难以发现的。一个技术漏洞、安全风险可能隐藏几年都发现不了，结果是"谁进来了不知道、是敌是友不知道、干了什么不知道"，长期"潜伏"在里面，一旦有事就发作了。

四、专业性强

信息化风险的要素及其定义说明信息化风险专业性较强。信息化风险的产生和防范都需要专业人士实施，这使得具体风险的预警、监测、控制和故障的解决等需要专业技术人员来实现。

五、非标准性

信息化风险表现形式复杂多样，且分布于几乎所有的信息化工作、系统运行和业务流程之中。查找信息技术故障原因的程序和方法可能大同小异，但修复则针对性很强，都是一对一的，非标准性风险特征十分明显。

六、成因复杂性

信息化风险的分类研究说明了信息化风险的成因和传导路径较为复杂，既有信息技术自身的风险，也有人为的管理与技术能力限制，更有内部或外部攻击，尤其是内外部攻击者可通过多种手段，遍历多条破坏路径，获得信息技术环境的最高管理权限，窃取机密敏感信息。基于安全管理的"木桶原理"，只要任何一条破坏路径被攻破，其他所有的安全管理手段都形同虚设。

七、普遍绝对性

信息化已经渗透到社会的各个组织、各个行业，金融业对信息化的依赖性无处不在。信息化风险的定义说明只要信息技术作用于一个组织的营运管理过程就有可能产生信息化风险，既有信息技术内生的，也有内外部疏忽和攻击所致的，更有在网络环境下传导感染的，会无时无刻不断产生风险，尤其是牟利性或恶意攻击是不会停止的，所以信息化风险具有普遍存在的绝对性。

八、相互关联的动态性

数字化时代，信息安全可能牵一发而动全身，会影响到与其共享或关联的网信系统，影响到业务运营与交易，故信息安全风险呈高度关联、相互依赖的特征，而不是孤立或封闭的。同时，网络安全威胁的来源和攻击手段是不断变化的，不是静态的。所以只有立足开放环境，加强对外交流、合作、互动、博弈，吸收先进技术，网络安全水平才会不断提高。那种依靠装几个安全设备和安全软件就想永保安全的想法已不合时宜，需要树立动态、综合的防护理念。

九、"非工作"时空风险

传统的金融行业作业模式通常在工作时间、工作场所内完成，金融机构和监管机构等相关方均配置有效资源，满足各方需求，出现突发事件，应对能力也为较充足。在数字化生态环境下，作业模式从5×8小时的工作时间，更多地转向非工作时间，升级为7×24小时不间断运营，特别是在节假日和重大活动期间，金融服务需求更加活跃，线上服务需求较线下现场服务的要求更加强烈。"非工作"时空风险表现在三个方面：一是服务资源配置不到位风险；二是线上服务稳定性风险；三是现场服务配套响应能力风险。

十、攻击风险的低成本性

信息化风险的攻防双方处于完全不对称的，处于暗处的攻击可以用少量的人力、低廉工具，长时间偷窥观察，以较低的支出攻破守方的防线，敏感信息、竞争信息等，给攻方带来不义收入的，往往成为其目标。国家政治、军事、经济和社会安全往往成为竞争性对手、竞争性国家和敌国组织的黑客攻击的目标。

5.5　信息化风险与他类风险

本节中的他类风险特指信用风险、市场风险、流动性风险、保险风险、账户利率风险、声誉风险、战略风险和操作风险等。信息化风险与这些风险之间有紧密的关联性。

一、成因相互交织

信息技术应用过程中一旦发生信息化风险事件，就会成为触发他类风险的成因。例如，由于信用风险模型设计和实施过程中存在版本错误或者代码缺陷，造成高风险客户引入带来信用违约风险；又如，由于信息系统故障导致运营中断，造成客户赔付延时引起投诉，带来法律和声誉风险；再如，由于系统之间接口传输数据不准确造成净值计算错误，带来市场风险；等等。

与此相反，也有少部分风险是信息化风险的成因，如战略风险，当集团的发展战略没有达成或与目标产生较大偏差，信息化规划预算肯定会与实际产生偏离，导致信息化风险的产生，乃至造成严重的决策浪费。另外，某些操作风险事件也是信息化风险的成因。如人为错误、工作程序有误、内部控制不当等都是信息化风险的主要成因。所以信息化风险与他类风险有时为互为因果的关系。

二、信息化风险与操作风险的关系

2010 年前后，国内商业银行开始实施《巴塞尔新资本协议》[①]，操作风险成为信用风险和市场风险之外，所强调的商业银行面临的一种重要风险类型。该协议与保险行业不甚相干，但国内外保险公司偿付能力监管受此影响极大，操作风险的重要性也被置于风险管理的重要位置。

根据《巴塞尔新资本协议》，操作风险的基本定义是指由于不完善或者有问题的内部程序、人员及系统或外部事件而造成损失的风险，表现为七种形式：内部欺诈、外部欺诈、雇佣合同及工作状况产生的风险事件、客户与产品及商业银行引起的风险事件、有形资产损失、经营中断和信息系统出错、涉及执行与交割及交易过程管理的风险事件。在此定义之下，操作风险可以认为是一家金融机构所面临的所有风险中，除

---

① 全称《统一资本计量和资本标准的国际协议：修订框架》(INTERNATIONAL CONVERGENCE OF CAPITAL MEASUREMENT AND CAPITAL STANDARDS：A REVISED FRAMEWORK)，通过对商业银行计算信用风险加权资产和操作风险加权资产的规范，来约束商业银行内部建立完整而全面的风险管理体系，以达到保证全球银行体系稳健经营的目的。作为一个完整的银行业资本充足率监管框架由三大支柱组成：一是最低资本要求；二是监管当局对资本充足率的监督检查（外部监管）；三是银行业必须满足的信息披露要求（市场约束），这三点也通常概括为最低资本要求、监督检查和市场纪律。

去信用风险、市场风险、战略风险及声誉风险等之外的其他风险的总和。因此，信息化风险属于操作风险的范畴。表5-3列示了操作风险和信息化风险的相似性及不同点。

表5-3　信息化风险与操作风险比较

比较维度	操作风险	信息化风险
风险事件	内外部欺诈，就业政策和工作场所安全，客户，产品和业务活动，实物资产损坏，业务中断和系统异常，执行、交付或交割及流程管理等	容错风险、容灾风险和安全风险事件都是操作风险事件的一部分
风险因子	内部：人员、流程、信息系统等 外部：第三方、自然条件、技术、法律法规、社会舆论等	内部：人员、流程、信息系统等 外部：第三方、自然条件、技术、法律法规、社会舆论等
传导载体	业务和系统流程	业务和系统流程 信息技术环境 信息技术管理流程
损失后果	经济损失、非经济损失	经济损失、非经济损失
计量方法	有统一标准的计量方法，如基本指标法、标准法、高级计量法	业内有相关的计量方法，但在探索之中，尚未经监管部门认可

上表说明信息化风险与操作风险有较高的相似性，它们的区别与联系进一步分析如下：

在管理工具方面，操作风险管理主要依托KRI（关键风险指标）、RCSA（风险与控制自评估）和LDC（损失数据库）三类管理工具，进行风险识别和评估，使用关键风险指标对风险水平进行持续监测，使用损失数据库对风险损失进行持续的跟踪和分析，结合这些工具的输出进行风险计量。信息化风险管理同样可以借鉴这三类工具进行风险识别、评估，监测和计量，但由于信息化风险的技术特征及其与业务流程的高度耦合性，需要在每类业务流程形成普适性的业务规范和标准化管理基础上实现三大工具的应用。

在管理方法方面，操作风险管理以梳理业务流程为基础，在此基础上分析流程中可能面临的风险点，进行固有风险评估，识别对应内部控制措施的有效性，进而判断剩余风险是否在可接受的范围之内。信息化风险管理也是梳理排查为主，既要关注业务流程中的信息科技风险，也要将信息科技治理、信息化流程中存在的控制缺陷等纳入统一识别和评估的范畴，并充分评估其对业务运营和管理活动的影响，所以管理的复杂性明显高于操作风险。

在损失计量方面，操作风险可以将损失与业务条线的资金敞口、收入、利润等因素建立直接的关系，一般可用货币来计量。而信息化风险会产生修复成本、业务减少、人工成本、声誉及合规等多方面的损失，部分可以用货币计量，部分则不行，计量难度也复杂，需要进一步探索计量方法。

操作风险的管理工具、管理方法及损失计量模型等为信息化风险识别，评估，计量和监测提供了基础和依据，也为信息化风险的深入研究提供了借鉴方法。

信息化风险虽然是操作风险的一部分，以其重要性角度讲，几乎是操作风险管理的全部，因为信息化风险与合规渗透于金融机构经营管理的方方面面，贯穿于全面风险管理的始终。

三、信息化风险计量方法较他类风险复杂

信用风险、市场风险、流动性风险、账户利率风险等损失计量均有较为成熟的模型和方法。如信用风险预期损失为违约概率，违约损失率及违约风险暴露三者相乘而得到，市场风险以风险价值（Value at Risk）进行计量。信息化风险的计量与其完全不同，但可借鉴利用操作风险相关计量模型和工具。由于信息化风险所造成的损失，通常需要通过传导作用，损失可能是多方面的，在分析和计量上均有一定的难度。以业务运营系统中断为例，既需要考虑受影响的软硬件设备恢复成本、执行手工替代程序的成本，也要计算被影响客户的经济和非经济损失，更要考虑信息化故障所带来的客户流失、业务收入减少等损失，还可能还涉及监管处罚、品牌信誉等相关损失或影响。

5.6　信息化风险形成机理

信息化风险的形成源于信息技术在经营管理中的应用，而其所带来的后果（损失）也最终体现在经营绩效、监管合规、品牌声誉等方面的损失。由于信息化风险具有复杂性高、隐蔽性深、专业技术强、普遍性和绝对性等特点，信息化风险管理需要抽丝剥茧，分析其形成、触发、作用、影响，以及带来的损失等机理与过程，才能将"技术黑箱"变成可识别、评价、应对、监测、度量和预警的"笼中猛兽"，促进信息技术应用的安全可靠和高效。

信息化风险的特殊性是由其自身组成要素决定的。信息化风险存在于技术流程管理、信息安全管理、项目管理和生产系统运营管理等过程中，从形成到产生影响与结果，离不开信息技术风险源、信息技术环境、传导载体、作用对象等关键要素。信息化带来了操作轨迹不可见、手工操作留痕消失，形成路径捉摸不定等特征；众多的信息化风险特征也说明了其复杂性。

信息化风险的定义给出了其生成传导机理的大致轮廓，传导机理的基本的脉络可循是风险源作用于信息技术环境，使得应用程序和系统数据发生异常并对业务造成不良影响，进而对经营者或客户带来损失的过程，见图 5-1。

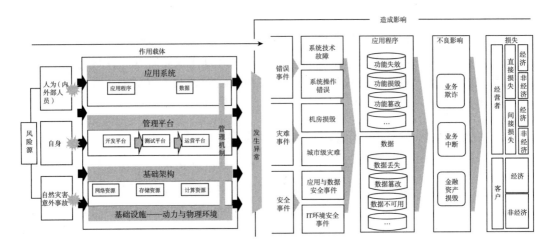

图 5-1 信息化风险形成机理

根据图 5-1，对信息化风险的形成机理进一步分析阐述如下：

一、致灾因子

根据信息化风险源（各种风险因子）的介绍，不是所有风险因子都有生成传导机理，如自然灾害、火灾等就没有传导机理。具有传导机理的传导因子也不一定就是致灾因子，如果该传导因子没有产生不利的影响或损失，它也仅仅是传导因子而已，只有传导因子利用传导载体（信息技术环境）的脆弱性，通过一定的传导机理，产生不利影响或损失，才是致灾因子。致灾因子可作如下分类。

外部人员攻击，指外部的黑客、牟利人员和恶意组织机构等第三方利用勒索软件、渗透测试工具、DDOS 攻击工具、网络钓鱼工具、社交工程等手段，突破信息技术环境的安全防护控制，在获得系统高级权限后，对应用系统、管理工具、基础架构、基础设施等实施破坏，窃取机密信息，进行敲诈勒索获利，还有一些外部人员，利用信息系统漏洞，如身份校验机制不完善等，冒充客户身份进行交易获利。

内部人员恶意攻击，是指内部人员利用自身职务之便，可直接或间接接触机密信息，在利益驱使下，利用信息技术环境漏洞，绕过信息技术内部控制手段，窃取机密信息，进行业务欺诈并从中获利。

内部员工不当操作，此类不当操作是内部员工缺少必要的专业知识、风险意识不到位或者误操作所致，并无获利动机，而信息系统未有正确的检测或恢复机制，内控流程复核和校验机制的可能缺失，导致或增加了操作差错、账务错误、数据丢失等损失的风险。这里也包括外包人员的不当操作。

内部管理风险，主要表现在两个方面，一是物理环境安全管理不善导致意外事故的发生，如数据中心管理不善导致火灾、渗水、消防失效等导致的意外事故。二是技术环境管理不善，导致信息技术环境自身故障，包括设备老化、技术缺陷或系统自身代码等问题，在日常维保、巡检等工作中难以发现，一旦触发会导致信息系统服务不可用、功能失效等后果。

外部配合风险，专指信息化工作的第三方配合，包括外包商资信不佳、技术不符合合同要求、断电断水、网络接入故障等所致的信息化风险。

技术自身缺陷，因对专业技术的认知受限、技术固有等原因，信息技术存在一些难以避免的缺陷、漏洞和后门等风险。

自然灾害，如地震、洪水、台风（飓风）。

战争风险和恐怖袭击。

自然灾害、意外事故、战争风险和恐怖袭击等导致基础设施、设备毁坏等信息化故障事件，有的是内部管理不善，有的是客观因素所致，有的是外部因素所致，它们往往没有传导机理可言，发生可能性较小。

二、传导载体及其脆弱性

信息技术环境是信息化风险作用的传导载体，包括应用系统、数据架构、基础架构和基础设施，以及贯穿其中的信息技术管理活动等。因技术类型、部署方式和复杂程度等方面的不同，其技术脆弱性也各不相同。

（一）应用系统主要脆弱性

1. 系统输入控制缺陷，如对输入的特定日期、数字范围的校验不足，对输入的信息完整性审核不足或缺少纠错机制等；

2. 边界控制缺陷，如系统与系统之间传输数据中对数据条目数量、总分汇总等缺少审核；

3. 处理控制缺陷，如系统自动计算逻辑设计不充分，各系统的统计口径不同，计算结果准确性不高；

4. 输出控制缺陷，如定期生成的统计报表缺少交叉校验；

5. 授权控制缺陷，如未根据"最小授权"原则为用户分配权限，同一用户拥有系统中的不相容权限等；

6. 日志控制缺陷，如缺少对用户操作记录的监督，留存、审计等机制；

7. 系统设计缺陷，如系统架构老化，可扩展性和兼容性不强等。

（二）数据架构主要脆弱性

1. 数据质量缺陷，如各系统间数据标准不统一，数据字段缺失，数据质量检核标准不完备等；

2. 架构设计缺陷，数据读/写速度慢，数据调用关系复杂等。

（三）基础架构的主要脆弱性

1. 关键设备缺少冗余；

2. 容量不足；

3. 虚拟化配置缺陷；

4. 网络分区不当；

5. 主、备中心应用和数据不一致等。

（四）管理流程主要脆弱性

一个组织通常会设计相应的管理流程、制度来保证信息技术环境的安全可控和体系的健壮性，包括但不限于合适的组织架构和职责分工，信息系统开发、运维、安全管理、外包管理、业务连续性管理等领域的制度和流程设计等。主要的脆弱性（内控缺陷）包括：治理架构不完整、职责分工不完善、制度设计不规范、需求设计和业务流程相脱节、版本管理混乱、开发和运维权限不分离、开发环境和生产环境不隔离、网络安全级别低、病毒库更新不及时、外包人员权限管理不当、外包商集中度过高、灾难恢复应急预案不完整、应急演练不全面，等等。

上述这些脆弱性的度和面决定了载体被风险源所作用的可能性和严重性。一般而言，脆弱性越大，发生风险事件的概率就越高。例如，应用系统之间的耦合度决定了某一应用系统发生问题时对其他应用系统的影响程度；软件代码的安全性不足，可能会使内外部攻击更加容易；基础设施的使用年限过长，故障发生的概率就越大；未对系统账号权限的开启、变更与撤销进行有效审批，则内外部攻击者容易获取离职人员的用户权限进行访问和数据盗用，等等。

根据经验数据统计分析，信息化风险的成因约10%是运营环境突发变化所致，约10%是信息化基础设施、资产设备老化引起的，约60%是内部人员或管理漏洞所致，约20%是外部第三方故意行为所致，即使外部第三方故意行为，也是内部管理不当、技术漏洞等被人利用所致。一般说来，第三方故意行为造成的影响、破坏或损失程度最大。细细分析，信息化风险绝大部分是管理不当、能力所限等主观因素所致。

三、信息化风险作用客体

信息化风险通过内部信息技术或由其传导的外部信息技术，作用于或合力作用于承灾体（客体），该承灾体主要是一个组织的各种经营管理活动，也可能是有形的信息化基础设施或资产设备等。

四、信息化风险触发事件

从信息化风险生成角度出发，信息化触发事件如下分类较为合理。

一是内部事件，信息化管理不当，新技术选择与应用风险，专业人员技术能力所限和误操作，决策失误，员工或已离职员工（但权限尚未注销）可能的蓄意报复等，诸如因管理不当导致信息化基础设施与设备老化引发信息化触发事件。

二是外部事件，互联网传导，黑客和第三方等故意行为，合作伙伴误操作，外部运行环境突变，还有敌对国家的战争行为、竞争对手国家的有组织行为等。

三是技术事件，包括技术性能缺陷、技术漏洞等，诸如货币政策、利诱产品上线销售等导致信息系统瞬间容量不足，系统瘫痪或中断。

四是自然灾害事件。

常见的信息化风险触发事件有网络攻击事件、信息破坏事件、信息内容安全事件、网络故障事件、服务器故障事件、软件系统故障事件、灾难性事件和其他事件等。

触发事件根据响应等级可分为三类，一是引起集团管理层响应的事件，二是引起子公司管理层响应的事件，有的触发事件不一定引起管理层的响应。

五、风险传导的基本路径

信息化风险源只有作用于支撑各类业务运营的信息技术，如应用系统、数据资源、基础设施，以及管理这些信息技术的流程等，并利用这方面的脆弱性，使这些载体丧失正常服务功能，造成业务运营中断或不良影响，才会形成真正意义上的信息化风险。

应用系统，传导路径为功能损毁（服务于业务流程的各类应用系统功能损毁，流程环节中断）、功能失效（体现在系统控制功能，如复核、校验等的失效）和功能篡改（如客户评级标准调整，关键计算逻辑更改）等。

数据资源，传导路径体现在数据损毁（如数据不可读写、备份数据损坏等）、数据丢失（机密数据被窃取、数据库拖库①等）和数据篡改（数据格式及内容被篡改，非授权增删数据）等。

基础设施，通常路径方式为实体破坏（如机柜、服务器、存储设备等被破坏导致不能正常工作，甚至生产/灾备机房服务中断）和功能失效（如空调控温失效、UPS 监控失效、动环监测失灵）。其风险源可能来自外部，也可能来自内部。

管理流程，传导路径则体现为能力难以胜任，流程效率低下，流程失效等，也可能会对业务流程带来不良影响。

信息化风险作用点及其程度不同，带来的影响差异较大。在基础设施、管理流程等领域发生作用，其影响可能是普遍性的，会带来整个数据中心的服务中断；信息技术开发运维团队的工作失效，可能会影响应用系统，数据架构的稳定性和安全性，带来不良后果。

六、信息化风险影响与损失

信息化风险影响是指所发生的信息化风险事件通过相关流程或活动，对集团的战略规划、经营管理目标、交易达成、运营管理、营业收入、品牌声誉以及法律责任等方面带来的直接和间接损失、不良影响，或导致经营风险的扩大等。对信息化风险事件进行影响和损失分析，不仅能判断信息化风险对业务的影响方式，还能促进管理层根据自身的信息技术的成熟度、应用程度以及风险承受能力，进一步思考信息化风险偏好，以及最大的风险容忍度，明确信息化风险的管理目标与要求。

---

① 拖库本来是数据库领域的术语，指从数据库中导出数据。现被用来指网站遭到入侵后，黑客窃取其数据库文件，拖库的主要防护手段是数据库加密。

（一）损失类型

业务欺诈损失：由于信息化风险事件发生，导致入侵者采用虚构或者隐瞒信息（如客户身份、信用）等方法，骗取金融机构的信任，非法获利的情况。业务欺诈的表现形式有盗窃、欺诈、安全破坏等。

营业收入减少：由于信息化风险事件发生导致金融机构无法对客户提供服务的场景。其表现形式有信息系统中断、外部服务中断等导致业务中断，无法正常营业。

经营利润：信息化风险对经营结果影响的主要表现形式是相关容错风险所导致的风险模型、精算模型、资信或信用模型等某些方面的错误，进而引入高风险客户或标的，结果是业务质量不高，影响经营利润；准备金计提不准，影响财务真实性等。

投资利润：金融（集团）公司都会持有以价值形态存在的资产，代表未来其收益或资产合法要求权的凭证，包括货币资产、到期投资、可供出售金融资产、以公允价值计量且其变动计入当期损益的金融资产等，如因容错风险导致信贷模型、投资回报模型等发生差错，进而引入高风险客户导致信贷损失，乃至发生资产全损、减值或丢失、所有者权益丧失等，直接影响资产质量的高低，影响投资利润。

信息化资产损坏：相关信息化风险事件、自然灾害或意外事故的发生会对信息化资产包括软硬件、基础设施和设备等造成有形和无形损失或毁坏。

（二）影响分析

评估信息化风险的影响，需要从金融机构自负盈亏的企业性质以及其所承担的社会责任等角度出发，既要考虑信息化风险对国家、社会和公众权益的不利影响，也要考虑对客户所带来的损失或不利影响，还要考虑对金融机构自身和员工的损失与影响。

对国家整体利益而言，金融行业的相关数据资源关系到国计民生，如果泄漏，会对国家、行业产生重大安全影响。

对金融机构而言，直接影响其经营管理，重大事件会导致营业收入的减少，产生重大品牌声誉风险，不严格遵守《网络安全法》《数据安全法》等法规条例、监管规定，还会招致行政处罚、监管罚款、法律赔偿、增加额外费用等。

对员工而言，因信息化风险事件的处置，灾难恢复，可能会因长时间加班导致对身心健康的影响。

对客户而言，信息化风险会导致运行质量和效率的下降，客户体验水平会受到明显影响，客户交易意愿及其选择因此可能发生改变，导致客户流失。如有客户敏感数据泄漏，对客户造成不利影响，乃至人身安全和损失。

对合作伙伴而言，以保险业为例，信息化风险事件会对专兼职代理、经纪人、公估人等合作伙伴产生影响，主要表现在合作伙伴的业务选择、数据泄露等，进而导致客户流失，收入和利润减少。

综上所述，信息化事件造成损失或不利影响的主要是金融机构和客户。因信息化事件，金融机构的直接损失包括经济损失和非经济损失两大方面。经济损失表现为收入和利润减少，非经济损失诸如品牌声誉损失、监管评级下调、重大媒体影响等。间接损失包括民事问责（赔偿、支付违约金、收缴违法所得、声誉损失等）、行政问责（罚款、没收、通报批评、市场准入限制等）以及刑事问责（罚款、停职或免职、刑事拘留等）。客户的损失也可能包括经济损失（金融资产损失）和非经济损失（个人名誉、身心健康受到损害或歧视性待遇以及时间成本等）。

信息化损失的计量较为复杂，同一信息化风险事件，既有定量分析，也有定性分析，既有信息化本身的损失，也有因信息化导致的业务损失。由于上述损失类型多，且绝大部分缺少历史数据积累，较难进行定量对比分析，但可通过定性方式进行初步分析，信息化损失数据库的建立，也为未来进一步的损失计量与分析提供了研究基础和方向。

信息化风险及其生成传导机理的研究是信息化风险管理、信息安全管理的基础，只有厘清了信息化风险本义，完整了解致灾因子、触发事件、传导载体及其脆弱性、作用客体和影响结果等，才能更好地开展全面信息化风险生命周期管理，及时采取防范和处置措施，降低信息化风险故障概率，妥善解决信息化故障事件，确保信息系统安全平稳运行。

6. 信息化风险识别与评估

信息化风险属于操作风险大类，故相关识别与评估方法可为信息化风险管理所借鉴。实践中也在探索建立符合自身特点的识别与评估方法，以不断推进信息化风险管理的可感知、可度量和可监管。

6.1 信息化风险识别方法

信息化风险识别是指采用相关模型、工具和方法，根据信息化风险形成机理，鉴别信息化建设和运营管理过程中可能导致信息化故障的风险因素及其发生节点的过程。信息化风险的识别目前还没有成熟的专属方法，只能借鉴操作风险的识别方法。

一、风险与控制自评估法

信息化风险的风险与控制自评估法（RCSA）是指风险管理部门对信息系统建设、运行维护、数据管理等信息化工作流程进行分析识别，评估其中隐含的风险点，并对业务流程现有控制措施的合理性和有效性进行评价。

风险与控制自评估法从梳理信息化条线、功能模块的主流程及其包含的子流程入手，针对这些流程设计 RCSA 问卷。这　问卷包含了每一流程步骤涉及的风险类型、相应的控制举措等内容，需要评分人对现有的控制设计和有效性进行评估，对风险暴露及其发生概率和可能损失的程度，以及采取控制措施之后的剩余风险进行评分。最后要根据 RCSA 评估结果，决定是否采取对特定风险的控制行动。

二、风险地图法

风险地图法（Risk Map）是根据风险暴露与信息化业务部门的风险容忍度，以地图分布形式，显示特定风险事件的风险暴露分布状况，见图 6-1，根据特定风险在风险地图中的落点，决定对风险是否采取适当的控制措施。

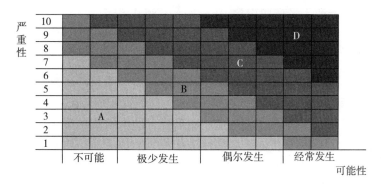

图 6-1　风险地图

风险地图法是一个严重性与可能性的矩阵。根据特定风险可能导致损失的严重程度及损失发生的可能性，确定风险暴露及其在风险地图的落点。风险地图不同区域代表了不同风险容忍度，风险的不同落点有不同的含义。

A. 绿色区域：表示风险处于安全区域，不需采取控制措施降低风险暴露。

B. 黄色区域：表示风险在加强监控的区域，应对风险进行关注和加强监控，但还不需采取具体控制措施。

C. 橙色区域：表示风险在警戒范围内，风险管理部门应立即采取控制措施，将风险暴露降低到安全区域之内。

D. 红色区域：表示风险已不可容忍，除了应立即采取措施降低风险暴露至安全范围内，还应该对风险暴露过高的原因进行追溯和问责。

需要说明的是，不同金融（集团）公司、不同业务条线的风险容忍度是不同的，因而某一类型的风险地图具体轮廓各异，即使同样的风险暴露在不同部门的风险地图上所处的区域可能都不一样，严重程度也不一样。对具体的信息化风险管理者而言，要根据不同信息科技业务特点和自己的风险偏好，确定以上四个区域的临界值。

三、关键风险指标法

关键风险指标法（KRI）是衡量信息化风险状况的定量法。通过指标的定期监控，可以对信息化风险变化有代表性的某些方面进行跟踪和预警，并根据指标所处的区域决定是否采取控制措施。

关键风险指标应能代表信息科技领域最主要的风险指标，容易度量并能反映信息化风险的暴露水平或者控制状态；对每一指标设定相应阀值，并进行动态跟踪，在超过事先设定的限额值时采取必要的控制措施，从而及时降低风险暴露程度，防止重大损失事件的发生。

与信息化风险相关的关键风险指标可根据信息科技业务的风险表现和分布特点而设定，也可从信息化风险偏好中选取关键风险指标，具体指标包括关键系统无故障运行率、机房无故障运行率、核心系统灾备切换次数、涉密信息丢失事件发生次数、资产失窃发生次数、专业人员离职率等。

四、损失数据收集法

金融（集团）公司可指定信息中心建立信息化故障事件库和损失数据库，制定全集团的信息化损失与事件的收集与入库机制，这是损失数据收集法（LDC）的基础。为此，要根据监管规定、信息化风险损失分布特点、风险容忍度等因素，确定故障事件种类、损失类型、入库起点金额、事件等级标准，以及统一字段格式等内容。信息化风险损失形态一般包括内部欺诈、外部欺诈、实体资产损坏、业务中断和系统失败、执行交割及流程管理五大类别。损失数据包括损失事件产生原因、发生时间、所在部门、业务流程、损失金额、控制措施以及有效性等内容。损失数据要按统一字段格式及时录入损失数据库。如原银监会规定的重大信息化故障事件的标准是，造成涉及两个或两个以上省、自治区和直辖市范围内中断业务 3 小时以上，单一省市自治区范围内业务中断 6 小时以上。《巴塞尔新资本协议》要求采用高级计量法（AMA）的银行需要至少三年的历史损失数据积累，金融（集团）公司应比照执行。通过损失数据的不断收集，挖掘分析，来识别潜在的风险、发生概率、评估可能的损失程度。追诉除了上述识别方法外，通常还有排查、采样、比较、演习、试点和监控等。

6.2 信息化风险事件及其等级

信息化风险事件及其严重程度有的可以量化，但多数难以量化，故有多种等级划分方法。

一、信息化风险事件分类与等级划分

参考《巴塞尔新资本协议》关于操作风险的七个类，结合信息化风险成因及其分类，信息化风险事件分类及其明细参考见表6-1。

表6-1 信息化风险事件分类

一类风险事件	二类风险事件	三类风险事件
容错风险	信息系统应用层风险	系统服务中断
		系统功能失效
		系统交易缓慢
	信息系统数据风险	数据完整性损害
		数据机密性损害
		数据可用性损害

一类风险事件	二类风险事件	三类风险事件
容灾风险	站点级容灾风险	主数据中心服务中断
		备份数据中心服务中断
	城市级容灾风险	同城数据中心服务中断
安全风险	信息系统本体 安全风险	系统功能缺陷
		系统功能失效
	应用与数据访问 环境安全风险	物理安全破坏
		网络安全破坏
		系统安全破坏
		数据完整性损坏
		数据机密性损坏
		数据可用性损坏

通常，重要信息化风险中断事件被分为两个等级：Ⅰ级（重大运营中断事件）的特征对整体正常运营、经营绩效和信誉造成特别严重、很难补救的重大资产损失或重大恶劣影响的事件。Ⅱ级（一般运营中断事件）的特征为影响个别关键业务或部分非关键业务正常运营，但不至于影响整体运营或不造成重大损失及影响的事件，各金融机构或其子公司与相关部门根据实际情况，分别制定可判断的相关标准。

二、信息化风险损失形态及其等级划分

如前所述，金融业信息化风险事件所致损失或不利影响主要涉及客户和金融机构两大方面，以经济损失和非经济损失分类，对利益相关者的损失及其等级划分见表6-2。

表6-2 信息化事件损失形态及其等级

损失主体	损失类型		高损	低损
经营者	直接损失	经济损失	税前利润的 2.7% 及以上的损失； 金额 100 万元及以上的损失	税前利润的 2.7% 以下的损失； 金额 100 万元以下的损失
		非经济损失	声誉损失： 监管评级下调； 重大的媒体影响； 品牌重大损害并无法完全恢复	声誉损失： 非常小的媒体影响； 极小或没有对品牌造成影响
			人身自由受限	人身自由未受限制
			生命丧失	无死亡个案

右上角：续表

损失主体	损失类型			高损	低损
经营者	间接损失	民事问责	经济损失	赔偿损失：赔偿金额 50 万元及以上	赔偿损失：赔偿金额在 50 万元以下
				支付违约金：金额达 50 万元及以上	支付违约金：金额在 50 万元以下
				收缴进行非法活动的财务和非法所得：金额达 50 万元及以上	收缴进行非法活动的财务和非法所得：金额在 50 万元以下
			非经济损失	声誉损失：要求公开进行道歉	声誉损失：予以训诫或者责令悔过
		行政问责	经济损失	罚款：金额 50 万元及以上	罚款：金额 50 万元以下
				没收：违法所得及非法财物数额达 50 万元及以上	没收：违法所得及非法财物数额在 50 万元以下
			非经济损失	声誉损失：通报批评、公开谴责，责令涉事人员公开道歉、停职检查、辞职或免职	声誉损失：予以警告，责令书面检查
				人身自由丧失	人身自由未受限制
				市场准入限制；责令停产停业；暂扣或者吊销许可证	市场准入未受限制
		刑事问责	经济损失	罚款：金额 50 万元及以上	罚款：金额 50 万元以下
			非经济损失	声誉损失：通报批评、公开谴责，责令涉事人员公开道歉、停止检查、辞职或免职	声誉损失：予以警告，责令书面检查
				人身自由丧失	人身自由未受限制
				生命丧失	无死亡个案
客户	经济损失			金额 5 万元及以上的损失	金额 5 万元以下的损失
	非经济损失			大量个人敏感信息泄露，导致个人名誉、身心健康受到损害或者歧视性待遇，甚至造成身份被盗用	少量个人敏感信息泄露，并未导致个人名誉、身心健康受到损害、歧视性待遇、身份被盗用等影响

注：表内相关量化数据仅供参考。

三、信息化风险事件影响等级

表 6-2 是从信息化风险事件损失角度，对金融机构及其客户的影响程度作了划分。信息化风险事件对金融机构的影响是多维度的，包括战略、声誉、财务、运营、员工

等。这几个维度中仅财务影响能够进行量化评估，而其他的维度只能通过主观定性来评估，对不同维度损失的权重进行赋值同样存在争议，有的事件可能没有任何损失，但影响程度却较大。所以信息化风险事件在评估的精确度及科学性方面存在一定缺陷或挑战。实践总结，可从以下六个维度就信息化风险事件对金融机构的影响等级由低到高作出排列，见表6-3。

表6-3 信息化风险事件影响等级

影响等级 评估维度	1	2	3	4	5
战略影响	损失的数据或系统对决策流程无影响	存在备份数据或系统的损失对决策流程的影响轻微	部分依赖手工流程完成决策	严重依赖手工流程完成决策	无法进行决策
声誉影响	1 没有被媒体报道，对企业声誉几乎没有影响，且受到直接影响的客户少于100人	2 在当地对企业声誉造成了负面影响，但通过公关可以进行有效控制；或受到直接影响的客户超过100人	3 在全国或区域对企业声誉造成负面影响，但通过公关可以进行有效控制；或受到直接影响的客户超过1000人	4 在全国引起广泛关注，已对企业声誉造成实质性损害；或受到直接影响的客户超过10000人	5 在全国范围或国际上对企业声誉与公众认知造成恶劣影响；或受到直接影响的客户超过30000人
合规	1 不会引起监管机构或相关专业评级机构的注意	2 引起了监管机构或评级机构的注意，但负面影响力甚微，无须采取任何应对措施	3 增加了被监管机构调查或处罚的可能性，但若采取适当应对措施，可以避免相关风险；或由于风险事件被专业评级机构下调了评级水平	4 被监管机构进行专项审查，审查结果被披露；高级管理层被约谈；或被专业评级机构下调3个级别以上	5 被监管机构进行专项审查并被直接处分、通报批评；或被专业评级机构下调5个级别以上
财务影响	1 单项损失小于3万元且合计损失小于5万元人民币	2 单项损失超过3万元（含）或合计超过5万元（含）人民币	3 单项损失超过30万元（含）或合计超过50万元（含）人民币	4 单项损失超过100万元（含）或合计超过200万元（含）人民币	5 单项损失超过500万元（含）或合计超过1000万元（含）人民币

续表

影响等级 评估维度	1	2	3	4	5
运营影响	1	2	3	4	5
	未造成内部或外部服务中断	外部服务中断小于1个小时或内部服务中断小于8小时	外部服务中断超过1小时或内部服务中断超过8小时	外部服务中断超过6小时或内部服务中断超过18小时	外部服务中断超过24小时或内部服务中断超过36小时
	1	2	3	4	5
	对企业组织架构未造成任何影响	超过3%的员工离开企业	超过6%的员工离开企业	超过10%的员工或1名以上高管离开企业	超过15%的员工或3名以上高管离开企业
员工影响	1	2	3	4	5
	不会对员工身体健康造成任何影响且额外工作量小于30小时	导致员工身体健康受到威胁或额外工作量超过30小时	导致员工身体健康受到损害或额外工作量超过60小时或员工当年薪酬水平下降5%以上	导致员工身体健康严重受损或额外工作量超过150小时或员工当年薪酬水平下降10%以上	导致员工死亡或额外工作量超过300小时或员工当年薪酬水平下降20%以上

注：表内相关量化标准仅供参考。

上述三种分类介绍各有优缺点，不同类型的金融（集团）公司可根据实际情况和管理需要，选择运用上述信息化风险事件分类及其等级划分。

从信息系统连续性运行计划（灾难恢复计划）角度出发，第九章专门阐述了事件管理，根据信息化故障的严重程度，分为事件、营业中断和触发管理层响应的事件。

6.3 信息化损失数据库建立

损失数据库的建立必须要制定一套入库的逻辑和标准，按照信息化风险事件、损失类型、所处的流程环节等建立一级分类目录，再建立二级目录和相应的细分目录。根据信息化风险事件、损失形态及其等级等前述研究内容，损失数据库主要内容如下：

一、损失数据库标准

损失数据库的建立需要按照既定的字段格式来搜集信息化事件及其损失数据，具体包括：

1. 信息化风险事件：主要明确信息化事件的定义、种类与等级。包括信息化风险事件不同维度的分类。上一节对此做了详述，可以结合实际来运用。

2. 事件日期：发生时点、发现时点，登记时间等。

3. 事件原因：例如人为错误、外部攻击、内部欺诈、新技术引入、营销活动等。

4. 过程简述：对事件过程简要又精准的描述，且易被相关人员理解，并且满足与同业共享的事件标准。

5. 后果分类：要按照满足行业监管要求，或者能被映射到金融（集团）公司自身管理的需求，包括损失金额、影响程度和等级等。

6. 业务流程：风险事件所处的内部经营管理流程的颗粒清晰度足以支持内部报告和模型化的要求。

7. 关键控制点：对业务流程的进一步细化，即明确损失发生在流程中的什么节点，以保险业为例，如营销、投保、定价、两核、核价、调查、查勘、交易地点（实体柜台、虚拟营业厅等）和支付等具体环节。

8. 发现人员：例如客户、部门岗位和职员、监管者等。

9. 对应的关键风险指标：所发生的风险事件与何种关键风险指标相关，以便用来评估指标，事件和损失的相关性，进而分析与关键风险指标的敏感度。

10. 编码：对来自不同的信息技术部门、业务条线、内部外部等渠道的损失数据进行合理的编码，等等。

二、损失数据的来源

通过会计总账系统营业外支出科目可以搜集部分信息化损失数据，但不能收集到没有货币计量的信息化风险损失事件相关的信息内容，故往往不能满足损失数据库建立的要求。信息化风险损失数据库入库标准要求比会计系统提供的要复杂，需要更详细的信息数据、报告和分析等资料，因此，损失数据库需要来源于生产系统、故障接报案系统，人工报案等，并辅以规范管理的录入流程。

（一）从生产系统提取

从生产系统提取数据是容易而有效的。绝大多数机构在他们的系统中都有一些数据，但是可用性是随机构不同而不同的。通常信息化故障事件的损失数据来自于交易、运营和支付等主要流程环节及其相关子流程。为了使常规数据满足入库条件，应建立数据接口规则和标准，以便从这些系统中提取数据，并确保原始数据的真实有效。通常，不是所有要求的数据元素都要记录，一些可以从数据源中推算得到。对既成事实的记录必须录入，但也不排除对此需要额外的调查。

（二）单项故障报案记录

有些事件不能在生产系统获得，而是来自信息化报障服务台（IT help desk）所登记的各类信息化故障事件。为确保信息安全故障的第一来源和损失数据等第一手资料真实可靠，金融（集团）公司要建立统一的报障服务平台。该平台统一了信息化故障的入口，避免不报、瞒报情况的发生，也可避免子公司为自己的信息化管理存在的问题遮丑等现象。因此，该平台是金融（集团）公司第一时间，收集到第一手信息化故障原始资料（包括没有损失或影响的）的重要渠道。

（三）外部数据

外部数据是内部数据的补充，主要来自公开数据和同业交流。这类数据的交流最好来自相同类型、相同规模的金融机构，以使构建逻辑与内部数据库相一致，便于相互比较分析，印证预测分析的正确性。对于其他金融行业较为类似的信息化故障损失事件，也可以适当借鉴。

无论内外部数据，都必须确保信息化事件及其损失数据客观、真实、准确、可靠，以便开展信息化风险识别、统计分析等管理和信息化风险管理模型的建设。为此要对其进行充分的检查，只有被批准的损失事件才可发布到中央数据库，以确保信息化风险事件及其损失被正确地记录入库，从而提升数据质量。同时要按照事件分类，建立全面系统的分类账户，设置一些对账表，确保所有数据元素被记录到损失数据库中。

内部损失数据需要与外部同业机构类似的损失数据相比较，外部同业损失数据的应用能够对来源于内部数据得出的信息进行加强和扩展。但是，由于外部数据来源于不同规模的机构，可能存在一些截断性的数据，或者存在捕获偏差特征的数据，存在刻度比例、与内部数据的加总、不同机构间事件分类的不一致性问题等，都给损失数据库的建立带来了挑战。所以外部同业机构的选择一定要从经营范围、经营规模、信息化管理模式、数据中心运行等相对可比角度认真思考。

信息化风险事件及其损失数据库积累的各方面数据信息越全面，时间越长，越能分析佐证结论性意见。一般来说，需要至少三年的历史损失数据积累。

6.4 信息化损失计量模型

信息化风险事件会导致信息化和业务经营两方面的损失，损失的程度往往会随着解决时间的延长而增加。不同信息化风险所导致的信息化和业务经营方面的损失大相径庭。假定信息化风险的产生都源于信息系统缺陷，那么风险事件的难度系数与修复缺陷的代价和在系统中的中断时间成正比，与系统的开发时间成反比。

根据偿二代相关要求，风险计量工作的对象有可量化风险（保险风险、市场风险、信用风险等）和不可量化风险（操作风险、战略风险、信誉风险和流动性风险）两大类，目的是具体测算所需的风险资本、实际资本、最低资本、附加资本，以评估保险（集团）公司的偿付能力充足率。商业银行则主要根据《巴塞尔协议》关于操作风险的计量方法开展信息化风险资本的计量工作。

一、风险资本的计量

金融行业风险资本又称经济资本占用，是指发放一笔贷款或者办理一项保险业务，可能造成非预期损失的大小，需用股东资本金来抵补，故风险资本是用于配置给某一资产或业务，用以减缓风险冲击的资本。根据非预期的损失计算出来的总额就是经济资本占用。风险资本的计量可以采取基本指标法和标准法。其方法是先设定总体目标，考虑风险因子和损失事件对该目标造成的影响，通过确定目标变量，以及影响目标变量的因素和事件，建立模型并反映目标变量和因素、事件的关系，该方法的优点是搜集相关数据和风险值估计等方面比较容易，简单易行，缺点是数据来源以及计算结果的可靠性都较差，风险敏感度低。

（一）基本指标法

以《巴塞尔协议》对操作风险的风险资本计量要求为例，基本指标法是以总收入作为总体目标，将前三年总收入的平均值乘以监管规定的固定比例（设为15%）则为总体风险值。预期损失数据不超过该数值，则可考虑计提拨备处理，见公式6-1。

$$K_{BIA} = \left[\sum (GI_{1,\dots,n} \times \alpha) \right]/n \qquad \text{（公式 6-1）}$$

K_{BIA} 为操作风险资本计提；

GI 为前三年正收入的总和；

n 为前三年中总收入为正数的年份数；

α 为15%，由巴塞尔委员会依据行业资本要求总水平与行业基本指标资本要求水平的比值决定；

这一方法主要适用于小型，业务范围单一的金融机构，其数据易于获取，且不区分各业务线的风险。

如前所述，信息化风险所造成的损失一般分为两部分，第一部分是信息系统的使用部门，存在于主要业务线内部的信息化风险，包含了其中涉及信息系统操作、运行等相关的信息化风险，具体进行操作风险资本计量时，这部分已经涵盖在各个业务线的操作风险中。第二部分是信息科技条线，涉及的信息化风险主要包括信息系统开发、运行维护、数据中心建设和管理、软件外包、业务连续性经营等方面的风险。

依据基本指标法原理，由于信息科技业务并不直接产生收入盈利，可根据前三年信息科技投入的平均值，按其一定比例计算信息科技风险的资本要求，纳入操作风险资本总量，见公式6-2。

$$KIT = \left[\sum (I_{1,\dots,n} \times \beta) \right]/n \qquad \text{（公式 6-2）}$$

I_i 为此前第 i 年信息科技投入的金额；

β 为根据信息科技业务风险特征所确定的资本计提比例；

n 为计量的年数；

KIT 为信息化风险的资本要求，与其他业务的资本要求相加得到整个金融（集团）公司信息化风险对操作风险资本要求。

（二）标准法

同样以《巴塞尔协议》对操作风险的风险资本计量要求为例，总收入仍作为反映机构业务规模以及与此相关的各产品线风险规模的一项指标，但是必须计算出每一产品线的资本要求，而无须按基本指标法的要求计算全量。具体算法是将总收入乘以规定的几项特定的系数，见公式6-3。

$$K_{TSA} = \left\{ \sum_{i=1}^{3} Max \left[\sum_{i=1}^{9} (GI_i \times \beta_i) , 0 \right] \right\} / 3 \qquad (公式6-3)$$

其中：

K_{TSA}为按标准法计量的操作风险资本要求；

$Max \left[\sum_{i=1}^{9} (GI_i \times \beta_i) , 0 \right]$是指各年为正的操作风险资本要求；

GI_i为各业务条线总收入；

β_i为各业务条线的操作风险资本系数。

同理，对信息系统开发、信息系统运行维护、数据中心建设和管理、软件外包、业务连续性经营等领域的信息化风险各自设置资本系数，将科技总投入乘以各自系数得出计算信息科技风险的资本要求，纳入操作风险资本总量。

这一方法可适用于所有金融机构，各业务线总收入没有交叉，易于计量。

二、预期损失的计量

预期损失的计量是对风险事件的发生概率和损失后果进行推演，得出在一定概率分布下的损失大小。

（一）经验估计法

1. 单一预期损失

以某一流程、某一系统在某一时间段，根据近年来信息化风险事件发生概率的经验数据，来预估可能损失的程度。SLE（Single Loss Expectancy）表示某一资产在遭受风险后的预期损失，见公式6-4。

$$SLE = 资产价值 \times 暴露系数 \qquad (公式6-4)$$

公式6-4中的暴露系数为特定威胁引起资产损失的百分比。

2. 年度预期损失

以某一系统单一预期损失SLE为基础，根据年度风险事件的经验概率，来预估一年内资产遭受的预期损失，见公式6-5。

$$ALE = SLE \times 年发生概率 \qquad (公式6-5)$$

金融（集团）公司可以根据每个风险的严重程度、发生的可能性、实际发生时造成的损失，对潜在风险作出相对的估测。

（二）矩阵法

对风险事件的发生可能性和后果的严重性以1~5等级排列，将这些数据排列组合而分成不同等级的风险，见图6-2。这一方法（又称德尔菲法）需要专家的输入，即应用专家经验对风险发生的可能性和后果严重性进行打分，由于吸收不同的专家参与预测，充分利用了专家的经验和学识。打分评估一般采用匿名或背靠背的方式，使每一位专家独立地做出自己的判断，不会受到其他繁杂因素的影响，使得最终结论具有一定的客观性和统一性。这种方法的优点主要是简便易行，具有一定科学性和实用性，应用较为广泛。缺点显然是凭经验估计。

上图横坐标表示风险事件发生的可能性 L，纵坐标表示损失影响的程度 S，则风险的数学表达式为公式 6-6。

$$R（风险值）= L（风险事件发生的可能性）\times S（严重程度）（公式 6-6）$$

可能性 风险影响	低	较低	中	较高	高
微小	低风险	低风险	低风险	较低风险	中风险
较小	低风险	较低风险	较低风险	中风险	中风险
一般	低风险	较低风险	中风险	较高风险	高风险
严重	较低风险	中风险	较高风险	较高风险	高风险
灾难	中风险	中风险	较高风险	高风险	高风险

图6-2 风险评估矩阵法

（三）情景分析法

情景分析法一般可以利用内部或者外部的历史损失数据，从中筛选出可能发生的情景，或者根据业务性质以及宏观环境，在理论上假设某些情景出现，对风险发生频率和损失严重度进行评估。情景分析可以对低频高损的事件进行推测和模拟，通过模拟一定时间内的风险因素和损失事件的可能变化，并考虑因素和事件之间的依赖关系，模拟得出分布和映射关系，给出对目标变量的可能影响。情景分析法可以用于尾部损失数据的频率和严重度分布估计，也可以对事先假设好的频率分布（如泊松分布）和严重度分布，利用情景分析法来估计这些分布的参数。情景分析法一般可以利用内部或者外部的历史损失数据，从中筛选出可能发生的情景，或者根据业务性质以及宏观环境，在理论上假设某些情景出现，对风险发生频率和损失严重度进行评估。情景分析法常见的应用模型有故障模式及其影响分析法、故障树法、极值法和损失数据法等。

1. 故障模式及其影响分析法（Failure Model Effects Analysis，FMEA 法），是对信息技术环境的各个元素的组成过程、关联关系、管理流程等逐一进行分析，找出其潜在的失效模式，即找出评估对象可能的故障或失效的模式，如功能失效、数据损毁等，分析其概率和可能造成的后果（故障或失效所带来的影响），穷举可能的风险事件。其分析方式是自下而上从局部失效入手，分析其对上一级系统、相关元素、下游系统及总体环境的影响。FMEA 的核心是构建失效链，以获得信息技术环境各组成部分的失效关联关系。该方法适用于信息技术环境较为简单，上下游系统/流程以串行为主，耦合性不高的场景，可用于发生频率不高，损失不大的情形。但由于金融机构信息技术环境复杂，该方法应用较为局限。

2. 故障树法（Failure Tree Analysis，FTA），构建以风险事件作为逻辑树的根部或顶部事件，故障树用图形化"模型"路径的方法，分析可能造成这一风险事件的每一种情形，路径交叉处的事件和状态，用标准的逻辑符号表示，并添加到故障树中，最后使用与失效可能性相关的具体数字来标记故障树，通过建模计算得出故障树的失效可能性。该方法可以用于安全破坏路径的建模和可能性计算，也可用于发生频率高，损失范围不易估量的情形，在针对安全风险的可能性评估方面有一定的实用价值。

3. 极值法是考虑某一极端情况下风险事件发生后的损失情况，这一分析方法不考虑风险事件的发生可能性，通过场景分析模拟计算事件发生后的损失。极值理论是专门度量尾部风险的方法，不是对整个损失分布建模，而是直接处理损失分布的尾部，且对损失数据不预先做任何假设分布，直接利用数据本身说话，以解决损失分布呈现出的厚尾特征。极值法的应用对于尖峰厚尾的风险事件有较强的敏感度，适用于发生频率较低，但影响极大的风险类型。

4. 损失数据法，这一方法与前述的信息化风险识别方法（损失数据收集法）相类似，就是利用历史损失数据，通过对一段期间内部损失数据和外部损失数据的建模和分析，估计损失频率分布和损失强度。内部损失数据为机构历史上已发生的风险损失事件及其带来的财务损失数据，外部损失数据为同业历史上发生的风险损失事件及其带来的财务损失数据，二者均属于后视性数据，这一方法的优点是风险敏感度较高，缺点是所需要的数据量大，且计算过程较为烦琐。

三、实际损失的计量

实际损失的计量相对比较简单，发生信息化风险事件后，对金融（集团）公司及其客户所带来的经济损失（财产损失、罚款或赔偿、处理风险事件所花费的时间/人力/软硬件成本等）和非经济损失（如声誉影响、法律合规影响等）进行加计总和。

6.5 基于贝叶斯网络的信息化风险计量案例

贝叶斯网络法又被称为因果网络、信任网络、知识图等，是在贝叶斯定理的理论基础上，构建的以不确定的主观判断知识为依据，通过不断获取的观测数据信息推导事物之间因果关系的理论模型。贝叶斯网络能够用先验概率和条件概率把各种相关信息纳入同一个网络结构中，直观地反映各节点之间的因果关系和条件关系，特别适合对不确定、不完全或不明确信息的处理。这一方法既可以根据网络中某一个节点的状态，进行正向或逆向的推理，也可以根据新观测到的数据不断调整各节点的状态，提升对不确定性问题处理的有效性。

一、贝叶斯定理和贝叶斯网络

（一）贝叶斯定理

贝叶斯定理是关于随机事件 A 和 B 的条件概率的一则定理，是概率统计中的应用所观察到的现象对有关概率分布的主观判断（即先验概率）进行修正的标准方法。贝叶斯公式如 6-7 所示。

$$P(A_i \mid B) = \frac{P(B \mid A_i)\,P(A_i)}{\sum_j P(B \mid A_j)\,P(A_j)}\, i,\, j \in [1,\, n] \qquad \text{（公式 6-7）}$$

$P(A_i)$ 是 A_i 的先验概率或边缘概率。之所以称为"先验"是因为它不考虑任何 B 方面的因素。

$P(A_i \mid B)$ 是在已知 B 发生的情况下 A_i 发生的可能性。A_1，A_2，…，A_n 为完备事件组，满足 $\bigcup_{i=1}^{n} A_i = \Omega$，$A_i A_j = \varnothing$，$P(A_i) > 0$（$\Omega$ 表示全集，$\varnothing$ 表示空集）；表示已知 B 发生后 A_i 的条件概率，也由于得自 B 的取值而被称作 A 的后验概率。

$P(B \mid A_j)$ 是已知 A_j 发生后 B 的条件概率，也由于得自 A_j 的取值而被称作 B 的后验概率。

n 为正整数。

结合条件概率定义，依据公式 6-7 推理，对于变量有两个以上的情况，贝叶斯定理亦成立，以三个变量为例，见公式 6-8。

$$P(A \mid B,\, C) = \frac{P(A)\,P(B \mid A)\,P(C \mid A,\, B)}{P(B)\,P(C \mid B)} \qquad \text{（公式 6-8）}$$

（二）贝叶斯网络

贝叶斯网络通过图形方式应用贝叶斯定理，用一系列因果变量联合概率分布的图形表示。图形模式（Graphical Models）是概率学理论与图形理论的结合，主要兴起于人工智能和统计学领域，目前被广泛应用于随机变量之间复杂关系的统计建模中。贝叶斯网络则是图形模式中用于对随机变量间因果关系建模的一个典型代表。主要包括两个部分：一是贝叶斯网络的结构拓扑图，即是一个线性、有向无环图[①]。图 6-3 为三个简单的贝叶斯网络图示例，图中每个节点如 A、B、C 代表相应的变量，节点之间的连接关系（箭头）代表了贝叶斯网络的条件独立关系。二是节点和节点之间的条件概率表，即一系列的概率值。

---

① 在数学，特别是图论和计算机科学中，有向无环图指的是一个无回路的有向图。

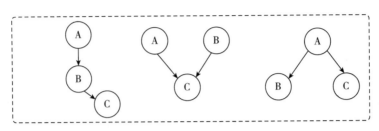

图 6-3　贝叶斯网络图示例

二、贝叶斯网络建模基本思路

将贝叶斯网络应用于信息化风险损失计量，有以下几个优势。一是简化计算，可操作性强。贝叶斯网络由于假定了条件独立性，只需考虑与该变量相关的有限变量，在推理计算时，也只需关心与节点相邻的局部网络图，即只要知道节点的相关节点状态，即可估计该节点的发生概率，使得许多复杂问题能得到可行的解决方案。二是可以有效利用先验概率信息，实现定性判断和定量模型相结合。从贝叶斯公式可以看出，后验概率是用测试数据修正先验概率得到的。也就是说，可以通过不断获取测试数据而使先验概率不断得到完善，随着计算次数的增多，先验信息的影响会逐渐减弱，样本信息的影响会更加显著，后验信息也就更趋近于实际。三是可以在数据信息不完备的情况下开展工作，这点特别适合金融机构对信息化风险的控制和管理。信息化风险产生机理和结构分布非常复杂，简单的概率推理难以清晰地反映其中的复杂因果关系，而贝叶斯网络可以通过有向无环图表达风险源、风险载体、风险因子之间的因果关系。四是可以进行情景分析和动态监控。采用贝叶斯网络模型，可以在模型构建后不断地根据风险的变化情况对数据进行分析，以进一步发现多个关键风险因子是如何对一个风险节点进行作用的及其影响程度。这也可以为选取最合适的控制措施提供参考信息和建议。

为有效构建贝叶斯网络模型以计量信息化风险，必须首先对信息化风险事件进行分类和归纳。通常认为在信息科技活动中存在两个方面的因素会对信息科技风险事件的发生产生影响，分别是客观因素和管理因素。客观因素一般包括信息科技组织架构、人员能力、应用系统、主机、数据库、网络等基础设施的运行状态等，管理因素是指信息科技开发、运维、外包管理、业务连续性管理等科技活动中采取的各种控制措施。在信息科技风险的贝叶斯网络建模过程中，需要进行一定的归纳和抽象处理。同时贝叶斯网络的先验概率依赖专家和业务骨干人员的主观判断，因此即使针对同一家金融机构的同一类信息化风险建模也会有所不同。

三、贝叶斯网络建模步骤

（一）构建网络拓扑结构

首先，明确贝叶斯网络的建模范围及边界。其次，确定基于信息化风险控制的贝叶斯网络拓扑结构，该结构应能覆盖希望控制的信息化风险的重点系统、重点流程并尽可能简化，提升网络模型的实用性和可操作性，确定出各个节点之间的因果关系。

（二）关键风险节点赋值

这一过程就是给每个关键风险节点赋予统计量，也就是确定先验概率。一般有三种方法：一是对事件进行对比确定相对似然性；二是利用专家意见来确定先验概率；三是利用历史资料或数据确定先验概率。本案例采用第二种方法。

（三）数据分析

分为自上而下和自下而上两种方法进行推导：一是对于反映信息化风险水平的关键风险指标，它的概率情况将通过贝叶斯网络正向获取；二是对于某一个风险诱因进行情景分析，调整该风险诱因的发生概率，观测对相关关键风险节点的影响。

四、贝叶斯模型构建案例

本案例以数据中心发生的容错风险为例，详细说明信息科技风险控制贝叶斯模型的构建。

（一）明确关键节点

在利用贝叶斯网络建模时，首先要确立数据中心的各个关键节点：

1. 风险事件节点。这是建模核心节点，需要分析各类风险事件受客观因素及主观管控因素的影响，而表现出不同的分布概率。根据信息化容错风险的分类，数据中心的风险事件节点可以分为所支撑的信息系统应用风险和信息系统数据风险，具体风险事件见表6-4。

表6-4　数据中心容错风险分类

一级风险	二级风险	三级风险（风险事件节点）
容错风险	信息系统应用风险	R1 系统服务中断
		R2 系统功能失效
		R3 系统交易缓慢
	信息系统数据风险	R4 数据完整性损害
		R5 数据机密性损害
		R6 数据可用性损害

表6-4中六个风险事件可作为贝叶斯网络的关键节点，这是贝叶斯网络信息化风险计量的起点与基础。

2. 客观因素节点。这是风险事件触发的客观载体，如网络、服务器、数据库、操作系统、数据中心环境等，其性能、容量、交易规模等的波动均会影响风险事件发生的概率。各类风险事件对应的客观因素载体如表6-5所示。

表 6-5 风险事件客观载体列表

一级风险	二级风险	三级风险（风险事件）	客观因素载体
容错风险	信息系统应用风险	R1 系统服务中断	网络
			服务器
			数据库
			操作系统
			信息系统
			数据中心环境
			人员
		R2 系统功能缺陷	信息系统
		R3 系统运行效率低下	服务器
			数据库
			网络
			终端
	信息系统数据风险	R4 数据完整性损害	网络
			服务器
			存储
			数据库
			中间件
			信息系统
		R5 数据机密性损害	网络
			数据库
			信息系统
			存储介质
			服务器
		R6 数据可用性损害	数据库
			存储介质
			网络
			信息系统

3. 管理因素节点。在构建贝叶斯网络模型时，在客观因素载体的触发下，会形成信息科技事件固有风险的概率分布。在管理因素载体的影响下，再反映到风险事件节点，会形成最终的实际风险概率分布。管理因素节点的设置对整体的控制结果非常重要，因为其反映了金融机构信息化主动管理的效率。各个风险事件与管理因素载体的关系如表6-6所示。

表 6-6　风险事件与管理因素载体的关系

一级风险	二级风险	三级风险（风险事件）	管理因素载体（信息科技内控活动）
容错风险	信息系统应用风险	R1 系统服务中断	监控管理
			日志管理
			备份管理
			容量管理
			配置管理
			事件和问题管理
			机房物理环境运维
			物理与环境安全
			应急演练
			应急处置
			外包应急
			外包人员管理
		R2 系统功能失效	批处理
			变更管理
			需求管理
			版本管理
			开发测试环境
			系统测试
			系统上线发布
			外包人员管理
		R3 系统交易缓慢	日志管理
			可用性管理
			容量管理
			配置管理
			事件和问题管理
	信息系统数据风险	R4 数据完整性损害	数据安全管理
			数据库安全
		R5 数据机密性损害	物理与环境安全
			网络安全
			操作系统安全
			防病毒管理
			数据安全管理
		R6 数据可用性损害	物理与环境安全
			网络安全
			操作系统安全
			应急演练
			应急处置
			外包应急
			外包人员管理

（二）构建贝叶斯网络

根据上述风险事件、客观因素和管理因素三个节点分析，数据中心容错风险的贝叶斯网络模型如图6-4所示。

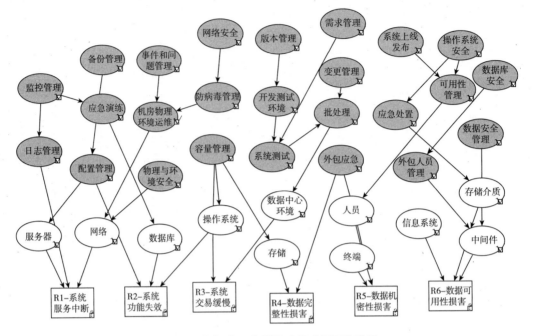

图6-4 数据中心容错风险贝叶斯网络模型

（三）贝叶斯网络模型运行及其分析

1. 模型相关节点与赋值

（1）赋值贝叶斯网络关键节点。首先是关键节点，又称贝叶斯父节点①。根据表6-6，定义6个节点：R1-系统服务中断、R2-系统功能失效、R3-系统交易缓慢、R4-数据完整性损害、R5-数据机密性损害、R6-数据可用性损害。

（2）赋值客观因素节点。分析各客观因素项下的组成部分及其监测指标，获取一段时间内（如一个月）相关风险指标值，将指标值划分为1至5不同的区间，根据专家经验对其进行先验概率赋值，表6-7列示了客观因素的监测指标以及初始赋值示例。

---

① 父节点乃通常应用于数据库管理与数据模型中的术语，早期阶段的层次模型和网状模型中，一个属性如果有上一级，则称这个上一级是它的父结点，如果没有上一级，这个属性则无父节点。

表 6-7 客观因素节点先验概率赋值表

客观风险因素	基础指标	基础指标值	评分	客观风险因素综合评分
服务器	服务器 MTBF	3980h	3	2
	CPU 使用率	28%	1	
	内存使用率	53%	2	
	磁盘使用率	61%	2	
数据库	数据库 MTBF	4290h	2	1.7
	最大吞吐量	7536	2	
	响应时间 95%	17ms	1	
网络	路由器可用率	99.5%	2	2.4
	交换机可用率	99.4%	2	
	负载均衡可用率	99.6%	2	
	防火墙可用率	98.8%	3	
	IPS/IDS 可用率	98.3%	3	
中间件	中间件 MTBF	4420h	1	1.8
	排队请求数	73	2	
	活动线程数	143	2	
	堆使用率	49.1%	2	

注：客观因素综合评分为各节点评分的均值。

（3）赋值管理因素节点。对各管理因素下的管理控制活动的有效性进行评价，获取一段时间内这些控制活动的有效性情况，列入 1-5 区间。1 分为控制完全有效，5 分为控制完全失效。表 6-8 列示了管理因素的控制有效性及赋值示例。

表 6-8 管理因素赋值表

管理因素	管理因素评估明细项	评估值	管理因素综合评分
监控管理	运维信道保密性的保障能力	2	1.6
	运维信道完整性的保障能力	2	
	监控管理自动化程度	1	
	监控指标覆盖的完整度水平	1	
	针对木马、钓鱼、Web 漏洞、页面篡改、敏感内容、性能检测等情况的监控敏感度水平	2	
日志管理	日志管理自动化程度	1	1.5
	系统日志采集或监控的完整性水平	2	
	日志存储的完整性和可用性水平	1	
	日志访问管理及访问授权的有效性水平	2	

续表

管理因素	管理因素评估明细项	评估值	管理因素综合评分
备份管理	数据备份自动化程度	2	2.4
	数据备份机制的有效性水平	3	
	数据备份的频率	2	
	数据备份的校验管理有效性	3	
	重要信息系统和业务数据备份覆盖完整度	2	

注：管理因素综合评分为各节点评分的均值。

2. 模型运行和计算

根据以上先验概率数据输入数据中心容错风险贝叶斯网络模型后，通过软件自动进行计算，得出在一定期间内（如30天）信息技术容错风险贝叶斯网络图谱，动态调整每个节点的值即可观测各节点受影响的变动情况。五种风险状态包括高、较高、中、较低、低，分别表示在高风险、较高风险、中风险、较低风险和低风险状态下的概率，见图6-5。

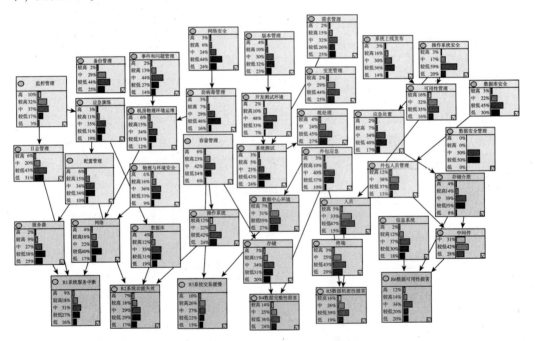

图6-5　数据中心容错风险贝叶斯网络模型

从图6-5可以看出，在当前的运行环境和管理控制水平下，6类风险事件发生的概率说明如下：系统服务中断类风险事件处于高风险或较高风险的概率分别为9%和18%，处于中风险及中风险以下风险的概率为74%，总体风险水平较低。而系统交易缓慢类事件处于高风险或较高风险的概率分别为10%和26%，处于中风险及中风险以下风险的概率为64%，总体风险水平相较系统服务中断类事件的风险更高。考虑到对其有直接影响的主要客观因素为数据中心环境，对其有直接影响的主要管理因素为容量管理，可以通过加强数据中心环境监视分析，进一步丰富容量管理控制手段并予以严格落实，以降低系统交易缓慢类事件的总体风险水平至可接受程度。

3. 模型运行结果敏感度分析

贝叶斯网络运行结果的敏感度可以从以下三个方面加以分析说明。

（1）管理因素对风险事件的影响程度。

以 R3 系统交易缓慢这一风险事件为例，对其产生影响的主要管理因素则为容量管理。对比图 6-5 与图 6-6，考虑管理因素逆向变化时，内部管理有效性降低，导致容量管理无效化时（容量管理评估指标无效的概率达到 100%）。此时系统交易缓慢事件处于高风险或较高风险的概率分别从 10% 上升到 16%，由 26% 上升到 57%，处于中风险及中风险以下的概率从 64% 下降到 27%。总体风险水平相较正常水平发生了显著的提升。

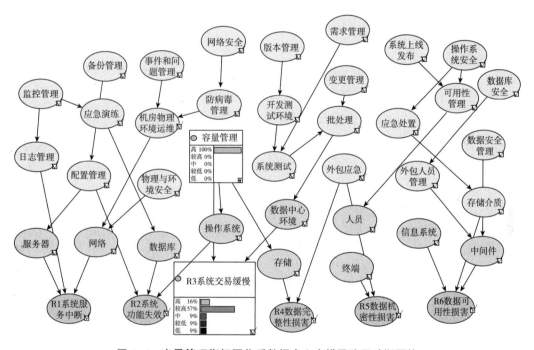

图 6-6　容量管理指标恶化后数据中心容错风险贝叶斯网络

当考虑管理因素正向变化的场景时，当内部管理有效性提升，容量管理十分有效概率从 6% 提升至 100%。对比图 6-5 与图 6-7，此时系统交易缓慢事件处于高风险或较高风险的概率分别从 10% 下降到 8%，由 26% 下降到 17%，处于中风险及中风险以下风险的概率从 64% 上升到 75%，其中处于较低风险和低风险的概率有明显的提升。总体风险水平相较正常水平发生了显著的下降。根据以上设置容量管理指标处于两种极端情况下的分析可以看出，系统交易缓慢事件的风险水平受容量管理有效性的影响十分显著。

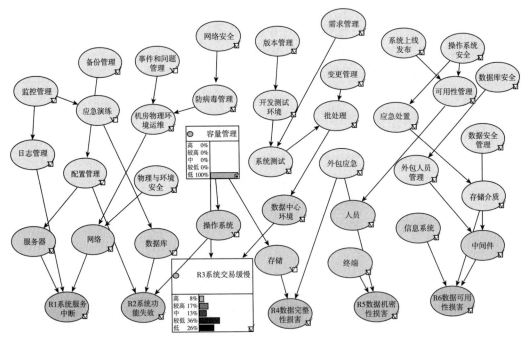

图6-7 容量管理指标提升后数据中心容错风险贝叶斯网络

（2）客观因素指标变化的敏感度。对贝叶斯网络模型产生直接影响的主要客观因素为数据中心环境和设备的性能指标。以服务器的性能指标为例，考虑当服务器故障率处于高水平的状态时（服务器高高故障率的概率从2%上升至100%）。对比图6-5与图6-8，此时受其直接影响系统服务中断事件处于高风险及较高风险的概率分别从9%上升至18%，由18%上升至32%，处于中风险及中风险以下的概率从74%下降至50%。总体风险水平显著提高。可以看出，由于系统服务可用性与服务器的故障率和可用性呈高度相关。但由于一般数据中心均采用了高容错的负载均衡机制，服务器可用性水平的下降大概率会导致系统中断风险的上升，但并未直接导致系统服务完全不可用。

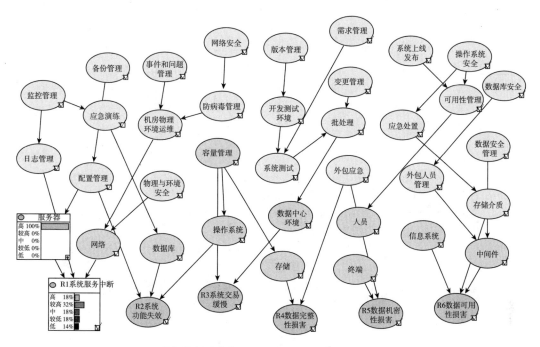

图6-8　服务器性能指标恶化后数据中心容错风险贝叶斯网络

（3）关于最优控制策略分析。由于风险控制是需要成本的，作为管理者一般希望能够使用最小的资源和管理方面的投入达到最大化的管理效能。假定所有风险事件完全处于低风险水平时，通过对贝叶斯网络模型的逆向情景分析，对比需要提升的控制类型和资源建设投入以及提升的幅度，可以确定最优的风险控制策略。如图 6-9 所示，设定所有风险事件 100%处于低风险水平为信息化风险管理目标，可得到要求的各主观管理因素（图 6-9 上方实线图框）和客观因素（图 6-9 下方虚线图框）的风险概率分布情况和相关因素关联情况，从而确定管理投入和资源投入的方向。例如，在主观管理因素方面，重点投入或加强管理的有：日志管理、备份管理、监控管理、配置管理、容量管理、外包应急以及外包人员管理等因素。在客观因素方面，各因素均有不同程度的要求。

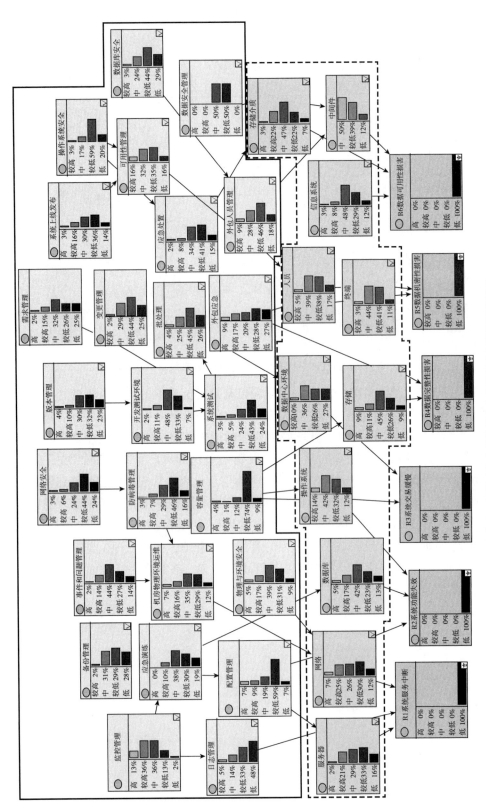

图6-9 完全处于低风险状态的数据中心容错风险贝叶斯网络模型

7. 信息化风险管理框架

信息化风险管理是指根据信息化治理的目标，通过信息化风险管理流程、工作机制、技术工具和计量模型等，将事前预防、事中控制和事后分析有机结合，实现对信息化风险的有效管控，既要推进创新发展，又要实现信息系统安全运行，进而实现业务连续性管理。

7.1 信息化风险管理流程

信息化风险有别于通常所讲的风险，耦合于建设、测试、上线、运行管理等操作流程和环节之中，有其特定的管理环节与内容，信息化风险管理全流程包括：风险识别（风险排查）、风险评估、风险防控（运行监控、应急处置、剩余风险评估与处置）、分析改进（绩效评价、问题整改、策略选择）等。

一、风险识别

风险识别的基础是要全面掌握信息系统安全运行所面临的可能风险种类，针对不同的信息技术条线、流程环节等，采用合适的排查、采样、比较、演习、试点和监控等工具方法，定期或针对性加强对信息化风险、安全管理薄弱环节识别，这是信息化管理流程的起始。

二、风险评估

针对识别所发现的信息化风险，信息安全管理的薄弱环节，采取恰当的方法，评估信息化风险的大小，主要内容如下：

1. 明确信息化资产评估范围，对其进行合理分类，从资产安全性价值、保密性赋值、可用性赋值等角度整体测算评估。

2. 威胁和脆弱性评估，列出详细的威胁因素和可能被利用的薄弱环节，对威胁所造成的资产或资产群、业务的损害以及发生的可能性进行判定。

3. 评估、检视现有的措施是否适用，是否能发挥应有的作用，同时评估现有措施是否能够控制其面临的威胁和脆弱性，有效管控风险，以避免控制措施的失效导致风险的发生或重复发生。

4. 根据既往数据和风险识别情况，利用相关模型、评估方法，测算信息化和主营业务两方面可能的风险损失值。

三、风险防控

根据风险评估结果，确定针对性策略和安全措施。风险管理策略有自留①、规避②和转移③三种。常见的信息化风险防控举措有：

（一）运行监控

运行监控是信息化风险管理的重要内容之一，以此来识别、预警信息化风险。此阶段主要关注的问题，一是建立覆盖全公司的运行监控系统，全面收集来自网络、系统、应用等方面的访问管理、信息处理等安全日志；二是建立风险事件知识库和专家信息知识库，对各种风险事件信息进行集中分析。

（二）应急处置

应急预案是应急处置的必备要素。要根据信息资产的分类和重要程度，制定不同的灾难备份恢复目标。建立包括应急处置启动的应急响应机制，明确相关的职责和协同机制，保证灾难恢复计划、措施的有效性，提高信息安全保障能力，最大限度地减少风险事件的概率及其造成的损失。

（三）剩余风险评估与处置

信息化风险的普遍绝对性特征说明其不可能被全部解决。根据信息安全风险评估结果，对于可承受的风险采取自留方式，并采取合适的风险防范措施。要定期评估其可能的发展趋势，及时作出妥善的处置，将剩余风险控制在可控的范围之内。

四、分析改进

1. 问题整改。根据评估、监控、应急演练和应急处理、稽核等发现的问题，要及时进行整改，还要定期分析信息安全面临的风险，不断对技术和管理两方面进行改进，以提升信息安全管理水平。

2. 策略选择。针对识别确认的风险，综合考虑风险的性质、影响程度等因素，确定应对策略，对转移和自留的信息化风险，可以选择风险控制、风险缓释或预防风险等方式，对不可接受的风险必须从源头上加以杜绝。

3. 绩效评价。绩效评价是信息化风险预防、分析和改进的有效机制之一，定期考核评价可以强化对信息化风险的识别、计量、监测和控制，促进信息系统安全、持续、稳健运行，推动业务创新，提高信息技术使用水平，增强核心竞争力和可持续发展能力。

---

① 自留就是接受风险，分为两种，第一种是可以承受的风险，自留解决，即通过自身的风险防范控制加以解决。第二种是不能规避又不能转移的风险，也只能接受，采取防控措施，降低其发生的概率或影响程度。

② 规避就是不可接受，对需要规避的风险谋划避开，即修正乃至取消带来风险的决策、举措和操作等行为，或者采取杜绝风险发生的控制措施。

③ 转移就是将不愿自留（接受）的风险通过财务安排，诸如保险方式转移给接受方承担。

7.2 信息化管理制衡机制

7.2.1 信息化管理制衡机制要素

信息化管理制衡机制的要素主要包括制度、流程、内部控制体系、标准和绩效考核等，各要素之间存在互为关联和辅助的关系。

制度体系是信息化管理制衡机制最为重要组成部分。制度为所关注的内容制定了规则、方向和期望，解决为何管、管什么的问题。制度需要经过高级管理层或分管负责人的批准，生效后即被广泛遵守，且不应当随人员、技术和业务的变化而轻易改变。制度为标准、流程、步骤和控制提供了执行的依据。金融机构应建立全面系统、按具体领域、分层次的信息化制度体系。

流程是对具体工作步骤的描述，包括各个环节的活动及其关联、参与人员、决策节点、所需的信息和产生的结果等。每项主要的信息化工作都应有相应标准化的具体工作流程，并确保所有人员都按照统一的流程操作。

内部控制体系是为保证经营活动风险控制的有效性、财务报告的可靠性、法律合规的遵循性、经营结果的效益性而制定的内部自查、制约和调整的自律系统。专属于信息化工作的内部控制体系是指为了加强信息化风险管理，确保信息化工作依法合规，系统稳定运行，实现战略规划和经营目标而设置的内部自行排查、制约和调整的自律系统与机制，包括管理与技术的制度、流程和方法，内部相互制约、自我完善的规章制度、流程权限等。以权限为例，包括密码、身份认证、人脸识别等。内部控制体系是信息化风险管理重要机制，是确保内部操作系统合规、安全的重要机制。

信息化技术与运营管理标准为信息化制度的执行提供指导，并作为基础要求，对信息化工作的管理、运营、建设、运维等方面的操作流程、工作内容进行规范。

五、绩效评价是为了推进信息化建设与管理，确保信息系统安全运行而制定的奖罚机制，对所有信息化工作的主体单位、项目、条线、部门和岗位进行工作成效评价的制度方法。

这里主要简述信息化制度体系和绩效评价两个方面。

7.2.2 信息化绩效评价方法

一个完整的绩效评价必须回答以下几个问题：为什么要进行评价？评价的内容是什么？影响评价的因素有哪些？什么时候进行评价？评价过程如何实施？主要包括评价主体、评价目标、评价客体、评价模型、评价指标、评价方法、评价标准和评价报告八个要素。

要想对信息化绩效作出有效的评价，首先需要了解什么是"信息化绩效"，特指员工或团队从事某一信息化项目或岗位所产生的业绩和成果。中文"绩效"更强调绩效的结果性，英文绩效"Performance"还强调绩效的过程性，结果与过程是信息化绩效的两个方面，同等重要。信息化绩效评价是指对照既定的目标、职能、指标体系或统一的标准，运用数据统计、定性评价等工具方法，按照一定程序，通过定性定量对比分析，对指定期间的信息化管理效果和过程做出客观、公正和准确的综合评判。信息化绩效评价可以是信息化工作的整体，也可以是局部流程或项目，乃至团队或岗位，诸如信息化战略、项目建设、系统运维、需求分析岗位等。信息化工作绩效评价主要有五个方面：

基于财务影响因子的信息化绩效评价。这一方法主要由会计和财务衍生而来。将信息化项目作为一种资本投资的角度来看，从成本的量化、收入的增长以及货币的时间价值进行评价。主要的代表性评价方法有成本效益分析法、折现金流法、投资盈利法等。

基于经济学影响因子的信息化绩效评价。相对于基于财务影响的绩效评价机制而言，这一方法在考虑财务收益的同时，增加了对业务价值的评价，诸如运营效率和质量的提升、客户服务体验的改善、竞争力的提升等。主要代表性方法有经济增值法、总体经济影响法、应用信息经济理论法、快速经济评价法、信息经济法、投资组合管理法和实物期权评价法等。

基于行为科学的信息化绩效评价。主要侧重于研究个体对信息化工作的满意度、组织或个人的决策行为、信息化对组织的影响等。主要方法有价值分析法、管理收益法、因素分析法、非财务衡量方法、基于活动的成本核算法等。

基于全局角度的综合绩效评价。相对上述几类评价机制，这一方法更多地从整体层面关注企业总体的综合效益。目前主要有平衡计分卡、关键业绩指标法、信息及相关技术控制目标法等。

基于经营战略和竞争定位的评价。主要侧重于信息化实施及其效果与经营战略及竞争定位的一致性评价，是否达到战略目标要求。主要方法有投入产出评价、关键绩效指标，或基于战略规划和定位所确定的目标及达成效果评价方法等。

这里简要介绍平衡计分卡法、层次分析法和绩效参考模型三种方法。

平衡计分卡（Balanced Score Card，BSC）源自美国诺顿研究所从事的"未来组织绩效衡量方法"，这一方法的目的是找出超越传统的、以财务度量为主的绩效评价模式。平衡计分卡从信息化工作价值贡献度、客户满意度、内部管理流程和学习与革新四个维度进行综合评价，价值贡献维度侧重财务结果指标，后三个维度侧重于驱动性过程管理指标，这一方法有效地将财务指标与非财务指标相结合，见图7-1。

图 7-1　信息化绩效平衡计分卡

从图 7-1 可以看出，平衡计分卡的四个方面存在因果关系，首先是员工知识技能是信息化创新改善的基础，员工有足够的技能，才能改善其工作。因此员工的学习与成长是解决企业长期生命力的问题，是提高企业内部管理的基础。其次是通过管理能力的提高，改善工作流程，为客户提供更大的价值，自然就可以提高客户满意度，最终客户满意了，财务绩效自然也就好了。

层次分析法（Analytic Hierarchy Process，AHP）是由美国运筹学家萨蒂（T. L. Saaty）提出的。这一方法将与决策相关的元素分解为目标、准则、方案等层次，通过模型进行数学计算，做出定量与定性的分析。在绩效评价时，通常将评价因素分解成目标层、准则层、指标层三个层次，特点就是灵活、简洁、系统性强。事实上，大多数组织在进行信息化绩效评价时，将平衡计分卡与层次分析法相有机结合。因为效益评价难以用单一的量化指标或非量化指标来完成。通过平衡计分卡的绩效评价指标，再应用层次分析法对指标体系进行排序，并计算出相应的权重，体现了量化工具与现代管理思想的有效结合。表 7-1 给出了一个示例，首先对于财务、客户、内部流程及学习和成长这四个维度两两之间的重要性进行比对和排序，形成判断矩阵并进行模型计算后得出这四个维度在整体评价中的权重，其次再针对每个维度下的不同指标进行两两重要性比对和权重计算，以此得出指标层各个指标的权重，为信息化绩效评价提供重要的决策依据。

表 7-1 BSC 与 AHP 结合表

目标层	准则层	指标层	权重
企业信息化绩效评价	财务维度	净资产收益增长率	3%
		成本降低率	5%
		销售收入增长率	8%
	客户维度	市场占有率	
		客户满意度	
		新客户增长率	
	内部流程维度	资金周转率	
		库存周转率	
	学习和成长维度	员工满意程度	
		知识共享能力	
		培训频率	
	……	……	

注：表内量化数字仅供参考。

绩效参考模型（Performance Reference Model，PRM）连接了信息化策略、内部业务组件和信息化投入三个方面，为度量信息化投入对战略目标的影响提供了方法。PRM 模型主要分为三大块：度量域、度量类目和度量指标（通常由各自的机构设定）。PRM 结构的设计是为了清晰地阐述投入、产出以及成果之间的因果关系。

PRM 用"视觉线（line of sight）"来反映投入（如技术软件的采购）、产出（如流程和活动），从而影响结果（如业务和用户体验等成果）的过程中，价值是如何被创造的。如图 7-2 展示了 PRM 视觉线的关键组成部分。

从图 7-2 可以看出，指导整个绩效参考模型的是"战略成果"及其为此所带来必要的产出和技术。

信息化绩效评价是一项设计到组织架构、业务流程、管理模式、企业文化以及企业内部利益协调等多方面的复杂系统工程，因此在设计信息化绩效评价及绩效指标体系时应考虑每种方法的可行性和实用性，并对各类方法进行定制裁剪，找到真正适合本组织的方法。

信息化绩效的评价是多维度的，不同的维度有相应的评价方法。因此，一个单位整体的信息化绩效评价要根据评价对象、评价要求和评价目的等量体裁衣，作出不同绩效评价方法的组合。

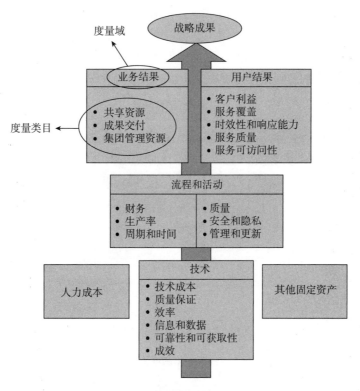

图7-2 绩效参考模型视觉线

7.2.3 信息化管理制度体系

信息化制度体系一般分为方针策略、管理制度、程序文件、技术文档和操作表单四个层级，见图7-3。

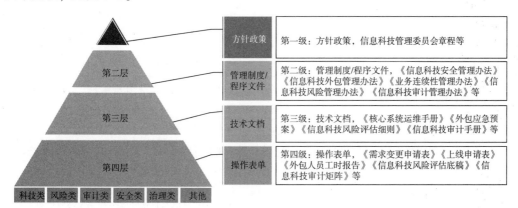

图7-3 信息化管理制度体系

良好的制度实践应该自上而下地将组织架构、岗位职责、管理活动、交付产品及衡量指标等融合在一套制度体系中，形成全面的、规范化的信息技术管理体系文件。

需要强调的是，在岗位职责和管理活动设计过程中，尤其需要考虑信息化风险管理和合规要求，关注不相容职责在岗位分工、流程设计、系统权限分配等方面的落实，切实做到风险预防措施通过制度规范，系统控制等方式有效落地。图7-4是一家大型商业银行较为完善的信息化制度体系样例。

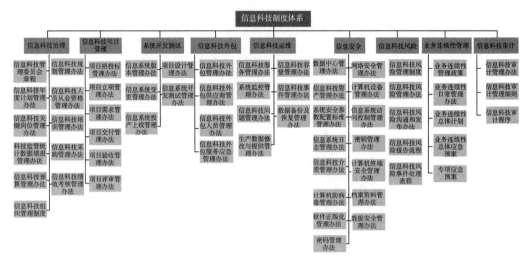

图7-4 信息化制度体系案例

以信息中心运维部门的应用维护岗和系统集成岗为例，将组织岗位、相应职责、管理活动和适用制度等做了合理的归纳对应，以实现制度管人、管业务，推进信息化工作标准化、规范化、程序化，见表7-2（a）和表7-2（b）。

表7-2（a） 应用维护岗与制度职责对应表

岗位	职责	相关制度	制度编号
应用维护岗	负责及时将最新的应用软件产品版本发布到相应服务器	信息系统版本管理办法	XXXX-IT-SD-03
	负责协助变更实施	信息系统变更管理办法	XXXX-IT-SD-05
	协助评估用户变更需求	信息系统变更管理办法	XXXX-IT-SD-05
	负责具体系统投产实施	信息系统投产上线管理办法	XXXX-IT-SD-07
	负责系统应用的监控、报告以及异常处理	系统监控管理办法	XXXX-IT-0P-03
	负责参与新上线的系统的监控策略制定	系统监控管理办法	XXXX-IT-0P-03
	为信息系统应用环境的备份和恢复责任人	数据备份及恢复管理办法	XXXX-IT-0P-06
	负责生产信息系统应用环境备份及恢复策略的制定及实施	数据备份及恢复管理办法	XXXX-IT-0P-06
	负责信息系统应用环境备份数据的检查	数据备份及恢复管理办法	XXXX-IT-0P-06

续表

岗位	职责	相关制度	制度编号
应用维护岗	配合数据库管理岗、系统集成岗处理备份异常的情况	数据备份及恢复管理办法	XXXX-IT-OP-06
	负责配合对生产数据备份与恢复进行分析和总结，提出合理化改进措施	数据备份及恢复管理办法	XXXX-IT-OP-06
	负责对操作系统、应用系统、数据库的系统安全参数的配置和变更	系统安全参数配置标准管理办法	XXXX-IT-IS-05
	负责各自管理系统的信息系统账号设置、访问安全配置	信息系统访问控制管理办法	XXXX-IT-IS-06
	评估日志对应用系统运行性能	信息系统日志管理办法	XXXX-IT-IS-07
	负责针对各应用系统开启登录、交易日志功能	信息系统日志管理办法	XXXX-IT-IS-07
	配合安全管理岗审核应用系统交易日志	信息系统日志管理办法	XXXX-IT-IS-07
	根据安全管理岗的授权，执行数据中心正版软件的安装及卸载	软件正版化管理办法	XXXX-IT-IS-13
	负责各自所负责的系统密码策略设置和维护	密码管理办法	XXXX-IT-IS-15
	负责向文档管理员移交日常工作中数据类、系统资源类、变更服务类、运行操作类等文档	档案资料管理办法	XXXX-IT-IS-12
	负责实施问题解决方案，并在《问题记录单》中填写问题处理结果	信息科技问题管理办法	XXXX-IT-OP-05

表7-2（b） 系统集成岗与制度职责对应表

岗位	职责	相关制度	制度编号
系统集成岗	负责协助变更实施	信息系统变更管理办法	XXXX-IT-SD-05
	协助评估用户变更需求	信息系统变更管理办法	XXXX-IT-SD-05
	负责具体系统投产实施	信息系统投产上线管理办法	XXXX-IT-SD-07
	负责系统性能的监控、报告以及异常处理	系统监控管理办法	XXXX-IT-OP-03
	负责参与新上线的系统的监控策略制定	系统监控管理办法	XXXX-IT-OP-03
	为信息系统环境的备份和恢复责任人	数据备份及恢复管理办法	XXX-IT-OP-06
	负责生产信息系统环境备份及恢复策略的制定及实施	数据备份及恢复管理办法	XXXX-IT-OP-06
	负责信息系统环境的备份数据检查	数据备份及恢复管理办法	XXXX-IT-OP-06
	负责处理备份异常的情况	数据备份及恢复管理办法	XXXX-IT-OP-06
	负责对生产数据备份与恢复进行分析和总结，提出合理化改进措施	数据备份及恢复管理办法	XXXX-IT-OP-06

岗位	职责	相关制度	制度编号
系统集成岗	负责对操作系统、应用系统、数据库的系统安全参数的配置和变更	系统安全参数配置标准管理办法	XXXX-T-IS-05
	负责各自管理系统的信息系统账号设置、访问安全配置	信息系统访问控制管理办法	XXXX-IT-IS-06
	负责根据系统安全参数配置办法设置操作系统的相关操作、审计日志	信息系统日志管理办法	XXXX-IT-IS-07
	配合安全管理岗审核系统日志	信息系统日志管理办法	XXXX-IT-IS-07
	根据安全管理岗的授权，执行数据中心正版软件的安装及卸载	软件正版化管理办法	XXXX-IT-IS-13
	负责各自所负责的系统密码策略设置和维护	密码管理办法	XXXX-IT-IS-15
	负责向文档管理员移交日常工作中数据类、系统资源类、变更服务类、运行操作类等文档	档案资料管理办法	XXXX-IT-IS-12
	负责实施问题解决方案，并在《问题记录单》中填写问题处理结果	信息科技问题管理办法	XXXX-IT-OP-05

7.3　信息化质量管理及其指标体系

一、信息化质量管理概念

全面质量管理是指一个组织以产品或服务质量为中心，以全员为基础，建立一套科学、严密、高效的质量管理体系，以提供用户满意的产品或服务为目的，实现相关成员及社会受益，进而实现组织经营管理目标的全部活动。同理，金融（集团）公司信息化质量管理是以为用户提供满意的信息技术和服务为中心，以全员为基础，建立一套科学、严密、高效的质量管理体系，加强信息化风险管理，实现信息系统安全平稳运行，促进降本增效提质的信息化全部管理活动。信息化质量管理有全面质量管理与项目（局部）质量管理，全面质量管理主要针对信息系统全生命周期而言，局部（项目）质量管理是针对具体的信息化项目或某个应用系统、数据中心等单元而言。金融（集团）公司要制定总体信息化质量管理目标和措施，并按照规划、预算、开发、测试、上线、运维、安全等流程和环节，建立分项质量管理及其标准。信息化质量管理主要侧重于开发方面，以信息化项目质量管理为例，这一制度的主要内容简述如下：

一是明确项目需求，制订质量计划。质量是满足要求的程度，其中的"要求"就是需求和期望。因此如何准确挖掘分析客户的需求，是制订项目质量计划的前提。要通过需求工程师的现场调研，并与项目委托方多次讨论，最终梳理出项目的分项建设任务和具体功能。然后，通过灵活运用实验设计、质量功能展开等方法，对每一项功能列出相关具体的性能指标，最终编制《项目质量总体目标与指标体系》并得到委托方和使用方的确认通过。

二是质量管理必须到岗到人到点。根据《项目质量总体目标与指标体系》，制定《项目质量管理计划书》。明确项目经理是第一责任人，分管质量的副经理是第二责任人，直接具体负责质量管理目标的达成，明确具体责任人、流程、控制点、时间点，明确质量保证措施和应遵循的规范。

三是强化质量审计，落实质量保证。质量保证就是要通过相关的制度、审计等约束，运用技术审计和管理审计相结合的方法，使项目建设过程科学规范，提升致力于增强满足质量要求的能力。主要审计工作小组成员可由委托方、使用方，乃至第三方组成，由信息化项目的专门质量保证小组提供支持。对于审计中发现的质量问题，要及时更正。

四是采用多种技术，进行质量控制。质量控制目标是"致力于满足质量要求"。首先将整个项目的实施按生命周期划分为需求分析阶段、设计阶段、实施阶段、试运行阶段和验收阶段，并确定每一阶段的完成标准。其次质量控制人员组织相关专家根据《质量管理计划》开展评审。最后出具评审结果，评审通过则将相关可交付物提交项目组并确定下一阶段工作的输入，反之则及时返回修改。

需要注意的是，项目中的任何变更都会不同程度地影响项目质量。如有重要变更，尤其是影响项目系统安全的重要变更，要从质量、成本、进度等各方面进行分析讨论，寻求最优的解决方案。

信息化质量管理工作具体内容包括制定信息化质量规划目标、质量管理制度、执行质量保证的组织、技术手段和管理机制、实施质量控制五个方面。其中信息化质量管理制度是开展信息化治理管理的主要载体，一般包括《需求开发及管理流程标准制度》《软件设计流程规范》《软件构建流程标准》《软件测试流程》《软件缺陷管理流程》《系统上线流程标准化管理》《故障管理流程》《变更管理流程》《软件质量保证流程》《信息化建设项目管理实施细则》《敏捷开发流程管理》等。

二、信息化质量管理指标体系

信息化质量管理指标体系主要根据系列质量管理制度和相关考核指标来设定，涉及信息化建设与运行等相关环节，诸如开发、测试、上线、运维等。信息化质量管理指标体系设置、考核与监控是加强信息化风险管理的重要机制。信息化质量管理指标体系样例见表7-3。

表7-3　信息化质量管理指标体系

质量指标分类	具体质量指标
无故障运行率指标	1. Ⅰ级关键系统无故障运行率
	2. Ⅱ级关键系统无故障运行率
	3. 其他生产系统的无故障运行率
	关键系统故障发生次数
	一级广域网无故障运行率
	一级广域网故障发生次数
项目管理	计划达成率（重点、监管、创新和其他项目）
	项目交付满意度
	质量管理计划书完成率
维护需求管理	维护类需求累计完成率
	维护类需求平均完成时效
	关键系统生产缺陷密度
新技术应用管理	知识产权申报成功数量与成功率
	新技术引入与推广故障率
信息安全	信息系统发现高风险安全漏洞平均数
	信息系统安全漏洞按时修复率
其他（监控指标）	项目规范符合度
	故障超时解决率
	变更超计划占比

质量管理制度、流程、标准、指标不是一成不变的，要根据信息化发展，质量管理的最新目标和要求，适时予以完善。

7.4　信息化风险管理政策研究

金融科技是金融机构的创新载体，创新必然带来信息化风险。为此有必要对信息化风险管理政策进行研究。这还得从金融机构总体风险管理政策开始阐述。

7.4.1　总体风险管理政策

一、金融业务风险

金融机构的经营风险是指未来不确定性对实现其经营目标的影响。从风险源角度可分为主观行为、自然灾害、意外事故和外来原因。从风险性质角度可分为金融风险和非金融风险两大群组：金融风险包括市场风险、信用风险、金融业务风险和流动性风险等；非金融风险包括战略风险、操作风险、合规风险和声誉风险等，也包括自然灾害、意外事故、外来原因等外部环境因素引发的风险。金融业经营风险一般指外部环境因素以外的风险，大多由内外部主观因素引发，进一步介绍如下：

1. 市场风险指利率、汇率、股票价格和产品价格等金融市场价格变化导致经营结果不确定的风险。

2. 信用风险指由于债务人或者交易对手履行合同义务的可能性或信用状况不确定性变化带来的风险。

3. 业务风险特指主营业务所面临的风险。以保险机构而言，业务风险主要为保险风险，例如因赔付支出高于预期赔付、准备金提取不充足或再保险安排不恰当等原因导致公司经营结果存在不确定性的风险。

4. 流动性风险指由于不能获得充足的资金以满足到期负债或支付承诺的风险。

5. 操作风险指在业务运营管理各环节中的流程、人员和系统等方面的风险。

6. 合规风险包括法律风险、监管风险、合同风险和上市公司风险等。

7. 经营环境风险指来自政治经济、行业等经营环境变化的风险。

8. 声誉风险指对品牌声誉有不利影响的事件或行为等。

9. 战略风险乃战略规划、决策失误所引起的风险。

二、总体风险管理政策

总体风险管理政策一般主要针对金融机构主营业务的经营管理而言，通常简称为风险管理政策。

（一）影响因素

金融行业是背负社会公众乃至国家信用、负债经营的特殊服务行业，关系千家万户。基于这一基本性质，经营风险管理政策取决于以下因素：

1. 国家财政经济货币政策。因应世界经济形势、国际金融市场变化及其发展趋势，国务院以及国家部委会就国内经济金融发展形势所出台相关政策对金融风险管理政策影响较大，其中宏观经济政策、财政政策、货币政策走向最为重要。

2. 风险管理导向。经济隐患、通货膨胀、流动性过剩、高杠杆风险，以及不按行业本质与规律经营等是金融风险的主因。习近平总书记在党的十九大报告中提出：要坚决打好防范化解重大风险、精准脱贫、污染防治三大攻坚战，金融行业化解防范金融风险就成为头等大事；金融业都实施以风险为导向的风险管理与资本约束挂钩的相关规则，所以也是其自身的需要。

3. 行业监管政策。主要是中国银行保险监督管理委员会和中国证券业监督管理委员会所颁布的相关监管政策，诸如消费者利益保护等。

4. 资本实力。实际资本、盈利能力、资产负债情况、资本充足率或偿付能力等指标直接反映了一家金融机构的风险承受能力。

5. 发展战略。金融机构，尤其是国有金融机构都会根据国家五年规划，定期制定发展战略或三年滚动预算。走传统型金融，还是走金融科技或互联网金融；专注于银行、保险或证券，还是其中多个行业，走向综合经营；立足国内还是跨国经营；是加快发展、还是可持续发展发展，等等，直接影响公司的风险管理政策。

6. 风险偏好。董事会、管理层的风险偏好对风险管理政策的确立影响最大、最为直接。

（二）风险管理政策主要内容

1. 基本政策

根据金融业性质和风险管理政策的影响因素等，金融机构，尤其是国有金融机构总体风险管理的基本政策一般都是"严守底线，稳健审慎"。"严守底线"主要体现在资本充足率或偿付能力充足率等监管评指标的设定上，都会在监管要求的基础上增加风险缓冲，提出更高的风险防控要求；"稳健审慎"主要体现在业务发展的质量、资产质量指标等方面，必须尽早发现问题，及时采取措施化解，确保风险可控，业务健康发展。基本政策是全面风险管理体系的顶层设计。

2. 风险偏好

风险偏好主要根据风险管理政策来决定，代表着董事会对待风险的基本态度，在实现战略目标的经营过程中，能够并且愿意承担的风险种类和程度。风险偏好的制定基于总体战略目标，贯穿于日常经营活动，具有风险管理的引导作用。金融机构风险偏好陈述表样例见表7-4。

表 7-4　风险偏好陈述表

	风险维度	风险偏好陈述
定量描述	资本充足水平	保持充足的资本或偿付能力
	资产质量	资产质量保持稳定
	风险资本收益	风险资本收益率保持在合理范围内
定性描述	公司声誉	整体保持良好的声誉和公众形象，守住合规经营的底线

风险偏好一般有"激进型""进取型""稳健型""慎重型"和"保守型"等。风险偏好从风险视角体现了企业的战略选择、价值导向和业务取舍。金融机构一般在后三者之间选择。习近平同志在十九大报告中提出：要坚决打好防范化解重大风险、精准脱贫、污染防治的"三大攻坚战"之后，风险偏好的选择更为审慎，慎重型居多。

3. 风险容忍度

风险容忍度体现了管理层在风险偏好范围内对既定风险水平差异的可接受程度，是风险偏好的细化传导，在经营管理中起到框架性的约束作用。风险容忍度参数基于行业和自身的经验数据，结合压力测试等手段进行设定。以人寿保险公司为例，风险容忍度陈述表样例见表7-5。

表 7-5　风险容忍度陈述表

风险大类	风险容忍度名称	具体描述
保险风险	保险风险最低资本	正常情景下不超过（预算实际资本）×（保险风险最低资本占比）/150%
市场风险	市场风险最低资本	正常情景下不超过（预算实际资本）×（市场风险最低资本占比）/150%
	风险资本收益率	风险资本收益率不低于预算
信用风险	信用风险最低资本	正常情景下不超过（预算实际资本）×（信用风险最低资本占比）/150%
	资产质量	投资资产中不良资产占比不高于百分之五
		投资资产中关注类资产占比不高于百分之十
操作风险	监管措施	不容忍被采取具有针对性的达到"重大"级别的监管措施
	信息安全风险	不容忍发生重大信息安全事故
战略风险	偿付能力充足率（基本情景）	1. 各季度末综合偿付能力充足率不低于150% 2. 各季度末核心偿付能力充足率不低于100%
	偿付能力充足率（压力情景）	1. 压力情景下综合偿付能力充足率不低于120% 2. 压力情景下核心偿付能力充足率不低于70%
	股东权益回报率偏离度	股东权益回报率与预算目标的偏离度不高于15%（年度指标）
	新业务价值增速	寿险新业务价值增速不低于上市寿险公司平均水平，寿险新业务价值不低于本年预算
声誉风险	监管评估	偿付能力风险管理评分不低于80且风险综合评级不低于A
	舆情控制	在发生声誉风险管理办法规定的一级声誉事件时，公司应在1日内响应并在3日之内将风险级别控制在"重大"级别以下
流动性风险	现金流（压力情景下）	未来一年内净现金流合计为正值
	流动性覆盖率（压力情景下）	压力情景下流动性覆盖率在200%以上

注1："重大"级别标准参照《中国银保监会行政处罚办法》第六十条中受到"较大数额罚款"的标准。

注2：表内相关量化数据仅供参考。

4. 关键风险指标体系

关键风险指标是根据金融机构主营业务条线对经营与管理影响最大的风险点来确定，涵盖了达成战略或经营目标有重要影响的风险类别。指标体系是指由若干个反映金融机构总体风险概貌与特征的、相对独立又相互联系的统计指标所组成的有机整体。通常在监管指标、考核指标、质量指标、风险指标中选择而组成。

5. 风险限额体系

风险限额体系是对关键风险指标体系进行监控、管理和处置的度量工具，是风险管理工作的具体抓手，是各职能部门和业务单位落实风险偏好的行动指南。

关键风险指标阈值的设定，参照"交通指示灯"法，对每项限额指标设置"正常、预警和超限"三类监控区间，不同的监测结果采用不同的应对方案和控制措施。正常区间代表符合风险偏好和风险容忍度的要求，属于安全范围；预警区间代表风险状况正逼近风险限额，相关职能部门应引起关注并分析具体原因，依据风险处置预案执行处理；超过限额值的，则代表风险已突破警戒范围，应执行超限额的报告程序，包括分析追溯具体原因、出具应对措施并上报经营管理层，从源头上对风险进行管理和控制。

完善的限额管理体系可以推动风险偏好及容忍度有效落地。风险限额指标的设定基于保证风险偏好、容忍度有效传导的基础之上，参数的选择体现了与风险偏好和风险容忍度的一致性原则。

关键风险指标限额体系通过风险限额表予以表述。限于篇幅，仅以操作风险为例，风险限额体系样例见表7-6。

表7-6 关键风险指标风险限额体系表

风险大类	风险子类	风险指标名称	计算方法或公式	数据来源	频率	正常区间	预警区间	超限区间
操作风险	操作风险次数	系统安全风险	因系统问题导致核心主营业务或投资业务中断后恢复时间高于3小时的次数	信息安全部门	季度	=0	>0*	>0*
		人为操作风险	人为原因造成操作事故级别在"重大"或以上的次数	信息安全部门		=0	>0*	>0*
	合规法律风险	重大监管措施次数	被采取重大监管措施次数	法律合规部门	季度	=0	>0*	>0*

注1：标示 * 的指标的预警值设置为与超限值相同，代表该指标不容忍偏离正常值，偏离正常值即为超限。
注2：表内相关量化数据仅供参考。

如前所述，金融机构总体风险管理政策一般都是针对银行、保险、证券或投资等主营业务。那么该政策是否适用于信息化风险的管理呢？

7.4.2 信息化风险管理政策

一、制定信息化风险管理政策的必要性

比较金融业信息化风险和经营风险两者之间的定义，其关联性和差异性分析如下。

1. 信息化风险是属于经营风险中的操作风险。

2. 两者风险大多由主观原因引起。信息化风险往往是经营风险的成因之一，但不一定都引起损失、责任或负面影响等；也有少数经营风险是信息化风险的成因。

3. 信息化风险造成的后果及其表现形式更为复杂多样化，既有信息化损失，也有业务损失，以无形损失居多；风险损失计量要比绝大多数经营风险要复杂，成熟的计量模型较少。

4. 经营风险主要在产品设计、交易和运营管理等环节；有权利审批的管理、交易人员应该是有预感的。信息化风险往往是突发的，成因复杂，操作留痕轨迹不可见，形成路径捉摸不定，可预见性较低，除非是故意隐埋信息化风险的当事人。

5. 相较于其他经营风险，信息化风险尚有较多特征，5.4 节对此已经已详细论述。

应该说影响金融机构总体风险管理政策的因素大多也会影响信息化风险管理政策的。除此之外，尚有其他影响因素。

一是信息化行业主管部门（如工信部、网信办等）的相关政策，行业监管部门关于信息化监管规定。

二是信息化战略规划和信息化创新发展定位。研究各家金融机构的发展战略目标和定位，几乎都将创新发展作为实现其战略目标的主要举措，而金融科技创新是创新发展的主要载体。

三是相关目标要求，包括风险管理、信息安全管理目标要求，业务连续性管理和灾难恢复计划的目标要求。信息化建设应该与信息安全同步规划、同步建设、同步使用；必须坚持信息化风险总体可控，确保信息系统连续性安全稳定运行。

四是信息化风险管控的效益性。信息化风险是不能完全杜绝，不计成本追求绝对安全会背上沉重成本负担，甚至可能顾此失彼。需要在资源投入与风险管控之间寻求合理的平衡。要充分考虑信息化投入预算与信息安全管理投入预算之有限这一因素。

综上所述，金融业信息化风险与经营风险之间差异是挺大的。基于信息化风险定义及其特征，信息化在金融机构的全面运用，金融科技是创新发展的载体，信息化风险管理的重要性，信息化管理法规和监管规定等，根据金融业总体风险管理政策的内容，研究制定适宜于信息化风险管理的政策甚为必要。

二、信息化风险管理基本政策

信息化风险管理是风险管理的一个分支，故信息化风险管理政策要与风险管理政策相吻合。信息化风险管理最终目的是确保信息系统连续安全稳定运行，实现业务连续性运营管理的同时，推动创新发展。"严守系统性风险，谨慎技术性风险，稳健创新性风险"不失为信息化风险管理政策的选择。

严守系统性风险更多体现在监管指标的设定上，要增加一定的安全系数，杜绝大面积、交叉感染、系统性、低频高损、超过可容忍的信息化故障事件（详见 9.1.2）。谨慎技术性风险体现在以审慎的态度管控信息化各流程环节的技术风险，尤其是降低开发运维等环节技术性风险发生的概率，全面提高信息化管理质量，确保系统安全稳定连续运行。稳健创新性风险指实施创新容错机制①，以宽松的态度对待技术创新带来的风险所导致的损失、责任或影响，鼓励调动创新的积极性。在上线之前，必须制定

---

① 创新容错机制，指在科技创新活动中，对于因技术路线选择失误、不可抗力或不可预见等因素，而造成创新失败的责任主体，予以从轻、减轻或免予问责的机制。

周全的预案加以管控，加强新技术的压力与稳定性测试。这一政策既遵守了总体风险管理政策，又符合金融业信息化风险管理的特点。

（一）信息化风险偏好

信息化风险偏好通常包括两层含义：一是对总体信息化风险，二是对某一类风险。根据信息化风险管理政策，总体风险偏好一般在"进取型""稳健型""慎重型"选择，总体以稳健型为宜，如果金融科技在发展战略中的定位[①]是创新引领发展，进取型是合适的，进取型的风险偏好不是冒险，是对可容忍的信息化风险采取周密的预案或举措加以监控管理。针对具体的信息化风险可采取不同的风险偏好，但不能超过总体偏好。信息风险偏好陈述表如表7-7所示。

表7-7　信息化风险偏好陈述表

风险偏好维度	陈述方法	主要指标	风险偏好陈述
容错风险	定性为主，定量为辅	1. 业务交易相关系统成功率 2. 信息系统可用率 3. 重要信息系统宕机次数及时长 4. 系统变更数量等	严守制度规则、降低故障概率，保障安全稳定持续运行
容灾风险	定量为主，定性为辅	1. 重要业务恢复时间点目标（RTO） 2. 重要业务数据恢复目标（RPO） （RTO和RPO既适用于容灾风险，也适用于容错风险和安全风险，相应的偏好和容忍度要根据实际情况而定。）	确保信息系统连续性运行计划（灾难恢复计划）有效，随时应对，将信息化故障影响降低到最低程度
安全风险	定性为主，定量为辅	1. 重大信息安全事件数量 2. 信息安全人员占部门人员的比例 3. 接受信息安全培训人员占部门人员的比例 4. 通过信息安全评审的信息系统的占比 5. 重要数据泄露次数	编制岗位满足发展与安全要求，团队专业结构合理，信息系统安全保护全面严格

注：RTO和RPO指标虽列在容灾风险一栏，但也适用于容错风险和安全风险。

（二）信息化风险容忍度

根据信息化风险管理政策及其风险偏好，信息化风险容忍度样例见表7-8。

---

① 金融科技定位诸如业务推动创新、创新引领发展，传统型金融、金融科技或互联网金融等。

表 7-8 信息化风险容忍度

风险偏好维度	主要指标	容忍度具体描述
容错风险	业务交易相关系统成功率	不容忍收付失效率 99% 以上
	应用研发测试质量	缺陷率不超过 10%
	容错性设计能力	软件交付时，必须提供简明完整、易于理解、操作性较强的用户说明书。软件设计的容错性相关要求必须满足： 1. 当操作不可逆时，应让用户知道误操作的后果； 2. 增加不能逆转操作的难度，适当限制用户的某些交互操作； 3. 当发生误操作等情况时，应及时反馈并提供纠错帮助； 4. 用户及其操作者能够撤销错误指令，能帮助其迅速回到正确状态，尽可能保留操作信息； 5. 减少用户的记忆负担、认知混淆和不必要的操作步骤。
容灾风险	重要业务恢复时间点目标（RTO） 重要业务数据恢复点目标（RPO）	1. 容灾等级 3 级：RTO≤24 小时，RPO≤24 小时。 每年非计划服务中断时间不超过 4 天，系统可用性至少 99% 2. 容灾等级 4 级：RTO≤4 小时，RPO≤1 小时。 每年非计划服务中断时间不超过 10 小时，系统可用性至少 99.9% 3. 容灾等级 5 级：RTO≤30 分钟，RPO≈0 每年非计划服务中断时间不超过 1 小时，系统可用性至少 99.99% 4. 容灾等级 6 级：RTO≤2 分钟，RPO＝0。 每年非计划服务中断时间不超过 5 分钟，系统可用性至少 99.999%
安全风险	业务连续性计划演练覆盖率	不低于 80%
	重大信息安全事件数量	每月不超过 1 次
	信息安全人员占部门人员的比例	≥2%
	接受信息安全培训人员占部门人员的比例	≥90%
	进行信息安全评审的信息系统的比例	≥90%
	重要数据泄露次数	国计民生数据、客户信息数据、竞争性数据零容忍泄露。

注：表内相关量化标准仅供参考。

（三）信息化风险关键指标体系

信息化风险关键指标体系是对风险容忍度在一些信息化风险管理重要方面的进一步量化和细化，服务于信息化风险的日常监测、分析和管控，是相关单位和部门落实信息化风险偏好及风险容忍度的行动指南。

信息化关键风险指标设置要满足三个方面的要求：一是要充分满足监管的要求、

总体发展战略、信息化战略规划、预算考核等方面关键指标；二是要符合信息化治理、信息化管理模式和信息化风险管理机制等方面的规定和要求；三是自上而下能够覆盖信息技术及其应用、数据库/中间件、服务器/存储、网络和动力环境等关键技术领域，也要包括信息系统开发、运维、安全管理等关键流程环节，还要涵盖信息化管理，包括信息化战略、预算执行效果和项目开发等管理领域，形成横向到边，纵向到底的，能够监控管理系统、技术、网络设备、环境和流程等方面的信息系统安全运行风险，以便能够恰当科学地衡量信息化运营管理健康状况。

信息化风险关键指标体系一般由相关监管指标、风险管理指标、安全指标、考核指标、质量指标等综合考虑筛选出来。需要注意的是不能将与信息化风险管理无关的诸如成本指标、预算达成等经营考核指标列入信息化关键风险指标体系。

（四）信息化风险限额体系

信息化风险管理指标限额一般有如下类型：

1. 阈值型，某个指标达到预先设定的值或落在预先设定的范围之内，判断是否达到已定义的风险级别。

2. 里程碑型，主要用以衡量具体领域信息化风险管理水平达到某个特定等级或标准，如获取信息安全认证证书、系统等级。

3. 定量型，用具体数字来衡量（数字、时间、金额、百分比等）信息化风险严重的程度，如已报告的信息安全事件的数量，因计算机病毒而引起的故障时间等。

4. 定性型，以文字描述来定义信息化风险的影响程度，如重大风险、中度风险、轻度风险、轻微风险等风险级别，影响全国的重大信息化风险事件为不可接受的信息化风险水平等。

根据关键风险指标体系，表7-9列举了常见的容错与安全方面的信息化关键风险指标及其风险限额体系。

表7-9　信息化关键风险指标限额体系

风险大类	风险子类	指标名称	计算方法或公式	计量单位	正常区间	预警值	限额值	报告频率	监测部门
容错风险	业务中断和系统失败	I级关键系统无故障运行率	I级关键系统故障时长/I级关键系统总运行时长	%	99.90%≤99.98%	99.90%	99.88%	季度	质量管理部门
容错风险	业务中断和系统失败	II级关键系统无故障运行率	II级关键系统故障时长/II级关键系统总运行时长	%	99.90%≤99.98%	99.90%	99.88%	季度	质量管理部门
容错风险	业务中断和系统失败	机房无故障运行率	机房故障时长/机房总运行时长	%	99.95%≤99.99%	99.95%	99.90%	季度	质量管理部门

风险大类	风险子类	指标名称	计算方法或公式	计量单位	正常区间	预警值	限额值	报告频率	监测部门
容错风险	业务中断和系统失败	关键系统故障发生次数	关键系统故障发生次数	次	0≤3，5	3.50	4.00	季度	质量管理部门
容错风险	业务中断和系统失败	核心系统灾备切换次数	核心系统灾备环境的切换次数	次	0≤1	1	2	年度	质量管理部门
容错风险	业务中断和系统失败	新技术应用引发的关键系统发生故障次数	故障原因为新技术应用的关键系统故障次数/关键系统总故障次数	次	0≤2	2	3	季度	质量管理部门
容错风险	业务中断和系统失败	因外包原因导致的关键系统故障发生次数	故障原因为外包的关键系统故障次数/关键系统总故障次数	次	0≤3.5	3.5	4	季度	质量管理部门
安全风险	外部欺诈/内部欺诈	涉密信息丢失次数	涉密信息丢失次数	次	0≤1	1	1	季度	安全管理部门
安全风险	外部欺诈/内部欺诈	客户信息丢失事件发生次数	客户信息丢失事件发生次数	次	0≤1	1	1	季度	安全管理部门
安全风险	外部欺诈/内部欺诈	财务系统信息丢失次数	财务系统信息丢失次数	次	0≤1	1	1	季度	安全管理部门
安全风险	执行、交割和流程管理	新技术应用引发的敏感信息泄露的次数	新技术应用引发的敏感信息泄露的次数	次	0≤1	1	1	季度	安全管理部门
安全风险	执行、交割和流程管理	新技术应用引发监管和上级单位安全风险通报次数	新技术应用引发监管和上级单位安全风险通报次数	次	0≤1	1	1	季度	安全管理部门
安全风险	实体资产损坏	资产失窃发生次数	资产失窃发生次数	次	0≤1	1	1	季度	资产管理部门
安全风险	因各种原因引发的辞职	专业人员离职率	离职人员占期末编制数比例	%	3%≤10%	10%	15%	半年	人力资源部

注1：阈值区间主要是根据考核、监管评级或者所承受的风险能力的最高得分，最低得分来确定，也可根据近三年来经验数据设定。

注2：容灾风险对大多数集团来讲，风险系数较小，安全防范较高，故在此没有列示。

注3：表内相关量化数据仅供参考。

由此可以看出，表7-6按照总体风险管理政策列示的系统安全风险和人为操作风险的限额体系过于谨慎了，可能会影响金融科技的创新发展，加重安全管理成本负担。

信息化风险管理政策一般由风险管理部牵头起草制定，信息安全部和信息技术等相关职能部门参加参与其中，报经董事会或管理层批准。风险偏好的编制应与预算同步进行。在发展战略、市场环境、监管政策发生重大改变时应及时修订信息化风险管理基本政策、风险偏好、容忍度和风险限额体系，也可以根据半年的实际执行情况或管理需要检视，履行相应的程序后进行更新修订。

为了强化信息化关键风险指标的自动监控和预警，金融（集团）公司应建立信息化风险关键指标的自动检测平台与自动化预警报告机制。关键风险指标如果过多就会失去关键之意义，而且会适得其反。但信息化风险的管控是全面的，所以在选择设置信息化关键风险指标后，可以建立相关信息化风险管理辅助参考指标来加以识别、评估、管控，确保信息安全风险，以商业银行为例，见表7-10。

表7-10　信息化风险管理参考指标

风险维度	参考指标
信息科技治理	本机构信息科技人员占全部人员总数的比例
	本机构信息科技部门岗位职数与人员的比率
	每季度信息科技流失人员占期初人员总数的比例
	未来三到五年信息科技战略规划对信息科技活动的覆盖率
	拥有信息化专业资质的人员比率
	信息科技人员每年参加专业知识培训的平均时长
	每年信息安全培训在全集团的覆盖率
	每年信息化制度重检率
	每年信息化实际投入与预算比率
	信息化年度预算占本机构总预算的比率
	每年按时完成与验收的合规要求数量及占比
	品牌声誉风险 客户投诉与索赔
	信息化战略偏离 项目效益与效果 重点项目、监管项目等计划达成率，等等
数据治理及系统建设	未进行备份的数据量（字节）
	需要事后手工补录的数据项数量
	输入控制的数据项输入窗口占所有输入窗口的比例
	关键系统的平均数据读取速度

续表

风险维度	参考指标
数据治理及系统建设	已建具体数据标准技术体系的数据项占所有数据项的比率
	已明确的所有者数据项数量及其占比
	已明确的信息安全等级的数据项数量及其占比
	集中存储、管理与维护的主数据数据项占本机构的主数据数据项总体的比例
	数据质量度量规则库中包含的规则数量
	主要数据平台每进行 1 万条数据批处理的平均时间成本
信息科技运行	每季度发生系统变更数量
	拥有日志功能的信息系统数量与所有信息系统数量占比
	未能进行实时监控的设备数量
	应用级备份的系统数量与所有信息系统的占比
	服务水平协议对信息科技服务目录的覆盖程度
	关键系统服务器与存储设备可用容量与最大容量占比
	配置管理数据库（CMDB[①]）中硬件设备配置项数量
	DSL[②]最终软件库中软件配置项（Confiuration Item）数量
	关键系统故障发生次数
	关键系统运行中断时长
信息安全	处于保质期内的可用的消防设备与机房面积的比率
	已完成渗透性测试的互联网边界系统占总体互联网边界系统的比例
	每年重要信息系统紧急变更数
	未明原因的事件与问题数量
	非预期系统容量升级数量
	核心业务系统批处理平均用时
	每月访问办公网与生产网的外部用户数量
	每年进行机房环境、电气、线路等机房物理因素检查的次数
	每年邀请第三方专业机构进行信息安全测评与审计的次数
	操作系统开启了审计功能的服务器占所有服务器的比率
	每月直接进行后台数据库修改的次数

---

① Configuration Management Database（CMBD），配置管理数据库本质上是一个数据库，存什么东西，当然是因人而异的。与计算机术语中"数据库"的差别是，CMDB 不仅包含真实的数据库，而且隐含了管理者对资源的抽象和建模的逻辑。每个管理者所处环境不同，所以其所管理的资源的类型，数量和关系也不同。因此自研 CMDB 的需求也就越发必要。

② Domain Specific Language（DSL），领域特定语言，一种为特定领域设计的，具有受限表达性的编程语言。

风险维度	参考指标
信息安全	每季度发现的未经授权的后台数据修改或提取事件次数
	关键应用系统超级用户或管理员账号个数
	应用系统间传输数据采用加密技术的覆盖比率
	域控终端的占比
	防病毒软件的终端覆盖率
	客户信息泄露
	数据资源安全率（泄露、毁坏）
	重要系统系统自主管控率
	驻场外包门禁卡回收率
系统开发、测试和投产	项目代码安全检查完成率
	项目压力测试完成率
	项目用户验收测试完成率
	测试案例密度
	每年系统开发项目数量
	业务部门对系统项目需求项的确认比例
	系统开发项目关键节点或里程碑的平均数量
	系统开发项目进行质量审计的频率
	代码行数与系统功能点的比率
系统连续性运行计划	灾难恢复计划与信息科技应急预案修订次数
	灾难恢复性计划覆盖到的重要信息系统占比
	业务连续性完成演练的系统占比
	业务影响分析对业务流程的覆盖率
外包管理	异常退出外包人员占外包人员总数的比例
	签订保密协议的外包人员比率
	外包人员信息安全培训次数
	外包依赖度
	外包商尽职调查覆盖率
	尽职调查要素覆盖率
	外包人员允许访问的逻辑范围占本机构系统架构的比率
	外包预算执行率
	购买了外包服务优先权的占比
	外包应急预案对所有外包活动的占比
	每年进行外包服务评价的覆盖率

坚持创新发展与风险防范并重是实现又好又快发展两把利器。发达国家对金融业创新发展和信息化监管基本策略是"宽松"与"谨慎"相结合，宽松态度主要针对创新发展而言，激发经营主体的积极性和避免限制其拓展空间，需要给予一定的支持；谨慎态度则针对创新发展所产生的风险，尤其是系统性、中高频率风险，要加强新技术压力与稳定性测试，制定周密的风险防范与控制预案。这一策略与本文提出的金融业信息化风险管理政策相吻合。

合理的信息化风险管理政策既要符合金融机构总体风险管理政策的要求，又能促进创新发展，更能降低信息化故障发生概率，及时加以正确处置，确保系统连续性运行，业务不中断。如果用总体风险管理政策来管理信息化风险是不合时宜，会提高信息化风险管理成本，更会阻碍金融科技的创新发展；会导致只能喊在嘴上，挂在墙上，却不能付诸信息化风险管理的形式主义。

7.5 信息化风险管理机制选择

一、国际标准化组织制定的信息化风险管理机制

基于澳大利亚和新西兰风险管理标准 AS/NZS4360，国际标准化组织（ISO）制定了 ISO31000，提出了信息化风险管理必须遵循以下十一项原则：

一是遵循风险管理创造和保护价值；二是将风险管理整合成为一个单位经营管理活动过程中的有效组成部分；三是通过风险管理，有效支持经营管理的决策；四是达到能够明晰解决不确定性问题；五是风险管理解决方案应具备系统性、结构化和及时性；六是风险管理的决策基于真实可靠可用的风险数据信息；七是风险管理解决方案应具备针对性，量体裁衣的有效性；八是风险管理必须考虑全面风险管理与合规文化和意识，团队专业素养；九是风险管理的方案必须是透明的，让相关团队知道风险的成因、评估和控制，同时应该具有包容性、不能顾此失彼；十是根据信息技术的发展，新风险的产生，信息化风险管理必须能够及时应对风险的动态变化；十一是根据信息化发展战略，信息化风险管理要求，风险管理组织应该及时持续改进。基于上述原则，信息化风险管理框架与基本流程见图7-5。

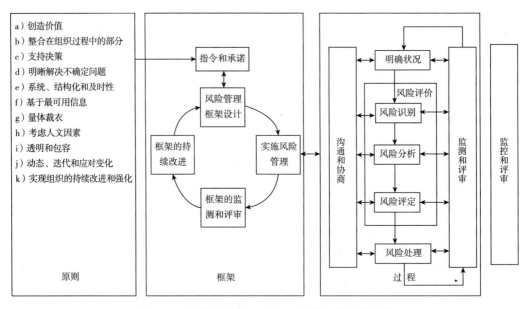

图 7-5 风险管理原则、框架、流程之间的关系图

这一框架的显著特点是将所包含"确定状况"作为信息化风险管理过程开始的活动，确定状况包括组织的目标及其环境、利益相关方和风险准则等，有助于揭示和评价信息化风险的性质和复杂性。

二、操作风险管理框架下的信息化风险管理

《巴塞尔协议Ⅱ》的操作风险管理（Operating Risk Management，ORM）包括操作风险识别、风险计量、风险监测和风险控制等环节，形成一个循环往复、不断提升的风险管理过程，其基本的管理框架如图 7-6 所示。

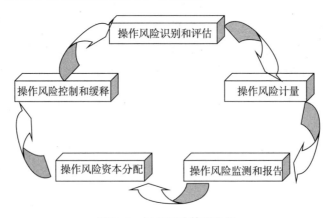

图 7-6 操作风险管理机制

ORM 基础上的信息化风险管理机制的显著特点是将信息化治理的组织纳入了信息化管理的框架，见图 7-7。

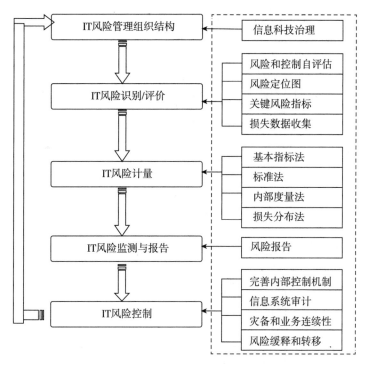

图 7-7　ORM 框架下的信息化风险管理

三、国家标准化管理委员会制定的信息化风险管理机制

2007 年，中国国家标准化管理委员会发布了《信息安全技术 信息安全风险评估规范》（GB/T 20984—2007），建立了以资产识别、威胁识别与脆弱性识别为第一步骤的信息化风险管理机制。信息资产并不局限于软件、硬件等，而是泛指对某一组织有价值的对象，如声誉、信息、人员等。这一规范用保密性、完整性和可用性三个安全要素来评价信息资产。威胁即风险的来源，可以通过不同的属性进行识别、分类。脆弱性来自信息资产本身，具有隐蔽性，要被相应的威胁才会显现出来，具体流程见图 7-8。

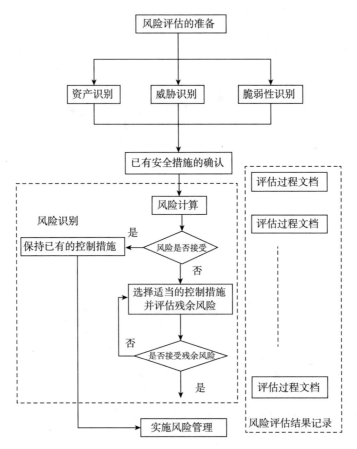

图7-8　信息化风险管理机制

四、优化模式下风险管理机制选择

上述信息化风险管理机制都着重阐述了信息化风险的有效控制以及应对。作为对风险资本计量有显著要求的金融业，应该将风险与资本相结合，形成更符合金融业特点的信息化风险管理机制。

借鉴国内外信息化风险管理机制，基于优化模式，考虑信息化风险与操作风险的关系，结合最佳信息化风险分类、风险评估方法等，优化模式下金融集团信息化风险管理机制见图7-9。

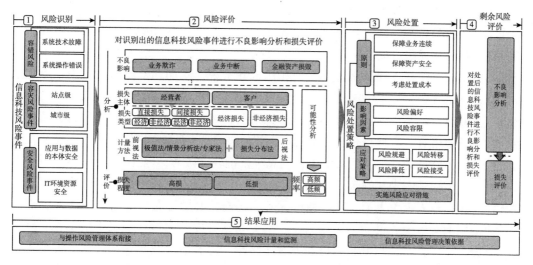

图7-9　优化模式下信息化风险管理框架

信息化风险管理是全面风险管理的一部分，故其汇报路径与流程应该比照风险管理的汇报路径和流程执行，当然也要与信息化委员会、信息安全部门建立汇报或沟通机制。

7.6　风险绝对性与管控资源有限性之平衡

信息化工作是一枚硬币的两面，在提升了金融业经营管理水平的同时，也带来了无穷无尽的信息化风险，信息化风险管理工作永远在路上。信息安全是信息化风险管理最为重要的内容，以此来说明风险绝对性与管控资源投入有限性之间的平衡性。

一、信息化风险绝对性分析

信息化风险特征之一就是普遍存在的绝对性，原因分析如下：

首先是安全漏洞本源。信息化风险几乎都与软硬件的安全漏洞、技术缺陷有关系，这些软硬件都是专业人士设计的，但因受科技发展和自身专业能力的局限，几乎不可能设计出一个完美无缺的系统，难免会留下遗憾或缺陷，而这种缺陷一旦被蓄意利用者所用，就会变成漏洞。所以每年发现的安全漏洞数量呈逐年提升的趋势且是陡峭的，当然也有软硬件产品数量每年都在快速增长所致。

其次是软件后门本源。可能存在开发者，尤其是外包商，瞒着应用者或委托单位蓄意设计的暗功能，也有为了将来系统升级等原因而特意设计，我们无法统计有多少软件后门。在开放式业态环境下，软件后门不可能杜绝，即使软件自己设计，但难免有第三方的介入，所以完全杜绝这样一个后门问题，在全球化时代几乎是做不到的。

最后是系统流程与管理操作。进入数字化时代，各行各业的信息化已经渗透到各个方面、各个条线、各个流程环节，信息化风险遍布于每个角落，所有部门都在应用操作系统，权限设置、规则引擎，一个操作失误、一个技术漏洞等都会引起风险。普遍存在的信息化风险可能随时随地发生。

尽管我们不断在查找发现漏洞，但相比未知来说，就如同浩淼的宇宙中一点点尘埃。我们无法奢望，也不可能构建一个无毒无菌的绝对安全环境。网络空间最具挑战性的安全威胁就是基于这种未知漏洞、未知后门的未知攻击。对攻击者来说，基于漏洞和后门的攻击有一个特点是"单向透明，里应外合"，而对于防御者来说，威胁是没有先兆和行为特征的。美国经济学家弗兰克·奈特教授认为，"已知的未知属于风险可以用概率论表述，而未知的未知属于不确定性，不确定性则是不知道概率的情形"，这就无法想象，令人束手无策。在这种情况下，我们关心的不是安全漏洞有多少，而是未检出的漏洞有多少。很遗憾迄今为止，尚无在这方面给出统计意义上的结论，因为不清楚分母有多大，只知道我们已经发现了多少，那么有无可能去防止这些漏洞，很遗憾，以目前科技程度，漏洞问题不可避免。但这不等于说人类在信息化风险管理面前就要束手就擒，还是可以通过技术工具、管理制度和方法等加以管控，使其影响降低到最低程度。

二、风险绝对性与管控资源有限性之平衡

金融机构的信息化建设是一项费钱、费事、费时的工程，需要持续的、巨额的资金投入，但由于资源的有限性，所以普遍存在重建设、轻安全的现象。在信息化实际工作中，绝对的零风险是不存在的，想要实现零风险，也是不现实的。信息系统的安全性越高，其可用性越低，需要付出的安全防护成本也越大。另外信息化创新是引领发展的重要载体，创新必然会带来风险。所以金融机构需要在风险管理与资源投入之间取得效益的平衡，以期实现既能确保信息系统安全运行，又能实现有限资源投入经济合理，好钢用在刀刃上。

如图 7-10 所示，当综合考虑信息安全性、系统可用性以及安全控制成本等因素后，我们通常寻求将信息系统调整在最优安全控制水平上，这既可以避免因过分追求安全而造成的成本支出过高，也可以避免因过分强调安全而造成对系统正常使用的负面影响，在实际工作中，这也是最经济、最合理的。这个最优安全控制水平没有统一的标准，因为不同的金融机构有不同的经营管理、信息化风险管理和信息安全管理水平及其要求，因此在安全控制成本上具有较大差异。

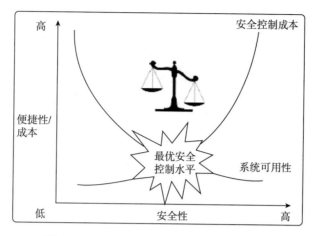

图 7-10 安全性、可用性和成本关系示意图

通常来说，金融机构对风险控制、信息安全的要求较高，对业务连续性和系统可用性的要求也高，通常在安全控制成本上舍得投入较高的成本，因此最优安全控制水平通常位于象限的右上方，如图 7-11 所示。构建综合防范的信息安全保障体系的过程，也是基于上述的安全性、成本、可用性分析，寻求最优安全控制水平的过程。

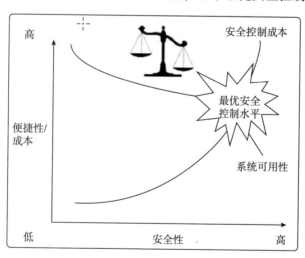

图 7-11 金融机构信息安全最优控制水平示意图

信息化风险管理、信息安全是一个涉及多学科、技术融合管理的工作，还涉及病毒防治、安全培训、漏洞扫描、渗透测试等很多具体内容。信息安全保障体系建设应始终贯穿管理和技术并重的思想，这项工作不是一劳永逸的，随着科技的发展和环境的变化，新的安全问题会不断涌现。因此从事信息化风险管理与信息安全的团队需要始终关注技术的发展，综合考虑安全因素，不断完善各项制度和标准，保障已构建防护体系的良性发展，循环往复地充实、优化，发展综合防范的信息安全保障体系，为银行保险企业发展保驾护航。

综上所述，信息安全是相对的而不是绝对的，要立足基本国情、司情，根据系统、平台和设施等重要性，结合具体的技术工具、管理机制等来思考安全管理对策。避免不计成本追求绝对安全，那样不仅会背上沉重负担，甚至可能顾此失彼。信息安全不能做到绝对，需要在资源投入与风险管控之间寻求合理的平衡。

8. 信息化风险管理五道防线

美国反欺诈财务报告委员会（The Committee of Sponsoring Organizations of the Treadway Commission，COSO）颁布的 2017 版的企业风险管理框架（Enterprise Risk Management，ERM），从风险管理责任落实角度出发，对企业风险管理三道防线（Three Lines of Defense）作了如下定义：第一道防线是指风险所有方，即业务单元或部门，或者称之为核心业务部门、企业管理的前台部门，是风险管理的第一责任机构；第二道防线是风险管理，由风险管理部门牵头的所有可以协助一线核心业务部门进行风险管控的职能部门；第三道防线是风险保证，即保证职能部门，主要指内部审计部门或聘请的外部审计。我国企业风险管理的三道防线的演进基本参考了 COSO 颁布的 ERM 所规定的三道防线之概念。

8.1 信息化风险管理五道防线总体介绍

虽然风险管理"三道防线"完全适用于信息化风险管理，但因信息化风险定义要比通常的风险定义要复杂，且管理流程和内容要多，突出表现在，一是包括决策、采购和信息安全等流程，二是风险轨迹无形且捉摸不定，但有形成机理（传导因子、传导客体），三是一道防线不仅包括信息技术的业务部门，也包括其使用部门，故"三道防线"理论对信息化风险管理来讲有局限性，需要针对性重构信息化风险管理防线。

一、一道防线 （Risk Owner）

信息化风险管理的第一道防线包括信息技术的业务部门及其用户部门。信息技术业务部门是指一个组织直接承担信息化规划预算、系统建设，运行管理、技术创新等信息技术管理与业务部门。信息技术的用户部门是指该组织应用信息系统开展工作的所有部门。

数字化时代，经营管理的流程、权限和规则等几乎都内嵌到信息系统的各个引擎、流程和环节之中，信息系统成为一个组织的神经系统中枢；离开它，就很难开展任何经营管理活动。从这个角度说，金融机构的所有部门都是信息技术的用户部门，包括信息技术的业务部门，具有双重角色，从风险管理防线设立之目的来说，这里的用户部门更多的是指一个组织的前台业务部门，乃至高度依赖信息技术的一些业务支持部门。它们与信息技术业务部门共同承担信息科技风险管理第一道防线职能。

二、一点五道防线（Risk Security）

随着信息化风险挑战日益严峻，信息安全管理日益被重视，原先融合在信息技术业务部门的信息安全职能纷纷独立出来，在风险管理部之外再增设信息安全部门，该部门并不直接从事信息化建设工作，而是独立于信息技术业务部门，统筹协调信息安全管理职能，负责信息安全、基础设施安全、资产设备安全、网络安全和数据安全等工作。如前所述，信息安全管理的本质是风险管理，但由于信息安全管理的信息技术专业特性较强，基本自成体系，且与一道防线的关系更为密切，所以不能简单地将信息安全划到通常的一道防线或者二道防线，金融机构的信息安全极端重要，故将介于一、二道防线之间的信息安全另列为一点五道防线，使其更能体现自身的工作性质。

三、二道防线（Risk Management）

2017 版的 COSO 之 ERM 对三道防线提法，变化最大的就是二道防线，认为二道防线是以风险管理部门牵头的所有支持、协助业务一道防线进行风险管理的职能部门，包括法务、合规、财务、人力、质量管理等。

风险管理部门应该牵头开展、督促风险管理及其每一个流程环节的落实，负责风险管理专业技术、工具和输出，负责一些年度重大的、需跨部门沟通协调的，以及无明确主责部门风险的管理职能。风险管理部虽然熟悉风险管理理论和工具的使用，但却不一定精通业务或信息化工作。因此，第二道防线的职能并不是都体现在风险管理部的职能上，更多的体现在一种组织、协调、支持、配合方面，帮助业务部门一起管控好信息化风险。

四、三道防线（Risk Assurance）

三道防线的职能由独立的审计部门承担，由于信息技术专业性较强，有的信息化审计项目委托外部机构开展。

五、四道防线（Risk Accountability）

信息化运营管理、采购与决策较多，可能会存在腐败、丢失、盘亏和决策浪费等风险。信息化是金融机构创新的重要载体，有创新必有失败。为此要依法依纪，按照创新容错机制和追责问责机制，对故意或疏忽导致信息化故障事件所造成损失的，或者管理决策导致腐败、浪费或损失的责任人进行追责问责，这是防范信息化风险有效的管理举措之一。因此，纪检和监察合并构成信息化风险的第四道防线。如果责任人是党员，首先要通过纪检途径，按照党纪党规加以党纪处理，再进行相应的行政处罚；如果是非党员，需要通过监察途径，进行行政处罚。只有通过问责追责，才能强化责任担当，较好地防范信息化风险、故障事件的产生。

信息化风险管理的五道防线之间的关系见图8-1。

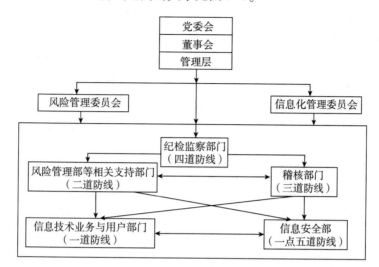

图 8-1　信息化风险管理五道防线

综上所述，前四道信息化风险管理防线的角色是交叉的，也就是说必须协力强化信息化风险管理，任何人都不能置之度外。信息化风险管理人人有责，必须树立全员意识，安全使用，合规操作、协调配合，积极防御，综合防范。

8.2　一道防线信息化风险管理

信息化风险管理第一道防线职能的共性要求是：严格执行相关法规和监管文件，严格执行金融（集团）公司既定的信息化规章制度和标准规范，严格在授权范围内依法合规操作使用，配合开展信息化风险管理，将信息安全管理规则、权限内嵌至信息系统中，定期开展信息化事件应急处置和业务连续性保障演练等，具体分述如下。

8.2.1　信息技术业务部门基本职能

一、主要职能归纳

信息技术业务部门包括信息化战略、规划、开发、测试、运维、数据中心与灾备中心运行管理、信息化创新等部门，它们共同的信息化风险防控职能归纳如下：

明确控制方法和人员行为准则，保存相关文档和记录，执行既定的信息系统代码编写安全规范，严格开发人员对源代码访问权限的管理，有效保护公司信息资产安全。

信息系统和控制系统升级、变更和数据迁移时，应制订合理的技术方案，对其影响进行充分分析，并做好系统变更前准备，充分测试，做好备份，保证信息系统及数据安全。严控后台修改信息系统数据的行为，需做到事前批准、事中监控和事后留痕。

将紧急变更在内的所有变更都应记入日志。确保生产环境的完整性和可靠性。

涉及公司核心或机密数据的信息系统，应采取必要的保密措施，确保其开发实施安全，不得使用敏感生产数据用于开发、测试环境。

生产系统、开发系统与测试系统要严格实施有效隔离。除得到管理层批准执行紧急修复任务外，禁止应用程序开发和维护人员进入生产系统，且所有的紧急修复活动都应立即进行记录和审核。将完成开发和测试环境的程序或系统配置变更应用到生产系统时，应得到信息科技部门和业务部门的联合批准，并对变更进行及时记录和定期复查。

当设备达到预期使用寿命或性能不能满足业务需求，基础软件（操作系统、数据库管理系统、中间件等）或应用软件必须升级时，应及时进行系统升级，并将该类升级活动纳入信息科技项目，接受相关的管理和控制，包括用户验收测试。

根据问题管理流程，全面追踪、分析和解决信息系统问题，并对问题进行记录、分类和索引。如需供应商提供支持服务或技术援助，应向相关人员提供所需的合同和相关信息，并将过程记录在案。对完成紧急恢复起至关重要作用的任务和指令集，应有清晰的描述和说明，并通知相关人员。

按照监管要求，对重要信息系统相关资料和重要信息进行备案，应建立覆盖信息系统全生命周期的文档管理体系，确保系统相关文档完整有效。

信息系统日志在保存期限内的内容不得删除、修改或者覆盖，以供审计部门对关键岗位、异常操作等高风险因素进行审计。

加强互联网门户网站系统安全管理工作，建立严格信息发布审批制度，严格控制网站内容发布权限，对网站系统进行安全评估，确保网站系统安全稳定运行。

对电子商务、交易系统等应用系统的建设，明确各交易环节或过程安全要求，采取必要安全技术和管理措施，保护个人信息和客户敏感商业信息，保留交易相关日志，确保交易行为安全可靠。

不断提高运行维护控制力。加强安全入侵检测监控，进行风险评估与安全扫描等方面的配合和执行，及时发现并处置安全事件。

积极创造条件，提高关键业务系统的自主研发和运行管理水平，不断增强金融机构信息化工作的安全可控能力。

上述基本职能是所有信息技术业务部门的共同责任，相关部门在信息系统开发建设、测试上线、运维管理和数据中心运行管理过程中，既要分工明确，又要密切配合，确保系统全生命周期内安全可靠运行。

二、双模 IT 下的风险管控职责

双模 IT 应用带来了新的信息化风险，对信息技术业务部门提出了新的职能要求，信息技术业务部门要正确处理敏捷研发与传统研发两种模式之间的关系。

首先，要明确敏捷研发模式的适用范围和产品筛选机制。用户数量越多、需求越复杂、市场竞争越激烈，就越能最大限度体现敏态研发的优势。因此，是否适合敏捷研发，应考虑市场用户和外部环境的需要，包括需求变化、市场迫切性、客户体验要求等；还要从业务需求本身考虑，围绕用户使用场景，分析用户需求，针对业务需求无法一次到位的情况，进一步细分用户价值、可测试和可体验等小颗粒度需求，让小批量频繁体验和交付成为可能。

其次，要建立敏捷研发模式与传统研发模式的协作方式。传统研发模式主要负责稳态系统的运营和维护；敏态研发模式主要针对的是业务个性化需求和快速发展的市场需求，以及互联网业务，一般是在原有核心业务系统上的升级或外挂。金融（集团）公司的众多产品中，有的产品前端采用敏态研发模式，同时又需要与传统研发模式的后端开发进行有效协同。两种模式在研发流程中并存，上下游间协作的流畅性就显得非常重要。这就需要双方配合，共同参与计划方案的制订，设立共同约定的开发计划，保持相互依赖任务状态的更新，参与计划执行过程中的关键活动，及时反馈双方计划变动或提示相关风险，并定期一起讨论版本，从而实现不同研发模式下的协同，确保开发顺利进行。

双模 IT 研发已成为不可逆转的趋势，传统研发应重视标准化开发和质量控制，敏捷研发应重视快速响应和技术创新，注意需求打磨和团队协同。在优化模式下，专属系统已经归属子公司，而敏捷研发模式主要也在子公司，所以这一模式更有利于敏态研发模式的实施。当然需要注意的是，如果敏态研发涉及信息中心管理的共享系统，这就特别需要跨单位、跨部门的精心协调，确保新系统、新模块或功能上线时，新老系统之间协调衔接，影响最小，实现系统平稳运行。

三、信息化项目生命周期管理

信息化风险主要集中在开发阶段产生。为提高开发质量，减少技术漏洞，需要加强对信息化项目整个生命周期的规范管理，将通用的模块标准化形成技术组件，通过规范研发流程尽可能形成流水作业，同时通过监测指标设计和平台落地，全方位监控信息化风险，保证方案的有效执行，提升研发质量和效果，见图 8-2。

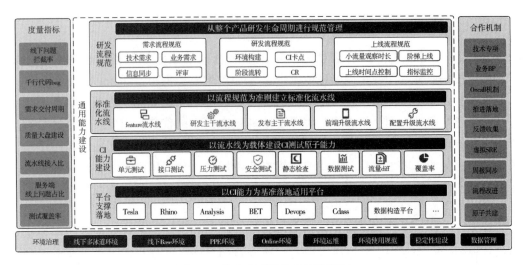

图 8-2　信息化项目生命周期管理

注：Tesla　Rhino　Analysis BET　Cdass Analysis Devops 等是业内较为常用的信息技术开发平台。

四、信息系统运维管控信息化

信息化管理优化模式下，既有集团层面，又有子公司层面的系统运维，应该按照"谁建设、谁负责，谁运行、谁负责"的原则。对涉及集团内两家及其以上单位的信息系统，要明确牵头单位（一般是信息中心），制定职责分工与协作机制，确保系统运行安全。

信息系统运维的沿革从最初的职能管理（如系统管理和网络管理）到流程管理（事件管理、问题管理、应急管理等），再到服务管理（ITIL 体系[①]）。一般而言，信息系统运维包括如下内容：

日常监控：包括机房监控、硬件监控、安全监控、系统监控、网络监控、应用监控、性能管理、拓扑管理、告警管理等。

服务和流程管理：包括服务台管理、服务请求管理、生产调度管理、事件管理、问题管理、变更与发布管理、配置与资产管理、灾备管理、容量管理、可用性管理、服务水平管理等。

自动化控制：包括虚拟化管理、服务自动化管理等。

随着信息化管理模式调整，技术更新换代，行业监管以及自主可控要求的提高，信息系统运维工作越来越繁杂，挑战也越来越大，直接影响生产系统安全稳定。传统的手工操作将逐渐被智能化运维所替代，信息系统运维和数据中心运行管理智能化、自动化是必然的趋势。

---

①　Information Technology Infrastructure Library（ITIL），将 IT 服务管理业务过程应用到 IT 管理中，即将他们的技术组织转变为内部服务提供商的角色，以保证他们提供给最终用户的应用质量。

日常监控方面。基于业务，信息技术和系统全路径、全方位的监控覆盖，一是进行全面的数据采集，通过多种协议日志进行采集，覆盖服务器硬件、存储、网络、操作系统、中间件、数据库等信息技术组件，全面掌握信息系统运行趋势，方可精确定位信息技术组件问题，同时通过业务模型分析提取有效监控指标，从业务可用性和运行质量的视角发现影响业务正常运行的系统隐患，此外还需要对具体业务从发起端到结束端进行全过程的监控，精确定位应用系统故障；二是需要对海量的原始监控数据快速进行解析和建模计算，从而形成告警信息，并及时通知到相应的运维人员；三是通过预定义规则及专家经验建立故障树等进行关联和影响性分析，确保运维人员能从大量的警告信息中，准确定位故障根源，压缩整体故障处理时间。

服务和流程管理方面。职能管理和流程管理虽然对提高信息化运行质量起到了积极的作用，但随着业务需求的变化，无法确定信息系统能否持续满足未来业务发展的要求，需要通过量化的方式更好地管理信息化服务过程，实现智能化运维目标。一是需要构建信息化服务量化管理的度量指标和模型，对信息化服务管理过程进行预测与监控，以便进行数理统计分析，及时发现原因并采取有效的纠正措施；二是应用流程化技术，对运维等服务管理的各项活动进行梳理，形成大量标准化流程，采用信息化技术实现运维作业和工作流的自动化。将统一调度、操作代理、运维知识库等运用在资产管理、应急管理、投产管理、容量管理、运维操作管理等实践中，促进管理流程的优化和持续改进。通过自动化技术在日常维护、应用发布、日常巡检、应急处置、作业调度、安全控制、故障诊断与处置等运维管理方面的应用实践，实现运维资源的合理配置，降低对专家经验的依赖，促进运维水平的提高。同时可以通过工作流引擎完成配置管理，配置变更等标准化活动。

信息系统运维优化路径依赖于智能化运维手段的应用，要实现这一目标，要根据运维智能化的需要，在系统开发时加以嵌入，配套运维组织优化，缩短管理链条，将运维流程标准化，运用新的方法和技术，有效实现运维管理的自动化和智能化。

8.2.2　信息技术用户部门基本职能

用户部门履行风险管理职能的关键是提出全面、合理、清晰的业务需求，协助将业务风险管理和信息化风险管理等嵌入系统、流程，将一些关键的控制校验手段嵌入系统，按照用户安全操作（Users' Operation）和授权机制等依法合规进行操作。

目前存在的问题是在较多系统需求分析过程中，风控及安全方面的需求一般都考虑得较为局限，导致开发完成的系统仅仅满足业务流程处理需要，不得不进行二次开发。重开发轻安全现象问题较为普遍，为此，用户部门要务必履行好以下基本职能。

1. 根据系统等级重要性，提出信息化风险控制、信息安全管理和质量管理等方面的完整要求。

2. 根据业务发展的需要，向信息技术业务部门提出开发/更新业务系统的需求，参与信息系统开发过程中的需求分析、需求确认、用户测试环节。

3. 根据业务性质和运营需要，提出业务最小中断时间要求，技术部门据此进行相关系统的容错容灾资源设计，保证在发生运营中断时能够在预定时间内恢复。

4. 作为信息系统的使用者，按照相关的安全管理要求，按照最小授权原则进行用户权限分配，在发现系统设计漏洞、功能缺陷时及时提交信息科技团队解决。

5. 严格执行用户安全操作、授权申请和注销等操作。

6. 用户部门及其员工不能擅自使用盗版软件，不能擅自在系统上开发外挂功能模块。

8.3 一点五道防线信息化风险管理

信息化工作要遵循安全性、可靠性和有效性相统一性的原则，坚持信息化战略与业务战略相融合，技术路线与科技发展方向相一致、应用系统与管理需求相适应的基本要求，处理好安全与发展、安全与建设、安全与运营的关系，保障本机构信息系统安全稳定持续运行。

8.3.1 信息安全部门基本职能

信息安全部门除了履行自身信息安全职责外，还要以独立于信息技术业务部门和用户部门的视角，提出信息安全规划、技术、工具、方法等，监督一道防线的执行情况、识别、评估、及时协调参与处置安全风险，扎实开展信息安全工作。以信息中心的信息安全部门为例，基本职能如下。

1. 贯彻落实国家和监管部门有关信息安全管理的法律法规、技术标准和相关要求。全面规划信息安全风险管理制度体系，并牵头规划制定相关制度。据统计，目前完整的信息安全管理制度体系将近 200 项，主要大类包括：一是信息安全组织管理制度，二是信息化风险管理与控制制度，三是人员安全管理制度，四是数据安全管理制度，五是资产安全管理制度，六是物理与环境安全管理制度，七是访问控制管理制度，八是网络运行维护管理制度，九是系统开发与维护管理制度，十是灾难恢复计划与应急管理方案，十一是信息安全合规性管理制度，十二是信息安全事故管理制度，十三是信息化外包服务管理制度，等等。

2. 牵头起草与集团战略规划、信息化发展战略相适应的信息安全规划与建设工作。

3. 建立有效的信息安全管理体系，包括信息系统安全保障，内部控制、评估监控机制等。

4. 制定并执行信息系统安全事件管理、处置、统计和上报等机制。

5. 提出信息安全管理条线设置、部门编制和岗位要求，组织开展全员的分类信息系统安全教育与培训。配备足够的具有专业知识和技能的信息系统安全工作人员。明确信息系统安全相关人员的角色和职责，建立必要的岗位分离和职责权限制约机制，实行最小授权，避免单一人员权限过于集中引发风险，重要岗位应设定候补员工及工作接替计划。加强岗位管理，明确上岗与离岗要求，重要岗位须签署相关岗位协议，签订保密承诺书。

6. 按照国家和监管有关信息系统安全规范、技术标准及等级保护管理要求，牵头做好信息安全等保工作，包括信息系统定级、保护、备案、测评和整改，确保不同等级的信息系统具备相应的安全防护能力。重要信息系统定级情况应当根据监管要求进行备案。同时内部也要对系统、网站等建立信息安全等级，进行定期测评和整改。

7. 牵头抓好信息安全管理体系的认证工作，应选择国家认可、监督管理部门批准的机构认证，起草与认证机构签订的安全和保密协议。

8. 针对数据采集、传输、存储、交换、备份、恢复、共享和销毁等环节，应当制定相关的数据安全管理制度和流程。采用必要的技术手段和管理措施，保证数据通信的保密性和完整性。建立能有效防范数据泄漏的技术手段，保障信息数据合法、合规使用。灾备恢复数据应做好有效性测试验证，防范灾难发生时发生数据丢失的风险。涉密信息应进行加密处理，确保涉密信息不被泄露或篡改。

9. 建立网络安全管理机制并监督执行

规范管理网络结构、安全配置、日志保存、安全控制软件升级与打补丁、口令更新、文件备份和外部连接等方面的授权批准与变更审核，保障安全策略的有效执行。

内部网络与互联网、外联单位网络等连接时，应明确网络外联种类方式，采用可靠连接策略及技术手段，实现彼此有效隔离，并对跨网络流量、网络用户行为等进行记录和定期审计，同时确保审计记录不被删除、修改或覆盖。

严格控制移动式设备接入、无线接入和远程接入等网络接入行为，明确接入方式、访问控制等措施要求，形成网络接入日志并定期审计，确保未经审查通过的设备无法接入。

基础网络应满足高性能、高可用性、高安全性、可扩展性等建设要求，能为信息系统提供安全、稳定、高效运行的网络环境，建立互为备份的通信线路，互为备份的通信线路不得经过同一路由节点。

10. 按照相关规定，稳步推进自主管控和国产化。规范软硬件设备和基础设施的选型、购置、登记、保养、维修、报废等管理标准和流程，规范化管理信息系统相关硬件设备。信息化建设过程中应当优先采购安全可控的硬件设备和软件产品，稳步推进资产设备自主研发的国产方案，寻求国内成熟可替代产品，同时加密算法、安全协议等标准也应选择国内自主产权方案。严格按照国家金融领域密码应用工作规范和实施要求，逐步实现国产密码在电子单证、票据和相关领域的全面应用。

11. 建立和完善分类应急管理体系，应与通信、电力、消防等政府或企事业单位、基础保障部门以及业务系统、基础设备等服务厂商建立应急协同机制。针对重大安全突发事件，重大自然灾害、恶意破坏等情况，制定完整的应急预案。明确应急响应启动程序、处理流程、上报要求、预警机制等，处理完毕，要及时编制安全事件报告，按规定逐级上报，乃至监管机构。

12. 针对信息化规划、建设的整个过程的各层面，系统测试、运维和退出的全生命周期安全管理环节，制定信息系统全生命周期的信息安全管理节点和要件，检查、敦促信息技术业务部门检查将信息技术标准、操作规范、安全规则等嵌入信息系统全生命周期管理过程中。

13. 切实提高软件正版化意识和自主产权保护意识，禁止复制、传播或者使用非授权软件，采取有效措施保护自主知识产权信息化建设成果。对本机构具有自主知识产权的信息产品，应当采取有效措施加以保护。

14. 根据计算机终端、移动终端等安全管理制度，分类对计算机终端的安全提出要求，规范终端网络准入、安全策略、软件安装卸载等管理。

15. 根据软硬件和数据资源等信息化资产管理制度，建立资产台账，编制资产清单，规范资产分配、使用、存储、维护和销毁等行为，定期组织资产盘点并保留盘点记录。规范化管理信息系统相关硬件设备，规范设备选型、购置、登记、保养、维修、报废等相关流程，实时动态监控设备运行状态，定期进行巡检、维护和保养并保留相关记录。

16. 根据介质分类管理制度，介质存储内容与重要性，明确存储介质类型、存放技术指标、保存期限等，并定期检查介质中存储的信息是否完整可用。重要备份介质应异地存放。介质送出维修或者销毁时，应保证介质信息预先得到审查并妥善处理。对于存储客户隐私等涉密信息的存储介质，应当严格依据国家法律法规及监管要求保存与销毁。

17. 应当主动跟踪、研究和应用新兴信息技术，在推进业务创新的同时，提高信息安全防护能力，防范和控制新技术应用带来的新风险。

18. 按照下列要求建立健全信息系统备份及灾难恢复、防病毒、密码管理、入侵检测、审计等安全管理机制：一是根据数据及系统的重要性，明确备份与灾难恢复策略；二是加强密码设备及使用人员管理，使用符合国家标准和加密要求的技术和产品；三是根据恶意代码防范机制，部署防恶意代码软件，对防恶意代码软件的授权使用、恶意代码库升级、定期汇报等做出明确规定，采取管理与技术措施，确保具备主动发现和有效阻止恶意代码传播的能力。

19. 督促相关部门加强对门户网站、社交网络公众账号等互联网应用系统的管理：一是根据国家有关规定备案；二是建立网站信息发布审批制度，严格控制网站内容发布权限；三是加强技术保障和运行监控，保障网络交易安全和交易记录可追溯。

20. 针对信息安全的各层面、各环节，结合各部门和岗位职责，建立职责明确的授权机制、审批流程以及完备有效、相互制衡的内部控制体系，定期或根据工作需要及时进行检查、评估、审计、改进、监控等工作机制。根据安全风险态势进行评估分析和整改完善。

21. 根据设备功能及软件应用等性质，设立物理安全保护区域，采取必要的预防、检测和恢复控制措施。重要保护区域前应设置交付或过渡区域，重要设备或主要部件应进行固定并设置明显的标记。

22. 根据业务、应用系统的功能及信息安全级别，将网络与信息系统划分成不同的逻辑安全区域，在网络各区域之间以及网络边界建立访问控制措施，部署监控手段，控制数据流向安全。

23. 对信息系统安全事件进行分类、等级划分，直接损失和间接损失统计，为建立故障事件库、损失数据库打下基础。

24. 加强信息系统病毒防护工作，集中进行防病毒产品的选型测试和部署实施，及时更新防病毒软件和病毒代码，发现病毒或异常情况必须及时处理。

25. 加强信息系统平台软件安全管理，确保配置标准落实。对入侵行为、恶意代码、病毒等风险即进行防范部署，严格控制信息系统身份访问、资源访问。监控主机系统的资源使用情况，并在服务水平降低到设定阈值时发出报警。

26. 借助内外部工具平台，组织开展技术漏洞检测及其预防处置。开展信息安全周，普及和提高全员信息安全意识。组织发动员工，定期开展漏洞检测和相互攻防检测，查找潜在的信息化风险和技术漏洞。对发现的问题，判断漏洞性质，要按照既定制度，分轻重缓急，必须保质保量，及时加以修复。

27. 制定信息系统灾备建设管理细则，包括灾备演练的组织、灾难恢复管理，应急响应与处置等。根据既定制度规定，每年应组织开展灾备演练、应急演练等，以验证灾难发生时灾备体系的有效性，针对演练中暴露出的风险隐患进行整改。

28. 架构规划安全要以战略规划为出发点，以需求管理为核心，对业务架构、系统架构、技术架构等方面的安全性提出具体要求，并加以监督执行。

29. 全面落实数据中心运行管理的各项安全工作

严格执行各项规章制度，包括机房管理、运行管理、设备管理、数据管理和应急管理等制度、规范或指南，并严格执行。

要设置专门安全管理机构、岗位，对人员安全、物理环境安全、设备资产安全、操作安全、运行维护安全、链路安全、网络安全、应用安全等进行监控和管理。

对基础设施安全防护和保障应当按功能区域划分安全控制级别，不同级别区域采用独立的出入控制设备并集中监控。应当对基础设施设备、机房环境状况、安全防护系统状况实行 7×24 小时实时监测。应深入应用自动控制、虚拟化管理等新技术，提高监控水平和效率。

根据设备功能及软件应用等性质设立物理安全保护区域，采取必要的预防、检测和恢复控制措施。重要保护区域前应设置交付或过渡区域，重要设备或主要部件应进行固定并设置明显的标记。

应对本地或异地灾备备份恢复体系进行持续完善，逐步实现更高安全水平的信息系统安全运行模式，重要信息系统上线运行后五年内应建立符合监管标准的灾难备份体系，提高防灾减灾能力，保障业务连续性。

30. 实时动态监控设备运行状态，定期进行巡检、维护和保养并保留相关记录。

31. 加强灾难备份，进行核心数据的同城镜像和异地灾备。此外还需要对业务处理系统进行切换演练，对可能面对的不同冲击进行情景分析和压力测试，降低突发事件威胁，提高应急处理能力。

优化模式下，信息中心要全面推进信息安全管理的标准化、规范化和共享化。子公司应按照集团信息科技部和信息中心的工作布置，责成相应部门比照上述职能开展信息安全工作。

上述一点五道防线的基本职能说明信息安全工作内容较多，信息安全部门责任不可谓不小。要管理到位，必须配备足够的人力资源，以检查、督促系统内机构、部门和岗位严格执行信息安全、风险管理法规监管文件、标准规范和制度流程，全面提升信息安全管理水平。

8.3.2　信息安全管理信息化

信息安全管理的信息化，需要建立信息安全基本配置标准与指标体系监控机制，搭建集中的信息安全管理平台，实现态势感知、入侵监测、漏洞/病毒检测、异常操作监测等功能，保障信息技术环境的安全可靠。

一、信息安全管理平台

信息安全管理平台的内容较为广泛，需要整体规划建设。以较为重要的信息系统开发运营之安全管理平台为例，横向需要涵盖系统建设全生命周期，纵向包括体系落地、技术落地、安全运营、员工赋能等内容，见图8-3。

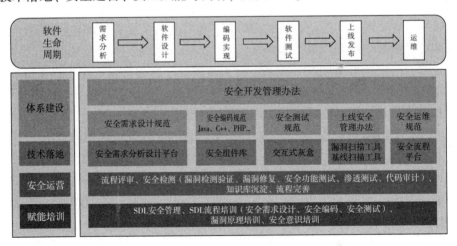

图8-3　信息安全管理平台

二、人工智能安全运营防御体系

随着技术的发展，人工智能思想、技术、方法等理论在信息安全领域也得到越来越广泛的探索应用，在早期检测、预测分析、主动防护、加密、数码保护和认证、多因素身份认证等策略配置方面发挥的作用越来越大。借助人工智能技术等，构建智能化的运行安全防御体系初见雏形，见图8-4。

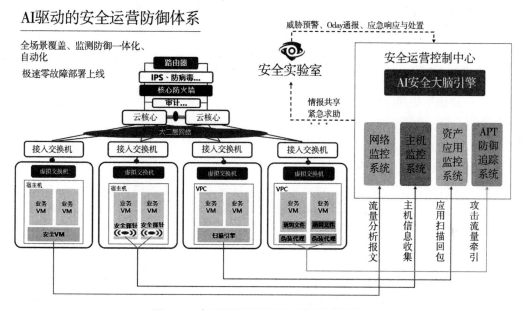

图8-4　人工职能驱动的安全运营防御体系

注：VPC（Virtual Private Cloud）指用户可以自定义虚拟专用网络，VM（Virtual Machine）虚拟机。

上图说明信息安全运营防御体系由四个子系统构成：网络监控系统获取网络流量分析报文等信息，进行流量大数据分析，实施对内/对外的攻击检测、违法/敏感信息检测、违规行为检测、关键日志分析等；主机监控系统收集主机信息，基于基线与漏洞扫描引擎，实现恶意软件检测、异常操作识别、网络威胁识别、基线合规检测等功能。资产应用监控系统获取IT资产动态信息，实现虚拟化安全监控目的。APT防御追踪系统通过对内网入侵检测、病毒及木马扩散感知，外网的威胁情报搜集，黑、灰产情报[①]搜集等实现威胁定位和感知。上述子系统进行集成后，通过大数据分析建模，形成威胁量化引擎、安全决策引擎和安全能力进化引擎，形成自动化的安全检测机制。

8.4　二道防线信息化风险管理

根据信息化风险管理二道防线的定义，对风险管理合规部的信息化风险管理职能和该防线的信息化建设简述如下。

---

①　网络黑灰产，指的是电信诈骗、钓鱼网站、木马病毒、黑客勒索等利用网络开展违法犯罪活动的行为。稍有不同的是，"黑产"指的是直接触犯国家法律的网络犯罪，"灰产"则是游走在法律边缘，往往为"黑产"提供辅助的争议行为。

8.4.1 风险管理合规部门基本职能

以信息中心的风险管理部门为例，对其基本职能作一介绍。

1. 审查公司重要的信息化管理规章制度是否遵循国家相关法律法规和监管规定。

2. 根据集团发展战略、信息化发展战略、风险管理政策，以及整体信息化风险承受能力等因素，制定信息化风险管理政策、风险偏好体系与策略，关键风险指标体系及其限额等。

3. 按照信息化风险管理流程闭环，开展信息化风险识别、专项排查、风险评估、剩余风险处置、预警防控、应急处置、分析改进等工作。

4. 在业务连续性管理制度下，制订灾难恢复计划，包括应急响应机制和应急处置预案，定期开展信息化风险管理方面的识别、评估、预防、处置和演练等。要从制度上保证万一信息系统发生故障、运行中断时，紧急处置的行动路线得到有效执行，确保信息系统和相关业务都能始终不间断运营（按规定停运除外），或者将信息化故障对信息系统不间断运行和业务连续性运营的影响降至最低，不断提高信息系统安全运行能力。

5. 按照全面风险管理体系的要求，建立风险管理信息系统，推进信息化风险管理四道防线及其信息化风险的信息化管控。

6. 积极参与信息安全、网络安全、数据安全等制度的制定和审核工作。

7. 信息化风险管理也是信息化服务共享的内容之一，风险管理与合规部要指导、协调和监督各子公司、职能部门开展信息化风险管理与合规的制度化、标准化、规范化，并在集团内共享。

8. 监督第一道防线，将信息化风险管理、信息安全的各项要求尽可能嵌入信息化业务各流程与运营管理环节。

9. 建立信息化故障事件库、风险损失数据库和信息化风险管理模型。

10. 建立信息化风险监控机制，做好风险的预防、控制等工作，确保在安全的阈值区间内开展业务。

11. 组织推动全员信息化风险文化建设，组织或者参与实施信息化风险管理与合规考核和问责。

12. 制定信息化风险内部控制制度，完善内部控制技术，确定信息化相关工作与信息系统应用中不同岗位在风险管理中的分工与责任，包括不同系统在物理上和技术上的隔离，规范业务操作流程，确定并执行严格的权限范围，建立业务流程之间相互平衡的制约机制。

13. 建立并实施信息化风险管理对内（内部报告）对上（向集团报告）和对外（监管部门）报告制度等。

14. 建立信息安全与风险管理合规的共享沟通机制，提升信息化风险管理合规和信息安全的协同效应。

15. 制定新技术引入应用的风险管理制度。

8.4.2　信息化风险管理信息化

信息化风险管理与信息安全管理的信息化工作。目前部分已经较为成熟，部分尚在探索之中。

一、风险管理信息系统

金融集团都建立了完善的风险管理系统。原保监会发布的"偿二代" 11 号规则《偿付能力风险管理要求与评估》内容之一是检验各保险（集团）公司的风险管理系统建设与使用情况，其中包括：一是评估风险管理信息系统与业务、财务等相关系统对接，实现风险管理相关数据的采集、加工，关键风险指标的计算、存储、查询和导出；二是以关键风险指标为基础，对保险风险、市场风险、信用风险、操作风险、战略风险、声誉风险和流动性风险等风险状况进行列示、分析和预警；三是支持在系统中进行压力测试；四是风险管理报表与报告在系统中自动生成和传递，并留档备查；五是风险管理信息在各级分支机构、各职能部门之间的汇总和共享，并能够按照不同访问权限区分风险信息列示的内容。根据以上要求，可以清晰地识别出"偿二代"信息化对数据处理的依赖，无论是信息的共享，指标的计算，还是压力测试等，无不需要数据的准确性，信息系统的数据处理能力和数据传送能力等。"偿二代"下保险集团风险管理系统样例见图 8-5。

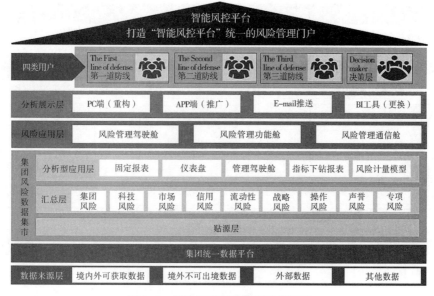

图 8-5　保险集团风险管理信息系统

图 8-5 描述了保险（集团）公司风控平台的主要架构层级，自下而上为数据层（包括来源层、平台层、集市层）、应用层、演示层，这些架构层级均是为了服务于三道防线（信息安全合并在第二道防线内）及管理层。

与用户使用直接相关的应用层又可以展开为功能舱、通信舱和驾驶舱。其中细化的功能模块如图 8-6 所示。

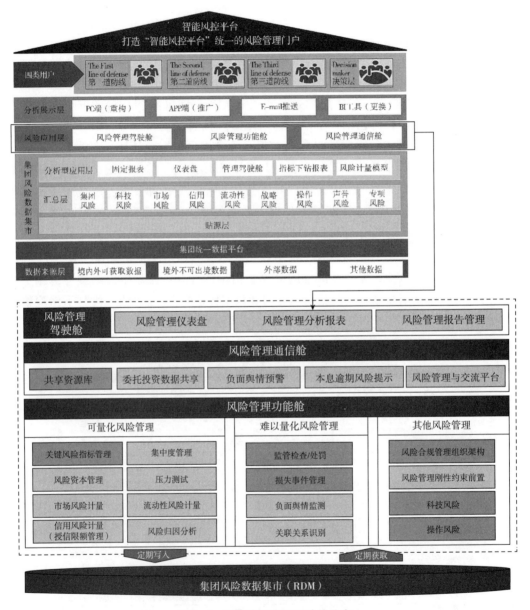

图 8-6　风险管理应用层功能分布

二、信息化风险防控信息化

信息化风险管理要率先示范建设信息化风险管理系统，并与风险管理信息系统对接，以实现信息化风险识别、评估、监测和流程的自动化，并可以和操作风险管理系统对接，成为全面风险管理体系中的一环，可提高信息化风险管理的效率，以一家大型商业银行为例，信息化风险管理系统如图8-7所示。

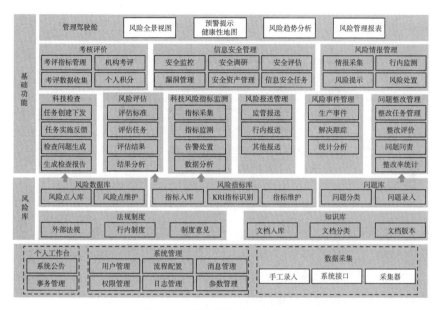

图8-7 信息化风险管理视图

信息化风险管理模块通过与生产系统接口获取指标数据、人工输入基础参数信息（包括信息技术风险分类、信息技术制度、信息技术风险评估模板、用户权限等信息）等，定期执行风险评估并输出风险评估报告，见图8-8。

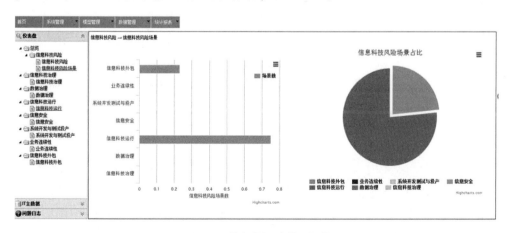

图8-8 信息化风险管理评估

通过查看图 8-8 中信息系统运行风险场景的分析数据，可以分析和查看导致信息化风险发生的因素，如导致服务下降的网络延迟和信息丢包，或导致服务中断的介质空间不足、网络中断等，以便进一步针对性解决问题，降低信息系统运行风险，如图8-9 所示。

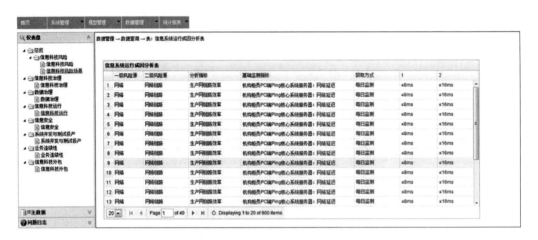

图 8-9　信息化风险成因分析示意图

通过成因和相关数据定期分析统计，了解在不同场景下导致信息技术及其运行风险的因素，以便对解决风险因素所需资源进行合理配置。针对图 8-10 所反映的信息系统运行存在的风险及其暴露价值（Value@ Risk）大小，主管部门要相应配置资源，及时组织投入解决问题，加强风险管控。

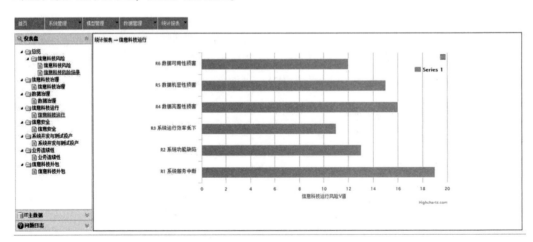

图 8-10　信息化风险暴露值（V）

全面风险管理平台在大多数金融机构都得到了较广的应用，但信息化风险管理模块还处于起步阶段。在优化管理模式下，统一的信息化风险管理模块能够为集团和子公司提供统一的信息化风险视图，定制化的风险缓释建议等。

通过信息化风险管理系统和监控平台，加强数字化风险侦测预警，利用大数据、人工智能技术对数字化风险信息进行分析和洞察，提前预警数字化风险。同时应建立信息化风险共享机制，强化联防联处协同，在集团内形成统一高效的风险报告、信息共享、风险处置体系。

8.4.3 信息化风险管理智能感知模型

随着信息化的深度应用，半自动半手工的信息化风险管理模块将逐渐无法满足信息化风险瞬息万变的要求，为此应根据事前预防和事中监测情况，建立自适应的信息化风险智能感知模型，持续监控和分析信息化风险。

自适应风险职能感知模型是一个预测、防止、检测和响应的循环体系，见图8-11。

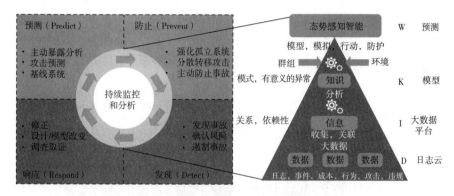

图 8-11 信息化风险态势感知模型

自适应风险框架的最底层，需要搜集大量的数据，包括系统日志、事件信息、行为数据、历史违规信息、内外部攻击信息等，通过大数据平台对这些数据进行关联性分析，形成信息技术各流程和活动的一般模式，当新的行为数据输入时，如果与一般模式有差异，系统将进行预警提示，发现并确认风险，然后进行调查取证、对模型进行修正，解决风险事件，将相关信息更新输入模型后，更新基线并进行持续监控和分析。

图8-12是一个典型的自适应风险框架建模流程，通过对机构基础信息、人事记录、交易记录、终端日志、应用日志等各类基础数据的关联性分析，建立基础评价指标和风险基线，根据不同岗位等建立行为模型和风险画像，完成事前分析，事中监控和事后分析的功能。

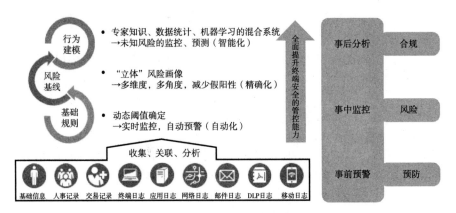

图 8-12　自适应风险框架建模流程

　　自适应风险模型的设计，需要明确监测的风险场景，梳理这些风险场景涉及的系统、流程、表单、人员及其存储在系统中的各类信息，通过持续分析形成风险画像，进行智能核查和校验，见图 8-13。

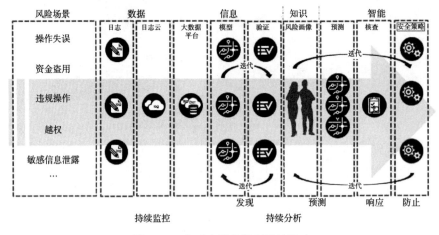

图 8-13　自适应风险模型设计思路

　　以敏感信息泄露为例，如果采用人工核查，需要遍历海量数据，并从海量数据中挖掘出异常行为，工作量极大且非常低效。如果利用系统固有规则引擎识别，由于规则固定，可能出现误报情况，需要不断调整引擎，如果使用机器学习，由于历史负样本不够，可能无法有效训练机器模型。而建立自适应风险模型，可以梳理同类型岗位的因子体系，建立员工风险画像，见图 8-14。

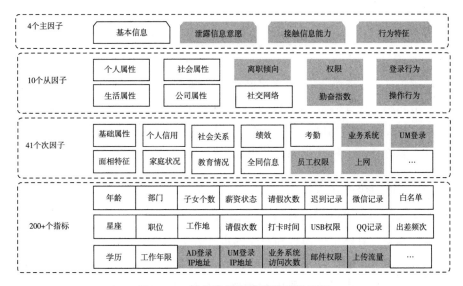

图 8-14　敏感数据泄露模型风险因子

建立风险画像后，通过无监督学习进行模型闭环训练，可以在员工进行违规操作时，发现其异常行为模式，准确定位，见图 8-15。

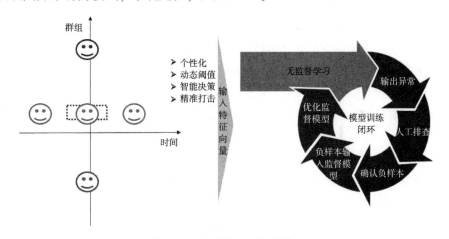

图 8-15　风险管理无监督学习

高效准确的模型极大地降低了人工排查的成本。清晰的风险因子画像、高效的核查团队，以及对业务的深刻理解是智能感知模型成功应用的基础。

优化模式下，金融集团在信息数据、信息化风险管理等信息化服务共享方面有较大的优势，为信息技术风险感知和监测提供了条件。

上述三道防线之间的基本职能可能是重合交叉的，尤其是一道防线和一点五道防线之间，一点五道防线和二道防线之间。这是信息化风险管理事前预防和事中控制最为重要的三道防线。要根据三道防线的部门性质，对具体的信息化风险管理必须明确牵头部门，相关部门协同配合，齐心协力做好信息化风险管理工作。

8.5　三道防线信息化风险管理

金融集团为了真实掌握下属子公司经营管理的实际情况，目前都将第三道防线的审计部门集中起来，成立独立的稽核中心，集团内信息科技审计也因此集中，由其负责信息化审计制度的制订和信息系统风险评估与审计，子公司不再设有审计部门。审计部门的基本职能与其他防线职能交叉很少。

一、审计部门基本职能

根据业务的性质、规模、信息科技应用和复杂程度等情况，制定、实施信息化审计计划、审计种类、具体审计项目和对应的审计方法。

按照监管部门、集团年度审计计划和子公司总部的要求，开展信息化全面审计或专项审计。决定信息化内部审计范围和频率。如至少每年对信息安全控制策略和措施及落实情况进行检查，至少每两年开展一次信息化风险评估与审计等。

出立信息科技风险评估审计报告给委托方，并报送集团信息化委员会、信息化风险管理委员会、总经理室和董事会。要定期撰写信息化风险分析报告，供集团信息化风险治理与管理成员参阅。

对审计发现的问题，敦促相关单位整改到位。

公司在符合国家有关法律、法规和监管要求的情况下，可聘请具备相应资质的外部机构进行外部审计和风险评估。在实施外部审计前应与外部审计机构进行充分沟通，详细确定审计范围，应确保外部审计机构能够对硬件、软件、文档和数据进行检查，以发现可能存在的信息化风险。国家法规及监管部门等规范性文件规定的重要商业、技术保密信息等不应委托外部审计。

妥善管理并及时分析处理审计记录。对重要用户行为、异常操作和重要系统命令的使用等应进行重点审计。

信息系统审计的主要目标是评价信息系统、技术和项目等能否匹配指定的经营管理需求程度，信息系统内部控制的充分性和资产的安全性，发现可能存在的信息化风险；确保系统运行的稳定性、设备资产的安全性、数据资源的真实性、内部控制的充分性、风控合规的全面性、客户信息的保密性、交易行为的不可否认性、关键信息系统应急程序和灾难恢复计划的有效性等，实现信息化工作整体安全平稳有序。所以信息化审计的本质也是评价信息化风险管理与合规的一部分，包括对信息系统潜在风险的识别、分析、评估和整改等出具独立的意见并对整改效果进行跟踪评价。

目前，稽核团队成员大多是由财务审计背景转行而来。信息化内含较多的专业技术和前沿技术，所带来的风险是十分复杂的专业难题，稽核中心要根据具体信息化审计内容，可以外请咨询公司、会计师事务所等机构，专门从事信息化审计。在委托外部审计机构进行审计时，应与其签订保密协议，并督促其严格遵守法律法规，保守商业秘密和信息科技相关信息，防止其擅自对审计所需任何文件进行修改、复制或带离现场。

二、信息化审计的主要种类

信息化审计分类较多，主要有全面审计和专项审计，现场审计和非现场审计，外部审计和内部审计，按照审计目的还可分为真实性审计、安全性审计和绩效审计。实际工作运用的主要是全面审计和专项设计，全面审计就是对信息化运行管理全方位审计，专项审计有很多分类，常见分类见表8-1。

表8-1　信息化专项审计分类

大类	审计项目种类	实施频率
信息化管理方面	信息化治理	三年一次
	信息化战略规划	三年一次
	运行与管理流程	三年一次
	项目管理与绩效等	两年一次
系统运行方面	一般控制	两年一次
	应用控制	一年一次
	开发测试上线流程	两年一次
	系统运行	两年一次
	数据中心	两年一次
	生产系统等	一年一次
专项领域	外包与采购	两年一次
	互联网	一年一次
	技术平台等	一年一次
信息化风险管理	信息安全	一年一次
	网络安全	一年一次
	业务连续性管理	一年一次
	灾难恢复计划	两年一次
	应急启动与处置方案等	两年一次

以业务连续性管理审计为例，审计部门应当每年开展这方面的审计，以及相关系统连续性运行计划（灾难恢复计划）审计，每三年至少开展一次全面审计，发生大范围业务运营中断事件后应当及时开展专项审计，并向董事会提交业务连续性管理的审计报告。

表8-1中的实施频率仅供参考，金融集团可根据信息化实际情况和风险管理需要来具体确定。

三、第三道防线信息化

信息化审计的信息化可以极大地提高信息化审计的效率和质量，为此第三道防线要创新信息化审计的工具和方法，建立信息化审计的管理系统和审计系统。以银行机构的结算系统为例，要实现通过审计系统对结算业务进行审计，审计人员就应参与系统的立项、需求分析、设计开发和上线验收等工作。在系统中，应设置审计接口，记录审计轨迹，由计算机自动记录审计线索，对于修改与删除的操作，应参照会计的红字更正法，在系统中留下可追溯的记录。在对系统进行验收的过程中，除评价系统是否达到了设计目标，是否满足需求外，还需强调系统的可审计性，使系统投产后就有相应的审计系统投产运行。

应借鉴国际通用的审计软件，如 COBIT 本身就是信息化审计的一个行之有效的方法论，开发一套有金融机构自身特色的信息化审计系统。通过对数据的采集、比对、分析，对关键审计点的跟踪、监控、反馈，保障生产系统健康、安全地运行，同时分析系统中汇集的大量审计案例，强化已有的控制点，针对发现的风险部署新的控制点，这样既可进一步改进生产系统的运行状况，又可进一步完善审计系统自身功能，促进生产系统与审计系统应用水平的共同提高。

8.6 五道防线存在的问题与改进对策

当前，金融机构信息化风险管理五道防线存在的主要问题在前四道，具体分析如下：

全员信息化风险管理意识淡薄。一道防线对信息系统日常运行、技术创新所致的风险不甚重视。一点五道防线自认为是信息安全的技术部门，自身风险管理的工作性质不甚清楚，全流程的信息安全管理偏弱。二道防线往往被认为只有风险管理部门，其他支持部门的信息化风险管理意识和职能较为淡化。三道防线重事后发现问题，轻问题源头分析与后续审计。很多金融机构将风险管理工作和风险管理部门等同起来，一谈起信息化风险管理，认为这是风险管理部门的职责。

一道防线风险管理职能弱化。信息化风险的源头在一道防线，所以研发阶段、运维阶段的信息化风险管理的长效机制和工具是最为有效的，但因缺少相应的编制岗位，目前普遍存在重建设、轻风险管理、轻安全的现象。

一点五道防线技术力量不强。信息安全部的设立时间大多不长，有的金融机构至今没有设立。基于目前面临的信息安全情势，相较于其他防线，信息安全部门的风险管理职责最多，但是合格的各类信息安全风险管理专业技术人员偏少、专业技术不强、信息安全事件研判能力有限，信息安全的抗攻击、防渗透能力较弱，很难抵御有组织，有预谋的技术攻击。如果没有信息安全部门或信息安全职能合并在信息技术业务部门，则该防线就会形同虚设，作用就会弱化。

信息化风险管理复合型人才缺乏。一点五道防线和二道防线的专业团队大多没有风险管理或信息技术的背景，让其从事或牵头信息化风险管理，有点勉为其难。稽核部门专业团队大多财务审计背景，而信息化审计包括信息化治理、外包、信息安全、灾难恢复计划等近二十种，如此开展信息化审计，有点盲人摸象了，只能依托外部机构开展信息化审计。

信息化风险管理投入不足。一是前四道防线的信息化风控编制或岗位不足；二是单独的信息化风险管理（信息安全）规划缺失，与信息安全"三同步"管理要求差距较大，信息化风险管理、信息安全管理的信息化建设滞后于信息化建设的步伐；三是信息安全设备与技术工具捉襟见肘，这些几乎是金融机构的普遍现象。

第三道防线作用尚未充分发挥。金融机构的稽核部门大多侧重于信息化审计，专项后续审计审计少，整改是否到位似乎与己无关。对信息化风险管理的作用不甚明显。金融集团大多成立独立的稽核中心，子公司的信息化审计由其负责，第三道防线没有全面融入子公司的信息化风险管理，尚未充分发挥其应有的作用。

协同效应有待提高。信息化风险管理与合规部和信息安全部门往往分属不同分管领导，一点五道防线与二道防线沟通协调几乎零搭界，各自开展工作，一加一大于二的效果不太明显。作为第三道防线的稽核中心一般只是有偿负责信息化审计项目，没有参与子公司信息化风险管理，第三道防线形同虚设。

监督制约缺失。麦肯锡的一项报告显示，金融机构信息化投入和采购决策存在浪费现象，信息化创新最终受益的主要是消费者，自身受益不大，却消耗了部分利润等现象，这不是创新的初衷。金融机构投入资金用于开展数字化探索，通过合作和购买服务进行转型，多大程度上能够提升效率和效益有待考量。统计分析研究发现，知识和技术转化为生产力并非想象中那么有效，产生了决策浪费，乃至腐败等问题。这说明信息化管理决策、绩效考核还是存在一些问题的，第三和第四道防线中的合规和监察在信息化过程中的监督制约作用没有充分发挥。

上述问题的根源性原因分析如下：一是较于银行证券，我国保险机构资本实力和盈利能力较弱，中小保险公司股东实力更弱；保险行业寡头垄断局面趋势在增强，竞争压力在加大，经营利润在趋薄；中小保险机构长期处于亏损状态或挣扎在盈亏平衡的边缘，信息化投入成了无米之炊。二是董事会和管理层不甚重视，信息化风险管理说起来重视，做起来轻视，忙起来忽视，如果没有信息安全部门设置，信息安全处于边缘地带的现象较为突出。三是信息化风险管理防线的协同机制不健全。四是金融机构以总体风险管理政策来管理信息化风险不甚合理，会导致信息技术创新瞻前顾后，动力不足。五是各道防线复合型的信息化风险管理人才及其培养机制缺乏。

针对上述问题和原因分析，金融机构信息化风险管理五道防线建设还要采取如下举措。

第一，改善金融机构生存环境。监管部门要提高金融机构及其股东准入门槛，尤其是保险公司、中小银行和村镇银行的准入门槛，强化偿付能力、资本充足率的监管，确保金融机构有足够的资本实力。对准公共产品，如惠民保、大病医疗、重疾险、车险等保险产品要比照银行采用基准利率方式，以近三年精算定价的平均价为基准费率，在规定的幅度内上下浮动，或者只能上浮的规定，避免低价竞争，保证微利或不亏损即可，毕竟服务和管理都是要成本的。保险机构有足够的资本和一定的盈余，用以投入扩大再生产，强化五道防线的建设，提升信息化风险管理水平，实现可持续发展。

第二，加强顶层重视与设计。董事会与管理层要充分重视信息化风险管理和信息安全管理的重要性。主要做好四个方面的工作：一是制定信息化风险管理（信息安全管理）规划，全面落实"三同步"；二是在确定信息化投入占比业务收入的同时，也要制定信息安全投入在信息化投入中的占比，提升信息安全技术、设备和基础设施等方面的投入；三是健全信息化风险管理五道防线，特别是加强信息安全、信息化风险管理和审计等方面的人才配备；四是应制定信息化风险管理的绩效考核办法和追责问责机制。

第三，建立健全防线协同管理机制。一是建立前四道防线的协调机制，尤其是一点五与二道防线之间的协调沟通机制，进一步明确分工与协同，明确风险管理部负责整体的信息化风险管理，信息安全部门需要在风险管理与合规部的统筹下，专门负责信息安全工作。金融集团如将信息化审计交给稽核中心负责，应建立稽核中心全面融入子公司信息化风险管理的工作机制。确保信息化风险管理一盘棋，将信息化风险管理、信息安全管理的需求贯穿于整个信息系统的全生命周期。从以被动的响应防御，特征检测转向以攻防并重的主动防御、行为分析和情报驱动的集体协同防御。二是完善集中采购管理规定，采购过程要有合规和监察岗位介入审核和监督，取消信息化集中采购的最低价中标机制，应该按照技术软件和服务能力的性价比确定中标对象。

第四，加强复合型人才的培养。制订信息化风险管理各道防线相关岗位的复合型人才培养目标与计划，以满足信息化建设与风险管理的需要。要鼓励相关人员参加信息安全管理、审计等相关资格考试与认证。通过自上而下的安全意识教育、培训和宣贯，通过同业安全事件及监管处罚案例分析，通过网络钓鱼、社交工程等专业培训，全面提高包括管理层在内的全员信息化风险管理意识、信息安全管理的专业能力。

第五，制定合理的信息化风险管理基本政策。7.4.2节已有阐述。

信息化风险的定义和五道防线职能及其内涵充分说明，信息化风险管理人人有责，金融机构必须树牢全员信息化风险管理责任意识；建立安全使用，合规操作、协调配合，积极防御，综合防范的工作机制，全面筑牢信息化风险管理五道防线，建立既分工明确又相互合作的协同机制，提升信息化风险管理能力，降低信息化故障发生概率，及时准确处置信息化事件，确保业务运营不中断，对防范化解重大金融风险具有重要意义。

9. 信息化风险管理相关专题研究

根据信息化风险管理流程、工作内容、组织架构、业务经营、前中后台、设施地点等，在具体实践中，金融机构形成了一些相对独立、自成体系的信息化风险管理专题。

9.1 业务连续性管理的重要内容

"经济是肌体，金融是血脉"，"肌体"或许可以短暂休息、暂停运动，"血脉"的流动和运转却一刻也不能中断，因而金融行业业务连续性管理十分重要。

9.1.1 业务连续性管理基本概念

业务连续性管理（Business Continuity Management，BCM）是指金融机构为保护客户、员工利益不因产品、服务等营业中断而进行韧性、连续性、危机响应等相关举措的管理流程。金融机构通过业务连续性管理识别潜在的危机和风险，并根据自身业务发展特点，制定风险应对策略、应急响应、业务连续性计划等，以降低因为非计划的灾难性事件而造成的损失和影响。

银行业是现代经济社会的血液，保险业则是稳定器。普惠性、政策性金融产品等是国计民生、公众利益的重要保障。随着金融科技的发展，金融业对信息化的依赖程度越来越高，也与相关第三方供应链（如电力、电信网络）高度关联，信息技术自身漏洞与不完善性，来自内外部的故意和非故意的错误操作与攻击以及相关灾害或事故等，再加上恐怖袭击、流行性疫情、气候变化等非传统安全风险因素，相比于以往，金融机构业务连续性面临更为严峻的挑战。

2001 年，"9·11"事件发生之后，美国金融监管机构与金融机构讨论后共同认为金融市场业务连续性有二个最为重要的目标：一是当发生大范围业务中断时，一个或更多重要运营地点无法进入或职员伤亡后，关键业务职能能够快速恢复并及时重新开始；二是通过持续和有效的测试，来确保金融机构内外部业务连续性安排是高置信度有效和合适的。

关键业务职能或服务指的是某职能或服务的中断会对当事方和关联方乃至金融体系持续运作产生实质性影响。不同金融（集团）公司关键业务职能或服务大同小异，数据中心绝对是金融机构关键的业务职能，以保险业为例，关键业务职能或服务还包括网上营业厅、承保理赔和电话中心等。

根据美国联邦金融机构检查委员会 2019 年 11 月发布的《业务连续性管理手册》，金融机构的业务连续性管理流程应包括设定目标、风险分析、构建业务连续性计划、培训与测试、演练，以及检测与更新等管理环节，环环相扣确保实现业务连续性管理之目标。该手册完全适用于所有金融机构。业务连续性管理主要流程及其内容介绍如下：

第一，将业务连续性管理的各个要素与机构发展战略目标有机结合，制定业务连续性管理的目标、措施。

第二，通过业务影响分析（Business Impact Analysis）来确定关键业务职能（Critical Functions）和服务，分析与其他机构和企业的关联性，并评估影响。

第三，通过流程梳理等方式来识别确定风险，评估不同风险造成业务中断的可能性和潜在影响。

第四，构建有效的业务连续性策略（Business Continuity Strategy）来确保业务韧性和恢复目标的实现。

第五，在分析和研判的基础上，基于业务连续性策略，制订完备的业务连续性计划（Business Continuity Plan），其中包括事件响应（Incident Response）、灾害恢复（Disaster Recovery）以及危机管理（Crisis/Emergency Management）等。

第六，针对员工和其他利益相关方进行业务连续性的培训。

第七，通过演练和测试，来验证、确保业务连续性相关流程能够有效支持此前建立的目标。

第八，对业务连续性策略、计划等进行整体的审查和更新，以此来反映最新的业务和市场情况。

第九，监测并同时向管理层汇报业务连续性管理的整体情况。

通过上述闭环动态过程，持续确保业务连续性管理有效且符合金融市场和金融机构的最新要求。根据组织架构的复杂程度和业务整体的规模，可以针对可能产生业务中断的不同风险制订单一或多项的具体业务连续性计划。

一家金融机构管理层在业务连续性管理中的有效作为十分关键：一是确定业务连续性管理各部门的角色、职责，以及相关方案；二是配置充分的人才、财务和设备资源；三是确保相关人员了解其在业务连续性管理中的角色和责任；四是设立可以测度的目标，例如准备完成度、韧性目标等；五是设计和执行业务连续性计划；六是确保业务连续性管理中的演练、测试、培训等全面充分有效，并与业务连续性管理策略相一致；七是及时解决在演练、测试、培训过程中暴露出来的、超过风险承受能力的各种缺陷；八是设置业务连续性委员会或牵头部门（一般由风险管理委员会或风险管理合规部牵头），并定期组织会议，讨论业务连续性管理相关策略、计划、演练、测试、培训等环节的修订完善；九是持续评估和更新业务连续性策略和计划，以期与最新的业务发展和市场环境相结合；十是与业务连续性管理的外部相关方（例如监管机构、第三方服务提供商等）定期进行协调。

9.1.2　业务连续性风险分析与应对策略

具体风险分析和应对策略是业务连续性管理最为基础的工作内容之一。

一、业务影响分析

业务影响分析是指对可能造成业务中断风险的识别，并对其潜在冲击的强度进行分析，包括关键业务职能的识别、相互依赖性分析和营业中断的影响。业务连续性管理主要针对拟采取的风险缓释和预防风险而言，故业务影响分析可以大体分为三大部分：

第一，关键业务职能的识别。识别方法包括梳理业务流程，开展访谈，解析组织结构图、网络拓扑、数据流程图，分析后继计划等。关键业务职能不仅包括前中台业务，还包括业务支持，最为重要的是信息系统，乃至与外部第三方的交互关系等。管理层应对关键财产（包括人员、硬件、软件、数据、信息、资金等）和基础设施（包括网络连接、沟通渠道、设备、设施等）做好库存备份。

第二，相互依赖性分析。通过业务冲击分析，进一步了解内部架构与业务职能、系统和共享资源之间的相互依赖性，不同个体、组织或流程之间的相互依赖性和关联性。单点故障也有可能产生潜在的"多米诺效应"风险，如电信线路、网点之间的网络连接、备用设施的损坏、过于依靠单一电力来源、没有相应岗位的 B 角等。要特别注意内部系统及业务职能的相互依赖性风险（例如客户服务、生产过程、硬件、软件、应用程序界面、数据、关键记录的保存等）、第三方服务提供方（例如关键流程服务、网上和移动服务、灾害恢复业务等提供商）风险和关键供应商（例如硬件、软件和设备提供方）等业务合作伙伴风险。

第三，中断影响分析。业务冲击分析应该充分评估潜在风险事件可能产生的影响，这些影响包括系统中断导致业务运营中断所造成的经济损失和非经济损失，在此基础上应设置明确的相关恢复目标。

恢复点目标（Recovery Point Objective，RPO）是指金融机构在信息化故障或灾难事件发生后，在对业务造成损害或影响之前，可容忍的最大数据丢失量，该目标表示为从丢失事件到最近一次在前备份的时间度量。

事件（Event）是指信息化故障或灾难时长超过 RPO 后，会对业务产生损害或影响，则可称之为事件。

恢复时间目标（Recovery Time Objective，RTO）指事件发生后，从信息系统宕机导致业务停顿之刻开始到信息系统恢复至可以支持业务运营之时的时间段，也就是恢复数据的时长要求。比如说事件发生后半天内便需要恢复，RTO 数值就是 12 小时。RTO 数值越小，代表系统的数据恢复能力越强，部署很多容灾系统，来获取最小的

RTO，但这意味着投入大量资金。提升 RTO 的常用技术有磁带恢复、人工迁移、应用系统远程切换，这几种技术 RTO 的数值要求参考如表 9-1 所示。

表 9-1　常见容灾技术的 RTO 数值参考表

容灾技术种类	时长单位
磁带恢复	日级
人工迁移	小时级
应用系统远程切换	秒级

最大可容忍业务中断时间（Maximum Tolerable Downtime，MTD）指的是可以接受的业务中断时长，这段时间为 RTO 和为可能继续中断运营设置的冗余恢复时间之和。

RTO 和 MTD 的设置将会影响到具体的信息风险故障事件处置的技术和策略选择，当设置的 RTO 无法或难以实现时，需要确认此前的 RTO 目标是否现实，MTD 对于应急管理方案制定者选择合适的恢复方式至关重要。若金融机构在实际运作中无法达到 RPO、RTO、MTD 目标，则有可能造成操作冲击和财务冲击，甚至声誉冲击，它们之间的关系见图 9-1。

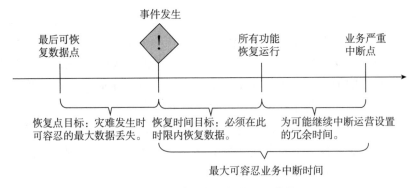

图 9-1　各类恢复目标关系示意图

RPO、Event、RTO 和 MTD 的定量或定性指标设置由金融机构根据自身业务连续性管理目标、灾难恢复计划、具体信息化事件、容灾技术种类、风险管理政策、风险偏好选择和信息化风险管理的经济性等因素综合考虑后而设定。

第四是风险评估分析。风险评估识别包括金融机构业务操作、资产设备、部门岗位、风险识别、发生概率、影响分析和机构整体韧性情况等。重点关注：一是自然灾害和意外事故，如地震、台风、洪水、极端天气、空气污染、火灾和危险物质泄漏。二是技术事件，如通信渠道中断、电力中断、设备和软件故障、交通网络中断、供水系统中断等。三是犯罪事件，如欺诈、盗窃、敲诈、蓄意破坏、网络攻击和恐怖事件。四是经济政治事件，例如国内外政治不稳定或经济意外事件。五是低概率但潜在影响巨大的事件，如恐怖袭击和流行性疾病。

不同风险事件的可能性和影响不尽相同。例如，短时的电力中断是高可能性但低影响的事件，而流行性传染病、地震等则是可能性较低但影响较大的事件，这其中最难应对的事件就是这些可能性较低但影响较大的事件。作为风险评估的重要部分，应当定量评估风险事件对金融机构及其客户造成的潜在经济损失，定性评估风险事件对合规、声誉等方面潜在的非经济损失或影响。除了评估自身遭遇风险事件的可能性和影响外，还应该评估重要的第三方服务提供商遭遇风险事件的可能性和影响。一般说来，纳入分析的风险事件类型应该包括自然灾害、技术事件（通信渠道中断、电力中断、设备故障等）、犯罪事件、国际事件（政治不稳定、经济意外冲击事件等）和低概率但影响巨大的事件等。

第五是新产品新系统上线分析。当新业务产品上线、业务活动或网信系统发生重大变化时，应由对应的信息技术业务部门和用户部门同步组织开展业务影响分析工作，明确重要业务所需的关键资源及对应的信息系统，识别新业务与重要业务及其相关应用系统之间的相互依赖关系，评估业务运营中断事件发生时可能造成的损失（包括经济损失和非经济损失），结合业务服务时效性、服务周期要求，确定业务恢复优先顺序和恢复指标，形成业务分析报告。业务分析报告中应明确业务恢复策略，包括关键资源恢复、业务手段、数据追补和恢复优先级别等。

各信息技术用户部门开发的新系统上线发布前，应提交风险管理委员会（业务连续性管理委员会）审议，由其决定是否将其纳入业务连续性管理范畴。如纳入，应当在上线前制定业务连续性计划并实施演练，并提交业务连续性计划和演练总结，经批准后才能上线。在业务功能、关键资源或组织架构发生重大变更时，也应当及时对连续性运行计划进行修订，并将修订后的计划报金融（集团）公司风险管理部门备案。

同理，在重大业务和社会活动等关键时间点，或在业务功能、关键资源发生重大变更时，也应加强风险监控和预警分析。信息技术用户部门应与风险管理合规部门、信息技术业务部门等相互通报信息、提示风险，协同做好应急准备。

二、确定业务连续性策略

业务连续性策略应以风险为本，充分应对可以预见的所有风险，保证相应服务韧性和恢复目标的资源、措施纳入其中，保证在通常情况下、高峰工作流量下的可行性。

业务连续性策略应充分考虑潜在的冲击对人力资源、场地资源、基础设施、设备和系统等方面的影响。人力资源方面，包括运输员工和物资的交通安排或安排员工居家办公的预案，此外应事先建立员工、客户和外部服务商的联系方式，以防电信系统故障时能发号施令，相互联动，执行预案。场地资源方面，包括为不同业务条线和手工操作提前准备冗余的工作场所。基础设施，设备和系统等方面，包括建立装备齐整的备用数据中心和私有云，或与云服务提供方签订合同。设置距离较远的灾备中心，或提前准备多个电力资源提供方或继发方式，将数据备份、复刻和储存相结合，以此来确保业务的连续性，也可运用云技术下系列支持策略，包括云架构、虚拟化技术、灾难服务等。

业务连续性策略中最为重要的部分是保证一家机构的整体韧性，即准备和应对环境突变、承受短暂冲击（例如蓄意攻击、意外事故、自然灾害等），并从其中快速恢复的能力。充分评估是否具有充足的资源（人力、资金、时间等）来保证机构整体具有韧性。

一是实体韧性。实体韧性包括信息技术架构、基础设施、物理场所、设备以及沟通方式的韧性。为了避免联系方式中断的风险，应设立多样化的通信线路，备足分支机构和数据中心之间的冗余联系方式，设置备份系统、提前确定多种能源供给方，同时确保关键业务设施有不同地理位置的灾备中心。

二是网络韧性。网络韧性的最大挑战在于实时变化的风险情况下，保证网络系统具有韧性，随着网络攻击频率增加、复杂性提高，数据和信息系统的风险也进一步加大。例如网络攻击有可能同时攻击生产系统和备份系统，从而造成二者同时无法使用，或者攻击方会在首次攻击后发起二次攻击等。因此在网络韧性的范畴内，应提前建立相关安全和隐私政策等来确保符合监管规定。

三是数据备份和拷贝。当遭遇业务中断或数据丢失时，数据备份和拷贝是恢复业务和数据的重要方式。数据拷贝的目标往往是确保在不同的地点（如灾备中心）保存相同的数据。一般而言，数据的拷贝可以有两种形式：实时拷贝指的是当数据有任何变化时，能快速地将其同时进行复制，因其对带宽等客观条件要求较高，一般用于关键业务职能，且对于数据丢失容忍度很低的业务使用。非实时的拷贝可能会导致数据丢失的增加，但是对于带宽和数据占用等要求较低，同时也适合长距离的数据传送。数据备份和拷贝过程中应严格遵守保密性和隐私性，还应该提前明确相关数据的保存期。云技术和镜像技术等先进技术可以为实施大量数据复制提供可能。

四是人力资源韧性。关键业务开展的韧性往往取决于合格的专业人员及其足够的配备，当遭遇自然灾害、极端气候条件和流行性疾病时，往往会面临人员缺乏。为此，要提前为工作人员的缺席做好策略和计划安排。同时要安排足够的、安全的居家远程办公系统和设施。

五是第三方服务韧性。第三方服务支持在信息技术开发运维、业务运营管理等方面较为常见。因此业务连续性管理也应该充分考虑第三方服务提供商的潜在风险和恢复能力，甚至考虑潜在的第三方服务商的替代者。

六是通信服务韧性。重点关注以下方面：一是在机构整体架构范围内识别和缓释单点故障的可能来源；二是建立和保持相应计划来应对通信线路遭遇停电等事件，提前通过合约形式与电信第三方服务商保持冗余线路，以确保在需要时可以切换至备用线路；三是审查第三方通信服务商的相关计划，以确保在可以接受的时间内恢复正常运作；四是根据规模大小、业务复杂程度和风险特性提前制定指引，以缓释通信系统故障的风险；五是评估通信服务"最后一公里"的可靠性，以避免单点故障，检测与通信服务第三方服务商的关系，了解其线路铺设的具体位置等，确保通信系统具有一定的冗余。

七是电力韧性。技术基础设施和营业网点等都依赖电力来维持营业环境。对电力的韧性需考虑以下内容：替代性的电力来源（例如自备发电机或接入多个电网）、燃料要求（包括储备的发电用燃料以及在突发事件来临时可以获取的燃料来源）、自备电机的承载能力（包括运作时长、折旧年限等）、自备电机的日常维护和测试。

八是沟通韧性。在遭遇突发事件、自然灾害甚至恐怖袭击时，传统的通信系统可能遭遇损害或无法使用。因此需要提前准备好通信方式和联系人通讯录，以此确保机构内部与第三方服务商以及外部机构（包括监管机构、政府应急响应部门、法律强力机构、金融行业组织、重要客户、信息共享组织）的联系。

三、制订业务连续性运营计划

业务连续性管理最为重要的部分是制订业务连续性运营计划（Business Continuity Plan，BCP）。业务连续性计划是指针对通过业务连续性管理所识别的潜在危机和风险，根据自身业务发展特点，所制订的确保业务连续不断运营的管理计划，将突发的运行中断控制在可容许范围之内，并将负面影响减轻到最低程度的事前预案。BCP 要根据组织架构、业务规模、业务复杂性及其特性等而定。对于小型机构而言，设置一个 BCP 足矣，对大型、复杂的机构，可根据组织架构、业务内容、前中后台、设施地点等制定不同的 BCP。针对不同风险的同类影响，可制订单一的业务连续性计划，而不用针对每种特定风险都制订一个特别的计划。BCP 是一个动态文件，需要根据发展的实际情况，对相关内容进行定期更新。

一个完善的 BCP 应当包含以下内容：一是员工和第三方服务提供商各自的角色、职责和所需技术；二是对于各类可以预见的突发事件的解决方案；三是提升应对等级的明确界限条件；四是保护职工减小损害的具体步骤；五是恢复运营、服务等的优先级和流程；六是重要信息的保护方式；七是在备用设施开展业务时对员工的运输和安置安排；八是网络设施、通信需求和各类信息传输安排；九是 BCP 测试的范围和频率；十是如何将业务流程从应急状态恢复至正常状态。

金融机构业务连续性计划的内容与上述内容基本一致，但最主要的是以下几大方面：事件管理、业务连续和恢复的安排、基础设施和设备的准备、关键职能与服务、流动性管理、应急响应与危机管理等。

（一）事件管理（Event Management）

业务连续性计划需要提前明确多种情况下的事件（Event）、中断（Disruption）和触发管理层响应的事件（Trigger）之定义。事件指的是对业务操作产生影响的环境突变或改变，其可以是实物的、网络的或者二者合一的改变。中断是指造成业务操作超出可接受范围降级或失效的事件。触发管理层响应的事件指的是将会引发各级管理层响应的事件。在制订业务连续性计划时需要提前确定好不同情况下应对升级的门槛，以便施行不同的措施来应对突发事件。

除了要事先制定事件发生时的汇报路径外，还要制定具体的响应措施：当软件升级失败时，可以将运营转换到备用的设施之中；当现有设施所在地不安全时，将工作人员转移到安全的备用地点；当突发事件造成运营中断时，授权启动替代的通信设施；当识别判定有重大网络攻击时，启动灾难恢复程序；当自然灾害对特定地点产生威胁时，启动应急响应程序等。

（二）业务连续和恢复安排

主要建立相关业务连续性操作和系统恢复方案，包括如何在业务暂时中断时处理客户服务要求，如何跟踪监测每日的业务处理或交易，如何记录各类操作任务，如何在系统恢复后录入系统，如何保存备份记录的客户账户信息等。在条件允许的情况下，业务连续性计划应纳入清晰、明了、容易实施的关键业务手工操作的流程，可以采用检查表式的操作手册。

（三）基础设施和设备的准备

应当提前确定好关键业务操作、设施、基础系统、关键人员等方面的备选方案。在选取备用站点时，应当提前为其业务可扩充性进行规划考虑，以避免事件造成备用站点长时间运营的潜在风险；同时应确定备用站点，以保证核心流程、业务处理、收付交易、客户验证等关键业务运营。具体到备用站点，一般分为两类，即备用数据中心和备用分支机构。

备用数据中心可以根据其服务业务、数据的重要性和实时性要求分为多种类别：一是冷站点（Cold Site），即具备必须的电力和物理硬件设备的站点，但是还未装备电脑等设备。一般这些站点只有在接受了电脑、人员和相应软件调试之后才能运作，由于需要进行准备和调试的时间较长，难以短期内启用，金融行业较少运用。二是温站点（Warm Site），即在冷站点基础上还装备了部分信息系统和电信设备的站点，但是这些站点并没有准备好运作所需的软件和数据，也需要一定时间的装载、导入和调试，因此采用这种站点时，可能会遭遇一定时间的业务中断。三是热站点（Hot Site），即在温站点的基础上还提前准备好了各类硬件、软件的站点，但不一定具有实时更新的数据，其设置和维护较为复杂、成本较高，但是却能保证业务切换到热站点时几乎不会中断。四是镜像数据恢复站点（Mirrored Data Recovery Site），在热站点的基础上，还具有实时更新和复制数据的能力。此外，这些站点之间应当具有一定地理距离，并采用不同的电力供应与系列设备，以避免同时失效。虽然这类站点的维护成本最高，但是却可以在发生灾害时实时进行切换，避免业务中断。五是移动站点（Mobile Site），移动站点的硬件和软件设备介于冷站点和温站点之间，同时还具有可移动的电脑等设备来服务客户。六是托管的设施（Colocation Facility），指的是可以为多个互不相关租户提供空间、电力、设施、通信等服务的租赁场地。使用风险在于当发生大范围自然灾害时，恐其难以提供足够的空间来服务不同的客户。七是互惠协议（Reciprocal agreement），即为允许两家机构之间互相作为对方备用设施提供方的协议。虽然这类协议可以帮助两家机构节省成本，但其风险可能在于隐私保护和数据安全，因此这一类的互惠协议最多只能在短期内解决备用站点的问题，无法成为长期解决方案。八是灾备恢复即服务（Disaster Recovery as a Service，DRAAS），即可以为相关设置、硬件和数据提供云备份和恢复服务的系统。

备用营业网点则是在遭遇突发灾害袭击时，原网点无法提供服务时，可以短期内替代原网点关键服务的网点，备用营业网点的设置和启用还需要监管机构的具体批准。目前网上营业厅已经成为首选。

（四）关键职能与服务

以银行业务为例，收付系统的保障是最为重要的关键业务职能之一，为此应当首先考虑收付系统等在发生故障时的替代方法，例如通过手工记账等方式来进行收付结算，除此之外，网页系统或第三方软件等也可以在部分收付系统故障时临时承担支付转账的职责。当突发事件发生时，BCP 应当充分考虑相关业务的可扩容性。

（五）流动性保障

业务连续性计划应当提前考虑当遭遇负面冲击时可能激增的集中兑付、取现或退保、集中赔付等情形下现金和流动性需求，应事先准备足够的现金和银行存款，满足流动性需求的安排。

（六）应急响应、灾害恢复和危机管理

通过应急响应以尽快降低负面事件的不利影响。应急响应的优先程度排序为：保护生命、保全财产、稳定措施以及与相关方进行沟通，这些相关方包括客户、第三方服务提供商、政府机构、监管方以及媒体等。为了更好地消除负面的影响，通过专职新闻发言人，向外主动提供信息，并监测舆情动态。

灾害恢复是指信息技术基础设施、数据和系统等遭遇灾害后的整体恢复，在这一过程中应事先识别哪些业务和系统是应该首先进行恢复的，并充分注意信息安全的保护。

危机管理则指的是在遭遇灾害事件时，管理、启动业务连续性计划直至完成恢复的过程。并非所有事件都需要进行危机管理，因此需要相应的专业团队和事先的计划来判断某个特定的事件是否需要进行相应的危机管理，并采取相应举措。应组织建立危机处理机制，加强舆情监测，从维护客户关系、履行告知义务、维护客户合法权益出发，运用公共关系策略、方法，加强与客户、媒体的沟通，适时向公众发布信息，消除或降低危机所造成的负面影响。

四、培训、演练与测试

具体培训内容可以包括当前风险和未来风险的普及、近期事件的阐述、新业务和新计划的提前预告、此前突发事件所吸取的经验教训等。值得注意的是，要定期及时对董事会和高级管理人员进行培训，特别是当具体的业务流程、风险和商业影响分析发生显著变化时，对他们也应安排相应的培训。

演练是指对业务连续性计划及相关流程单方面或全方位的验证。测试是指一种特定的演练形式，旨在测试一定操作环境下系统的韧性、可靠性和具体表现。一般而言，演练和测试的主要差异在于演练主要关注人员的培养和测试，而测试更多关注的是系统特定方面的可靠性。对演练和测试的频率进行提前计划，特别是当新的风险被识别或者机构整体运营环境发生显著变化时，应该针对这些事项进行演练和测试。

从演练的模式来看，可以大体分为三类：一是全面演练，可以充分监测所有可供使用的资源（包括人员和设备），是否可以最大限度保持业务连续性。全面演练可以更为准确地识别关键业务与运营部门之间的关联性。二是局部演练，针对特定的业务环节或业务条线在特定环境下是否能保持业务连续性来进行的演练，因此局部演练并不能全面识别不同业务条线之间和不同部门之间潜在的相关性，局部演练还可以是专项演练，即针对某一具体专题开展。三是桌面演练，即为负责业务连续性的人员在特定情况下所应扮演的角色和应负的责任进行推演和讨论，目的在于确定业务连续性计划对于个人职责和相应目标安排的合理性。值得注意的是，演练和测试之后最为重要的工作是针对发现的问题和薄弱环节开展整改，确保业务连续性管理能够满足相应的目标。

为提高运营中断事件的综合处置能力，检验应急预案的完整性、可操作性和有效性，验证业务连续性资源的可用性，至少每三年对所有重要业务开展一次业务连续性演练，至少每年进行一次重要信息系统专项灾备切换演练，至少每三年进行一次重要信息系统全面灾备切换演练。

制订业务连续性演练计划时，应考虑业务的重要性和影响程度，包括客户范围、业务性质、业务时效性、经济与非经济影响等，演练频率、方式应当与业务的重要性和影响程度相匹配。

在重大业务活动、重大社会活动等关键时点，或在关键资源发生重大变化之前，应当开展业务连续性计划的专项演练。重要业务敏感时期是指周末、月末、重要节假日、续保高峰、重要业务活动之前等重要时间窗口，包括灾害或灾难事件发生期间期后、政治敏感期前后等。业务中断应急预案的演练要重点加强信息技术业务部门和信息技术用户部门的协调配合，应当注重以真实业务接管为目标，确保灾备系统能够有效接管生产系统并具备安全回切能力。必要时应将外部供应商纳入演练范围并定期开展演练。

各种演练的目的是及时总结评估演练中发现的问题，进一步完善信息系统连续性运行计划与应急预案。因此，演练的责任部门应完整记录演练过程，并及时总结、评估和改进。执行部门和保障部门应当指定专门人员，对业务连续性计划演练的过程进行完整记录，及时总结、评估和改进。完成业务连续性计划演练后，要形成演练总结报告，由风险管理部或信息安全部汇总后及时汇报给高级管理层。

在组织架构、岗位职责等发生调整、相关重要制度修订、业务功能或关键资源发生重大变更时，应及时对业务连续性运营计划及其相关文档进行修订。

9.1.3　业务连续性管理组织

一、日常管理组织

业务连续性管理的日常组织架构包括董事会、高级管理层、业务连续性管理委员会（一般由风险管理委员会承担）、业务连续性管理主管部门、执行部门和保障部门。

董事会是业务连续性管理的决策机构，并对此负最终责任。

高级管理层负责执行经董事会批准的业务连续性管理政策，总经理负总责，分管总经理牵头开展相关工作。

风险管理部门为业务连续性管理主管部门，负责拟定业务连续性管理相关办法与实施细则并牵头组织实施，开展业务影响分析工作和业务连续性风险评估，组织并协调各业务连续性管理的相关部门开展业务连续性计划的制订、演练、评估与改进工作，每年至少开展一次业务连续性管理体系自评估工作，定期汇报业务连续性管理工作开展情况，牵头组织业务连续性管理相关培训等。

信息技术业务部门及其用户部门为信息系统灾难恢复计划、业务连续性计划的执行部门，负责开展业务影响分析、风险评估、预案制定和执行，确定重要业务恢复目标和恢复策略。信息技术业务部门负责信息技术故障事件的应急响应与恢复。信息技术用户部门负责业务的应急响应与恢复。

业务连续性管理保障部门主要是行政人事部门，为业务连续性日常和应急管理提供人力、物力、财力等相关资源保障，并参与相关活动，包括业务影响分析、风险评估、应急预案编写、业务连续性管理演练等。

二、应急处置组织

金融（集团）公司运营中断事件应急处置的组织架构包括应急决策层、应急办公室、应急指挥层、应急执行层和应急保障层。该组织架构为非常设机构，组成人员随工作岗位变化及时调整。

应急决策层由高级管理层人员组成，主要负责批准启动应急预案，决定运营中断事件处置、业务恢复等相关重大事宜，包括决定运营中断事件通报、对外报告和公告等。

应急办公室由风险管理部门牵头组成，主要负责运营中断事件处置过程中各应急小组的沟通、协调与报告工作。

应急指挥层由发生业务中断的所在单位或部门负责人及其分管领导组成，主要负责运营中断事件的现场指挥、处置与协调、业务恢复过程指挥、应急响应和处置的实施等。

应急执行层由受运营中断事件影响的执行部门（单位）负责人、业务骨干组成，包括业务分组与科技分组，负责业务条线与信息技术应急处置工作。

应急保障层包括后勤保障小组与公关小组，后勤保障小组负责应急响应及业务恢复所需人力、物力、财力等资源的保障以及秩序维护、安全保障、法律咨询和人员安抚等相关工作，公关小组负责对外公告、宣告、通报和沟通与协调以及声誉风险相关处理工作。

综上所述，业务连续性管理框架见图9-2。

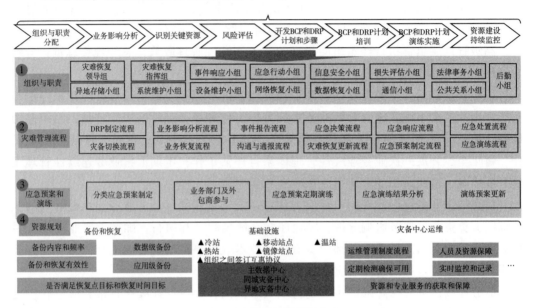

图 9-2　业务连续性管理框架

9.2　信息系统连续性运行计划

业务连续性计划的主要内容几乎都与信息系统相关，足以证明信息系统连续性运行计划是必不可少的，是实现业务连续性管理最重要的保证，没有之二。

信息系统连续性运行计划是指为确保业务连续性计划的落实，对业务连续性管理所识别的潜在信息化风险和危机，事先制定预案，将突发的信息系统运行中断控制在可容许范围之内，并将负面影响减轻到最低程度。信息系统业务连续性计划主要包括基础设施与设备准备、事件响应、灾害恢复计划和危机管理。结合前面的论述，这里重点论述事件响应和灾害恢复计划。

根据优化模式，集团风险管理部牵头，信息科技部和信息中心参与乃至主导，根据业务连续性管理总体要求，制订集团总体层面的事件响应程序、灾难恢复计划，还需对集团内子公司和相关部门提出具体规范和要求。重要信息系统如涉及外部供应商，应请其制订并提供灾难恢复计划，恢复目标应当满足委托方的要求，并通过演练等方式证明其有效性。

金融机构可以根据需要，建立纵向和横向的灾难恢复计划，横向以数据中心为例，纵向以寿险公司为例的灾难恢复计划。

一、事件响应

金融机构一般都会按照《信息安全事件分类分级指南》《信息技术、安全技术、信息安全事件管理指南》《国家突发公共事件总体应急预案》等相关标准、规范或规定，根据自身的关键业务职能与服务、信息系统的相互依赖性、共享性与关联性等因素，确定信息系统重要程度、划分等级，根据不同的信息化风险事件，确定事件响应及其保障程度要求。

根据 5.6 节关于信息化风险触发事件的分类，常见的信息化风险事件可细分分为网络攻击事件、信息破坏事件、信息内容安全事件、网络故障事件、服务器故障事件、软件系统故障事件、灾难性事件和其他事件等，当然还有其他分类。不同的信息化风险事件，由于事件性质不同，适用的法规和制度及其要求有所不同，事件响应与应急处理程序略有不同，但总体来讲大同小异。

灾难恢复计划需要提前明确多种情况下的事件管理规则。事件、中断和触发管理层响应的事件三者的定义说明它们之间是递进关系，中断和触发事件肯定是信息化风险事件，但反过来信息化事件却不一定都是中断或触发管理层事件。只有部分触发事件才会引发管理层应急响应。在制订灾难计划时需要提前确定好不同情况下应对升级的门槛，以便施行不同的措施来应对触发事件。触发事件在处理过程中，可以根据需要调整故障级别。

通常，按照信息化风险事件所造成的信息系统中断运行时长、影响范围、损失程度等因素，恰当确定事件等级，依照等级标准，开展应急响应处置工作。当运营中断事件同时满足多个级别的定级条件时，应按触发最低等级的来予以响应，并按最高管理级别组成的小组予以重视，以周全的应急举措予以应对。以信息化风险事件所造成的时长为例，可将信息化事件等级分为一般（Ⅳ级，中断 4 小时以内）、较大（Ⅲ级，中断时长为 4 小时至 12 小时）、重大（Ⅱ级，中断时长为 12 小时至 24）和特别重大（Ⅰ级，中断时长为 24 小时以上），这一划分要比表 6-3 中所列的信息化事件对业务运营影响的时长要短、要严，反映了金融行业必须严守系统性风险的一贯政策，因为信息系统中断时长只有小于业务中断时长，才能满足经营管理对信息系统运行的要求。当触发三级以上信息化风险事件，金融集团或其内部责任单位应该立即启动应急响应机制。但难点在于有些信息化事件一开始并不知道究竟会持续时长多少、最终损失程度或影响有多重，故需要在处理过程中合理估计，及时调整事件响应级别。

二、灾难恢复计划

（一）基本内容

信息系统灾难恢复计划是指为应对信息化风险可能导致的信息系统，尤其是重要业务系统运行异常，进而导致重要业务运营中断事件的影响，所建立的应急响应程序、报告与恢复的管理机制和处置的技术与工具等预案。信息系统灾难恢复计划的总体目标是通过持续开展业务连续性管理流程循环，识别评估信息安全风险，以有效防范信息系统意外中断事件或立即启动意外中断事件响应，将其影响降低到风险容忍度之内，或者降低到最低影响程度，消除因业务运营中断造成的影响和损失，进而保障业务连续运营。通过灾难恢复计划，做到临危不惧、有条不紊地快速处置信息化故障事件。

根据《信息安全技术 灾难恢复规范》2007 版，灾难恢复计划包括：一是灾难恢复的基本概念，包括术语、定义、工作范围等；二是事件管理与触发机制；三是灾难恢复组织体系、相关角色及其分工和汇报路径；四是灾难恢复的外部协作机制；五是灾难恢复的需求确定，包括风险分析、业务影响分析、确定关键业务职能与关键服务和灾难恢复目标等；六是灾难恢复策略的制定，包括灾难恢复技术的基础结构，灾难恢复资源的获取方式及其要求；七是灾难恢复策略的实现，包括灾难备份系统技术方案的实现、灾难备份中心的选择与建设、专业技术能力和支持能力的实现、运行维护管理能力的实现、灾难恢复预案的实现、灾难恢复的审计与备案等。

灾难恢复计划首先要梳理确定关键业务职能和关键系统。以保险为例，关键业务是指面向客户的业务，会对集团和相关子公司产生较大经济损失或声誉影响，或对客户、社会秩序和公共利益造成严重影响。鉴于此，数据中心、电话中心、网上营业厅为关键业务职能。按照信息系统安全等级确定的高等级信息系统，诸如销售系统、两核系统、收付系统、产品精算系统等为相关信息系统为关键信息系统。关键业务职能和关键信息系统是灾难恢复计划的首要保障对象。

业务连续性管理对信息系统灾难恢复机制在内的信息化风险管理提出了基本要求：首先，制定完善的灾难恢复管理体系；其次，根据影响的业务类别、持续时间与影响范围等因素，划分运营中断事件等级；再次，根据相关监管规定和自身实际，服务水平期望，定义信息化事件恢复策略；最后，建立高可用性的信息系统基础设施和技术支撑等保障体系。

恢复策略和目标是灾难恢复计划核心内容之一。通常来说，配置管理数据库中不仅存储软件和硬件资产的细节信息，还包含着服务水平约定要求的信息，这些约定和信息是制定灾难恢复目标的重要参数。另外，要结合公司实际，不同单位、条线的业务性质、风险管理偏好、经营管理目标等因素，合理制定信息化服务水平和时间恢复策略，包括重要业务恢复时间目标（RTO）、重要业务恢复点目标（RPO）、最大可能业务中断可容忍时长（MTD）和其他定性定量指标。恢复策略和目标决定着灾难恢复的成本支出。

为确保信息系统具有高可靠性和高标准的故障恢复能力，信息安全部门要建立完善的备份系统。系统备份包括物理实体备份、通信网络备份、数据备份和应用系统备份等。一个完善的系统备份需要满足以下八个原则：稳定性、全面性、自动化、高性能、安全性、操作简单、实用性和容错性。针对重要数据的灾难备份，要通过灾备中心建立数据的同城镜像和异地灾备，此外还要对业务处理系统进行定期切换演练，对不同冲击进行情景分析和压力测试，降低突发事件威胁，提高备份质量和效率。

（二）处置小组

灾难恢复计划要设立相应小组，明确职责，协同响应，提高处置效率。一是管理组，当触发信息化风险事件，统筹指挥相关小组按照既定计划执行。二是恢复组，根据既定的应急处置预案，确定数据和财产的保护方式并执行保护，确定各平台数据的恢复方式和执行恢复，对计算机故障进行排除，恢复信息系统和必备的办公软件。三是评估组，负责清查核实信息化资产设备和数据资源等，对损失的重要数据、资产和设备等经济损失和非经济损失进行总体评估，申报、处置，乃至保险索赔，以便调集资源投入，提出解决重建方案。四是安全小组，负责灾难发生后，对团队人员、数据、财务的安全进行保护，并制定相应的安全策略。

启动灾难恢复计划，一般也会启动业务连续性管理应急处置，所以灾难恢复处置小组相关人员往往也是业务连续性管理应急处置小组成员，两者要密切沟通配合。

（三）应急处置程序

金融机构要建立信息系统运行的监测与预警体系和机制，设定风险预警指标，提前预警与发现信息系统中断风险。当发生信息化故障触发事件时，要遵循"统一指挥、分类管理、分级处置、快速响应"的应急处置基本原则，按照灾难恢复应急处置流程，立即采取以下措施：

一是识别运营中断事件的性质、影响范围与程度，确定事件等级，根据情况启动相关预案，启动应急响应与报告机制，以尽快恢复业务运营。

二是发生运营中断事件或受其影响的单位或部门应积极参与应急响应和处置工作，及时报告本部门发生的运营中断事件、协助调查与评估运营中断事件的影响范围、程度和事件等级、通知与启动本部门的应急组织体系和应急预案等。

三是在启动应急响应后，应尽快组织力量，各小组要依据相关应急预案，开展中断事件的应急处置与恢复工作。

四是在中断期间，要妥善负责危机处理事宜，包括危机处理的舆情监测、信息沟通和发布，及时准确披露信息，实时关注舆情信息，及时澄清虚假信息或不完整信息，消除社会疑虑，化解纠纷。

五是发生运营中断事件后，应根据集团和监管部门的规定和要求，及时向集团、监管部门报告。一般而言，在运营中断事件发生后 2 小时内，要将事件及处置情况经主管领导审查同意后报至金融（集团）公司分管领导和风险管理部门。事件报告至少包括：事件发生的时间、地点、现象、影响范围和程度、已采取的措施等。严重的事故必须立即上报。

六是对于导致或可能导致大范围业务运营中断的事件，应急决策层应当迅速决策是否实施灾难备份切换。信息技术业务部门应当事先对备份资源进行技术验证，确保其可用性；在实施灾难备份切换时，信息技术业务部门应当向相关信息技术用户部门告知可能出现的数据损失情况，并对备份系统的运行情况实施监控、预警，防止出现二次中断风险。灾难备份切换、回切时，相关信息技术用户部门应当对中断时的重要业务数据进行核对，并在信息技术业务部门配合下，对丢失的数据进行追补；同时应当进行测试和验证，确保交易的可靠性。

优化管理模式下，每家子公司相关信息系统的连续性运行计划可能涉及集团内至少两家独立的单位。业务连续性管理的最终落脚点在子公司，故应由其牵头制定业务连续性管理规定，并组织落实。信息中心要在子公司业务连续性管理制度框架下，与其制订纵向的信息系统连续性运行计划（灾难恢复计划），明确各自的职责边界和协作配合。对于集团系统共享的信息系统、关键服务、关键职能和关键系统，信息中心要在集团整体业务连续性管理规定的框架下，牵头制订横向的信息系统连续性运行计划（灾难恢复计划）。对于只涉及一家子公司的信息系统，要按照"谁管理、谁负责"的原则，由其制订灾难恢复计划。如果子公司专属信息系统由信息中心集中管理，信息中心应在子公司业务连续性管理框架下，制订灾难恢复计划。

9.3 信息化外包风险管理

信息系统开发模式一般分为完全自主、自主管控、合作开发、完全外包。数据中心的建设也有外包、合作和自建的方式，表9-2说明的是系统开发采用不同模式的比较分析。

表 9-2　信息系统开发模式比较

开发模式	说明	优点	缺点
完全自主	开发工作完全由内部人员负责或少量非关键工作由外部人员负责（一般外包人员不超过30%）	消除了对特定外包单位的依赖风险 对信息系统有很强的管控力度	固定人力成本高
自主管控 合作开发	内部与外包一起开展，内部人员参与需求、设计等关键环节工作，能掌握核心技术，清楚核心内容（一般外包人员不超过60%）	人力成本相对较低（其中开发成本有较大的弹性）	与完全自主模式比，对系统的管控力度相对较低，对特定外包单位仍然有一定的依赖性
完全外包	开发工作完全由外包单位负责，或内部人员在外包单位指导下开展部分工作，内部人员不掌握核心技术，不清楚核心内容（一般外包人员超过80%）	固定人力成本低	基本依赖外包公司，存在较大外包风险 对信息系统管控力度低

注：上述模式均针对定制开发系统及产品类系统的定制开发部分，产品类系统的产品部分的核心技术一般不向用户公开。

开发模式的选择不仅取决于资本实力和技术实力，还取决于很多因素的综合考虑，最主要的考虑因素是技术的先进性、可靠性、安全性和经济性。国内相关银行、保险集团主要信息系统开发模式的选择如表 9-3 所示，供参考选择。

表 9-3 国内主要金融机构信息系统开发模式选择

开发模式	企业类型	代表性企业	选择该模式的理由
完全自主	主要是大中型银行及少数保险集团/公司多采用	工、农、中、建、交、招商等商业银行和平安保险等	1. 与成本相比，对信息系统的质量和运行风险更加敏感 2. 希望形成强大的信息化能力，以利于推动业务创新发展
自主管控合作开发	主要是中小型商业银行和多数保险公司	大地等大多数保险公司	1. 对成本和风险都较为敏感，希望在二者之间取得平衡 2. 希望形成较强的内部信息化能力，以利于推动业务创新发展
完全外包	主要是小型保险公司，城商、农村银行等		1. 对成本更加敏感 2. 仅把信息系统视作资源，而非能力 3. 遵从母公司信息化整体策略

由于开发的专业性要求和企业成本控制的需要，选择外包来降低信息科技综合运营成本、实现资源优化配置，同时借助外包机构推动科技应用创新、业务创新、强化核心能力、提高信息科技服务水平，成为金融集团科技建设的常见形式。集团信息技术整体能力较强的，一般采用的信息技术服务外包以合作研发为主，全部外包研发为辅，以期提高信息技术价值交付能力和风险防范能力。信息技术外包依赖程度是影响信息科技服务外包管控能力的决定因素，信息技术外包依赖程度越高，就要求更高的信息技术服务外包管控能力与之相匹配，以防范信息技术外包风险。

外包风险主要属于第一道防线的职责，既是信息化风险管理的重要内容，也是信息化风险有别于其他风险的特殊之处。为此外包风险管理予以单列阐述。

信息科技整体能力、信息科技外包依赖程度和信息科技外包管理能力是组成信息科技服务外包管控的三个重要方面，三者相互关联、紧密联系，共同影响着信息科技服务外包的管控能力。因此，为了加强外包风险管理，金融（集团）公司应首先对自身信息科技水平进行整体评估，明确集团层面外包管理目标、范围和计划，在此基础上建立外包风险的管控措施，信息科技部和信息中心应一起制定集团层面外包管理制度，确立对外包服务及其供应商的准入标准、实施标准和质量管理等。信息化外包风险管理具体内容有：

1. 要完善的信息保密和隔离机制，确保不因为同一外包商服务多个子公司客户出现敏感信息泄露情况。

2. 要有完善的外包服务失效应急体系，确保在外包商不能提供服务时快速响应和恢复，包括集团内多家子公司选择同一外包商而产生的集中度风险。

3. 制定精细化的信息技术外包工作量核定和质量管理程序，确保投入和收益的平衡，尽可能避免签署开口合同。

4. 明确知识产权归属并保证知识转移的效果，强化自身信息化价值交付能力。

5. 加强对外包商的信息安全评估，限制对重要业务数据、客户信息的访问，引导和监督信息化外包风险管理。

6. 子公司要严格执行集团的相关文件，并根据集团文件，建立完备的外包管理制度和风险评估机制，确保自身有能力处置和应对外包风险。

7. 如外包服务涉及重要关键信息系统和敏感数据，应审慎确定外包服务范围。信息系统安全管理责任不得外包。如涉及数据中心等基础设施实施的整体外包，国家安全、公司商业秘密以及客户隐私等敏感内容或数据且未进行脱敏处理的信息系统外包。实施外包前应经上级批准，并按照监管要求进行报告。

8. 针对不同的外包业务要求，应优先选用具备相关服务资质和服务经验的外包服务商提供外包服务。与外包服务商签订书面合同，合同应包括外包服务范围、安全保密、知识产权、业务连续性要求、争端解决机制、合同变更或者终止的过渡安排、违约责任等条款，外包服务商应承诺接受和配合监管机构的现场检查和日常监督。

9. 要严格控制外包服务商的转包和分包行为。对于确有第三方外包服务商参与实施的项目，应采取有效措施，保证外包服务质量和安全不受影响。

10. 应对外包服务商及其服务人员进行有效管理，建立良好的信息交流与沟通机制，保证外包服务人员的相对稳定。

11. 应建立针对外包服务商的评估考核机制，定期对外包服务商的财务状况、技术实力、安全资质、风险控制水平和诚信记录等进行审查、评估与考核，确保其设施或能力满足外包要求。

12. 对合作开发和外包开发，应当通过合同约定源代码所有权归属，确保拥有合理的源代码使用授权或者所有权，严格防范合作开发商或者外包商终止服务导致的风险。

13. 应当优先选择已经购买相应商业保险的外包服务提供商，以保障安全事件发生时外包服务提供商有足够的经济赔偿能力。

14. 要注意信息技术外包过于集中在少数外包单位可能带来的集中度风险，以免外包服务供应商问题导致不能履约，信息系统不能如期开发完成或运维中断等风险，造成大范围的影响。

15. 信息化项目集中采购，包括信息化外包，应该按照技术软件和服务能力的性价比来确定中标对象，取消最低价中标机制，以避免低廉的价格不能保证过硬的技术和品质的服务的风险。

2021 年 12 月，银保监会印发了《银行保险机构信息科技外包风险监管办法》，同月颁布的《保险集团公司监督管理办法》也有相应的规定，信息化外包工作要按此严格执行。

9.4 新技术应用风险管控

信息化新技术是指对本单位而言，尚未采用的技术，包括引进新技术、模仿改良和自身原创三大类。新技术的引入会带来一定的风险，为此，要从新技术评估、风险识别、预防控制等角度制定统一的新技术引入管理制度。

一、信息技术引进面临的主要风险

技术选择风险。网络金融业务的开展必须选择一种成熟的技术解决方案作为支撑。技术选择失误风险可能来自选择的技术系统与客户终端软件的兼容性差所导致的信息传输中断或速度降低的可能，也有可能来自被技术变革所淘汰的技术方案等，导致巨大的技术和商业机会的损失。

技术漏洞风险。任何信息技术在开发时都会有技术能力和风险识别的局限性，业务需求自身不完整性、技术的局限与不匹配性等，容易产生技术漏洞，外部引进技术与自有系统的兼容性等因素会对系统运行产生不稳定性。

业务连续性风险。新技术引入使用会产生种种风险，必然会对相关系统和数据中心运行、业务经营的连续性产生较大影响，乃至产生业务中断风险。

二、新技术风险评估的主要内容

以外部引进的新技术为例，其风险识别与评估有以下几个方面：

功能性评估。一是所有预期功能是否能完全满足用户需求或项目需求，能否全部实现，如果实际所能实现的功能比预期少，则说明功能不完备；二是功能是否正确，与预期是否一致，是否所有功能点在评估过程中全部正常；三是评估功能能否实现项目事先设定目标，能否解决目前的问题，新技术功能与预期的差异等。

可靠性评估。一是成熟性，是否已有成功案例。如果一项新技术其用户太少，之前没有成功案例，则不建议使用；二是稳定性，能否持续稳定地运行，以及在异常情况下是否能够实现平稳过渡。

易用性评估。一是易理解性，应评估新技术的文档资料是否易于理解；二是易学习性，文档资料是否内容详细、结构清晰、语言准确。同时应评估是否有电话、网站、论坛等交流支持平台，以便可以及时得到所需的资料；三是易操作性。如果新技术是面向用户的客户端技术，尤其要评估其界面是否友好、操作是否简单。

性能评估。主要评估新技术的性能指标能否应对高并发风险，包括新技术的响应时间是否在可接受范围内，内存、CPU 使用率是否正常等。

可维护性评估。一是新技术的可扩展性，是否支持二次开发；二是新技术如出现故障，解决时效和难易程度，供应商在本地或远程是否有技术支持团队，以便在故障发生后能否第一时间得到解决。

可移植性评估。一是适应性，新技术能否支持不同的软硬件平台，能否在不同环境间无缝迁移；二是易安装性，新技术在指定环境下能否顺利安装和卸载；三是易替换性，新技术是否向下兼容，即版本升级后原有功能、数据是否能不受影响。以此全面评估新技术在不同环境切换的难易程度。

安全性评估。一是用户程序安全，日常访问是否有安全策略；二是网络安全，是否存在木马、后门等潜在安全风险；三是数据库安全，是否采取了必要的保护措施保障数据安全；四是部署安全，是否遵守公司的多层网络部署结构，是否存在单点故障风险等。

供应商资质风险。如果是商用技术，应对供应商的资质进行调查，评估其公司实力，避免出现因公司倒闭等风险而导致新技术的使用出现问题。评估应从公司规模、注册资金、过往实施案例、技术服务团队等方面进行。

技术转换风险。应评估新技术的转换成本是否可以接受。例如，未来如果有其它的技术可以替代现有的技术，现有技术资源是否可以复用，是否需要进行代码改造等工作，成本是否可以接受。

合规风险。应评估新技术是否违反国家现有的政策、规章、制度。

为做好新技术引入风险的识别与评估，应搭建POC① 技术验证测试环境，全面识别评估新技术引入风险，最终得出是否引进的结果。

为降低外部引进的新技术风险，应设立一票否决的触发条件，包括一是技术性能或安全性能达不到要求，二是违反国家现有政策、规章、制度，三是商用技术存在知识产权方面的风险等。

新技术的应用虽然面临各种各样风险，但不能因此而停止技术创新引进的步伐，应当主动跟踪研究应用新兴信息技术，在推进业务创新的同时，充分评估可能因此面临的风险，制定周全的新技术风险防范预案，提高信息安全防护能力。例如，在推进云计算服务时，要充分评估使用云计算服务的价值和风险，重点关注云计算提供商满足服务等级协定以及提供连续稳定云服务的能力，并充分考虑敏感数据在云计算平台上运行的安全性、所采取的安全控制措施的可靠性，以及系统和数据迁移方案完善性等风险因素。为应对公有云服务产生的数据资产风险，要建立公有云服务评估审批机制和数据回传机制。再如，为应对数字化互联互通风险，抓紧分布式架构优化升级，构建信息系统"水密舱"，确保不发生大面积停机。制定互联互通技术接口与安全规范，防范风险病毒性、即时性、穿透性传导，通过技术加管理的手段来管控、防范新技术应用带来的新风险。

---

① POC又称概念验证（Proof of Concept）是业界流行的针对客户具体应用的验证性测试，根据用户对采用系统提出的性能要求和扩展需求的指标，在选用服务器上进行真实数据的运行，对承载用户数据量和运行时间进行实际测算，并根据用户未来业务扩展的需求加大数据量以验证系统和平台的承载能力和性能变化。

9.5 优化模式下特有风险管控

集团优化的信息化治理框架和信息化管理模式是特有信息化风险管控的重要管理机制，针对 5.3 节所列的优化模式下特有信息化风险，需要采取针对性管控举措。

建立创新测试沙盒。这一方法主要来源于英国金融行为监管局（FCA）提出的"监管沙盒"（Regulatory Sandbox）概念，监管沙盒是指由监管机构提供一个"安全空间"，金融创新机构在符合特定条件的前提下，可申请突破一定的规则限制在一个封闭的空间内进行金融科技创新测试，不需要担心遭受正常监管的后果，但须接受 FCA 对全过程的监测和评估。在取得 FCA 的有限授权之后，金融创新机构将在"监管沙盒"中测试其创新业务，并可以对部分消费者进行测试，但需要遵循相应的消费者保护规定。为确保公平和透明地对待所有企业，同时确保企业能够专注于真正对消费者有利的创新。FCA 引入以下公开可用标准作为进入沙盒的先决条件。一是监管范围，企业新的解决方案应是为金融服务业设计或支持金融服务业发展的。二是真实的创新，测试的产品服务要蕴含真正的创新，或与现有方案显著不同。三是有利于消费者，创新要能为消费者带来明显的收益前景，并且这一条件在沙盒测试期间也能得到满足。四是符合沙箱框架要求，以便金融创新在沙箱框架中测试。五是背景研究，公司在新产品服务的开发上要有足够的资源投入，符合适用的法规，能够采取措施减轻风险。

金融科技创新带来的监管难题是各国都面临的，也是金融业加强信息化新技术风险管控的难题。对信息化创新而言，在符合保护消费者利益等相关条件的前提下，申请进入沙盒进行测试，有利于金融机构在较短的时间内推出其创新的技术和产品。同时利用这一工具来测试创新技术的成熟性，尽可能识别风险所在，并加以防控。对监管机构而言，通过参与机构创新的全过程，能够及时掌握行业最新发展趋势和风险点所在，有利于提高监管规定制定的科学性，降低监管成本。

针对金融科技创新所带来的融合风险特点，金融（集团）公司可以比照"监管沙盒"，在信息中心、创新实验室或金科建立"创新测试沙盒"，搭建 POC 测试环境，集团内各单位新技术、新产品可以在非生产环境下进行测试、验证，只有在创新测试沙盒中测试通过，才能上线，减少融合风险。

建立外部新技术准入制度。外部新技术准入与应用评估指标包括可靠性、易用性、可维护性、可移植性、安全性、实用性等。如果是商用（新）技术，应评估是否是供应商自有技术、知识产权归属情况，避免可能存在的知识产权方面的风险而导致技术的使用出现中断，同时还应评估新技术所在领域的排名、应用案例情况，避免采用不成熟、尚未被市场所接受的新技术。要制定并严格执行《信息化创新引进技术风险检查清单》，在引进或投入使用之前逐一核验，最终得出风险识别结果及结论，确保新技术投入能够平稳运营。

建立数据信息资源管理制度与共享标准。大数据分析是技术创新重要内容，数据资源安全管理与共享是金融科技创新的基础。为了确保数据安全，必须建立数据资源确权、数据资源共享以及数据资源管理等相关制度。实现数据信息资源安全共享的前提便是确保数据源的权威性、标准化和规范化。权威性是指数据从产生起就是规范的、完整的、真实的。标准化是指数据的生成软件系统或生成环境、元数据、保存和阅览格式，及其相关属性符合一定的国际或国内标准。规范化是指数据在整个生命周期中按照一定的规范，得到了有效的管理。这里尤其要注意客户信息数据的保护，利用大数据、人工智能等新技术处理客户个人信息时，必须严格遵守国家的相关要求，按规范采集、存储、使用，否则可能触犯国家的法律，带来合规风险，严重的可能会导致违法。

建立故障联动处理机制。金融集团内信息系统故障事件往往会涉及多家单位，涉及共享信息系统的故障，必须建立以信息中心牵头，前中后台联动的故障联动处理机制。

建立集中度风险管理机制或办法。在加强同城和异地灾备中心建设的同时，还应该加强对共享集中的信息化资产、设备、数据资源等方面的安全管理、物理监控和空间隔离，加强防火、防灾、断电等风险的制度化演练和防范。最起码建立二地二中心灾备机制，以防容灾方面的集中度风险。外包集中度风险的化解要有完善的外包服务失效应急体系，确保在外包商不能提供服务时能够快速响应和恢复。

建立信息化风险防火墙。针对优化模式下的信息系统共享，敏捷开发与传统开发相结合等可能引起的信息化风险交叉感染，风险扩大的问题，要强化新系统、新产品上线测试工作，加强技术漏洞、软件后门的检测，防止技术漏洞等带来的信息化风险传导。要按照10.1和10.2所提出的信息安全标准最佳实践和策略，结合相关安全控制要求，对信息系统基础环境平台确定基本安全配置，阻止信息化风险的传导。

强化合规性管理。要按照《保险集团公司监督管理办法》《银行保险机构信息科技外包风险监管办法》等相关信息化监管规定，正确处理优化模式下信息化工作的合规性，确保子公司业务、财务等核心系统、重要数据信息及其管理的独立完整。原则上讲，信息化事项外包给信息中心，尤其是独立法人的金融科技公司要按照外包要求实施管理。

优化信息化集中采购管理办法。针对信息化采购的技术性、安全性等方面的特殊要求，根据信息化行业主管部门条例制度、监管规定和集团的要求，结合现有信息技术、资产设备的品牌和性能，按照信息技术和信息化外包技术及其服务的性价比等方面的要求，取消最低中标价机制，合理确定中标对象，确保采购的信息技术和服务能够满足风险管理要求，确保系统运行安全稳定。合规或监察人员要加强全过程监督，加强考核跟踪，以降低采购过程中腐败风险。

10. 信息安全管理相关专题研究

信息化工作要遵循安全性、可靠性和有效性相统一的原则，正确处理好安全与发展、安全与建设、安全与运营的关系。信息安全应按照"谁主管、谁负责，谁运营、谁负责，谁使用、谁负责"的原则，建立并严格落实安全管理责任制，强化全员信息安全意识，保障本机构信息系统安全稳定持续运行。网络安全、数据安全和应用安全等是其主要的专题领域。

10.1 信息安全管理之基本认知

一、信息安全相关基本概念

信息安全风险是指在信息化建设中，各类应用系统及其赖以运行的基础网络、处理的数据和信息，由于可能存在的软硬件缺陷、系统集成缺陷，以及信息安全管理中潜在的薄弱环节等，而导致的不同程度的安全不确定性风险。涵盖物理环境、网络、主机系统、内容、桌面系统、数据、应用、存储、灾备、人员等诸方面，信息安全风险是信息化风险的最重要子集。

信息安全主要是指网络安全、系统安全和内容安全三大方面，包括但不限于下述领域，信息分级与保护、信息系统开发、测试质量、系统运行和维护、访问控制、操作系统安全、物理安全、网络安全、数据资源安全、人员配备安全、基础设施与设备安全和软件安全等方面。信息安全较为侧重于计算机数据与信息的安全。

网络安全是信息安全最为重要的内容，指网络系统的硬件、软件及其系统中的数据受到保护，不因偶然或恶意的原因而受到破坏、更改、泄露，系统连续可靠正常地运行，网络服务不中断。网络安全侧重于研究网络环境下的计算机安全。

信息安全管理是指根据既定的信息化战略和信息化风险管理偏好与策略，配置足够的资源，利用信息技术及其管理手段，确保稳定安全的信息科技环境，增强安全保护能力，保护信息在采集、传输、交换、处理和存储等过程中的可用性、保密性、完整性、不可否认性、可控性、未授权拷贝和所寄生系统的安全性。

保密性是指阻止非授权的主体阅读信息，是信息安全最基本要求。更通俗地讲，就是未授权的用户不能够获取敏感信息。对纸质文档信息，我们只需要保护好文件，不被非授权者接触即可。而对计算机及网络环境中的信息，不仅要制止非授权者对信息的阅读，还要阻止授权者将其访问的信息传递给非授权者，以致信息被泄露。

完整性是指防止信息被未经授权的篡改，保护信息维持原始状态，确保其真实性。如果这些信息被蓄意地修改、插入、删除等，形成虚假信息将带来严重的后果。

可用性是指授权主体在需要信息时能及时得到服务的能力，也是在网络化空间中必须满足的一项信息安全要求。

可控性是指对信息和信息系统实施安全监控管理，防止非法利用信息和信息系统。

不可否认性是指在网络环境中，信息交换的双方不能否认其在交换过程中发送信息或接收信息的行为。

除了上述信息安全五性外，还有信息安全的可审计性、可鉴别性等。但其中的保密性（Confidentiality）、完整性（Integrity）和可用性（Accountability）是三个核心属性，简称信息安全 CIA 框架。

二、信息安全管理流程

信息安全的本质是风险管理，故信息安全管理流程可比照 7.1 信息化风险管理流程来处理。由于信息安全属于一点五道防线，信息安全管理汇报的路径是有别于信息化风险管理的，基于优化模式及其信息化风险管理机制选择，金融（集团）公司内部信息安全管理汇报路径见图 10-1。

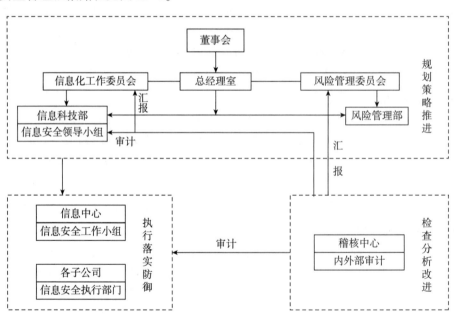

图 10-1　信息安全风险管理汇报路径

信息安全管理汇报有定期（季度）和年度两种形式，是全面风险管理的重要内容。当发生突发的信息化故障触发事件，根据事件的严重程度，采取当即口头或书面形式，一事一报，及时上报。

三、信息安全管理策略

"积极防御、综合防范"是信息安全管理的基本策略，纵向侧重技术，横向侧重管理，"技术+管理"相互融合，两手抓、两手都要硬，实现各层面纵深防御和控制管理，见图 10-2。

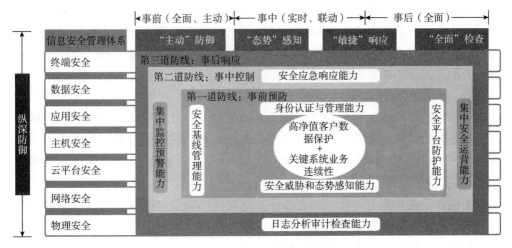

图 10-2 信息安全防御与管理

上图可以清晰地说明信息安全风险管理的内核是第一道防线，即信息技术业务部门和用户部门的事前预防；第二道防线是事中控制，包括集中监控预警能力、安全应急响应能力和集中安全运行能力等；第三道防线则是日志分析和审计检查能力，形成事前全面主动防御，事中实时联动感知，事后全面检查分析改进的安全风险管理闭环。具体的信息安全策略内容如下：

（一）最小特权

最小特权是信息系统安全的最基本管理方法，本质要求是任何实体仅拥有该主体需要完成其被指定任务所必需的特权，此外没有更多的特权。最小特权可以尽量避免将信息系统资源暴露在被侵袭之下，并减少因被特别的侵袭造成的破坏。

（二）建立阻塞点

阻塞点就是在网络系统对外连接通道内，可以被系统管理人员进行监控的连接控制点。在那里系统管理人员可以对攻击者进行监视和控制。

（三）纵深防御

安全体系不应只依靠单一安全机制和多种安全服务的堆砌，而应该建立相互支撑的多种安全机制，建立具有协议层次和纵向结构层次的完备体系。通过多层机制互相支撑来获取整个信息系统的安全。在网络信息系统中常常需要建立防火墙，用于网络内部与外部以及内部子网之间的隔离，并满足不同程度需求的访问控制。但不能把防火墙作为解决网络信息系统安全问题的唯一办法，要知道攻击者会使用各种手段来进行破坏，有的手段甚至是无法想象的。这就需要采用多种机制互相支持，例如，安全防御（建立防火墙）、主机安全（采用堡垒主机）以及加强保安教育和安全管理等，只有这样才能更好地抵御攻击者的破坏。

（四）监测和消除最弱点连接

系统安全链的强度取决于系统连接的最薄弱环节的安全态势。防火墙的坚固程度取决于它最薄弱点的坚固程度。侵袭者通常会找出系统中最弱的一个点并集中力量对其进行攻击。系统管理人员应该意识到网络系统防御中的弱点，以便采取措施进行加固或消除它们的存在，同时也要监测那些无法消除的缺陷的安全态势，对待信息安全的各个方面要同等重视，不能有所偏重或偏废。

（五）失效保护

安全保护的另一种基本管理方法就是失效保护。一旦系统运行错误，发生故障必须拒绝侵袭者的访问，更不允许侵袭者跨入内部网络。当然也存在一旦出现故障，可能导致合法用户也无法使用信息资源的情况，但这是确保系统安全必须付出的代价。

（六）普遍参与

为了使安全机制更为有效，绝大部分安全系统要求员工普遍参与，以便集思广益来规划网络的安全体系和安全策略，发现问题，使网络系统的安全设计更加完善。网络系统的安全运行需要全体人员共同维护。

（七）防御多样化

通过使用大量不同的系统，为纵深防御获得额外的安全保护，比照之，通过使用大量不同类型、不同等级的系统，也能得到额外的安全保护。如果配置的系统相同，那么只要侵入一个系统，也就能知道如何侵入所有的系统。

（八）简单化

简单化作为安全保护策略有两方面的含义：一是让事物简单便于理解；二是复杂化会为所有的安全带来隐藏的漏洞，直接威胁网络安全。

（九）动态化

信息化风险特征之一是动态性，这是由网络本身的动态性决定的，信息安全问题也具有动态性。动态性决定了不存在一劳永逸的安全问题解决方案，因此，网络系统需要以动制动。一是安全策略要适应动态网络环境发展和安全威胁的变化。二是安全设备要满足安全策略的动态需要。三是安全技术要不断发展，以充实安全设备。四是对安全需求和事件应进行周期化的管理，对安全需求的变化应及时反映到安全策略中去，并对安全策略的实施加以评估和审计。

四、信息安全技术体系

信息安全技术体系以访问控制（Access Control）、系统完整性控制（System Integrity）、密码控制（Cryptography）、授权管理（Authorization Management）、审计和监控（Audit and Monitoring）、配置管理和保证（Configuration Management and Assurance）等

技术手段为主，建立安全平台，严格实施终端安全与数据安全保护，开展系统运营监控、网络安全监测、响应和防御。

（一）终端安全与数据安全保护

实现对桌面终端的网络准入、数据防泄露、防病毒、补丁分发、移动介质管理及文件控制、上网行为管理等全方位的安全防护，使日常的桌面终端安全由被动管理向主动的流程化管理转变，见表 10-1。

表 10-1　终端安全与数据安全保护

序列	控制项目	控制措施	备注说明
1	网络准入	在桌面终端部署准入控制系统，对终端设备进行入网认证	
2	防病毒	部署统一的赛门铁克防病毒软件	
3	补丁分发	部署补丁服务器，通过桌面管理系统实施补丁分发控制	
4	移动介质管理	通过赛门铁克防病毒软件实施 USB 使用权限控制。并严格控制每个部门拥有 USB 存储权限的终端数量	
5	数据防泄露	在桌面终端部署数据防泄露（DLP）系统，结合既定的规则，对敏感数据外发（包括邮件、USB、网络上传等）进行有效的控制	建立《敏感数据保护实施细则》，规范数据防泄露控制的基本策略、敏感数据管理规范和控制流程
6	文件控制	结合数据防泄漏系统、赛门铁克防病毒软件、铁卷数据加密存储和外发控制系统，实施敏感数据的安全保护	
7	上网行为管理	部署上网行为管理设备，实施网络访问黑名单策略	

（二）信息系统运行监控

全面建立对系统、基础设施、设备、网络和机房的实时运行监控，尽可能及时正确掌握信息系统运行的健康状况，见表 10-2。

表 10-2　信息系统运行监控一览

安全设备威胁以及重大安全漏洞监控	在互联网边界部署防火墙、WAF、SOC 等安全设备和系统，指定专门岗位定时进行安全监控巡检，SOC 平台要提供定时日志分析告警功能
	在外部安全漏洞监测方面，指定专岗实时监控外部安全漏洞发布平台，并关联电子邮件，当发现安全漏洞时，及时响应处理

续表

网络流量和线路监控	网管系统监控网络故障情况,包括设备不可达、线路中断、接口 DOWN、接口错包、接口过载、IP 地址冲突、设备模块故障等各类型的故障提示。同时也对网络设备的 CPU、内存硬件指标、设备端口流量进行监控,发现超过带宽资源的会有提示 故障通过网管控制台、邮件、短信的方式提示。邮件和短信会发送故障告警
系统运行监控预警	数据中心均要部署系统运行集中监控系统,主要用于基础架构的监控和预警,主要涵盖以下几个方面:服务器监控、数据库监控、中间件监控、主机/存储/SAN 设备的硬件告警监控、虚拟机的可用性监控以及容灾复制链路监控
机房环境监控预警	数据中心机房部署环境监控系统 监控内容包括 UPS、发电机、精密空调、漏水监测、配电柜以及环境温湿度。当发现异常时,实时发布告警,由相关管理员及时进行处理

（三）漏洞检测与攻防

定期开展信息安全周/月活动,发动全体员工有奖开展技术漏洞检测和内部攻防,普及和提高全员信息安全意识。借用众测等外部平台,查找、检测、发现技术漏洞,判断漏洞性质,制订修复方案,分轻重缓急,保质保量、及时修复,该马上修复的必须马上完成。

五、信息安全评估标准

基于信息安全的定义和 CIA 框架,信息安全风险评估标准如表 10-3 所示。

表 10-3　基于 CIA 的信息安全评估标准

风险等级 安全影响 CIA 属性	一般	高	很高
保密性	信息的末授权披露会对企业产生有限的不良影响	信息的未授权披露会对企业产生重大不良影响	信息的未授权披露会对企业产生非常严重的不良影响
完整性	信息的未授权修改或破坏可能造成企业有限的损失	信息的末授权修改或破坏可能造成企业重大的损失	信息的未授权修改或破坏可能造成企业非常严重的损失
可用性	不能使用信息可能给企业带来有限的不良影响	不能使用信息可能给企业带来重大的不良影响	不能使用信息可能给企业带来非常严重的不良影响

六、网络安全等级保护

信息系统安全等级保护制度是国家信息安全保障工作的基本制度、策略和方法。公安部牵头制定了信息系统安全国家强制标准，即《计算机信息系统安全保护等级划分准则》（GB 17859—1999），把等级保护作为一项国家信息安全的基本政策。公安部、国家保密局、国家密码管理局和国务院信息化工作办公室联合印发的《信息安全等级保护管理办法》（公通字〔2007〕43 号，简称"等保 1.0"）规范了信息安全等级保护定级备案、建设和等级测评三个关键环节的管理。

《信息安全技术　网络安全等级保护定级指南》是《信息安全技术　信息系统安全等级保护定级指南》（GB/T 22240—2008）的修订版，简称"等保 2.0"，信息系统的保护等级分为以下五级：

第一级，信息系统受到破坏后，会对公民、法人和其他组织的合法权益造成损害，但不损害国家安全、社会秩序和公共利益。

第二级，信息系统受到破坏后，会对公民、法人和其他组织的合法权益产生严重损害，或者对社会秩序和公共利益造成损害，但不损害国家安全。

第三级，信息系统受到破坏后，会对社会秩序和公共利益造成严重损害，或者对国家安全造成损害。

第四级，信息系统受到破坏后，会对社会秩序和公共利益造成特别严重损害或者对国家安全造成严重损害。

第五级，信息系统受到破坏后，会对国家安全造成特别严重损害。

定级要素与安全保护等级的对应关系如表 10-4 所示。

表 10-4　信息系统等级保护

等级	对象	侵害客体	侵害程度	监管强度
第一级	一般系统	合法权益	损害	自主保护
第二级		合法权益	严重损害	指导
		社会秩序和公共利益	损害	
第三级	重要系统	社会秩序和公共利益	严重损害	监督检查
		国家安全	损害	
第四级		社会秩序和公共利益	特别严重损害	强制监督检查
		国家安全	严重损害	
第五级	极端重要系统	国家安全	特别严重损害	专门监督检查

根据表 10-4 所列等级标准，金融机构的信息系统一般最多定级到三级（银行业有定为四级的信息系统），典型的三级系统一般包括核心系统、通信网络设施等。对列入表 10-4 所规定等级标准的系统，金融（集团）公司一定要按照信息安全等级保护有关规定和监管部门的要求，做好信息安全等级保护。对涉及国家安全、公司商业秘密和

客户隐私等敏感信息的核心系统应当参照高等级标准定级，并按照相应等级要求对信息系统进行建设和运行维护。确保不同等级的信息系统具备相应的安全防护能力，重要信息系统定级情况应当根据银保监会要求进行备案。对没有达到按照表10-4所列等级的系统，金融（集团）公司应对所涉信息系统于自身经营管理的重要程度，内部也要合理确定信息系统的安全等级，以便突出重点，兼顾一般，全面保护。

七、面临的问题及其解决举措

当前金融行业信息安全面临的主要问题及其改进举措逐一分析如下。

（一）资源配置方面

如前所述，我国金融行业，尤其是保险行业因竞争压力在加大，经营利润在趋薄，机构之间实力差距较大，较多机构信息化工作普遍存在重建设轻安全的现象。信息安全投入严重不足，导致信息安全设备和技术捉襟见肘，合格的各类信息安全专业技术人员偏少、专业技术不强、信息安全事件研判能力有限，信息安全的抗攻击、防渗透能力较弱，很难抵御有组织、有预谋的技术攻击。

这里再次强调金融（集团）公司在制定信息化投入占比业务收入的同时，也要制定信息安全投入在信息化投入中的占比，以确保信息安全资源的投入，不断提升信息技术与安全的更新换代，同时要配备足够的信息化风险管理与信息安全编制与岗位，建立一支具有风险管理与信息安全复合型的信息安全管理专业人才队伍。

（二）"三同步"方面

金融机构，尤其是中小金融机构对严峻的网络安全形势下的信息安全认识不甚充分，重视程度不高，信息安全与信息系统同步规划、同步建设、同步使用有较大差距，信息安全审核机制形同虚设。为此，应制定机制和考核办法，加大信息安全方面的投入，强化信息安全在信息化规划、建设和使用中的整体考虑和设计，强有力推进信息安全与网信系统的"三同步"。

（三）信息安全管理机制方面

目前很多管理者只重视风险控制的技术问题，不太重视信息安全管理机制的建设。通过对最近几年信息安全事件的调查研究，发现很多企业大多采用"灭火式"的处理方式，只是就事论事地解决出现的风险问题，没有从流程、技术、人员三个层面制定一套可操作性强的、有效的应急管理机制。"三分技术，七分管理"对信息安全同样适用。

第一，要从运维管理、网络管理、资源管理等系统中搜集多源异构的安全数据、运维数据和业务数据，对安全事件进行智能关联分析，对安全风险进行情景感知，实现安全风险的可视化管理和风险态势的全景展示，实现量化的安全风险管理、图形化的安全风险定位、可交互的安全事件监控和实时的安全态势感知。

第二，从内外部互联互通角度，全面做好网络安全工作，如部署防火墙、增加入侵检测硬件设备等，确保信息数据完整性、保密性、可用性、不可否认性和可控性。

第三，全面完善信息安全管理制度体系和制衡机制的设计，定期开展包括信息系统连续运行计划在内的业务连续性管理演练，尤其是信息化故障处置的应急演练，强化制度遵循的有效性。

第四，定期开展信息资产风险评估、全员信息安全意识教育、ISMS 内审、信息安全管理体系（ISMS）评审、ISO27001 年度监督评审等工作，从外部推动网络环境下信息安全管理水平的提高。

（四）等级保护方面

信息安全等级保护是行业监管的基本指引。2007 年底，金融行业信息系统定级工作基本完成，等级保护工作以此为基础持续展开。以保险行业为例，等级保护本身仍旧存在很多问题。

一是等级保护没有关注企业能力差别，大多数保险机构的信息系统都被定在第一、二级，没有很好地区分强弱企业。二是等级保护的评估数据存在"盲信息"，较多通过问卷调查来采集评估数据，被访谈人员在填写调查问卷时会出现"报喜不报忧"的情况，这就在评估数据中引入了"盲信息"。

另外，由于评估专家自身经验、情绪、心情等主观因素的影响，等级划分和量化评估得分结果容易失去客观性，存在很多的主观因素，造成评估过程出现"盲信息"，专家评估的效用也不明确。针对"盲信息"，可根据其本身的可信度来衡量。专家评估效度的量化确定可以根据专家评分向量的相似度和差异性比较得到，一般来说，相似度越高，差异性越小，表明评估效度越高，反之，可信度就越低。根据相似度与差异度的比较来量化处理等级评定中专家评判的效用，可降低专家主观评估带来的误差，为后续风险管理提供了依据。

（五）基础设施安全管理方面

总体来说，金融（集团）公司的数据中心、基础设施、物理环境保护与管理不太严格。信息环境的安全程度主要取决于存储信息的安全级别，信息安全级别越高，对信息环境的安全程度和可控人员的进入要求就越严。因此信息环境的管理人员要具备一定的政治素质和技术素质，政治素质要求管理人员能抵制各种诱惑，防止因利益驱使而破坏信息环境的安全性，技术素质要求管理人员能在信息环境面临安全威胁时积极采取补救措施以减小损失。要根据实际情况，建立不同等级的环境安全保障体系，执行严格的管理制度，定期开展理论学习、操作演练和环境安全检查，切实将信息环境的安全工作落到实处。

（六）信息安全的协同机制方面

信息安全协同方面存在的问题与改进举措在 8.6 节中已经阐述。

10.2　信息安全管理指标体系

根据我国信息化相关法规和监管规定，结合金融（集团）公司自身实际和信息安全管理目标等，建立信息安全管理指标体系非常有必要。

一、信息安全指标体系设计的基本思路

指标是指预期达到的指数、规格、标准，反映的是方向。信息安全管理政策性较强，信息安全相关方面关乎行业和国家安全利益，故信息安全管理指标必须与国家有关信息安全的法律和法规相衔接。

对不同系统、不同关键业务职能的信息安全合理分类分级，确定信息安全保障能力及其最低要求。在此基础上设定信息安全关键能力指标，突出信息安全保障能力这个重点。关键能力指标是指达成特定安全保障能力级别的判别性指标，决定了信息系统所能达到的安全保障能力级别。一般能力指标为达成该安全保障能力级别的辅助性指标，会影响该安全保障能力级别下能力高低的评定。

体现管理和技术并重。强调从技术到管理去寻求某种统一的体系，寻求整体的信息安全保障，是一种体系化、结构化的思想，具有可操作性。

指标体系应当能够客观全面地评测行业信息安全保障能力的现状、发展水平及发展潜力，并可分析、评测信息安全建设过程中存在的问题，提高信息安全建设的质量，避免建设与应用过程中的盲目性和任意性。

信息安全指标体系的选择要处理好以下三点，一是指标体系要有一定的综合性和代表性，指标之间要有较强的逻辑关联性。二是指标含义应清晰，具有良好的可操作性，在采集过程中的可获得性。三是在选择反映现实信息安全水平指标外，还应考虑未来发展趋势，以保证指标体系不仅在时间上可延续，而且在内容上可拓展。

二、信息安全指标体系

遵循上述基本思路，根据《信息安全管理标准》《信息系统安全保障等级要求》《信息安全风险评估指南》《信息技术-信息安全管理实施细则》（ISO/IEC 17799：2000）和相关监管规定等，构建金融业信息安全指标体系，以此指标体系来监督推进信息安全保护能力的建设与提高。

由于金融（集团）公司信息安全保障项目众多，相互关系复杂，指标体系要将复杂关系分解为由局部简单关系构成的多层次结构。指标体系整体分为技术和管理两大类，规定了十个方面，各方面均由不同的要素构成。指标体系中的类、方面和要素之间存在着错综复杂的依赖制约关系。为此要构建一个相对完整的信息化保障能力指标体系，如图10-3所示。

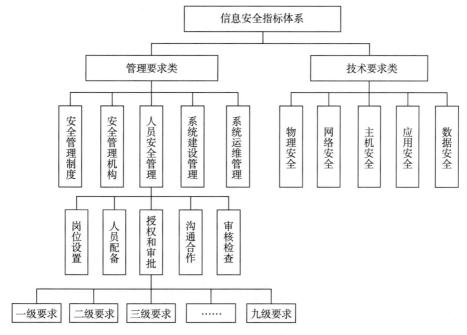

图 10-3　信息安全指标体系

技术和管理两大类指标各包含 5 个方面，共计 10 项，每项包含多个安全要素。安全要素是指为实现信息安全保障能力所规定的安全要求，信息安全保障能力要求则归类到各个安全要素之中，以人员安全管理为例，包括岗位设置、人员配备、授权审批、离职注销、审查检查等，据统计 10 个方面下的安全要素有近 80 项。以此指标分类体系，可以对整体、局部，也可对条线或项目，针对性设计具体的指标体系进行考核评估。

三、信息安全保障能力基线与监控

为了加强信息安全健康状况安全评估。金融（集团）公司应根据信息安全指标、关键风险指标和质量管理指标等建立自动监控平台和机制，强化对信息安全保障能力的自动预警和管控。也可以选择特定领域、重点方面开展监控预警。信息安全保障指标基线是指关键信息安全能力指标组合的监控基线，是一套满足信息安全基本目标的最小对策集合，对某一信息系统、某一领域、某一单位等的安全保障进行测评及机构自我检查。

基线测评的优点是需要的资源少、周期短、操作简单，对于环境相似且安全需求相当的子公司来说，基线测评显然是最经济有效的测评途径。当然，基线测评也有其难以避免的缺点，比如基线水平的高低难以设定，如果过高，可能导致资源浪费和限制过度；如果过低，可能难以达到充分的安全。图 10-4 说明的是单一系统安全基线设置及其监控，可供金融机构参考使用。

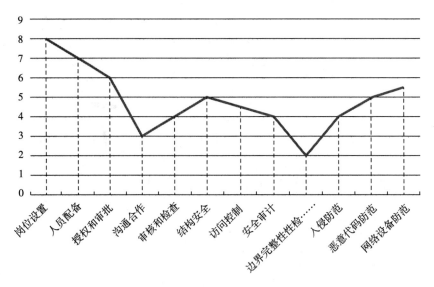

图 10-4　信息安全保障能力基线

注：纵坐标为相关安全评估项目设定的最低量化要求。

　　信息安全指标的量化阈值分为安全、限额和超限三个区间，要建立自动监控预警机制，对接近限额的指标，及时采取措施，降低风险，对于超限的指标要分析原因，采取有效措施，控制和化解风险，确保信息安全、系统平稳运行。

　　信息安全管理基线可以在多方面、多领域应用，基线是底线，再也不能降低，只能提高。安全基线应该根据信息技术发展及其所带来的信息安全风险的挑战适时完善调整。

四、信息安全配置标准

　　参考信息安全标准最佳实践，结合相关安全控制要求，对信息系统基础环境平台确定基本安全配置的标准，信息安全配置标准主要包括以下几个方面，见表 10-5。

表 10-5　信息安全配置标准

安全基线	操作系统	操作系统类型包括： Windows、HP-Unix、Linux、Tuxedo、Solaris、AIX
	网络及 安全设备	网络及安全设备包括：F5、Radware、华为交换机和路由器、思科交换机和路由器，Checkpoint、Fortigate、Juniper Netscreen、天融信四类品牌防火墙
	中间件	中间件包括： Apache、IIS、Jboss、Oracle iAS、Weblogic
	数据库	数据库类型包括： DB2、Oracle、SQL Server、Sybase
	其他方面	浏览器：IE 浏览器安全配置 防病毒系统：SEP11

10.3　数据安全管理

数据安全包括数据自身安全和应用安全。自身安全如黑客攻击、数据篡改、数据泄漏、数据损害直接导致的威胁。应用安全如公民个人信息安全、数据过度采集、越权访问、滥用等过程中的问题。

数据安全风险不仅涉及自身，还涉及行业、社会，甚至国家安全。2021 年 9 月 1 日正式实施的《中华人民共和国数据安全法》明确提出国家要建立数据分类分级保护制度，制定相关法规条例，开展相关数据安全的审查活动，明确和细化了数据安全的保护责任与义务。2020 年颁布的《金融数据安全分级指南》对金融业的数据做了详细分类，但对分类之后的数据给出一个等级，不甚科学；建议某一类数据分级后应给出一个分级的范围及其不同的管理要求。数据安全离不开系统安全和网络安全；数据安全的保护应当在网络安全等级保护制度的基础上开展。

金融（集团）公司要根据新近颁布的《数据安全法》《个人信息保护法》和《金融数据安全分级指南》等，全面修订数据管理相关制度和流程，如数据隐私与安全管理制度，全面规范数据采集、传输、存储、交换、备份、恢复和销毁等环节，采取加密等手段防范数据泄露，保障信息数据的合法、合规使用，做好数据恢复有效性测试，防范灾难发生时数据丢失风险。

在数据积累上，要建立数据采集机制，拓宽数据来源，在做好内部数据采集的同时，积极引入外部数据。要规范数据管理机制，建立统一的数据标准和框架，将不同来源的数据规范化存储在统一平台上，做好数据整合、清洗、加工等基础工作。

在数据使用上，要建设企业数据平台，通过平台建设实现数据处理、服务能力的完整集成与共享。将图计算、多维分析、实时流计算等不同的数据处理技术融入数据平台中，提高平台处理能力的多样性。反欺诈是保险风控的重中之重，通过运用建模技术，将数据多层关联，建立起"风险知识图谱"，精准预测并识别行业中的欺诈行为。

在数据安全上，一是要建立健全制度规范，依靠法律法规、专业监管的力量保障数据的审慎使用。二是通过信息脱敏、区块链等技术实现对用户隐私数据的实际保护。

一、数据安全管理的基础

（一）数据资源

数据资源是指在日常经营管理中通过计算机系统形成和存储的电子化信息。数据按照来源划分为内部数据和外部数据。

内部数据指在业务运营过程中产生的数据，又可分为四种：一是主数据，指描述核心业务对象的数据，具有一致且统一的标识符和扩展属性，在组织内会被重复使用，且存在于多个应用系统中。二是参考数据，指企业内和业务场景无关、跨领域公用的代码类数据。三是交易数据，指记录企业日常经营过程中发生各种事件、交易的数据，可分为经营类交易数据和管理类交易数据。四是指标数据，指用于统计、分析的数据，一般通过交易数据计算、整合而成，是领导层/管理层进行管理、决策的依据，包括数据标签和统计指标。

外部数据显然是指从本单位以外所取得的数据。

（二）数据治理原则

数据治理是指管理一切与数据有关流程的权责体系，包括统筹协调管理人员、流程以及技术等要素，使数据资产有效共享和利用。基本原则如下：一是价值引领，数据应用全面融入集团经营，全面发挥数据价值，实现数据对经营决策乃至商业模式的引领作用。二是专业服务，为经营管理提供专业高效的数据服务。三是协同共享，打破数据壁垒，让数据能够有序共享。四是数据规范，依托既定的数据规范体系，逐步提升数据质量。五是管理可控，数据在全生命周期内被有效管控，确保数据安全、可靠、真实。

（三）数据认责

数据认责是将数据管理活动中的责任落实到相关单位和部门的过程，通过数据认责在集团内明确数据管理活动中各单位、部门应承担的角色和责任，需要明确以下定义：

一是业务主责部门是指承担数据定义责任、数据质量解决责任和数据发布责任的部门。数据定义责任指负责对所管理数据进行数据定义、业务规则定义、统计口径定义和解释。二是数据质量解决责任指负责牵头制定数据质量问题解决方案，并负责对数据质量解决方案的执行情况进行跟踪。三是数据发布责任指负责提供所管数据的权威版本，并负责对数据的使用获取范围拥有决定权。

按此定义，主数据采用"业务对象谁管理，数据谁主责"的原则认定业务主责部门。参考数据一般由集团信息科技部门主责管理。交易数据采用"集团职能部门管理领域内的交易数据由集团部门主责，其余领域按照"谁产生、谁主责"的原则认定业务主责部门。指标数据采用"谁定义、谁主责"的原则认定业务主责部门，外部数据则采用"谁采集、谁主责"的原则认定业务主责部门。

二、数据安全管理的核心领域

（一）数据架构管理

数据架构是指促进数据资产存储、集成、使用、访问和传输的框架结构组件，支持数据的集中管理和分析应用。数据架构管理是指定义和维护数据架构与数据模型的一系列规范过程。数据架构管理的目标是设计满足长期需求的数据架构，制定可实现的架构规划。数据架构管理的主要内容为，建立企业级数据模型（概念模型、逻辑模型和物理模型）和应用级数据模型，探明企业数据分布（指明确核心业务对象在各信息系统、业务流程、管理组织中的分布，并明确 CRUD[①] 分布），明确可信数据源及数据流，即数据分布情况和数据流转管理，包括设计并制定企业数据流及可信源数据，为系统间数据流转和接口设计提供平台化和规范化的建议。

（二）数据标准管理

数据标准是指一整套的数据规范、管控流程和技术工具，用以确保各种重要信息在集团内外的使用和交换都是一致、准确的。数据标准管理是指为了确保数据标准的有效性和适用性而建立、维护、应用数据标准的一系列过程。数据标准管理的目标包括：一是提升数据质量，统一数据定义，明确数据填写及处理要求，提供管控方面的保障，为管理决策提供准确、全面的数据。二是提升信息技术实施能力和系统的数据模型设计效率，降低各系统间集成的复杂度，提高系统间交互效率。三是提升整体业务效率，统一业务语言，明确业务规则，规范业务处理过程，满足对信息及时性的要求。数据标准领域的管理活动包括基础类数据标准制定与维护、指标类数据标准制定与维护、数据标准执行与落地。集团层面应制定集团级基础数据标准和指标数据标准，并在应用系统中落地并加以执行，子公司应结合自身实际开展。

（三）数据质量管理

数据质量是指数据满足集团业务需求与业务规则的程度，主要从数据的准确性、完整性、时效性、一致性、唯一性的维度进行描述和衡量。数据质量管理是指在数据创建、加工、使用和迁移等过程中，通过问题发现、问题分析、整改及评估考核等一系列核心活动，提高数据质量以满足业务要求的过程。数据质量管理的目标有二，一是形成可度量、监控和报告的数据质量水平及其有效工作方式；二是持续提升数据质量，满足既定的业务预期。责任单位应结合自身实际情况，在各自主责的应用系统中执行数据质量监控、负责主责数据的质量问题分析与整改、制定并维护主责数据的质量规则。

（四）主数据管理

主数据是指在集团范围内跨业务条线、跨系统共享的，相对静态的、描述业务实体的数据集合。主数据管理是指一整套管理手段与管理流程，涉及如何在集团范围内识别、创建、整合、使用并维护主数据的全过程。主数据管理的目标是实现企业主数据跨平台、跨业务系统的一致性、准确性，构建起企业主数据可信数据源，形成企业主数据的共享机制。主数据领域的管理活动包括：一是通过对主数据管理内涵的理解，识别企业主数据和管理需求，定义主数据管理范围和属性；二是建立主数据维护管理机制，对主数据进行创建、更改、删除、发布；三是建设与维护主数据信息管理平台，对客户、产品、组织等主数据进行持续建设。

（五）元数据管理

元数据是指描述数据的数据，用来描述数据的业务含义、技术含义、加工处理过

---

① CRUD 是数据库基本操作中的 Create（创建）、Read（读取）、Update（更新）、Delete（删除）首个英文字母缩写。

程、质量、覆盖范围、逻辑和物理结构、所有者和提供方式等相关信息。元数据管理是指对用以描述数据、操纵和应用数据的过程进行管理，包括元数据定义、生命周期管理和应用等工作。元数据管理的目标有三个：一是构建元数据管理框架，利用元数据提升数据治理能力，支持数据服务及应用系统；二是建立元数据管理机制，实现元数据的管理和应用；三是利用元数据提高企业数据治理的标准化、结构化，提高数据治理的效率和数据资产应用的价值。元数据领域的管理活动包括：一是根据数据标准、数据质量、数据架构等数据治理内容的需求，定义元数据类型、元数据模型；二是元数据的生命周期管理，即创建、采集、修改、更新、版本管理，对元数据内容的使用情况及元数据质量进行定期评估完善；三是为数据治理各模块提供标准化的控制性数据定义，为数据服务自动化处理提供控制信息。

集团公司应制定并维护元数据模板，各单位、部门应在其主责系统的建设与维护过程中，遵循集团统一模板，及时采集与维护系统元数据。

（六）数据生命周期管理

数据生命周期是指数据从产生到销毁的全过程，包括数据的收集、创建、分发、存储、使用、归档、销毁等。数据生命周期管理是指通过方法、流程和工具，实现在数据全生命周期中的规范操作与管控，降低数据操作风险。数据生命周期领域的管理活动包括：一是数据需求管理，即建立完善数据需求管理的标准流程，提升需求效率和标准化程度；二是数据开发管理，数据开发是系统开发实施的一个子集，是数据架构管理的落地过程，主要工作是实施、部署及维护应用系统的数据解决方案；三是数据获取录入管理，即明确数据录入的规范流程并监督执行；四是数据变更管理，建立数据变更管理策略，降低风险；五是数据存档和销毁管理，即制定数据归档留存策略，平衡系统性能、容量与业务需求的关系。

三、数据应用安全管理

（一）数据应用服务

数据应用服务是指基于统一及分散的数据存储和应用类系统，提供数据查询、报表定制、数据分析，深入探索等数据支持与运用服务，旨在发挥数据价值，指导经营管理，提高风险管理水平。传统分析型应用指满足日常经营管理所需信息需求，提供标准化、流程化、自助性的数据服务形式，如报表查询、指标查询等。高级分析型应用是指满足特定的前瞻性、创新性经营管理所需信息需求，提供复杂、专业且高价值的数据服务形式，如数据建模、机器学习等。数据应用服务管理是指建立数据服务体系，规划并明确数据应用的实现形式，建立涵盖数据应用需求全生命周期的管理机制，包括需求采集、拆分、整合、审核、协调、跟踪及退出管理等。

（二）数据应用服务领域管理

1. 数据需求管理。数据应用需求是指数据使用方根据工作需要所提出的数据应用服务申请，包括但不限于数据提取需求、数据分析需求等。数据应用需求管理包括数据应用需求的受理、分析、拆分、合并等。

2. 数据应用开发与交付。指在各类数据应用系统内进行数据挖掘、探索、提取等，以实现数据应用需求的活动。

3. 数据应用内容管理。数据应用内容指将数据进行获取、加工或处理后，交付给用户使用的具有特定业务价值信息的服务载体。应用内容管理是指对应用内容的体系梳理和生命周期管理，确保对数据应用需求的引导和快速响应，最终实现数据价值的有效发挥。

4. 数据共享管理。建立统一的数据标准规范，在明晰数据资源所有权的前提下，制定集团内数据共享的管理规则和流程。建立集团数据资源安全有效使用环境，以大数据平台为载体，推进集团内数据资源集中共享，消除数据内部壁垒和孤岛现象，促进部门和公司间的协同，让数据能够在集团内有序共享。

（三）数据应用系统建设与管理

数据应用系统建设主要有数据基础平台和数据应用系统的持续建设。管理侧重于安全管理规则、权限的设置与安全运营维护。

四、数据隐私安全管理

数据是战略资产。在大数据应用过程中，涉及数据采集、数据整合、数据分析、数据发布等多个过程，数据可能遭受泄露、丢失、被篡改等多方面威胁，其中需重点考虑的是完整性风险和隐私泄露风险。

（一）数据隐私

数据隐私是指在各类数据中直接或间接蕴含的，涉及个人或组织的，不宜公开的，需要在数据收集、数据存储、数据查询和分析、数据发布等过程中加以保护的敏感信息。数据安全管理是指计划、制定、执行相关安全策略和规程，确保数据资产在使用过程中有恰当的认证、授权、访问和审计等措施的过程，目标是建立起完整的数据访问策略、检查机制、控制和监控机制，杜绝数据非授权访问，确保和实现所有利益相关者（包括监管者）对数据的隐私性和机密性的要求。保护数据隐私的方法通常采用数据匿名化、数据扰动、数据加密、差分隐私等技术。数据隐私与安全管理包括：

1. 数据安全密级管理：制定数据安全密级，对数据进行密级分类，分类对象包括数据项、数据对象和系统。

2. 身份认证与数据权限管理：基于数据的内容特性和安全密级，定义管理数据访问和获取权限，并对数据获取的的认证、授权、访问进行管理。

3. 数据加密与脱敏：通过加密与脱敏等技术手段，确保数据即使被获取也无法获取原始的真正业务信息，从而为数据的安全使用提供保障。

4. 数据安全监控与审计：通过对数据全流程的事中监控和事后审计，及时发现安全隐患，确保数据安全措施得到执行。

5. 个人信息隐私保护：通过数据安全手段，保护个人信息合规、安全地获取、存储与使用。

（二）云计算安全风险

随着科学技术的发展，大数据和云计算技术的结合已经成为一种必然的发展趋势。云计算为大数据提供了存储场所、访问渠道、虚拟化的数据处理空间，具有盘活数据资产价值的能力。云计算环境最大的安全风险是物理边界的消失，这使得传统的安全防护手段无法很好地应对入侵攻击，而虚拟化技术本身存在的多租户隔离和虚拟机逃逸等安全问题，也带来了不容忽视的风险。同时，云存储也增加了数据存储的风险，一旦集中在云端的数据遭到泄露，其影响面就会大大增加。

使用公有云服务，数据资产可能面临法律风险、泄露风险、责任风险、声誉风险等。特别是公有云服务商的存续时间一般都短于金融机构，当公有云服务商因故变更或终止服务时，这一风险将更加突出。为此，要充分评估使用云计算服务的价值和风险，重点关注云计算提供商满足服务等级协定，以及提供连续性稳定云服务的能力，云服务的存续年限，并充分考虑敏感数据在云计算平台上运行的安全性，所采取的安全控制措施的可靠性，以及系统和数据迁移方案完善性等风险因素。

（三）敏感数据的分类管理

敏感数据存在的形式不仅是文档，还包括业务系统中流转的、服务器中共享的、个人设备中保存的、设计软件中展现和邮件中的正文信息及附件中的数据等，呈现出不同的应用形态，交付第三方的信息等都可能是敏感数据。因此需要对数据进行分级分类管理，采用不同的策略进行防护。一是内部核心数据部门，需要制定完善严格的防护策略；二是内部的办公区域，需要加以适当防范；三是服务器区域，需明确数据的存在方式，以及访问权限设置；四是移动办公的人员，需兼顾安全与便捷；五是接受交换数据的外部机构，数据传输需要加密处理，数据访问需要严格可控。敏感数据在产生、存储、应用、交换等环节中均存在泄密风险，因此数据风险的评估、系统整合、应用系统架构设计与信息系统的合理使用都是数据风险防护考虑的因素。

五、基于移动设备的数据安全构建

由于手机、平板电脑等移动设备介入，伴随着移动互联，线下固定柜面营销模式正向客户移动销售线上模式转变，较多金融产品，尤其是标准化的个人金融产品交易及其后续处理可通过自营网络平台载体得以实现。此外，各类 E 端移动应用的广泛开发使用，也最大限度地利用了移动智能终端普及、5G 业务快速推广等条件。如何最大程度降低上述应用在开发自研过程中出现的安全漏洞，是必须面对和解决的问题。

2020 年前后，新冠肺炎疫情突发，一段时间内金融行业几乎服务零接触，远程移动办公需求量陡增。随着智能终端和移动宽带技术的迅猛发展，智能手机、平板电脑、便携式 PC 等移动设备也在不断升级，移动办公在提高效率、节省职场租金成本的同时，也使得金融机构面临选择难题，即员工使用的移动终端设备是公司所有还是个人所有？如果选择为员工配备移动终端设备，设备管理问题则相对容易解决，可采取相应的技术控制措施，对员工移动设备进行有效管理。然而随着个人移动终端设备的普及化，越来越多的员工将移动设备引入办公环境中，自带终端上班 BYOD（Bring Your Own Devices）逐渐演变为一种潮流。与此同时，针对移动智能终端的安全威胁也接踵而来。移动威胁检测数据显示，现在平均每秒就有 3.5 个新威胁产生。移动智能终端已成为黑客的攻击目标之一，安全问题不容小觑。

对个人用户而言，各种智能操作系统安全漏洞、刷机越狱产生的安全隐患，以及越来越多的手机恶意程序都是需要面对的安全风险。机构用户也面临同样的安全挑战，在认同员工 BYOD 的同时，如何对员工自带设备进行有效的安全管理，以保护企业的机密信息不受侵犯。要做好企业级移动设备安全管理，就要建立一套有效的防护策略，关键要做到将 BYOD 的工作与个人使用区分，需要注意以下几个方面。

一是设备认证。为确保授权设备才能接入指定金融机构网络，员工必须通过身份认证并确认授权接入的终端设备。二是设备标准配置。确认准入后，设备需按既定的安全配置要求，实施密码标准、密码失败尝试控制、自动锁屏等安全管理措施。三是传输保密性。设备经国际互联网连接金融机构内网时，在互联网上的传输必须建立加密传输（如 VPN、SSL 等）通道，保障敏感数据在公网上的传输安全。四是数据保密。金融机构数据应只容许访问，不容许保留在接入的移动设备上；如必须将数据保存到个人接入移动设备，企业数据必须与个人数据分隔，并加密保存。五是数据处理。当员工设备丢失或离职时，设备存储的数据必须立即清除，设备管理必须能够实施远程数据删除处理，防止敏感数据的泄露。

除了采取有效的技术措施外，还应制定 BYOD 管理制度，必须清晰表述员工将个人设备用于工作环境的操作规则，并签订使用协议，允许企业在个人设备上部署安全控制措施，还应进行适当宣传培训，使员工了解移动终端设备用于办公环境可能导致的信息安全风险。

BYOD 安全管理策略实施后，移动设备不但可支持移动办公，还可接收企业 App Store 下发的应用程序，支持创新的业务移动工作模式，实现金融服务不受地域和时间的限制。

10.4　网络安全管理

我国已成为名副其实的网络大国，由于网络的开放性和计算机操作系统的不完善性带来技术应用的负面效应，计算机网络已经成为网上信息安全隐患不断孳生的温床。网络信息安全问题的表现形式主要有计算机病毒（Computer Virus）、黑客攻击（Hackers Attack）、信息混乱（Information Disorder）和信息污染（Information Pollution）等。目前，每天新增数以万计的病毒和钓鱼网站入侵用户电脑、盗取秘密账号、个人隐私、商业秘密、网络财产，黑客攻击国家金融、电网等国民经济支柱行业，甚至盗取国家机密也时有发生。各种网络资源，包括支撑系统运行的网络专线、宽带、地址、域名，以及相关网络设备等虚拟及物理设施等也受到较大威胁，形势十分严峻。所以网络安全事关国家安全、社会经济发展、社会稳定和亿万网民的切身利益，当然也事关金融行业经营管理的安全。

网络安全管理主要涵盖十三个方面：一是网络安全等级保护工作的组织领导，二是网络安全等级保护工作的保障，三是关键信息基础设施保护工作开展，四是网络安全考评制度和责任追究制度执行，五是网络安全管理制度的制定和实施，六是重要数据的保护，七是网络安全监测预警，八是网络安全应急预案和演练，九是网络安全事件（事故）的处置，十是信息技术产品、服务国产化，十一是网络安全宣传培训，十二是网络运营者网络基本情况及信息系统等级保护定级备案、测评和整改工作等情况，十三是网络安全风险隐患排查、识别、评估和处置。要重点做好以下几方面的工作：

第一，做好网络发展的整体规划，并同步实施与之相匹配的网络安全计划。

第二，建立网络安全管理制度，规范管理网络结构、安全配置、日志保存、安全控制软件升级与打补丁、口令更新、文件备份和外部连接等方面的授权批准与变更审核，保障安全策略的有效执行。分类对计算机终端的安全提出要求，制订终端网络准入、安全策略、软件安装等管理规范。

第三，建立较为完备的网络体系，具有合理的网络结构，重要网络设备和通信线路应具有冗余备份，确保网络资源应当满足高性能、高可用性、高安全性、可扩展性等要求，为信息系统提供安全、稳定、高效的运行环境。数据中心应当用两条或者多条通信线路互为备份，互为备份的通信线路不得经过同一路由节点。

第四，当内部网络与第三方机构等外联单位网络连接时，应明确网络外联种类方式，采用可靠连接策略及技术手段，实现彼此有效隔离，并对跨网络流量、网络用户行为等进行记录和定期审计，确保审计记录不被删除、修改或覆盖。严格控制移动设备接入、无线接入和远程接入等网络接入行为，明确接入方式、访问控制等措施要求，形成网络接入日志并定期审计，确保未经审查通过的设备无法接入。

第五，根据业务、应用系统的功能及信息安全级别，将网络与信息系统划分成不同的逻辑安全区域，在网络各区域之间以及网络边界建立访问控制措施，部署监控手段，控制数据流向安全。

第六，加强信息系统平台软件安全管理，确保配置标准落实。对入侵行为、恶意代码、病毒等风险进行防范部署，严格控制信息系统身份访问、资源访问，监控主机系统的资源使用情况，并在服务水平降低到设定阈值时发出报警。

第七，定期开展网络安全风险的自查评估与分析改进工作。检查对象包括关键信息基础设施、网站、邮件系统、重要业务系统、云平台、大数据平台、APP、互联网数据库系统、LED电子显示屏系统、物联网和工控系统等，尤其是要重点关注网络安全等级保护二级以上的系统。

2021年，公安部等相关部门联合发文开展全国范围的网络安全检查工作。以保险行业为例，开展的网络安全自查内容十分系统全面，值得参考，见表10-6。

表10-6 网络安全自查明细

大类序列	控制域	检查项（安全管理或技术要求）	依据来源
1 技术要求	1.1 安全物理环境（PES）	1.1.1 物理位置选择（G3） 本项要求包括： a）机房和办公场地应选择在具有防震、防风和防雨等能力的建筑内； b）机房场地应避免设在建筑物的顶层或地下室，否则应加强防水和防潮措施。	GB/T 22239—2019
		1.1.2 物理访问控制（G3） 本项要求包括： a）机房出入口应配置电子门禁系统，控制、鉴别和记录进入的人员	GB/T 22239—2019
		1.1.3 防盗窃和防破坏（G3） 本项要求包括： a）应将设备或主要部件进行固定，并设置明显的不易除去的标识； b）应将通信线缆铺设在隐蔽安全处； c）应设置机房防盗报警系统或设置有专人值守的视频监控系统。	GB/T 22239—2019
		1.1.4 防雷击（G3） 本项要求包括： a）应将各类机柜、设施和设备等通过接地系统安全接地； b）应采取措施防止感应雷，例如设置防雷保安器或过压保护装置等。	GB/T 22239—2019
		1.1.5 防火（G3） 本项要求包括： a）机房应设置火灾自动消防系统，能够自动检测火情、自动报警，并自动灭火； b）机房及相关的工作房间和辅助房应采用具有耐火等级的建筑材料； c）应对机房划分区域进行管理，区域和区域之间设置隔离防火措施。	GB/T 22239—2019
		1.1.6 防水和防潮（G3） 本项要求包括： a）应采取措施防止雨水通过机房窗户、屋顶和墙壁渗透 b）应采取措施防止机房内水蒸气结露和地下积水的转移与渗透； c）应安装对水敏感的检测仪表或元件，对机房进行防水检测和报警。	GB/T 22239—2019

大类序列	控制域	检查项（安全管理或技术要求）	依据来源
1 技术要求	1.1 安全物理环境（PES）	1.1.7 防静电（G3） 本项要求包括： a）应采用防静电地板或地面并采用必要的接地防静电措施； b）应采取措施防止静电的产生，例如采用静电消除器、佩戴防静电手环等。	GB/T 22239—2019
		1.1.8 温湿度控制（G3） 本项要求包括： a）应设置温湿度自动调节设施，使机房温湿度的变化在设备运行所允许的范围之内。	GB/T 22239—2019
		1.1.9 电力供应（A3） 本项要求包括： a）应在机房供电线路上配置稳压器和过电压防护设备； b）应提供短期的备用电力供应，至少满足设备在断电情况下的正常运行要求； c）应设置冗余或并行的电力电缆线路为计算机系统供电；	GB/T 22239—2019
		1.1.10 电磁防护（A3） 本项要求包括： a）电源线和通信线缆应隔离铺设，避免互相干扰； b）应对关键设备实施电磁屏蔽	GB/T 22239—2019
		［保监发〔2011〕68号］机房建设和管理 a）根据信息化发展需要，建设相应的中心机房和灾备机房（以下统称"机房"）。机房应设置在中华人民共和国境内（不包括港、澳、台地区），机房建设须符合国家有关标准规范和监管部门要求。将机房外包托管的公司，应保证受托方机房符合上述标准，主机托管应具有独立的操作空间和严格的安全措施。 b）建立健全机房运行维护安全管理制度，指定专门部门及专人负责机房安全管理，采取合理的物理访问控制，对出入机房人员进行审查、登记，确保对机房实施7×24小时实时监控。 c）根据设备功能及软件应用等性质设立物理安全保护区域，采取必要的预防、检测和恢复控制措施。重要保护区域前应设置交付或过渡区域，重要设备或主要部件应进行固定并设置明显的标记。	保监发〔2011〕68号

大类序列	控制域	检查项（安全管理或技术要求）	依据来源
1 技术要求	1.2 安全通信网络（CNS）	1.2.1 网络架构（G3） 本项要求包括： a）应保证网络设备的业务处理能力满足业务高峰期需要； b）应保证网络各个部分的带宽满足业务高峰期需要； c）应划分不同的网络区域，并按照方便管理和控制的原则为各网络区域分配地址； d）应避免将重要网络区域部署在边界处，重要网络区域与其他网络区域之间应采取可靠的技术隔离手段； e）应提供通信线路、关键网络设备和关键计算设备的硬件冗余，保证系统的可用性。	GB/T 22239—2019
		1.2.2 通信传输 本项要求包括： a）应采用校验技术或密码技术保证通信过程中数据的完整性； b）应采用密码技术保证通信过程中数据的保密性。	GB/T 22239—2019
		1.2.3 可信验证 本项要求包括： a）可基于可信根对通信设备的系统引导程序、系统程序、重要配置参数和通信应用程序等进行可信验证，并在应用程序的关键执行环节进行动态可信验证，在检测到其可信性受到破坏后进行报警，并将验证结果形成审计记录送至安全管理中心	GB/T 22239—2019
	1.3 安全区域边界（ABS）	1.3.1 边界防护 本项要求包括： a）应保证跨越边界的访问和数据流通过边界设备提供的受控接口进行通信； b）应能够对非授权设备私自联到内部网络的行为进行检查或限制； c）应能够对内部用户非授权联到外部网络的行为进行检查或限制； d）应限制无线网络的使用，保证无线网络通过受控的边界设备接入内部网络。	GB/T 22239—2019
		1.3.2 访问控制（G3） 本项要求包括： a）应在网络边界或区域之间根据访问控制策略设置访问控制规则，默认情况下除允许通信外受控接口拒绝所有通信； b）应删除多余或无效的访问控制规则，优化访问控制列表，并保证访问控制规则数量最小化； c）应对源地址、目的地址、源端口、目的端口和协议等进行检查，以允许/拒绝数据包进出； d）应能根据会话状态信息为进出数据流提供明确的允许/拒绝访问的能力； e）应对进出网络的数据流实现基于应用协议和应用内容的访问控制。	GB/T 22239—2019

续表

大类序列	控制域	检查项（安全管理或技术要求）	依据来源
1 技术要求	1.3 安全区域边界（ABS）	1.3.3 入侵防范（G3） 本项要求包括： a）应在关键网络节点处检测、防止或限制从外部发起的网络攻击行为； b）应在关键网络节点处检测、防止或限制从内部发起的网络攻击行为； c）应采取技术措施对网络行为进行分析，实现对网络攻击特别是新型网络攻击行为的分析； d）当检测到攻击行为时，记录攻击源IP、攻击类型、攻击目标、攻击时间，在发生严重入侵事件时应提供报警。	GB/T 22239—2019
		1.3.4 恶意代码和垃圾邮件防范（G3） 本项要求包括： a）应在关键网络节点处对恶意代码进行检测和清除，并维护恶意代码防护机制的升级和更新； b）应在关键网络节点的处对垃圾邮件进行检测和防护，并维护垃圾邮件防护机制的升级和更新。	GB/T 22239—2019
		1.3.5 安全审计（G3） 本项要求包括： a）应在网络边界、重要网络节点进行安全审计，审计覆盖到每个用户，对重要的用户行为和重要安全事件进行审计； b）审计记录应包括事件的日期和时间、用户、事件类型、事件是否成功及其他与审计相关的信息； c）应对审计记录进行保护，定期备份，避免受到未预期的删除、修改或覆盖等； d）应能对远程访问的用户行为、访问互联网的用户行为等单独进行行为审计和数据分析。	GB/T 22239—2019
		1.3.6 可信验证（G3） 本项要求包括： a）可基于可信根对边界设备的系统引导程序、系统程序、重要配置参数和边界防护应用程序等进行可信验证，并在应用程序的关键执行环节进行动态可信验证，在检测到其可信性受到破坏后进行报警，并将验证结果形成审计记录送至安全管理中心。	GB/T 22239—2019

大类序列	控制域	检查项（安全管理或技术要求）	依据来源
1 技术要求	1.3 安全区域边界（ABS）	［保监发〔2011〕68号］网络安全 a）根据业务、应用系统的功能及信息安全级别，将网络与信息系统划分成不同的逻辑安全区域，在网络各区域之间以及网络边界建立访问控制措施，部署监控手段，控制数据流向安全。 b）建立较为完备的网络体系，具有合理的网络结构，重要网络设备和通信线路应具有冗余备份，确保业务系统安全稳定运行。 c）建立网络安全管理制度，规范管理网络结构、安全配置、日志保存、安全控制软件升级与打补丁、口令更新、文件备份和外部连接等方面的授权批准与变更审核，保障安全策略的有效执行。 d）内部网络与互联网、外联单位网络等连接时，应明确网络外联种类方式，采用可靠连接策略及技术手段，实现彼此有效隔离，并对跨网络流量、网络用户行为等进行记录和定期审计，同时确保审计记录不被删除、修改或覆盖。 e）严格控制移动式设备接入、无线接入和远程接入等网络接入行为，明确接入方式、访问控制等措施要求，形成网络接入日志并定期审计，确保未经审查通过的设备无法接入。	保监发〔2011〕68号
	1.4 安全计算环境（CES）	1.4.1 身份鉴别（S3） 本项要求包括： a）应对登录的用户进行身份标识和鉴别，身份标识具有唯一性，身份鉴别信息具有复杂度要求并定期更换； b）应具有登录失败处理功能，应配置并启用结束会话、限制非法登录次数和当登录连接超时自动退出等相关措施； c）当进行远程管理时，应采取必要措施防止鉴别信息在网络传输过程中被窃听； d）应采用口令、密码技术、生物技术等两种或两种以上组合的鉴别技术对用户进行身份鉴别，且其中一种鉴别技术至少应使用密码技术来实现。	GB/T 22239—2019
		1.4.2 访问控制（S3） 本项要求包括： a）应对登录的用户分配账户和权限； b）应重命名或删除默认账户，修改默认账户的默认口令； c）应及时删除或停用多余的、过期的账户，避免共享账户的存在； d）应授予管理用户所需的最小权限，实现管理用户的权限分离； e）应由授权主体配置访问控制策略，访问控制策略规定主体对客体的访问规则； f）访问控制的粒度应达到主体为用户级或进程级，客体为文件、数据库表级； g）应对重要主体和客体设置安全标记，并控制主体对有安全标记信息资源的访问。	GB/T 22239—2019

大类序列	控制域	检查项（安全管理或技术要求）	依据来源
1 技术要求	1.4 安全计算环境（CES）	**1.4.3 安全审计（S3）** 本项要求包括： a）应启用安全审计功能，审计覆盖到每个用户，对重要的用户行为和重要的安全事件进行审计； b）审计记录应包括事件的日期和时间、用户、事件类型、事件是否成功及其他与审计相关的信息； c）应对审计记录进行保护，定期备份，避免受到未预期的删除、修改或覆盖等； d）应对审计进程进行保护，防止未经授权的中断。	GB/T 22239—2019
		1.4.4 入侵防范（S3） 本项要求包括： a）应遵循最小安装的原则，仅安装需要的组件和应用程序； b）应关闭不需要的系统服务、默认共享和高危端口； c）应通过设定终端接入方式或网络地址范围对通过网络进行管理的管理终端进行限制； d）应提供数据有效性检验功能，保证通过人机接口输入或通过通信接口输入的内容符合系统设定要求； e）应能发现可能存在的已知漏洞，并在经过充分测试评估后，及时修补漏洞； f）应能够检测到对重要节点进行入侵的行为，并在发生严重入侵事件时提供报警。	GB/T 22239—2019
		1.4.5 恶意代码防范（S3） 本项要求包括： 应采用免受恶意代码攻击的技术措施或主动免疫可信验证机制及时识别入侵和病毒行为，并将其有效阻断。	GB/T 22239—2019
		1.4.6 可信验证（S3） 本项要求包括： a）可基于可信根对计算设备的系统引导程序、系统程序、重要配置参数和应用程序等进行可信验证，并在应用程序的关键执行环节进行动态可信验证，在检测到其可信性受到破坏后进行报警，并将验证结果形成审计记录送至安全管理中心。	GB/T 22239—2019
		1.4.7 数据完整性（S3） 本项要求包括： a）应采用校验技术或密码技术保证重要数据在传输过程中的完整性，包括但不限于鉴别数据、重要业务数据、重要审计数据、重要配置数据、重要视频数据和重要个人信息等； b）应采用校验技术或密码技术保证重要数据在存储过程中的完整性，包括但不限于鉴别数据、重要业务数据、重要审计数据、重要配置数据、重要视频数据和重要个人信息等。	GB/T 22239—2019

续表

大类序列	控制域	检查项（安全管理或技术要求）	依据来源
1 技术要求	1.4 安全计算环境（CES）	**1.4.8 数据保密性（S3）** 本项要求包括： a）应采用密码技术保证重要数据在传输过程中的保密性，包括但不限于鉴别数据、重要业务数据和重要个人信息等； b）应采用密码技术保证重要数据在存储过程中的保密性，包括但不限于鉴别数据、重要业务数据和重要个人信息等。	GB/T 22239—2019
		1.4.9 数据备份恢复（S3） 本项要求包括： a）应提供重要数据的本地数据备份与恢复功能； b）应提供异地实时备份功能，利用通信网络将重要数据实时备份至备份场地； c）应提供重要数据处理系统的热冗余，保证系统的高可用性。	GB/T 22239—2019
		1.4.10 剩余信息保护（S3） 本项要求包括： a）应保证鉴别信息所在的存储空间被释放或重新分配前得到完全清除； b）应保证存有敏感数据的存储空间被释放或重新分配前得到完全清除。	GB/T 22239—2019
		1.4.11 个人信息保护（S3） 本项要求包括： a）应仅采集和保存业务必需的用户个人信息； b）应禁止未授权访问和非法使用用户个人信息。	GB/T 22239—2019
		1.4.12 ［保监发〔2011〕68 号〕数据生命周期管理 a）制定信息管理相关制度和流程，规范管理信息采集、传输、交换、存储、备份、恢复和销毁等环节，加强重要数据信息控制和保护，保障信息的合法、合规使用。	保监发〔2011〕68 号
	1.5 终端安全	**1.5.1 ［保监发〔2011〕68 号〕终端管理与病毒防范** a）分类对计算机终端的安全提出要求，制订终端网络准入、安全策略、软件安装等管理规范。 b）加强信息系统病毒防护工作，集中进行防病毒产品的选型测试和部署实施，及时更新防病毒软件和病毒代码，发现病毒或异常情况及时处理。 c）建立恶意代码防范管理制度，并部署防恶意代码软件，对防恶意代码软件的授权使用、恶意代码库升级、定期汇报等做出明确规定，采取管理与技术措施，确保具备主动发现和有效阻止恶意代码传播的能力。	保监发〔2011〕68 号

大类序列	控制域	检查项（安全管理或技术要求）	依据来源
2 管理要求	2.1 安全管理中心（SMC）	**2.1.1 系统管理（G3）** 本项要求包括： a）应对系统管理员进行身份鉴别，只允许其通过特定的命令或操作界面进行系统管理操作，并对这些操作进行审计； b）应通过系统管理员对系统的资源和运行进行配置、控制和管理，包括用户身份、系统资源配置、系统加载和启动、系统运行的异常处理、数据和设备的备份与恢复等。	GB/T 22239—2019
		2.1.2 审计管理（G3） 本项要求包括： a）应对审计管理员进行身份鉴别，只允许其通过特定的命令或操作界面进行安全审计操作，并对这些操作进行审计； b）应通过审计管理员对审计记录应进行分析，并根据分析结果进行处理，包括根据安全审计策略对审计记录进行存储、管理和查询等。	GB/T 22239—2019
		2.1.3 安全管理（G3） 本项要求包括： a）应对安全管理员进行身份鉴别，只允许其通过特定的命令或操作界面进行安全管理操作，并对这些操作进行审计； b）应通过安全管理员对系统中的安全策略进行配置，包括安全参数的设置，主体、客体进行统一安全标记，对主体进行授权，配置可信验证策略等。	GB/T 22239—2019
		2.1.4 集中管控（G3） 本项要求包括： a）应划分出特定的管理区域，对分布在网络中的安全设备或安全组件进行管控； b）应能够建立一条安全的信息传输路径，对网络中的安全设备或安全组件进行管理； c）应对网络链路、安全设备、网络设备和服务器等的运行状况进行集中监测； d）应对分散在各个设备上的审计数据进行收集汇总和集中分析，并保证审计记录的留存时间符合法律法规要求； e）应对安全策略、恶意代码、补丁升级等安全相关事项进行集中管理； f）应能对网络中发生的各类安全事件进行识别、报警和分析。	GB/T 22239—2019

大类序列	控制域	检查项（安全管理或技术要求）	依据来源
2 管理要求	2.2 安全管理制度（PSS）	**2.2.1 安全策略（G3）** 本项要求包括： a）应制定网络安全工作的总体方针和安全策略，阐明机构安全工作的总体目标、范围、原则和安全框架等。	GB/T 22239—2019
		2.2.2 管理制度（G3） 本项要求包括： a）应对安全管理活动中的各类管理内容建立安全管理制度； b）应对管理人员或操作人员执行的日常管理操作建立操作规程； c）应形成由安全策略、管理制度、操作规程、记录表单等构成的全面的安全管理制度体系	GB/T 22239—2019
		2.2.3 制定和发布（G3） 本项要求包括： a）应指定或授权专门的部门或人员负责安全管理制度的制定； b）安全管理制度应通过正式、有效的方式发布，并进行版本控制； c）应组织相关人员对制定的安全管理制度进行论证和审定； d）安全管理制度应通过正式、有效的方式发布； e）安全管理制度应注明发布范围，并对收发文进行登记。	GB/T 22239—2019
		2.2.4 评审和修订（G3） 本项要求包括： a）信息安全领导小组应负责定期组织相关部门和相关人员对安全管理制度体系的合理性和适用性进行审定； b）应定期对安全管理制度的合理性和适用性进行论证和审定，对存在不足或需要改进的安全管理制度进行修订。	GB/T 22239—2019
		［保监发〔2011〕68 号〕制度体系建设 建立覆盖物理环境、网络、主机系统、桌面系统、数据、存储、灾备、安全事件管理及应用等各层面的安全管理规章制度，并定期或根据需要及时对安全管理规章制度进行评审、修订。	保监发〔2011〕68 号

续表

大类序列	控制域	检查项（安全管理或技术要求）	依据来源
2　管理要求	2.3　安全管理机构	2.3.1　［保监发〔2011〕68号］安全治理 a）各公司是信息系统安全的责任主体。公司法定代表人或主要负责人为信息系统安全的第一责任人。 b）信息化工作委员会之下应设立信息安全专业工作机构，全面统筹协调公司信息系统安全相关事项的研判决策，并应指定公司级高级管理人员负责信息安全专业工作机构，作为信息系统安全的直接责任人。 c）各公司应履行以下信息系统安全管理职责： 贯彻落实国家和监管部门有关信息系统安全管理的法律法规、技术标准和相关要求。 组织公司信息系统安全规划与建设工作，制订相关管理规定。 建立有效的信息系统安全保障体系并定期或根据工作需要及时进行检查、评估、审计、改进、监控等工作。 对信息系统安全事件进行管理、处置和上报。 组织公司员工信息系统安全教育与培训。 开展与信息系统安全相关的其他工作。	保监发〔2011〕68号
		2.3.2　［保监发〔2011〕68号］安全专业人员、职责和培训 a）针对信息系统安全的各层面、各环节，结合各部门和岗位职责，建立职责明确的授权机制、审批流程以及完备有效、相互制衡的内部控制体系，并对审批文档和内部控制过程进行及时记录。 b）配备足够的具有专业知识和技能的信息系统安全工作人员。明确信息系统安全相关人员角色和职责，建立必要的岗位分离和职责权限制约机制，实行最小授权，避免单一人员权限过于集中引发风险，重要岗位应设定候补员工及工作接替计划。 c）定期或根据工作需要及时对高级管理人员开展信息安全管理与治理相关培训，对参与信息系统建设、运行维护和操作使用的人员进行安全教育、技能培训和考核。加强岗位管理，明确上岗与离岗要求，重要岗位须签署相关岗位协议。对涉密岗位工作人员应特别进行保密教育培训，并签订保密承诺书。	保监发〔2011〕68号

大类序列	控制域	检查项（安全管理或技术要求）	依据来源
2 管理要求	2.3 安全管理机构	2.3.3 ［保监发〔2011〕68号］独立审计 a）设立独立于信息技术部门的信息科技风险审计岗位，负责信息科技审计制度制订和信息系统风险评估与审计。至少每年对信息安全控制策略和措施及落实情况进行检查，至少每两年开展一次信息科技风险评估与审计，并将信息科技风险评估审计报告报送中国保监会。 b）鼓励公司在符合国家有关法律、法规和监管要求的情况下，聘请具备相应资质的外部机构进行外部审计和风险评估。	保监发〔2011〕68号
		2.3.4 岗位设置（G3） 本项要求包括： a）应成立指导和管理信息安全工作的委员会或领导小组，其最高领导由单位主管领导委任或授权； b）应制定文件明确安全管理机构各个部门和岗位的职责、分工和技能要求。	GB/T 22239—2019
		2.3.5 人员配备（G3） 本项要求包括： a）应配备一定数量的系统管理员、网络管理员、安全管理员等； b）应配备专职安全管理员，不可兼任； c）关键事务岗位应配备多人共同管理。	GB/T 22239—2019
		2.3.6 授权和审批（G3） 本项要求包括： a）应根据各个部门和岗位的职责明确授权审批事项、审批部门和批准人等； b）应针对系统变更、重要操作、物理访问和系统接入等事项建立审批程序，按照审批程序执行审批过程，对重要活动建立逐级审批制度； c）应定期审查审批事项，及时更新需授权和审批的项目、审批部门和审批人等信息； d）应记录审批过程并保存审批文档。	GB/T 22239—2019
		2.3.7 审核和检查（G3） 本项要求包括： a）安全管理员应负责定期进行安全检查，检查内容包括系统日常运行、系统漏洞和数据备份等情况； b）应由内部人员或上级单位定期进行全面安全检查，检查内容包括现有安全技术措施的有效性、安全配置与安全策略的一致性、安全管理制度的执行情况等。	GB/T 22239—2019

续表

大类序列	控制域	检查项（安全管理或技术要求）	依据来源
2　管理要求	2.4　安全管理机构（ORS）	**2.4.1　岗位设置（G3）** 本项要求包括： a）应成立指导和管理网络安全工作的委员会或领导小组，其最高领导由单位主管领导担任或授权； b）应设立网络安全管理工作的职能部门，设立安全主管、安全管理各个方面的负责人岗位，并定义各负责人的职责； c）应设立系统管理员、审计管理员和安全管理员等岗位，并定义部门及各个工作岗位的职责。	GB/T 22239—2019
		2.4.2　人员配备（G3） 本项要求包括： a）应配备一定数量的系统管理员、审计管理员和安全管理员等； b）应配备专职安全管理员，不可兼任。	GB/T 22239—2019
		2.4.3　授权和审批（G3） 本项要求包括： a）应根据各个部门和岗位的职责明确授权审批事项、审批部门和批准人等； b）应针对系统变更、重要操作、物理访问和系统接入等事项建立审批程序，按照审批程序执行审批过程，对重要活动建立逐级审批制度； c）应定期审查审批事项，及时更新需授权和审批的项目、审批部门和审批人等信息。	GB/T 22239—2019
		2.4.4　沟通和合作（G3） 本项要求包括： a）应加强各类管理人员、组织内部机构和网络安全管理部门之间的合作与沟通，定期召开协调会议，共同协作处理网络安全问题； b）应加强与网络安全职能部门、各类供应商、业界专家及安全组织的合作与沟通； c）应建立外联单位联系列表，包括外联单位名称、合作内容、联系人和联系方式等信息。	GB/T 22239—2019
		2.4.5　审核和检查（G3） 本项要求包括： a）应定期进行常规安全检查，检查内容包括系统日常运行、系统漏洞和数据备份等情况； b）应定期进行全面安全检查，检查内容包括现有安全技术措施的有效性、安全配置与安全策略的一致性、安全管理制度的执行情况等； c）应制定安全检查表格实施安全检查，汇总安全检查数据，形成安全检查报告，并对安全检查结果进行通报。	GB/T 22239—2019

大类序列	控制域	检查项（安全管理或技术要求）	依据来源
2 管理要求	2.5 安全管理人员（HRS）	2.5.1 人员录用（G3） 本项要求包括： a）应指定或授权专门的部门或人员负责人员录用； b）应对被录用人员的身份、安全背景、专业资格或资质等进行审查，对其所具有的技术技能进行考核； c）应与被录用人员签署保密协议，与关键岗位人员签署岗位责任协议。	GB/T 22239—2019
		2.5.2 人员离岗（G3） 本项要求包括： a）应及时终止离岗人员的所有访问权限，取回各种身份证件、钥匙、徽章等以及机构提供的软硬件设备； b）应办理严格的调离手续，并承诺调离后的保密义务后方可离开。	GB/T 22239—2019
		2.5.3 安全意识教育和培训（G3） 本项要求包括： a）应对各类人员进行安全意识教育和岗位技能培训，并告知相关的安全责任和惩戒措施； b）应针对不同岗位制订不同的培训计划，对安全基础知识、岗位操作规程等进行培训； c）应定期对不同岗位的人员进行技能考核。	GB/T 22239—2019
		2.5.4 外部人员访问管理（G3） 本项要求包括： a）应在外部人员物理访问受控区域前先提出书面申请，批准后由专人全程陪同，并登记备案； b）应在外部人员接入受控网络访问系统前先提出书面申请，批准后由专人开设账户、分配权限，并登记备案； c）外部人员离场后应及时清除其所有的访问权限； d）获得系统访问授权的外部人员应签署保密协议，不得进行非授权操作，不得复制和泄露任何敏感信息。	GB/T 22239—2019

大类序列	控制域	检查项（安全管理或技术要求）	依据来源
2 管理要求	2.6 安全建设管理（CMS）	[保监发〔2011〕68号] 信息系统安全工作应按照"积极防御、综合防范"的原则，与自身业务及信息系统同步规划、同步建设、同步运行，构建完备的信息系统安全保障体系。	保监发〔2011〕68号
		2.6.1　定级和备案（G3） 本项要求包括： a）应明确信息系统的边界和安全保护等级； b）应以书面的形式说明确定信息系统为某个安全保护等级的方法和理由； c）应组织相关部门和有关安全技术专家对信息系统定级结果的合理性和正确性进行论证和审定； d）应确保信息系统的定级结果经过相关部门的批准。	GB/T 22239—2019
		2.6.2　安全方案设计（G3） 本项要求包括： a）应根据安全保护等级选择基本安全措施，依据风险分析的结果补充和调整安全措施； b）应根据保护对象的安全保护等级及与其他级别保护对象的关系进行安全整体规划和安全方案设计，设计内容应包含密码技术相关内容，并形成配套文件； c）应组织相关部门和有关安全专家对安全整体规划及其配套文件的合理性和正确性进行论证和审定，经过批准后才能正式实施。	GB/T 22239—2019
		2.6.3　产品采购和使用（G3） 本项要求包括： a）应确保网络安全产品采购和使用符合国家的有关规定； b）应确保密码产品与服务的采购和使用符合国家密码管理主管部门的要求； c）应预先对产品进行选型测试，确定产品的候选范围，并定期审定和更新候选产品名单。	GB/T 22239—2019

续表

大类序列	控制域	检查项（安全管理或技术要求）	依据来源
2 管理要求	2.6 安全建设管理（CMS）	2.6.4 自行软件开发（G3） 本项要求包括： a）应将开发环境与实际运行环境物理分开，测试数据和测试结果受到控制； b）应制定软件开发管理制度，明确说明开发过程的控制方法和人员行为准则； c）应制定代码编写安全规范，要求开发人员参照规范编写代码； d）应具备软件设计的相关文档和使用指南，并对文档使用进行控制； e）应保证件在软件开发过程中对安全性进行测试，在软件安装前对可能存在的恶意代码进行检测； f）应对程序资源库的修改、更新、发布进行授权和批准，并严格进行版本控制； g）应保证开发人员为专职人员，开发人员的开发活动受到控制、监视和审查。	GB/T 22239—2019
		2.6.5 外包软件开发（G3） 本项要求包括： a）应在软件交付前检测其中可能存在的恶意代码； b）应保证开发单位提供设计文档和使用指南； c）应保证开发单位提供软件源代码，并审查软件中可能存在的后门和隐蔽信道。	GB/T 22239—2019
		2.6.6 工程实施（G3） 本项要求包括： a）应指定或授权专门的部门或人员负责工程实施过程的管理； b）应制订安全工程实施方案控制工程实施过程； c）应通过第三方工程监理控制项目的实施过程。	GB/T 22239—2019
		2.6.7 测试验收（G3） 本项要求包括： a）应制订测试验收方案，并依据测试验收方案实施测试验收，形成测试验收报告； b）应进行上线前的安全性测试，并出具安全测试报告，安全测试报告应包含密码应用安全性测试相关内容。	GB/T 22239—2019
		2.6.8 系统交付（G3） 本项要求包括： a）应制定交付清单，并根据交付清单对所交接的设备、软件和文档等进行清点； b）应对负责运行维护的技术人员进行相应的技能培训； c）应提供建设过程文档和运行维护文档。	GB/T 22239—2019

续表

大类序列	控制域	检查项（安全管理或技术要求）	依据来源
2 管理要求	2.6 安全建设管理（CMS）	**2.6.9 等级测评（G3）** 本项要求包括： a）应定期进行等级测评，发现不符合相应等级保护标准要求的及时整改； b）应在发生重大变更或级别发生变化时进行等级测评； c）应确保测评机构的选择符合国家有关规定。	GB/T 22239—2019
		2.6.10 服务供应商选择（G3） 本项要求包括： a）应确保服务供应商的选择符合国家的有关规定； b）应与选定的服务供应商签订相关协议，明确整个服务供应链各方需履行的网络安全相关义务； c）应定期监督、评审和审核服务供应商提供的服务，并对其变更服务内容加以控制。	GB/T 22239—2019
		［保监发〔2011〕68号］等级保护实施 按照国家和监管部门信息系统安全规范、技术标准及等级保护管理要求，明确信息系统安全保护等级，实施信息系统安全等级保护，按等级安全要求进行备案并定期测评和整改。	保监发〔2011〕68号
		［保监发〔2011〕68号］系统开发运维管理制度 建立完善的信息系统开发运行维护管理组织体系，制订完备管理制度与操作规范，确保信息系统开发与运行维护过程独立、人员分离。	保监发〔2011〕68号
		［保监发〔2011〕68号］环境分离 生产系统应与开发、测试系统有效隔离，确保生产系统安全、稳定运行。	保监发〔2011〕68号
		［保监发〔2011〕68号］开发人员和数据安全 信息系统开发、实施过程应明确控制方法和人员行为准则，保存相关文档和记录。制定信息系统代码编写安全规范，规范开发人员对源代码访问权限的管理，有效保护公司信息资产安全。涉及公司核心或机密数据的信息系统，应采取必要的保密措施确保其开发实施安全，不得使用敏感生产数据用于开发、测试环境。	保监发〔2011〕68号
		［保监发〔2011〕68号］安全测试 信息系统正式上线运行前，应对系统进行功能、性能与安全性测试与验收，经相关流程审批后方可投入使用。	保监发〔2011〕68号

续表

大类序列	控制域	检查项（安全管理或技术要求）	依据来源
2　管理 　　要求	2.7　安全运维 　　管理	2.7.1　环境管理（G3） 本项要求包括： a）应指定专门的部门或人员负责机房安全，对机房出入进行管理，定期对机房供配电、空调、温湿度控制、消防等设施进行维护管理； b）应建立机房安全管理制度，对有关物理访问、物品带进出和环境安全等方面的管理作出规定； c）应不在重要区域接待来访人员，不随意放置含有敏感信息的纸档文件和移动介质等。	GB/T 22239—2019
		[保监发〔2011〕68号] 信息系统资产管理 建立信息系统资产安全管理制度，编制资产清单，明确资产管理责任部门与人员，规范资产分配、使用、存储、维护和销毁等各种行为，定期对资产清单进行一致性检查并保留检查记录。	保监发〔2011〕68号
		2.7.2　资产管理（G3） 本项要求包括： a）应编制并保存与保护对象相关的资产清单，包括资产责任部门、重要程度和所处位置等内容； b）应根据资产的重要程度对资产进行标识管理，根据资产的价值选择相应的管理措施； c）应对信息分类与标识方法作出规定，并对信息的使用、传输和存储等进行规范化管理。	GB/T 22239—2019
		[保监发〔2011〕68号] 介质管理 制定介质分类管理制度。根据介质存储内容与重要性明确存储介质类型、存放技术指标、保存期限等，并定期检查介质中存储的信息是否完整可用。重要备份介质应进行异地存放。介质送出维修或销毁时，应保证介质信息预先得到审查并妥善处理。对于存储客户隐私等涉密信息的存储介质，应严格依据国家及监管部门要求进行保存与销毁等管理。	保监发〔2011〕68号

续表

大类序列	控制域	检查项（安全管理或技术要求）	依据来源
2 管理要求	2.7 安全运维管理	［保监发〔2011〕68号］设备管理 规范化管理信息系统相关硬件设备，规范设备选型、购置、登记、保养、维修、报废等相关流程，实时动态监控设备运行状态，定期进行巡检、维护和保养并保留相关记录。	保监发〔2011〕68号
		2.7.3 介质管理（G3） 本项要求包括： a）应将介质存放在安全的环境中，对各类介质进行控制和保护，实行存储环境专人管理，并根据存档介质的目录清单定期盘点； b）应对介质在物理传输过程中的人员选择、打包、交付等情况进行控制，并对介质的归档和查询等进行登记记录。	GB/T 22239—2019
		2.7.4 设备维护管理（G3） 本项要求包括： a）应对各种设备（包括备份和冗余设备）、线路等指定专门的部门或人员定期进行维护管理； b）应建立配套设施、软硬件维护方面的管理制度，对其维护进行有效的管理，包括明确维护人员的责任、维修和服务的审批、维修过程的监督控制等； c）信息处理设备应经过审批才能带离机房或办公地点，含有存储介质的设备带出工作环境时其中重要数据应加密； d）含有存储介质的设备在报废或重用前，应进行完全清除或被安全覆盖，保证该设备上的敏感数据和授权软件无法被恢复重用。	GB/T 22239—2019
		2.7.5 漏洞和风险管理（G3） 本项要求包括： a）应采取必要的措施识别安全漏洞和隐患，对发现的安全漏洞和隐患及时进行修补或评估可能的影响后进行修补； b）应定期开展安全测评，形成安全测评报告，采取措施应对发现的安全问题。	GB/T 22239—2019

续表

大类序列	控制域	检查项（安全管理或技术要求）	依据来源
2　管理要求	2.7　安全运维管理	**2.7.6　网络和系统安全管理（G3）** 本项要求包括： a）应划分不同的管理员角色进行网络和系统的运维管理，明确各个角色的责任和权限 b）应指定专门的部门或人员进行账户管理，对申请账户、建立账户、删除账户等进行控制 c）应建立网络和系统安全管理制度，对安全策略、账户管理、配置管理、日志管理、日常操作、升级与打补丁、口令更新周期等方面作出规定 d）应制定重要设备的配置和操作手册，依据手册对设备进行安全配置和优化配置等； e）应详细记录运维操作日志，包括日常巡检工作、运行维护记录，参数的设置和修改等内容 f）应指定专门的部门或人员对日志、监测和报警数据等进行分析、统计，及时发现可疑行为； g）应严格控制变更性运维、经过审批后才可改变建接、安装系统组件或调整配置参数，操作过程中应保留不可更改的审计日志，操作结束后应同步更新配置信息库 h）应严格控制运维工具的使用，经过审批后才可接入进行操作，操作过程中应保留不何更改的审计日志，操作结束后应删除工具中的敏感数据 i）应严格控制远程运维的开通，经过审批后才可开通远程运维接口或通道，操作过程中应保留不可更改的审计日志，操作结束后立即关闭接口或通道； j）应保证所有与外部的连接均得到授权和批准，应定期检查违反规定无线上网及其他违反网络安全策略的行为	GB/T 22239—2019
		2.7.7　恶意代码防范管理（G3） 本项要求包括： a）应提高所有用户的防恶意代码意识，对外来计算机或存储设备接入系统前进行恶意代码检查等； b）应定期验证防范恶意代码攻击的技术措施的有效性。	GB/T 22239—2019

大类序列	控制域	检查项（安全管理或技术要求）	依据来源
2 管理要求	2.7 安全运维管理	**2.7.8 配置管理（G3）** 本项要求包括： a）应记录和保存基本配置信息，包括网络拓扑结构、各个设备安装的软件组件、软件组件的版本和补丁信息、各个设备或软件组件的配置参数等 b）应将基本配置信息改变纳入变更范畴，实施对配置信息改变的控制，并及时更新基本配置信息库。	GB/T 22239—2019
		2.7.9 密码管理（G3） 本项要求包括： a）应遵循密码相关国家标准和行业标准； b）应使用国家密码管理主管部门认证核准的密码技术和产品。	GB/T 22239—2019
		2.7.10 变更管理（G3） 本项要求包括： a）应明确变更需求，变更前根据变更需求制订变更方案，变更方案经过评审、审批后方可实施 b）应建立变更的申报和审批控制程序，依据程序控制所有的变更，记录变更实施过程 c）应建立中止变更并从失败变更中恢复的程序，明确过程控制方法和人员职责，必要时对恢复过程进行演练	GB/T 22239—2019
		2.7.11 备份与恢复管理（G3） 本项要求包括： a）应识别需要定期备份的重要业务信息、系统数据及软件系统等 b）应规定备份信息的备份方式、备份频度、存储介质、保存期等； c）应根据数据的重要性和数据对系统运行的影响，制定数据的备份策略和恢复策略、备份程序和恢复程序等	GB/T 22239—2019
		2.7.12 安全事件处置（G3） 本项要求包括： a）应及时向安全管理部门报告所发现的安全弱点和可疑事件； b）应制定安全事件报告和处置管理制度，明确不同安全事件的报告、处置和响应流程，规定安全事件的现场处理、事件报告和后期恢复的管理职责等； c）应在安全事件报告和响应处理过程中，分析和鉴定事件产生的原因，收集证据，记录处理过程，总结经验教训； d）对造成系统中断和造成信息泄露的重大安全事件应采用不同的处理程序和报告程序	GB/T 22239—2019

续表

大类序列	控制域	检查项（安全管理或技术要求）	依据来源
2 管理要求	2.7 安全运维管理	2.7.13 应急预案管理（G3） 本项要求包括： a）应规定统一的应急预案框架，包括启动预案的条件、应急组织构成、应急资源保障、事后教育和培训等内容； b）应制定重要事件的应急预案，包括应急处理流程、系统恢复流程等内容； c）应定期对系统相关的人员进行应急预案培训，并进行应急预案的演练 d）应定期对原有的应急预案重新评估，修订完善	GB/T 22239—2019
		2.7.14 外包运维管理（G3） 本项要求包括： a）应确保外包运维服务商的选择符合国家的有关规定 b）应与选定的外包运维服务商签订相关的协议，明确约定外包运维的范围、工作内容 c）保证选择的外包运维服务商在技术和管理方面均应具有按照等级保护要求开展安全运维工作的能力，并将能力要求在签订的协议中明确 d）应在与外包运维服务商签订的协议中明确所有相关的安全要求，如可能涉及对敏感信息的访问、处理、存储要求对IT基础设施中断服务的应急保障要求等	GB/T 22239—2019
		[保监发〔2011〕68号] 灾备建设和管理 按照国家和监管部门信息系统灾难恢复管理要求、规范和技术标准，推进信息系统灾难恢复建设工作并定期进行演练，确保业务连续性。	保监发〔2011〕68号
		[保监发〔2011〕68号] 信息安全事件管理 对信息系统安全事件进行等级划分和事件分类，制定安全事件报告、响应处理程序等应急预案，并定期进行演练，评审和修订。遇有重大信息系统事故或突发事件，应按应急预案快速响应处理，并按规定及时向中国保监会报告。	保监发〔2011〕68号
		[保监发〔2011〕68号] 安全预警与信息披露 1. 建立有效可靠的安全信息获取渠道，获取与公司信息系统运营相关的外部安全预警信息，汇总、整理公司内部安全信息，及时提交公司信息安全专业工作机构，并按相关流程发布实施。 2. 在信息系统可能对客户服务造成较大影响时，根据有关法律法规及时和规范地披露信息系统风险状况，并以适当的方式告知客户。	保监发〔2011〕68号

大类序列	控制域	检查项（安全管理或技术要求）	依据来源
2 管理要求	2.7 安全运维管理	［保监发〔2011〕68号］信息安全管理体系建设和认证 申请信息安全管理体系认证的公司应按国家及监管部门要求，加强信息安全管理体系认证安全管理，选择国家认证认可监督管理部门批准的机构进行认证，并与认证机构签订安全和保密协议。	保监发〔2011〕68号
		［保监发〔2011〕68号］信息安全配置管理 加强信息系统平台软件安全管理，确保配置标准落实。对入侵行为、恶意代码、病毒等风险即进行防范部署，严格控制信息系统身份访问、资源访问，监控主机系统的资源使用情况，并在服务水平降低到设定阈值时发出报警。	保监发〔2011〕68号
		［保监发〔2011〕68号］系统变更 制定有效的信息系统变更管理流程，控制系统变更过程，分析变更影响，确保生产环境的完整性和可靠性。包括紧急变更在内的所有变更都应记入日志，并做好系统变更前准备。	保监发〔2011〕68号
		［保监发〔2011〕68号］安全维护 对信息系统的运行维护负责，保持运行维护控制力。加强安全入侵检测监控，进行风险评估与安全扫描，及时发现并处置安全事件。	保监发〔2011〕68号
		［保监发〔2011〕68号］安全维护 建立覆盖信息系统全生命周期的信息安全问题管理流程。建立系统身份鉴别机制，严格账号权限控制管理，规范权限分配和回收流程，保存审计记录，及时进行分析处理。确保全面的追踪、分析和解决信息系统问题，并对问题记录、分类和索引。 在遇有系统及数据升级、存档、存储、迁移、消除等需要系统终止运行情况，应妥善处理，保证系统及数据安全。	保监发〔2011〕68号
		［保监发〔2011〕68号］日志审计 根据内部控制与审计的要求，保存信息系统相关日志，并采取适当措施确保日志内容不被删除、修改或覆盖。	保监发〔2011〕68号
		［保监发〔2011〕68号］主机安全审计 对主机系统进行审计，妥善管理并及时分析处理审计记录。对重要用户行为、异常操作和重要系统命令的使用等应进行重点审计。	保监发〔2011〕68号
		［保监发〔2011〕68号］灾难恢复 建立信息系统灾难恢复管理机制。根据数据及系统的重要性，明确数据及系统的备份与灾难恢复策略。	保监发〔2011〕68号

大类序列	控制域	检查项（安全管理或技术要求）	依据来源
2 管理要求	2.7 安全运维管理	［保监发〔2011〕68号］通信加密 采用必要的技术手段和管理措施，保证数据通信的保密性和完整性。涉密信息应进行加密处理，确保涉密信息在传输、处理、存储过程中不被泄露或篡改。 与外部相关单位信息交换时要保证信息交换协议、策略、密钥等开发运维安全管理，采用国家和行业相关数据交换标准，保障数据交换过程安全可控。	保监发〔2011〕68号
		［保监发〔2011〕68号］密码产品管理 按照国家密码管理相关规定和要求，建立健全密码设备管理制度，加强密码设备使用人员管理，使用符合国家要求和信息加密强度要求的加密技术和产品，加强相关信息系统安全保密设计和建设。	保监发〔2011〕68号
		［保监发〔2011〕68号］电子商务和在线交易系统的安全保护 电子商务、交易系统等应用系统建设应具备相应管理规范，明确各交易环节或过程安全要求，采取必要安全技术和管理措施，保护个人信息和客户敏感商业信息，保留交易相关日志，确保交易行为安全可靠。	保监发〔2011〕68号
		［网络安全法］网络运行安全 第二十一条 ……网络运营者应当按照网络安全等级保护制度的要求，履行下列安全保护义务，保障网络免受干扰、破坏或者未经授权的访问，防止网络数据泄露或者被窃取、篡改： （一）制定内部安全管理制度和操作规程，确定网络安全负责人，落实网络安全保护责任； （二）采取防范计算机病毒和网络攻击、网络侵入等危害网络安全行为的技术措施； （三）采取监测、记录网络运行状态、网络安全事件的技术措施，并按照规定留存相关的网络日志不少于六个月； （四）采取数据分类、重要数据备份和加密等措施； （五）法律、行政法规规定的其他义务。	《网络安全法》
		［网络安全法］网络运行安全 第二十五条 网络运营者应当制定网络安全事件应急预案，及时处置系统漏洞、计算机病毒、网络攻击、网络侵入等安全风险；在发生危害网络安全的事件时，立即启动应急预案，采取相应的补救措施，并按照规定向有关主管部门报告。	《网络安全法》

大类序列	控制域	检查项（安全管理或技术要求）	依据来源
2　管理要求	2.8　外包管理	［保监发〔2011〕68号］外包管理 实施信息化工作外包的公司，应制定完备的外包服务管理制度，将外包纳入全面风险管理体系，合理审慎实施外包。 不得将信息系统安全管理责任外包。对涉及国家及本公司商业秘密和客户隐私等敏感信息系统内容进行外包时，应遵守国家和监管部门有关法律法规与要求，并经过公司决策机构批准。	保监发〔2011〕68号
		［保监发〔2011〕68号］外包管理 根据国家与监管部门有关外包与采购规定，结合风险控制和实际需要，建立有效的外包和采购内部评估审核流程与监督管理机制。	保监发〔2011〕68号
		［保监发〔2011〕68号］外包管理 实施数据中心、信息科技基础设施等重要外包应格外谨慎，在准备实施重要外包时应以书面材料正式报告中国保监会。	保监发〔2011〕68号
		［保监发〔2011〕68号］外包管理 建立健全外包承包方考核、评估机制，定期对承包方财务状况、技术实力、安全资质、风险控制水平和诚信记录等进行审查、评估与考核，确保其设施和能力满足外包要求。公司应优先选用通过信息安全管理体系认证的信息技术服务机构提供外包服务。	保监发〔2011〕68号
		［保监发〔2011〕68号］外包管理 与外包承包方签订书面外包服务合同，合同包括但不限于外包服务范围、安全保密、知识产权、业务连续性要求、争端解决机制、合同变更或终止的过渡安排、违约责任等条款，且承包方须承诺配合保险公司接受保险监督管理机构的检查。	保监发〔2011〕68号
		［保监发〔2011〕68号］外包管理 严格控制外包承包方的再转包行为。对于确有第三方外包供应商参与实施的项目，应采取有力措施，确保外包服务质量和安全不受影响和不衰减。	保监发〔2011〕68号
		［保监发〔2011〕68号］外包管理 与外包承包方建立有效信息交流与沟通机制，确保外包服务人员的相对稳定性。对于人员的必要流动，应要求外包承包方承诺确保外包服务的连续性与安全性。	保监发〔2011〕68号
		［保监发〔2011〕68号］外包管理 中国保监会根据需要对外包活动进行现场检查，采集外包活动过程中数据信息和相关资料，对于违反相关法律、法规或存在重大风险隐患的外包情形，可以要求公司进行整改，并视情况予以问责。	保监发〔2011〕68号

大类序列	控制域	检查项（安全管理或技术要求）	依据来源
2 管理要求	2.9 个人信息保护	［网络安全法］网络信息安全 第四十条 网络运营者应当对其收集的用户信息严格保密，并建立健全用户信息保护制度。 第四十一条 网络运营者收集、使用个人信息，应当遵循合法、正当、必要的原则，公开收集、使用规则，明示收集、使用信息的目的、方式和范围，并经被收集者同意。 网络运营者不得收集与其提供的服务无关的个人信息，不得违反法律、行政法规的规定和双方的约定收集、使用个人信息，并应当依照法律、行政法规的规定和与用户的约定，处理其保存的个人信息。	《网络安全法》
		［网络安全法］网络信息安全 第四十二条 网络运营者不得泄露、篡改、毁损其收集的个人信息；未经被收集者同意，不得向他人提供个人信息。但是，经过处理无法识别特定个人且不能复原的除外。 网络运营者应当采取技术措施和其他必要措施，确保其收集的个人信息安全，防止信息泄露、毁损、丢失。在发生或者可能发生个人信息泄露、毁损、丢失的情况时，应当立即采取补救措施，按照规定及时告知用户并向有关主管部门报告。	《网络安全法》
		［网络安全法］网络信息安全 第四十七条 网络运营者应当加强对其用户发布的信息的管理，发现法律、行政法规禁止发布或者传输的信息的，应当立即停止传输该信息，采取消除等处置措施，防止信息扩散，保存有关记录，并向有关主管部门报告。	《网络安全法》
		［网络安全法］网络信息安全 第四十九条 网络运营者应当建立网络信息安全投诉、举报制度，公布投诉、举报方式等信息，及时受理并处理有关网络信息安全的投诉和举报。	《网络安全法》

10.5 应用安全管理

信息化的快速发展，应用软件数量的不断增加，信息系统变得愈加复杂且相互关联，软件在设计开发过程中产生的自身程序缺陷外，外部黑客的攻击和破坏不断增加。应用软件安全漏洞一旦被利用，将导致严重的，甚至是灾难性的后果。实现应用程序安全的难度也呈指数级增长。

根据开放式 Web 应用程序安全项目（OWASP[①]）发布的 OWASP Top 10，十项最严重的 Web 应用程序安全风险包括如下内容：

一是注入缺陷。将不受信任的数据作为命令或查询的一部分发送到解析器时，会产生诸如 SQL 注入[②]、NoSQL 注入、OS 注入[③]和 LDAP 注入[④]等缺陷。攻击者的恶意数据可以诱使解析器在没有适当授权的情况下执行非预期命令或访问数据。

二是失效的身份认证。通过错误使用应用程序的身份认证和会话管理功能，攻击者能够破译密码、密钥或会话令牌，或者利用其他开发缺陷来暂时性或永久性冒充其他用户的身份。

三是敏感数据泄露。许多 Web 应用程序和应用程序编程接口（Application Programming Interface，API）都无法正确保护敏感数据，例如财务数据、医疗数据和个人验证信息（Personally Identifiable Information，PII）数据等。攻击者可以通过窃取或修改未加密的数据来实施信用卡诈骗、身份盗窃或其他犯罪行为。未加密的敏感数据容易受到破坏，因此我们需要对敏感数据加密，这些数据包括传输过程中的数据、存储的数据以及浏览器的交互数据。

四是外部实体攻击。攻击者可以利用外部实体窃取使用统一资源标识符（Uniform Resource Identifier，URI）文件处理器的内部文件和共享文件、监听内部扫描端口、执行远程代码和实施拒绝服务攻击。

五是失效的访问控制。未对通过身份验证的用户实施恰当的访问控制，攻击者可以利用这些缺陷访问未经授权的功能或数据，例如访问其他用户的账户、查看敏感文件、修改其他用户的数据、更改访问权限等。

六是安全配置错误。安全配置错误是最常见的安全问题，通常是由于不安全的默认配置、不完整的临时配置、开源云存储、错误的超文本传输协议（Hyper Text Transfer Protocol，HTTP）标头配置以及包含敏感信息的详细错误信息所造成的。因此不仅需要对所有的操作系统、框架、库和应用程序进行安全配置，而且必须及时修补和升级它们。

七是跨站脚本攻击。当应用程序的新网页中包含不受信任的、未经恰当验证或转义的数据时，或者使用可以创建超文本标记语言（HyperText Markup Language，HTML）或 JavaScript[⑤]的浏览器 API 更新现有的网页时，就会出现跨站脚本缺陷，进而让攻击

[①]　开放式 Web 应用程序安全项目（Open Web Application Security Project，OWASP）是一个致力于 Web 应用程序安全的国际非营利组织。OWASP 的核心原则之一是其所有材料都可以在其网站上免费获取和轻松访问，从而使任何人都可以提高自己的 Web 应用程序安全性。它提供的材料包括文档、工具、视频和论坛。

[②]　SQL 注入，就是通过把 SQL 命令插入 Web 表单提交或输入域名或页面请求的查询字符串，最终达到欺骗服务器执行恶意的 SQL 命令，得到想要得到的信息。NoSQL，Not only SQL，意译为不仅仅指 SQL。

[③]　OS 命令注入和 SQL 注入差不多，只不过 SQL 注入是针对数据库的，而 OS 命令注入是针对操作系统的。OS 命令注入攻击指通过 Web 应用，执行非法的操作系统命令达到攻击的目的。

[④]　LDAP 注入是指无逻辑操作符的注入。

[⑤]　JavaScript 是一种运行在浏览器中的解释型的编程语言。

者能够在受害者的浏览器中执行脚本，并劫持用户会话、破坏网站或将用户重新定向到恶意站点。

八是不安全的反序列化。不安全的反序列化会导致远程代码执行，即使反序列化缺陷不会导致远程代码执行，攻击者也可以利用它们来执行攻击，包括重播攻击、注入攻击和特权升级攻击。

九是使用含有已知漏洞的组件。在组件（库、框架和其他软件模块）拥有与应用程序相同的权限情况下，如果应用程序中含有已知漏洞的组件被攻击者利用，可能会造成严重的数据丢失或服务器接管。同时，使用含有已知漏洞的组件的应用程序和 API 可能会破坏应用程序防御，造成各种攻击并产生严重影响。

十是不足的日志记录和监控。不完整的日志记录和监控，以及事件响应缺失或无效的集成，使攻击者能够进一步攻击系统，保持持续性或转向更多系统，以及篡改、提取或销毁数据。研究说明缺陷被检测出的时间大多超过 200 天，且通常通过外部检测方才检测发现，而不是通过内部流程或监控检测。

应用安全管理的目的就是针对应用程序或工具在使用过程中可能出现的计算、传输数据的泄漏和失窃，通过其他安全工具和策略来消除隐患。这就要求金融（集团）公司首先要构建应用安全体系框架，其次在框架下提出安全技术要求。

一、应用安全总体框架

应用安全总体框架主要包括两个方面，一是基本制度体系和基本流程，见图 10-5。二是信息系统全生命周期的信息安全管理，见图 10-6。

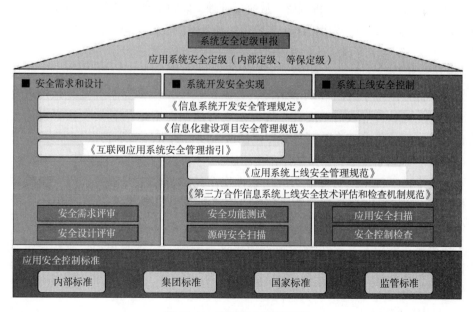

图 10-5　应用安全控制框架

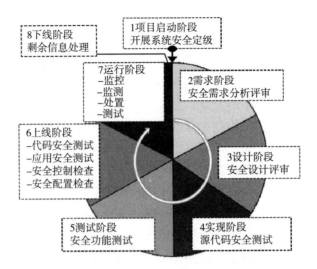

图 10-6 系统全生命周期风险管理

为确保信息系统开发、测试、上线、运维、运行过程中数据的完整性、保密性、可用性、可靠性和可维护性，必须严格执行覆盖信息系统全生命周期的风险管理机制和流程。将风险管理尤其是信息安全、数据安全管理等嵌入到所有系统、流程中。

（一）启动阶段

根据委托单位提交的基本材料，针对应用软件性质、重要性、安全需求等进行深入分析，对该软件系统提出总体安全要求。

（二）需求阶段

深入用户部门开展需求分析调研，从质量管理、风险管理、安全管理等多维度，开展信息化风险管理分析评审，根据国家、监管部门等级保护相关规章制度，结合系统、项目的重要性，确定系统安全等级，进而描述信息安全需求的总体要求和分项要求。

（三）设计阶段

针对委托方的基本材料和调研情况，全面审核项目整体需求，尤其是信息安全与业务需求、应用软件等级的匹配性，检查是否有遗漏。审定信息安全概要设计，要将信息化风险管理、信息安全管理等规定机制嵌入项目所有环节中去。

（四）实现阶段

对安全事件、技术漏洞等作为应用软件安全的后评估，开展源代码安全测试等工作，检查安全需求在设计阶段是否基本实现，没有实现的要进行安全说明。

（五）测试阶段

上线测试主要检测开发过程中是否存在技术漏洞，是否满足用户生产需求等，还要测试系统质量、冗余、性能与安全，乃至与老系统的衔接，确保系统上线后能够万无一失。

（六）上线阶段

要全面加强系统运维工作，持续通过内外部监控和检测工具，做好代码安全测试、应用安全测试、安全控制与配置检查等，及时全面地追踪、分析和解决信息系统存在的问题，并对问题进行记录、分类和索引。

（七）运行阶段

上线运行后，因为系统操作、外挂模块、升级迭代、新技术应用、软件后门和互联互通等多因素、多情形，信息系统运行过程中会出现技术漏洞、计算机病毒等，信息化风险层出不穷。为此必须做好以下几项工作：一是加强系统运行监控，尤其是关注设定的关键风险指标、安全基线等方面的关注监测；二是严格记录上机日志；三是针对系统运行异常情况并加以及时解决；四是强化环境安全保护和网络安全防范；五是借用内外部技术手段和工具，加大风险漏洞检测，利用专业安全工具或外部服务，对集团外网网站、互联网应用系统、移动 APP 系统开展网络安全渗透测试，原则上最起码半年做一次检测，如果条件许可，可以每月或每季度做一次检测。五是强化全员信息安全和风险管理意识，发动员工，开展攻防检测有奖活动，查找潜在的信息化风险和技术漏洞。

检测完成后，应对发现的安全漏洞进行分析和评估，分轻重缓急确定漏洞修复计划，及时处理、限时处理，并按计划开展系统安全漏洞的修复和验证，不断提高信息安全管理水平。

（八）下线阶段

应用软件下线，应及时将剩余信息妥善安全处理。

二、安全开发管理模式

应用安全漏洞主要源自开发阶段，以应用程序漏洞为主。相较于通用版商业软件，自主开发或委托第三方开发的应用程序更易产生安全漏洞，更难发现和修复。应用漏洞主要是由应用开发人员引入，开发过程由于缺乏安全设计，容易产生编码漏洞，如采用第三方组件且未经安全评估，也容易带入安全漏洞。所以应用安全以软件开发为例来加以说明。

安全开发生命周期（Security Development Life cycle，SDL），是微软提出的从安全角度指导软件开发过程的管理模式，其核心理念就是将安全考虑集成在软件开发的需求分析、设计、编码、测试和维护等各阶段。从需求、设计到发布产品的每一个阶段都增加相应的安全活动，以减少软件中漏洞的数量并将安全缺陷降低到最小程度。

应用安全开发体系建设的目的是加强应用系统自身安全，提高应用系统生命周期安全性，减少安全漏洞及安全缺陷，降低漏洞修复成本。为此，从建立管理制度和流程规范体系入手，提供多样化、自动化检测工具，建设 SDL 管理平台作为技术支撑，将应用安全能力融合到 DevOps 体系等四个方面开展相关工作。

（一）安全管理制度

首先，制订适用于全（集团）公司的应用开发安全管理办法，从应用系统类型（如 Web 类、微信类、移动 APP 类等）、应用用户群（面向客户类的 C 端、面向合作伙伴的 B 端、面向内部员工的 E 端）和不同应用功能领域，提出明确具体的应用安全需求。将信息安全需求分为强制要求、增强要求和一般要求三个维度，提出具体的应用开发安全要求。

其次，定义和明确软件开发生命周期各阶段的团队岗位的职责分工、关键活动、工作要求、交付物等。

最后，制度分类至少应包含以下子类或文件：一是应用安全需求调研表，二是应用安全需求模板，三是应用安全编码规范，四是应用安全测试指南，五是应用安全要求检查清单。所有检查项通过后方可上线发布。

（二）安全管理流程

首先，为保证在安全开发生命周期内，按照组织架构职责分工，有效落实各项应用开发安全管理制度，应明确定义项目管理各阶段的应用安全闭环管理流程。

其次，建立成品软件和第三方软件引入的安全审核流程。检查内容包括但不限于是否具有允许在国内销售的许可证，是否具有国家权威检测机构出具的检测报告，对于信息安全类成品软件，还需要检查是否具有公安部销售许可证，对于具有 Web 应用、移动 APP 客户端的成品软件，开展安全测试，无高中危漏洞（或完成修复）后，方可允许引入。

最后，建立并实施漏洞闭环量化考核机制，通过漏洞收集、评估、修复、复测跟踪、持续改进，形成闭环管理。应对内部人员、外部合作商同时进行考核，漏洞考核指标包括资产备案情况、监管通报情况、漏洞产生数量、漏洞超期情况、重复漏洞情况等。考核情况与开发人员绩效、外包商付款及准入挂钩。

（三）安全工具和知识库

建立制度规范和流程体系的同时，需要同步开展应用安全工具的部署和建设，赋能各个环节的安全技术。

开发环节：用于辅助开发人员在开发过程中检测和发现潜在的代码层面安全问题，提升代码安全质量。白盒代码扫描工具侧重源代码的安全扫描，第三方软件开发工具包（Software Development Kit，SDK）扫描工具侧重检测代码引用的各类二进制软件包的安全性，各类安全组件保存在制品库中，供各开发项目组引用。

测试环节：丰富的安全漏洞测试环境可极大提高测试阶段的漏洞检出率。测试人员使用白盒代码扫描工具、第三方 SDK 扫描工具进行二次检测验证。黑盒应用扫描工具通常作为 Web 类应用手工安全测试时的自动化辅助工具，APP 扫描工具用于发现移动应用是否存在二次打包、代码反编译等，可通过加固解决的安全问题，如推行 CI/CD① 平台且采用容器化部署的，通过采用容器安全方案，覆盖 CI/CD 平台镜像的构

---

① （CI 代表 Continuous Integration，持续集成）（CD 代表 Continuous Delivery、Continuous Deployment，持续交付、持续开发）。CI/CD 是一种通过在应用开发阶段引入自动化来频繁向客户交付应用的方法。CI/CD 的核心概念是持续集成、持续交付和持续部署。作为一个面向开发和运营团队的解决方案，CI/CD 主要针对在集成新代码时所引发的问题。具体而言，CI/CD 可让持续自动化和持续监控贯穿于应用的整个生命周期（从集成和测试阶段，到交付和部署）。这些关联的事务通常被统称为"CI/CD 管道"，由开发和运维团队以敏捷方式协同支持。

建、分发、运行各阶段，包括镜像安全（Images），镜像仓库安全（Registry）的安全性检测。

发布环节：应用系统上线或者发布前，投产节点配置要经过基线检查、工具检查，确保符合上线规范。通过基础设施扫描，确保操作系统、中间件、数据库无基础通用漏洞。移动 APP 应用在发布前，使用 APP 加固工具完成安装包加固。

通过建立不同环节的安全知识库，将各类安全基线配置、开发规范、安全测试用例和测试方法纳入安全知识库。另外，建立安全培训知识库，提供安全基础知识、常见漏洞原理和利用方法等，供各专业团队人员学习提高。

（四）应用安全平台建设

应用安全管理通过平台固化为流程，安全要求固化为开发基线、检测策略，实现安全管理平台化。在 DevOps 体系的各阶段融入安全平台及安全工具，使安全无缝介入持续集成和持续交付流程。

首先，建立安全测试管控平台，实现内外部安全测试、攻防演练的统一接入，实现安全测试过程的集中管理，测试成果进行考核量化分析，可视化展示，提升安全测试管控水平。目的是解决安全测试过程中面临的问题，即安全测试人员如何管控，行为是否合规，安全测试如何量化考核。

其次，建立漏洞管理平台，安全漏洞跟踪记录从线下转为线上闭环跟踪。将系统上线发布安全测试和互联网渗透等渠道发现的漏洞统一录入平台，实现漏洞收集、验证评估、漏洞修复、复测等各项活动的线上跟踪处置。目的是解决漏洞管理任务和数据统计线下操作中，人工统计错误多、效率低的问题，提升漏洞线上闭环管理的效率。

最后，建立 SDL 应用安全开发管理平台，打通研发过程各节点安全活动，构建面向软件开发生命周期的闭环安全管理能力。将底层各类安全工具能力进行整合、抽象化和编排，推广安全组件化等技术手段，把安全要求、安全专家能力固化为安全资产，从根本上提升开发团队的安全交付水平。应用开发安全平台以安全基线为核心，每条安全基线包括安全需求、威胁描述、参考实现方法、安全测试用例、安全组件等，形成了平台的知识库。对于底层已搭建好的安全工具由平台统一编排调度，用户通过平台使用安全工具，对于不同厂商的安全工具能力抽象统一，使用户无须频繁切换安全工具，安全工具能力整合后，用户以任务确定平台调用工具，实现对定向安全问题的交叉验证能力。

（五）DevOps 体系融合

将应用安全能力融合到 DevOps 体系中去，DevOps 的开发、测试、交付等各阶段均有安全工具无缝介入。以白盒扫描工具为例，开发团队完成开发后，通过 CI/CD 平台发起代码白盒扫描，如果存在漏洞，开发团队必须修复，否则无法提交后续流程。以 APP 加固和检测工具为例，开发团队完成移动应用开发后，通过 CI/CD 平台进行打包并提测。在进行打包前，必须选择使用 APP 加固工具，才能进行接下来的流程。完成加固后，由 APP 检测工具及人工执行漏洞测试。如检测存在漏洞，需要修复漏洞，并重新完成整套流程，直至检测不出漏洞，方可进入提测打包发布。

10.6 信息安全管理体系（ISMS）

ISO/IEC27001 信息安全管理体系（Information Security Management Systems，ISMS）之概念最初源于英国标准 BS7799，2005 年被国际标准化组织（ISO）认可为正式的国际标准，ISO/IEC27001：2013 是最新的信息安全管理体系标准，已经成为世界各国、行业、组织或机构解决信息安全问题的一个有效方法。信息安全管理体系采用信息化风险管理的循环流程工作机制，持续改进信息安全管理水平。

一、体系标准

信息安全管理体系（族）由 8 个文件组成，每个文件对信息安全的相关方面制定了具体规范标准体系，见图 10-7。

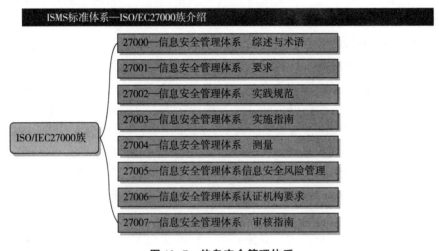

图 10-7 信息安全管理体系

二、控制重点

信息安全管理体系控制重点可以归纳为 11 个方面，涉及组织体系、管理体系、技术体系和运营体系等，见图 10-8，并对此逐一进行分述。

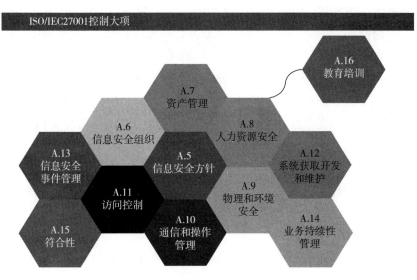

图 10-8　信息安全体系控制重点

（一）信息安全方针

信息安全方针为信息安全提供管理指导和支持，须定期对此进行检视评审，适时修订。

（二）信息安全组织

重点工作是建立信息安全基础设施，维护被第三方访问的信息处理设施和信息资产的安全，以及当信息处理外包给其他组织时，确保信息安全等。

（三）资产管理

检查所有信息资产，做好信息资产分类，确保受到适当程度的保护。

（四）人力资源安全

确保所有员工、合同方和第三方了解信息安全威胁和相关事宜，清楚他们的责任、义务，以减少人为差错、盗窃、欺诈或误用设施的风险。

（五）物理与环境安全

定义安全区域，防止对数据中心等职场和信息数据的访问、破坏和各种干扰，保护设备的安全，防止信息资产的丢失、损坏或被盗，同时还要采取针对性控制举措、防止信息和信息处理设施的损坏和被盗。

（六）通信和操作管理

制定操作规程和职责，确保信息处理设施的正确和安全操作。建立系统规划和验收准则，将系统失效的风险降低到最低，防范恶意代码和移动代码，保护软件和信息的完整性，做好信息备份和网络安全管理，确保信息在网络中的安全，确保其支持性基础设施得到保护，建立媒体处置和安全的规程，防止资产损坏和业务活动的中断，防止信息和软件在组织之间交换时丢失、修改或误用。

（七）访问控制

制定文件化的访问控制策略，避免信息系统的未授权访问，并让用户了解其职责和义务，包括网络访问控制、操作系统访问控制、应用系统和信息访问控制、监视系统访问和使用，定期检测未授权活动，当使用移动办公和远程工作时，也要确保信息安全。

（八）系统获取开发和维护

标识系统的安全要求是确保信息安全成为信息系统的内置部分。控制应用系统的安全，防止应用系统中用户数据的丢失、泄露、被修改和误用，通过加密手段保护信息的保密性、真实性和完整性，控制对系统文件的访问，确保系统文档的安全，严格控制开发和支持的过程，维护应用系统软件和信息的安全。

（九）信息安全事件管理

报告信息安全事件和薄弱环节，及时采取纠正措施，确保使用持续有效的方法管理信息安全事故。

（十）业务连续性管理

目的是减少业务活动的中断，使关键业务过程免受主要故障或天灾的影响，并确保他们的及时恢复。

（十一）符合性

信息系统的设计操作使用和管理要符合法律法规的要求，符合组织的安全方针和标准，还要控制系统审核，使系统审核过程的效力最大化，干扰最小化。

三、信息安全管理四步骤

信息安全管理包括计划（Plan），即根据风险评估结果、法律法规要求、组织业务运作自身需要来确定控制目标与控制措施；实施（Do），即实施所选的安全控制措施；检查（Check），即依据策略、程序、标准和法律法规，对安全措施的实施情况进行符合性检查；改进（Action），即根据 ISMS 审核、管理评审的结果及其他相关信息，采取纠正和预防措施，实现 ISMS 的持续改进，见图 10-9。

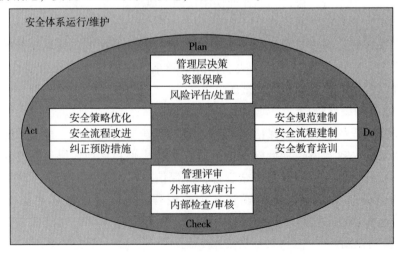

图 10-9　信息安全管理四步骤

四个步骤成为一个闭环，通过这个闭环的不断运转，使信息安全管理体系得到持续改进，使信息安全绩效（Performance）螺旋上升。

（一）P—建立信息安全管理体系环境和风险评估

设计策划阶段就是要明确信息安全管理体系的范围和详略程度，识别并评估所有的信息安全风险，提供必需的资源、选择恰当的风险管理方法、评审方法和文件化实践等。这一阶段的所有重要活动都要被文件化，以备将来追溯和控制更改情况。

1. 确定范围和方针

信息安全管理体系可以覆盖一个组织的全部或者部分。无论是全部还是部分，都必须明确界定体系的范围，如果体系仅涵盖这个组织的一部分，这就变得更重要了。需要确定文件化的信息安全管理体系范围和体系环境所需的过程，战略性和组织化的信息安全管理环境，信息安全风险管理方法，信息安全风险评价标准以及所要求的保证程度，信息资产识别的范围等。

信息安全管理体系也可能在其他信息安全管理体系的控制范围内。在这种情况下，上下级控制的关系有两种可能：一是下级信息安全管理体系不使用上级信息安全管理体系的控制，在这种情况下，上级信息安全管理体系的控制不影响下级信息安全管理体系的 PDCA 活动。二是下级信息安全管理体系使用上级信息安全管理体系的控制，在这种情况下，上级信息安全管理体系的控制可以被认为是下级信息安全管理体系策划活动的"外部控制"。尽管此类外部控制并不影响下级信息安全管理体系的实施、检查、措施活动，但是下级信息安全管理体系仍然有责任确认这些外部控制提供了充分的保护。

2. 定义风险评估的系统性方法

确定信息安全风险评估方法，并确定风险等级准则。评估方法应该和一个组织既定的信息安全管理体系范围、信息安全需求、法律法规要求相适应，兼顾效果和效率。需要建立风险评估文件，解释所选择的风险评估方法，说明为什么该方法适合这个组织的安全要求和业务环境，介绍所采用的技术和工具，以及使用这些技术和工具的原因。评估文件还应该规范下列评估细节：一是信息安全管理体系内资产的估价，包括所用的价值尺度信息；二是威胁及薄弱点的识别；三是可能利用薄弱点的威胁的评估，以及此类事故可能造成的影响；四是以风险评估结果为基础的风险计算，以及剩余风险的识别。

3. 识别风险

识别信息安全管理体系控制范围内的信息资产；识别对这些资产的威胁；识别可能被威胁利用的薄弱点；识别保密性、完整性和可用性丢失对这些资产的潜在影响。

4. 评估风险

根据资产保密性、完整性或可用性丢失的潜在影响，评估由于安全失败可能引起的商业影响；根据与资产相关的主要威胁、薄弱点及其影响，以及实施的控制，评估此类失败发生的现实可能性；根据既定的风险等级准则，确定风险等级。

5. 识别并评价风险处理的方法

对于所识别的信息安全风险，需要加以分析，区别对待。如果风险可以接受，那么就自留，加以防范和控制；对于不可接受的风险，应考虑避免风险或者转移风险；对于不可避免也不可转移的风险应该采取适当的安全控制，将其降低到可接受的水平。

6. 选择控制目标与控制方式

选择并文件化控制目标和控制方式，以将风险降低到可接受的等级。信息安全管理体系规范及应用指南（BS 7799-2：2002，英国标准版）附录 A 提供了可供选择的控制目标与控制方式。不可能总是以可接受的费用将风险降低到可接受的等级，那么需要确定的是增加额外的控制，还是接受高风险。在设定可接受的风险等级时，控制的强度和费用应该与事故的潜在费用相比较。这个阶段还应该考虑安全破坏或者违背的探测机制，进而安排预防、制止、限制和恢复控制。在形式上，可以通过设计风险处理计划来完成步骤 5 和步骤 6。风险处理计划是针对所识别的每一项不可接受风险建立的详细处理方案和实施时间表，是安全风险和控制措施的接口性文档。风险处理计划不仅可以指导后续的信息安全管理活动，还可以作为与高层管理者、上级领导机构、合作伙伴或者员工进行信息安全事宜沟通的桥梁。这个计划至少应该为每一个信息安全风险阐明组织所选择的处理方法、已经到位的控制、建议采取的额外措施、控制的实施时间框架等。

7. 获得最高管理者的授权批准

开始实施和运作信息安全管理体系需要获得最高管理者的授权。剩余风险（Residual Risks）及其处理建议应该获得批准。

（二）D—实施并运行

管理策划阶段要将所识别的信息安全风险分为可接受和不可接受两类，对于可接受的风险，一般不需要采取进一步的措施，但需要观察、防范和控制。对于不可接受风险，需要选择控制的方法、策略或措施，并与风险处理计划同步进行。计划的成功实施需要有一个有效的管理系统，其中要规定所选择的方法、分配职责和职责分离，并且要依据规定的方式方法监控这些活动。

在不可接受的风险被降低或转移之后，还会有一部分剩余风险。应对这部分风险进行控制，确保不期望的影响和破坏被快速识别并得到适当管理，这就需要分配适当的资源（人员、时间和资金）开展信息安全管理体系以及所有的安全控制，包括将所有已实施控制的文件化，并加以妥善维护。

提高信息安全意识的目的就是营造信息化风险管理意识和信息安全文化，保证意识和控制活动的同步，还必须安排针对信息安全意识的培训，并检查风险管理意识培训的效果，以确保其持续有效和实时性。如有必要应开展有针对性的信息安全培训，保证所有相关方能按照要求完成安全任务。

本阶段还应该实施并持续开展监测和响应机制。

（三）C—监视并评审

1. 监视阶段，是 PDCA 循环的关键阶段，要分析运行效果，寻求改进机会的阶段。如果发现一个控制措施不合理、不充分，就要采取纠正措施，以防止信息系统处于不可接受的风险状态。为此应该通过多种方式检查信息安全管理体系是否运行良好，并对其业绩进行监视，可能包括下列管理过程：

（1）通过既定程序和相关控制方式，以快速检测处理结果中的错误，快速识别安全体系中失败的和成功的破坏，能使管理者确认人工或自动执行的安全活动达到预期的结果，按照轻重缓急，确定所要采取的措施，借鉴自身和第三方的安全经验。

（2）评审信息安全管理体系的有效性，收集安全审核的结果、事故，以及来自所有股东和其他相关方的建议和反馈，定期对信息安全管理体系的有效性进行评审。

（3）评审剩余风险和可接受风险的等级，应注意组织架构、信息技术、商业目标和业务流程的内部变化，以及已识别的威胁和社会环境的外部变化，定期评审剩余风险和可接受风险等级的合理性。

（4）审核评估安全程序是否适当，是否符合标准，以及是否按照预期的目的进行工作，需要定期（最多不超过一年）检查信息安全管理体系的所有方面是否行之有效。审核的依据包括信息安全管理体系规范及应用指南，以及所发布的信息安全管理程序。相关部门应该进行充分的审核，以便审核任务能在审核期间内按部就班地展开。

2. 评审阶段。评审内容包括信息安全方针是否仍然是业务要求的正确反映，是否遵循文件化的程序（信息安全管理体系范围内），是否能够满足期望的目标，适当的技术控制（例如防火墙、实物访问控制），是否被正确地配置，且行之有效，剩余风险是否已被正确评估，是否可以接受，前期审核确定的措施是否已经被实施，审核应包括对文件和记录的抽样检查，以及口头调查管理者和员工，等等。

应定期对信息安全管理体系进行正式的评审（最少一年评审一次），记录并报告能影响信息安全管理体系有效性或业绩的所有活动、事件。

（四）A—改进

这一阶段是对方案及其工作结果进行评价，是继续执行，还是进行新的策划？如果该循环给管理体系带来明显的业绩提升，应考虑是否将成果扩大到其他的部门或领域，这就开始了新一轮的 PDCA 循环。

1. 评估信息安全管理体系能否满足安全方针和达到预期的目标。

2. 采取适当的纠正和预防措施，必要时修订信息安全管理体系，确保修订达到预期的目标。在这个阶段需要注意的是，很多看起来单纯的、孤立的事件，如果不及时处理就可能对整个组织产生影响，采取的措施不仅具有直接的效果，还要从长效机制上加以解决类似或相关问题，即要以长远的眼光来打算，确保措施不仅致力于眼前问题的解决，还要杜绝类似事故再发生或者降低其再发生的可能性。

不符合：是指实施、维持并改进所要求的一个或多个管理体系要素是失效的，或者信息安全管理体系是否符合既定方针或安全目标的能力存在很大不确定性。

纠正措施：所采取的措施要确保能够消除信息安全管理体系实施、运作和使用过程中不符合的原因，防止再发生。纠正措施的文件化程序应该规定以下方面的要求：识别信息安全管理体系实施与运作过程中的不符合方面，分析确定不符合的原因，评价确保不符合不再发生的措施要求，确定并实施所需的纠正措施，记录所采取措施的结果，评审所采取措施的有效性等。

预防措施：所采取的措施要确保能够消除潜在不符合的原因，防止其发生。预防措施应与潜在问题的影响程度相适应。预防措施的文件化程序应该规定以下方面的要求：识别潜在不符合及其原因，确定并实施所需的预防措施，记录所采取措施的结果，评审所采取的预防措施，识别已变化的风险，并确保对发生重大变化的风险予以关注。

信息安全管理体系是有效推进信息安全管理的机制，可以全局整体或特定范围内开展信息安全管理。国内外著名的金融（集团）公司大多以此体系为依据，开展信息安全管理，不断改进达到该体系的标准，并通过信息安全管理体系的认证，来不断提升信息安全工作水平。

11. 我国银行保险业信息化法规与监管之完善

政府部门在信息安全与信息化风险管理中有四重角色。第一，管制者，对那些通过信息技术造成他人损失和后果的，政府必须采取管制措施，维护信息安全。第二，服务者，为各行各业的信息化建设与安全提供服务。第三，管理者，政府自身事务领域的信息安全风险管理。第四，法规制定者，负责国家和行业两个层面的信息安全法规制定与实施，这是最重要的角色。金融业监管部门集四类角色于一身，着力于规范金融行业信息化建设与发展。本章相关内容主要以保险行业为例展开论述。

11.1 我国信息化管理法规与标准规范

金融业既要遵守国家信息化管理法规和信息化主管部门的规章制度和监管部门的监管规定，又要符合行业标准规范。

一、现行信息化管理法规与条例

我国关于信息化管理的条例和办法时有推出，但法律一直处于空白状态。直至2017年6月1日《中华人民共和国网络安全法》施行，才填补了这方面的法律空白。目前由全国人大和国务院颁布的法规条例见表11-1。

表11-1 我国信息化管理法规条例一览表

颁布部门	法规名称	颁布时间	施行时间	备注
全国人民代表大会常务委员会	中华人民共和国个人信息保护法	2021年8月20日	2021年11月1日	
全国人民代表大会常务委员会	中华人民共和国数据安全法	2021年6月10日	2021年9月1日	
全国人民代表大会常务委员会	中华人民共和国电子商务法	2018年8月31日	2019年1月1日	
国务院	关键信息基础设施安全保护条例	2021年7月30日	2021年9月1日	
全国人民代表大会常务委员会	中华人民共和国网络安全法	2016年11月7日	2017年6月1日	

颁布部门	法规名称	颁布时间	施行时间	备注
全国人民代表大会常务委员会	中华人民共和国个人信息保护法	2021 年 8 月 20 日	2021 年 11 月 1 日	
国务院	信息网络传播权保护条例	2013 年 3 月 1 日	2013 年 3 月 1 日	
国务院	计算机软件保护条例	2013 年 1 月 30 日	2013 年 1 月 30 日	
全国人民代表大会常务委员会	全国人民代表大会常务委员会关于加强网络信息保护的决定	2012 年 12 月 28 日	2012 年 12 月 28 日	
国务院	互联网信息服务管理办法	2011 年 1 月 8 日	2011 年 1 月 8 日	
国务院	中华人民共和国计算机信息网络国际联网管理暂行规定	1997 年 5 月 20 日	1997 年 5 月 20 日	
国务院	计算机信息网络国际联网安全保护管理办法（2011 年修订）	1997 年 12 月 16 日	1997 年 12 月 30 日	2011 年 1 月 8 日修订
国务院	中华人民共和国计算机信息系统安全保护条例	1994 年 2 月 18 日	1994 年 2 月 18 日	2011 年 1 月 8 日修订

《国家信息化发展战略纲要》《我国国民经济和社会发展第十三个五年规划》和《我国国民经济和社会发展第十四个五年规划和 2035 年远景目标纲要》等都将网信事业确立为先进生产力，重点发展的行业，网信事业取得了长足的发展。但关于网信管理方面的立法行动相对迟缓，信息化较多领域的法规处于空白状态，网上交易权益保护、个人信息隐私保护等长期没有法规可依或者说碎片化，更谈不上法规之间如何有效衔接，信息安全管理存在灰色地带。即使 2021 年 11 月 1 日实施的《中华人民共和国个人信息保护法》，也因各种条件限制，尚有不完善和不可操作的地方。立法机构应全面思考我国信息安全与管理的立法框架，分轻重缓急，抓紧落实法规的制定。我国有立法权的地方政府应该先行先试，为国家层面信息化法规建设积极探索。《深圳经济特区数据条例》于 2021 年 7 月 6 日正式发布，为地方信息化法规条例建设开了先河。

目前我国较多涉及国家安全利益和国计民生的重要信息数据掌握在部门、行业、机构和互联网企业，如果在数据保护和安全上出了问题，不仅对客户、行业，还对国家安全利益都会产生不利影响。当前大数据快速发展环境下，为我国数据安全和个人隐私保护提供法律保障尤为迫切，深度、广度都需要不断探索。

《中国人民银行法》《商业银行法》《保险法》《社会保险法》和《海商法》等是银行业、社会保障和保险行业的根本大法，基本都是在 2015 年前后修订的，因时空限制，当初没有考虑信息化对银行交易、保险合同的订立、履行、监管等诸方面的深度改变所作出相应的修订完善。

二、信息化主管部门相关规章

近年来，我国政府相关部门先后出台了较多信息化管理方面的部门规章，对各行各业开展信息安全、信息技术标准、信息化风险管理等工作起到了重要指导作用，见表 11-2。

表 11-2　我国信息化管理部门规章

颁布部门	规章名称	颁布时间	施行时间	备注
国家市场监督管理总局	网络交易监督管理办法	2021 年 3 月 15 日	2021 年 5 月 1 日	通过互联网等信息网络销售商品或者提供服务的经营活动由市场监督管理部门监督管理
国家标准化管理委员会，中共中央网络安全和信息化委员会办公室，国家发展和改革委员会，科学技术部，工业和信息化部	国家新一代人工智能标准体系建设指南	2020 年 7 月 27 日	2020 年 7 月 27 日	
国家互联网信息办公室，国家发展和改革委员会，工业和信息化部，公安部，财政部，商务部，中国人民银行，国家市场监督管理总局，国家广播电视总局，国家保密局，国家密码管理局	网络安全审查办法	2020 年 4 月 30 日	2020 年 6 月 1 日	关键信息基础设施运营者采购的影响或可能影响国家安全的网络产品和服务
工业和信息化部	电信和互联网行业数据安全标准体系建设指南	2020 年 12 月 17 日	2020 年 12 月 17 日	电信和互联网行业
国家互联网信息办公室	区块链信息服务管理规定	2019 年 1 月 10 日	2019 年 2 月 15 日	
国务院办公厅	科学数据管理办法	2018 年 3 月 17 日	2018 年 3 月 17 日	
国家互联网信息办公室	互联网信息内容管理行政执法程序规定	2017 年 5 月 2 日	2017 年 6 月 1 日	
工业和信息化部	互联网域名管理办法	2017 年 8 月 24 日	2017 年 11 月 1 日	
工业和信息化部	互联网信息安全管理系统使用及运行维护管理办法（试行）	2016 年 9 月 7 日	2016 年 9 月 7 日	

续表

颁布部门	规章名称	颁布时间	施行时间	备注
工业和信息化部	电信和互联网用户个人信息保护规定	2013 年 7 月 16 日	2013 年 9 月 1 日	电信服务和互联网信息服务过程中所收集、使用的用户个人信息
国家互联网信息办公室	网络信息内容生态治理规定	2019 年 12 月 15 日	20120 年 3 月 1 日	
工业和信息化部	关于加强国际通信网络架构保护的若干规定	2010 年 9 月 26 日	2010 年 9 月 26 日	适用于通信类公司
工业和信息化部	通信网络安全防护管理办法	2010 年 1 月 21 日	2010 年 3 月 1 日	
工业和信息化部	互联网网络安全信息通报实施办法	2009 年 4 月 13 日	2009 年 4 月 13 日	适用于通信行业互联网等 IP 网络和系统的网络安全信息
公安部,国家保密局,国家密码管理局,国务院信息化工作办公室（已撤销）	信息安全等级保护管理办法	2007 年 6 月 22 日	2007 年 6 月 22 日	适用于所有信息系统的运营、使用单位
国家保密局	计算机信息系统国际联网保密管理规定	1999 年 12 月 27 日	2000 年 1 月 1 日	适用于接入国际联网的个人、法人、互联网单位和其他组织
公安部	计算机网络国际联网安全保护管理办法	1997 年 12 月 16 日	1997 年 12 月 30 日	
国务院信息化工作领导小组	中华人民共和国计算机信息网络国际联网管理暂行规定实施办法	1998 年 2 月 13 日	1998 年 2 月 13 日	
国家互联网信息办公室	个人信息出境安全评估办法	2019 年 6 月 13 日		征求意见稿、没有实施

上述部门规章的颁布为我国信息化管理法规的制定和执行奠定了较好基础。存在的主要问题是信息化管理规章由国务院网信办、国家互联网信息办公室、公安部、工信部等部门从各自角度出发颁布规章，可能会形成九龙治水、政出多门。如表 11-2 中《互联网个人信息安全保护指南》和《电信和互联网用户个人信息保护规定》两个文件之间存在不一致的地方。近十年来，我国网信事业发展极为迅速，新技术不断出现，有的规章已经不能管理当下信息安全风险，信息安全、网络安全等管理规章尚未合理规划，分轻重缓急，有序制定。

三、信息化行业标准规范

信息化行业标准规范主要由国家标准化管理委员会、全国信息安全标准化技术委员会等部门制定颁布。十多年来，先后发布了系列信息化标准规范，见表11-3。

表 11-3　信息化行业主要标准规范

序号	标准编号	标准名称	发布日期	实施日期	备注（是否适用）
1	GB/T 22032—2021	系统与软件工程　系统生存周期过程	2021 年 4 月 30 日	2021 年 11 月 1 日	
2	GB/T 25000—2021	系统与软件工程　系统与软件质量要求和评价（SQuaRE）相关部分	2021 年 4 月 30 日	2021 年 11 月 1 日	
5	GB/T 39788—2021	系统与软件工程　性能测试方法	2021 年 3 月 9 日	2021 年 10 月 1 日	
6	GB/T 39837—2021	信息技术　远程运维　技术参考模型	2021 年 3 月 9 日	2021 年 10 月 1 日	
7	GB/T 39770—2021	信息技术服务　服务安全要求相关部分	2021 年 3 月 9 日	2021 年 10 月 1 日	
8	GB/T 20985—2020	信息技术　安全技术信息安全事件管理相关部分	2020 年 12 月 14 日	2021 年 7 月 1 日	
9	GB/T 15852—2020	信息技术　安全技术　消息鉴别码相关部分	2020 年 12 月 14 日	2021 年 7 月 1 日	
10	GB/T 28450—2020	信息技术　安全技术　信息安全管理体系审核指南	2020 年 12 月 14 日	2021 年 7 月 1 日	
11	GB/T 25068.1—2020	信息技术　安全技术　网络安全相关部分	2020 年 11 月 19 日	2021 年 6 月 1 日	
12	GB/T 38634—2020	系统与软件工程　软件测试相关部分	2020 年 4 月 28 日	2020 年 11 月 1 日	
13	GB/T 38639—2020	系统与软件工程　软件组合测试方法	2020 年 4 月 28 日	2020 年 11 月 1 日	
14	GB/T 22240—2020	信息安全技术　网络安全等级保护定级指南	2020 年 4 月 28 日	2020 年 11 月 1 日	等级保护 2.0 标准体系主要标准
15	GB/T 38557—2020	系统与软件工程　接口和数据交换相关部分	2020 年 3 月 6 日	2020 年 10 月 1 日	
16	GB/T 25000—2019	系统与软件工程　系统与软件质量要求和评价（SQuaRE）相关部分	2019 年 8 月 30 日	2020 年 3 月 1 日	
17	GB/T 37934—2019	信息安全技术　工业控制网络安全隔离与信息交换系统安全技术要求	2019 年 8 月 30 日	2020 年 3 月 1 日	工业系统不适用

序号	标准编号	标准名称	发布日期	实施日期	备注（是否适用）
18	GB/T 37953—2019	信息安全技术 工业控制网络监测安全技术要求及测试评价方法	2019 年 8 月 30 日	2020 年 3 月 1 日	工业系统不适用
19	GB/T 37980—2019	信息安全技术 工业控制系统安全检查指南	2019 年 8 月 30 日	2020 年 3 月 1 日	工业系统不适用
20	GB/T 37962—2019	信息安全技术 工业控制系统产品信息安全通用评估准则	2019 年 8 月 30 日	2020 年 3 月 1 日	工业系统不适用
21	GB/T 37954—2019	信息安全技术 工业控制系统漏洞检测产品技术要求及测试评价方法	2019 年 8 月 30 日	2020 年 3 月 1 日	工业系统不适用
22	GB/T 37941—2019	信息安全技术 工业控制系统网络审计产品安全技术要求	2019 年 8 月 30 日	2020 年 3 月 1 日	工业系统不适用
23	GB/T 37933—2019	信息安全技术 工业控制系统专用防火墙技术要求	2019 年 8 月 30 日	2020 年 3 月 1 日	工业系统不适用
24	GB/T 37935—2019	信息安全技术 可信计算规范 可信软件基	2019 年 8 月 30 日	2020 年 3 月 1 日	
25	GB/T 37952—2019	信息安全技术 移动终端安全管理平台技术要求	2019 年 8 月 30 日	2020 年 3 月 1 日	
26	GB/T 37972—2019	信息安全技术 云计算服务运行监管框架	2019 年 8 月 30 日	2020 年 3 月 1 日	
27	GB/T 25058—2019	信息安全技术 网络安全等级保护实施指南	2019 年 8 月 30 日	2020 年 3 月 1 日	等级保护 2.0 标准体系主要标准
28	GB/T 37978—2019	信息技术 存储管理应用 盘阵列存储管理接口	2019 年 8 月 30 日	2020 年 3 月 1 日	
29	GB/T 37696—2019	信息技术服务 从业人员能力评价要求	2019 年 8 月 30 日	2020 年 3 月 1 日	
30	GB/T 36074.3—2019	信息技术服务 服务管理 第3 部分：技术要求	2019 年 8 月 30 日	2020 年 3 月 1 日	
31	GB/T 37961—2019	信息技术服务 服务基本要求	2019 年 8 月 30 日	2020 年 3 月 1 日	
32	GB/T 19668.6—2019	信息技术服务 监理 第6 部分：应用系统：数据中心工程监理规范	2019 年 8 月 30 日	2020 年 3 月 1 日	
33	GB/T 33770.2—2019	信息技术服务 外包 第2 部分：数据保护要求	2019 年 8 月 30 日	2020 年 3 月 1 日	
34	GB/T 28827—2019	信息技术服务 运行维护相关部分	2019 年 8 月 30 日	2020 年 3 月 1 日	

序号	标准编号	标准名称	发布日期	实施日期	备注（是否适用）
35	GB/T 36463.2—2019	信息技术服务　咨询设计相关部分	2019 年 8 月 30 日	2020 年 3 月 1 日	
36	GB/T 22239—2019	信息安全技术　网络安全等级保护基本要求	2019 年 5 月 10 日	2019 年 12 月 1 日	等级保护 2.0 标准体系主要标准
37	GB/T 28448—2019	信息安全技术　网络安全等级保护测评要求	2019 年 5 月 10 日	2019 年 12 月 1 日	等级保护 2.0 标准体系主要标准
38	GB/T 25070—2019	信息安全技术网络安全等级保护安全设计技术要求	2019 年 5 月 10 日	2019 年 12 月 1 日	等级保护 2.0 标准体系主要标准
39	GB/T 25000—2018	系统与软件工程　系统与软件质量要求和评价（SQuaRE）相关部分	2018 年 12 月 28 日	2019 年 7 月 1 日	
40	GB/T 36968—2018	信息安全技术 IPSec VPN 技术规范	2018 年 12 月 28 日	2019 年 7 月 1 日	
41	GB/T 37091—2018	信息安全技术　安全办公 U 盘安全技术要求	2018 年 12 月 28 日	2019 年 7 月 1 日	
42	GB/T 37096—2018	信息安全技术　办公信息系统安全测试规范	2018 年 12 月 28 日	2019 年 7 月 1 日	党政部门办公信息系统，不适用
43	GB/T 37094—2018	信息安全技术　办公信息系统安全管理要求	2018 年 12 月 28 日	2019 年 7 月 1 日	党政部门办公信息系统，不适用
44	GB/T 37095—2018	信息安全技术　办公信息系统安全基本技术要求	2018 年 12 月 28 日	2019 年 7 月 1 日	党政部门办公信息系统，不适用
45	GB/T 37090—2018	信息安全技术　病毒防治产品安全技术要求和测试评价方法	2018 年 12 月 28 日	2019 年 7 月 1 日	
46	GB/T 37002—2018	信息安全技术　电子邮件系统安全技术要求	2018 年 12 月 28 日	2019 年 7 月 1 日	
47	GB/T 36960—2018	信息安全技术　鉴别与授权访问控制中间件框架与接口	2018 年 12 月 28 日	2019 年 7 月 1 日	
48	GB/T 37092—2018	信息安全技术　密码模块安全要求	2018 年 12 月 28 日	2019 年 7 月 1 日	
49	GB/T 37033—2018	信息安全技术　射频识别系统密码应用技术要求相关部分	2018 年 12 月 28 日	2019 年 7 月 1 日	
50	GB/T 36958—2018	信息安全技术　网络安全等级保护安全管理中心技术要求	2018 年 12 月 28 日	2019 年 7 月 1 日	
51	GB/T 28449—2018	信息安全技术　网络安全等级保护测评过程指南	2018 年 12 月 28 日	2019 年 7 月 1 日	等级保护 2.0 标准体系主要标准

续表

序号	标准编号	标准名称	发布日期	实施日期	备注（是否适用）
52	GB/T 36959—2018	信息安全技术 网络安全等级保护测评机构能力要求和评估规范	2018年12月28日	2019年7月1日	
53	GB/T 37027—2018	信息安全技术 网络攻击定义及描述规范	2018年12月28日	2019年7月1日	
54	GB/T 37044—2018	信息安全技术 物联网安全参考模型及通用要求	2018年12月28日	2019年7月1日	物联网信息系统，不适用
55	GB/T 37093—2018	信息安全技术 物联网感知层接入通信网的安全要求	2018年12月28日	2019年7月1日	物联网信息系统，不适用
56	GB/T 37024—2018	信息安全技术 物联网感知层网关安全技术要求	2018年12月28日	2019年7月1日	物联网信息系统，不适用
57	GB/T 36951—2018	信息安全技术 物联网感知终端应用安全技术要求	2018年12月28日	2019年7月1日	物联网信息系统，不适用
58	GB/T 37025—2018	信息安全技术 物联网数据传输安全技术要求	2018年12月28日	2019年7月1日	物联网信息系统，不适用
59	GB/T 37046—2018	信息安全技术 灾难恢复服务能力评估准则	2018年12月28日	2019年7月1日	
60	GB/T 36957—2018	信息安全技术 灾难恢复服务要求	2018年12月28日	2019年7月1日	
61	GB/T 37076—2018	信息安全技术 指纹识别系统技术要求	2018年12月28日	2019年7月1日	
62	GB/T 37033.1—2018	信息安全技术射频识别系统密码应用技术要求第1部分：密码安全保护框架及安全级别	2018年12月28日	2019年7月1日	
63	GB/T 36643—2018	信息安全技术 网络安全威胁信息格式规范	2018年10月10日	2019年5月1日	
64	GB/T 36651—2018	信息安全技术基于可信环境的生物特征识别身份鉴别协议框架	2018年10月10日	2019年5月1日	
65	GB/T 36618—2018	信息安全技术 金融信息服务安全规范	2018年9月17日	2019年4月1日	
66	GB/T 36639—2018	信息安全技术 可信计算规范服务器可信支撑平台	2018年9月17日	2019年4月1日	
67	GB/T 36631—2018	信息安全技术 时间戳策略和时间戳业务操作规则	2018年9月17日	2019年4月1日	
68	GB/T 36644—2018	信息安全技术 数字签名应用安全证明获取方法	2018年9月17日	2019年4月1日	

序号	标准编号	标准名称	发布日期	实施日期	备注（是否适用）
69	GB/T 36627—2018	信息安全技术 网络安全等级保护测试评估技术指南	2018 年 9 月 17 日	2019 年 4 月 1 日	
70	GB/T 36635—2018	信息安全技术 网络安全监测基本要求与实施指南	2018 年 9 月 17 日	2019 年 4 月 1 日	
71	GB/T 36633—2018	信息安全技术 网络用户身份鉴别技术指南	2018 年 9 月 17 日	2019 年 4 月 1 日	
72	GB/T 36630—2018	信息安全技术 信息技术产品安全可控评价指标相关部分	2018 年 9 月 17 日	2019 年 4 月 1 日	
73	GB/T 36626—2018	信息安全技术 信息系统安全运维管理指南	2018 年 9 月 17 日	2019 年 4 月 1 日	
74	GB/T 36619—2018	信息安全技术 政务和公益机构域名命名规范	2018 年 9 月 17 日	2019 年 4 月 1 日	
75	GB/T 19668—2018	信息技术服务 监理相关部分	2018 年 6 月 7 日	2019 年 1 月 1 日	
76	GB/T 34960—2018	信息技术服务 治理相关部分	2018 年 6 月 7 日	2019 年 1 月 1 日	
77	GB/T 36463—2018	信息技术服务 咨询设计相关部分	2018 年 6 月 7 日	2019 年 1 月 1 日	
78	GB/T 35274—2017	信息安全技术 大数据服务安全能力要求	2017 年 12 月 29 日	2018 年 7 月 1 日	
79	GB/T 35287—2017	信息安全技术 网站可信标识技术指南	2017 年 12 月 29 日	2018 年 7 月 1 日	
80	GB/T 35281—2017	信息安全技术 移动互联网应用服务器安全技术要求	2017 年 12 月 29 日	2018 年 7 月 1 日	
81	GB/T 35279—2017	信息安全技术 云计算安全参考架构	2017 年 12 月 29 日	2018 年 7 月 1 日	
82	GB/T 25000—2017	系统与软件工程 系统与软件质量要求和评价（SQuaRE）相关部分	2017 年 11 月 1 日	2018 年 5 月 1 日	
83	GB/T 34990—2017	信息安全技术 信息系统安全管理平台技术要求和测试评价方法	2017 年 11 月 1 日	2018 年 5 月 1 日	
84	GB/T 34978—2017	信息安全技术 移动智能终端个人信息保护技术要求	2017 年 11 月 1 日	2018 年 5 月 1 日	
85	GB/T 34942—2017	信息安全技术 云计算服务安全能力评估方法	2017 年 11 月 1 日	2018 年 5 月 1 日	
86	GB/T 34941—2017	信息技术服务 数字化营销服务 程序化营销技术要求	2017 年 11 月 1 日	2018 年 5 月 1 日	
87	GB/T 34960—2017	信息技术服务治理相关部分	2017 年 11 月 1 日	2018 年 5 月 1 日	

序号	标准编号	标准名称	发布日期	实施日期	备注（是否适用）
88	GB/T 19668—2017	信息技术服务监理相关部分	2017 年 7 月 31 日	2018 年 2 月 1 日	
89	GB/T 36074.2—2018	信息技术服务　服务管理　第2 部分：实施指南	2018 年 3 月 15 日	2018 年 10 月 1 日	
90	GB/T 25000.10—2016	系统与软件工程　系统与软件质量要求和评价（SQuaRE）相关部分	2016 年 10 月 13 日	2017 年 5 月 1 日	
91	GB/T 33134—2016	信息安全技术　公共域名服务系统安全要求	2016 年 10 月 13 日	2017 年 5 月 1 日	
92	GB/T 33132—2016	信息安全技术　信息安全风险处理实施指南	2016 年 10 月 13 日	2017 年 5 月 1 日	
93	GB/T 33136—2016	信息技术服务　数据中心服务能力成熟度模型	2016 年 10 月 13 日	2017 年 5 月 1 日	
94	GB/T 32917—2016	信息安全技术　Web 应用防火墙安全技术要求与测试评价方法	2016 年 8 月 29 日	2017 年 3 月 1 日	
95	GB/T 32926—2016	信息安全技术　政府部门信息技术服务外包信息安全管理规范	2016 年 8 月 29 日	2017 年 3 月 1 日	政府部门采购和使用信息技术服务，不适用
96	GB/T 22080—2016	信息技术　安全技术　信息安全管理体系要求	2016 年 8 月 29 日	2017 年 3 月 1 日	
97	GB/T 22081—2016	信息技术　安全技术　信息安全控制实践指南	2016 年 8 月 29 日	2017 年 3 月 1 日	
98	GB/T 32923—2016	信息技术　安全技术　信息安全治理	2016 年 8 月 29 日	2017 年 3 月 1 日	
99	GB/T 33561—2017	信息安全技术　安全漏洞分类	2017 年 5 月 12 日	2017 年 12 月 1 日	
100	GB/T 33562—2017	信息安全技术　安全域名系统实施指南	2017 年 5 月 12 日	2017 年 12 月 1 日	
101	GB/T 33565—2017	信息安全技术　无线局域网接入系统安全技术要求（评估保障级 2 级增强）	2017 年 5 月 12 日	2017 年 12 月 1 日	
102	GB/T 33563—2017	信息安全技术　无线局域网客户端安全技术要求（评估保障级 2 级增强）	2017 年 5 月 12 日	2017 年 12 月 1 日	
103	GB/T 33770.1—2017	信息技术服务　外包　第 1 部分：服务提供方通用要求	2017 年 5 月 31 日	2017 年 12 月 1 日	
104	GB/T 33850—2017	信息技术服务　质量评价指标体系	2017 年 5 月 31 日	2017 年 12 月 1 日	

续表

序号	标准编号	标准名称	发布日期	实施日期	备注（是否适用）
105	GB/T 32423—2015	系统与软件工程 验证与确认	2015 年 12 月 31 日	2016 年 7 月 1 日	
106	GB/T 16680—2015	系统与软件工程 用户文档的管理者要求	2015 年 12 月 31 日	2016 年 7 月 1 日	
107	GB/T 32424—2015	系统与软件工程 用户文档的设计者和开发者要求	2015 年 12 月 31 日	2016 年 7 月 1 日	
108	GB/T 31509—2015	信息安全技术 信息安全风险评估实施指南	2015 年 5 月 15 日	2016 年 1 月 1 日	
109	GB/T 31168—2014	信息安全技术 云计算服务安全能力要求	2014 年 9 月 3 日	2015 年 4 月 1 日	
110	GB/T 31167—2014	信息安全技术 云计算服务安全指南	2014 年 9 月 3 日	2015 年 4 月 1 日	
111	GB/T 30972—2014	系统与软件工程 软件工程环境服务	2014 年 9 月 3 日	2015 年 2 月 1 日	
112	GB/T 30847—2014	系统与软件工程 可信计算平台可信性度量相关部分	2014 年 5 月 6 日	2015 年 2 月 1 日	
113	GB/T 30279—2013	信息安全技术 安全漏洞等级划分指南	2013 年 12 月 31 日	2014 年 7 月 15 日	
114	GB/T 30276—2013	信息安全技术 鉴别与授权认证中间件框架与接口规范	2013 年 12 月 31 日	2014 年 7 月 15 日	
115	GB/T 30283—2013	信息安全技术 信息安全服务分类	2013 年 12 月 31 日	2014 年 7 月 15 日	
116	GB/T 30271—2013	信息安全技术 信息安全服务能力评估准则	2013 年 12 月 31 日	2014 年 7 月 15 日	
117	GB/T 30275—2013	信息安全技术 信息安全漏洞管理规范	2013 年 12 月 31 日	2014 年 7 月 15 日	
118	GB/T 30273—2013	信息安全技术 信息系统安全保障通用评估指南	2013 年 12 月 31 日	2014 年 7 月 15 日	
119	GB/T 29264—2012	信息技术服务 分类与代码	2012 年 12 月 31 日	2013 年 6 月 1 日	
120	GB/T 28827.1—2012	信息技术服务 运行维护相关部分	2012 年 11 月 5 日	2013 年 2 月 1 日	
121	GB/T 28458—2012	信息安全技术 安全漏洞标识与描述规范	2012 年 6 月 29 日	2012 年 10 月 1 日	
122	GB/T 28453—2012	信息安全技术 信息系统安全管理评估要求	2012 年 6 月 29 日	2012 年 10 月 1 日	
123	GB/T 24363—2009	信息安全技术 信息安全应急响应计划规范	2009 年 9 月 30 日	2009 年 12 月 1 日	

序号	标准编号	标准名称	发布日期	实施日期	备注（是否适用）
124	GB/T 20984—2007	信息安全技术　网络交换机安全技术要求	2007 年 8 月 24 日	2008 年 1 月 1 日	
125	GB/T 18018—2007	信息安全技术　路由器安全技术要求	2007 年 6 月 13 日	2007 年 12 月 1 日	
126	GB/T 20979—2007	信息安全技术　虹膜识别系统技术要求	2007 年 6 月 18 日	2007 年 11 月 1 日	虹膜系统不适用
127	GB/T 20984—2007	信息安全技术　信息安全风险评估规范	2007 年 6 月 14 日	2007 年 11 月 1 日	
128	GB/T 20988—2007	信息安全技术　信息系统灾难恢复规范	2007 年 6 月 14 日	2007 年 11 月 1 日	
129	GB/T 20272—2006	信息安全技术　操作系统安全技术要求	2006 年 5 月 31 日	2006 年 12 月 1 日	信息等级保护管理办法（2007）所提规范
130	GB/T 20273—2006	信息安全技术　数据库管理系统安全技术要求	2006 年 5 月 31 日	2006 年 12 月 1 日	
131	GB/T 20270—2006	信息安全技术　网络基础安全技术要求	2006 年 5 月 31 日	2006 年 12 月 1 日	信息等级保护管理办法（2007）所提规范
132	GB/T20282—2006	信息安全技术 信息系统安全工程管理要求	2006 年 5 月 31 日	2006 年 12 月 1 日	信息等级保护管理办法（2007）所提规范
133	GB/T 20269—2006	信息安全技术　信息系统安全管理要求	2006 年 5 月 31 日	2006 年 12 月 1 日	信息等级保护管理办法（2007）所提规范
134	GB/T 20271—2006	信息安全技术　信息系统通用安全技术要求	2006 年 5 月 31 日	2006 年 12 月 1 日	信息等级保护管理办法（2007）所提规范
135	GA/T 671—2006	信息安全技术　终端计算机系统安全等级技术要求	2006 年 5 月 31 日	2006 年 12 月 1 日	信息等级保护管理办法（2007）所提规范
136	GB/T 20009—2005	信息安全技术　数据库管理系统安全评估准则	2005 年 11 月 11 日	2006 年 5 月 1 日	
138	GB 17859—1999	计算机信息系统　安全保护等级划分准则	1999 年 9 月 13 日	2001 年 1 月 1 日	等级保护 2.0 标准体系主要标准

表 11-3 列示不一定齐全，但足以说明标准规范在不断补充完善。行业标准规范是国家法规和部门规章的实施细则乃至补充说明，是可操作性规范性文件，对法规条例的实施起到了积极的推动作用，大大提高了银行保险等金融机构信息化工作水平，也为信息化相关认证提供了依据。2019 年以来，国家标准化管理委员会牵头，对相关标准规范进行了制定和修订，行业信息化标准规范密集出台，强有力促进了信息技术、信息安全等方面的规范化、标准化建设。存在的主要问题是标准规范较多，有点碎片化，自由裁定权在各行各业的单位组织，执行的效果欠佳。行业标准规范的法规条例

化是一个趋势。

四、保险行业监管规定

我国银行业是最早将信息化风险单独列为风险类别的金融行业。我国保险业信息化风险管理制度、信息安全管理制度、监管规定相对滞后一些，这与保险专业监管机构成立晚，随后又合并成立银保监会等因素相关。原保监会成立初期，仅在《保险公司分支机构开业统计与信息化建设验收指引》中有部分关于信息化建设的相关要求；后来陆续发布了《保险业信息系统灾难恢复管理指引》等近 20 个监管文件，细化了相关领域的风险管理目标和监管要求，如表 11-4 所示。

表 11-4　保险行业信息化监管规定一览

发布机关	监管文件名称	文号	颁布时间	施行时间
中国银行保险监督管理委员会	互联网保险业务监管办法	中国银行保险监督管理委员会令 2020 年第 13 号	2020 年 12 月 7 日	2021 年 2 月 1 日
中国银行保险监督管理委员会	保险中介机构信息化工作监管办法	银保监办发〔2021〕3 号	2021 年 1 月 5 日	2021 年 2 月 1 日
中国银行保险监督管理委员会	银行保险机构应对突发事件金融服务管理办法	中国银行保险监督管理委员会令 2020 年第 10 号	2020 年 9 月 9 日	2020 年 9 月 9 日
中国银行保险监督管理委员会	监管数据安全管理办法（试行）	银保监发〔2020〕43 号	2020 年 9 月 23 日	2020 年 9 月 23 日
中国保险监督管理委员会	保险机构信息化风险非现场监管报表暨启用保险机构信息化风险非现场监管信息系统的通知	保监统信〔2016〕202 号	2016 年 9 月 8 日	2016 年 9 月 8 日
中国保险监督管理委员会	保险机构内部审计工作规范	保监发〔2015〕113 号	2015 年 12 月 7 日	2015 年 12 月 7 日
中国保险监督管理委员会	关于专业网络保险公司开业验收有关问题通知	保监发〔2013〕66 号	2013 年 8 月 13 日	2013 年 8 月 13 日
中国保险监督管理委员会	保险公司开业验收指引	保监发〔2011〕14 号	2011 年 3 月 30 日	2011 年 3 月 30 日
中国保险监督管理委员会	保险机构信息化监管规定	2015 年 10 月 12 日，原保监会发布征求意见稿，但没有发文，保监发〔2011〕68 号因此未被废止		

发布机关	监管文件名称	文号	颁布时间	施行时间
中国保险监督管理委员会	保险公司信息系统安全管理指引（试行）	保监发〔2011〕68号	2011年11月16日	2011年11月16日
中国保险监督管理委员会	保险公司信息化工作管理指引（试行）	保监发〔2009〕133号	2009年12月29日	2010年1月1日
中国保险监督管理委员会	保险业信息系统灾难恢复管理指引	保监发〔2008〕20号	2008年3月21日	2008年3月21日
中国保险监督管理委员会	关于加强保险业信息化工作重大事项管理的通知	保监厅发〔2007〕8号	2007年3月5日	2007年3月5日

表11-4说明银保监会成立之前，保险行业的监管法规较多处于试行、暂行、征求意见稿的状态，有的没有正式颁布，尚未具有监管约束。有的监管文件久已时远，出台之初与现在的信息化状况迥异，如《保险公司开业验收指引》已经完全不能达到其监管的初衷，《保险公司信息系统安全管理指引（试行）》已经明显不合时宜，但至今没有新的监管规定将其更新完善。与银行业监管相比，保险业信息化监管处于相对滞后的状态，尤其是监管文件存在缺失，如商业银行有《银行业金融机构重要信息系统投产及变更管理办法》《商业银行数据中心监管指引》《业务连续性监管指引》《信息科技外包风险管理指引》《银行业金融机构数据治理指引》《商业银行信息科技风险管理指引》等，但保险业信息化监管没有类似监管文件。

近期，银保监会颁布了《中国银保监会关于清理规章规范性文件的决定》，集中废止了一批规章制度，并强化了银行保险业信息化监管规定的一体化、趋同化，体现出监管部门已经在解决以上提到的问题。《银行保险机构信息科技外包风险监管办法》等监管规定颁布或实施就是典型例子。

五、保险行业信息技术标准规范

根据信息化主管部门规章，国家质量监督检验检疫总局国家标准化委员会、全国信息安全标准化技术委员会先后发布的系列信息化标准规范，中国金融业标准化委员会及其保险专业技术分会、中国保险行业协会也先后颁布了一些信息化标准规范的文件，见表11-5。

表11-5 保险业相关信息化技术标准规范

序号	标准编号	标准名称	批准日期	实施日期
1	JR/T 0223—2021	金融数据安全 数据生命周期安全规范	2021-4-8	2021-4-8
2	JR/T 0221—2021	人工智能算法金融应用评价规范	2021-3-26	2021-3-26
3	JR/T 0213—2021	金融网络安全 Web应用服务安全测试通用规范	2021-2-10	2021-2-10

序号	标准编号	标准名称	批准日期	实施日期
4	JR/T 0214—2021	金融网络安全 网络安全众测实施指南	2021-2-10	2021-2-10
5	JR/T 0218—2021	金融业数据能力建设指引	2021-2-9	2021-2-9
6	JR/T 0207—2021	金融信息系统多活技术规范术语	2021-2-7	2021-2-7
7	JR/T 0209—2021	金融信息系统多活技术规范 应用策略	2021-2-7	2021-2-7
8	JR/T 0208—2021	金融信息系统多活技术规范 参考架构	2021-2-7	2021-2-7
9	JR/T 0202—2020	基于大数据的支付风险智能防控技术规范	2020-12-3	2020-12-3
10	JR/T 0203—2020	分布式数据库技术金融应用规范 技术架构	2020-11-26	2020-11-26
11	JR/T 0205—2020	分布式数据库技术金融应用规范 灾难恢复要求	2020-11-26	2020-11-26
12	JR/T 0204—2020	分布式数据库技术金融应用规范 安全技术要求	2020-11-26	2020-11-26
13	JR/T 0196—2020	多方安全计算金融应用技术规范	2020-11-24	2020-11-24
14	JR/T 0071—2020	金融行业网络安全等级保护实施指引	2020-11-11	2020-11-11
15	JR/T 0072—2020	金融行业网络安全等级保护测评指南	2020-11-11	2020-11-11
21	JR/T 0197—2020	金融数据安全 数据安全分级指南	2020-9-23	2020-9-23
22	JR/T 0171—2020	个人金融信息保护技术规范	2020-2-13	2020-2-13
23	JR/T 0179—2019	保险信息系统上线运行基本要求	2019-12-24	2019-12-24
24	JR/T 0165—2018	保险业车联网基础数据元目录	2018-7-19	2018-7-19
25	JR/T 0161—2018	保险电子签名技术应用规范	2018-4-25	2018-4-25
26	JR/T 0128—2015	农业保险数据规范	2015-8-18	2015-8-18
27	JR/T 0033—2015	保险基础数据元目录	2015-8-18	2015-8-18
28	JR/T 0048—2015	保险基数数据模型	2015-8-3	2015-8-3
29	JR/T 0079—2013	保险业信息系统运行维护工作规范	2013-12-2	2013-12-2
30	JR/T 0080—2013	石油石化行业巨灾保险数据采集规范	2013-11-25	2013-11-25
31	JR/T 0074—2012	保险业IT服务管理基本规范	2012-11-29	2012-11-29
32	JR/T 0073—2012	金融行业信息安全等级保护测评服务安全指引	2012-7-6	2012-7-6
33	JR/T 0058—2010	保险信息安全风险评估指标体系规范	2010-7-15	2010-7-15
34	JR/T 0054—2009	巨灾保险数据采集规范	2009-4-3	2009-4-3
35	JR/T 0047—2009	保险公司统计分析指标体系规范	2009-3-2	2009-3-2
36	JR/T 0038—2007	保险业标准化工作指南	2008-1-18	2008-1-18

保险业方面信息化标准规范文件相对少一些。银行业与保险业是最为相似与关联的金融业，银行业相关信息技术、数据标准等可为保险业借鉴参考。

总体来看，我国相关信息化方面的法规、行业规章条例、监管文件和标准规范等为我国银行保险业信息化建设、平稳安全运行起到极为重要的作用。我国金融行业信息化建设所取得的成绩大多在 2015 年之后，用日新月异来形容不为过，随之而来的信息化风险也是层出不穷，信息安全面临严峻的挑战。与金融行业相关的法规、监管规定、行业标准规范等大多却是在 2015 年前制定的。所以信息化监管规定滞后于行业信息化的发展，信息安全风险监管存在薄弱环节。监管部门需要总体规划、修订完善，尤其要对信息化风险管理、信息安全管理、消费者权益保护等方面，制定颁布新的监管规定或办法。

11.2 美国信息化管理法规与标准规范

金融业发达国家关于信息化风险管理、信息安全的相关法规有着较多的实践经验，其完备程度以及执行力度大多高于我国对银行保险业的法规条例和监管规定，可为我国银行保险业监管提供借鉴。以美国为例，简要说明如下。

一、相关信息化法规一览

美国金融业信息化建设与发展早于我国近二十年，信息化法规大多制定于 20 世纪 90 年代，早则 20 世纪七八十年代就制定了。现行相关法规见表 11-6。

表 11-6　美国相关信息化法案与法规

颁布年份	法规	备注
1996	国家基础设施保护法	加强信息网络基础设施保护，打击网络犯罪与网络恐怖主义，惩治网络信息滥用与欺诈
1986	计算机欺诈及滥用法案	
1998	公共网络安全法	
2000	网络安全法	
2002	关键基础设施信息法	
1987	计算机安全法	
2002	国土安全法	
1967	信息自由法	规范信息收集利用，发布和隐私权保护、基于互联网的产品和服务的安全性、信用交易与反恐等
1974	隐私权法	
1986	电子通信隐私法	
1999	网络电子安全法案	
1998	儿童在线隐私权保护法	
1999	美国格雷姆-里奇-比利雷法案（GLB Act）	

续表

颁布年份	法规	备注
2002	萨班斯法案（SOX）	旨在保护公众免受公司欺诈和虚假陈述的侵害
2002	美国联邦信息安全管理法案（FISMA）	明确强调了基于风险管理的策略，以实现具有成本效益的安全性

注：本表列示不一定齐全。

美国每个州都有立法权，故有地方州政府相关信息安全法规作补充，形成了较为全面的信息化管理法规体系，见表11-7。

表 11-7　部分地方州政府相关法律

法规	管辖区域	颁布时间	生效时间	备注
加州消费者隐私保护法（CCPA）	加利福尼亚州	2018 年 6 月	2020 年 1 月	该法案被称为美国"最严厉和最全面的个人隐私保护法案"
内华达州数据隐私法（SB 220）	内华达州	2019 年 5 月	2019 年 10 月	该法案要求互联网网站和在线服务的运营商遵循消费者的指示，不得出售其个人数据。
加州隐私权利法案（CPRA）	加利福尼亚州	2020 年 11 月	2023 年 1 月	该法案创建了一个新的消费者隐私机构，将隐私法规与 GDPR 更加紧密地结合起来。
保护在线消费者信息的隐私	缅因州	2019 年 6 月	2020 年 7 月	
消费者数据保护法案	弗吉尼亚州	2021 年 2 月	2023 年 1 月	
互联设备信息隐私保护法案	加利福尼亚州	2018 年 9 月	2020 年 1 月	

注：本表列示几个州的法案供参考。

表 11-6、表 11-7 说明美国信息化管理法规有以下几个特点：一是法案颁布时间早，在不断地更新完善，有的已经更新至三版；二是以法律、法案为主，法律必须执行，约束力强，部门规章较少；三是联邦州政府有立法权，先行先试，地方法律作补充，可以及时遏制信息化新风险，为国家层面立法积累经验；四是以国家安全利益、信息安全、消费者利益保护、隐私保护为重点，推进信息化管理法规的建设。

这里需要说明一点法案的先导性特色，主要表现在较早颁布，合适的时间生效，给予宽限期以提前自我矫正。以《加州隐私权利法案》（CPRA）为例说明如下：这是一部综合性的隐私法，是对 2020 年 1 月 1 日在该州生效的《加利福尼亚州消费者隐私法案》（CCPA）的修正，旨在对收集和共享个人敏感信息的公司提出新的法律要求。加州隐私保护机构（California Privacy Protection Agency）具体负责法案的执行。该法的大部分条款将于 2023 年 1 月 1 日生效，其中一些条款则追溯到 2022 年。该法一个关键变化是延长了企业雇员数据豁免的范围，即在 2023 年 1 月 1 日前，允许企业不必满足消费者隐私保护要求方面的条例（consumer privacy requirements）对其雇员的严格标准。但从现在开始，必须遵守雇员隐私保护的规定。该法的相关条款将赋予消费者实质性的隐私权，包括将数据的商业使用限制在获取数据的特定目的，增加违约责任，存储限制和数据最小化。

二、美国信息化监管规定与标准规范

作为美国保险业的监管部门，美国保险监督官协会（NAIC）所颁布的监管规定较少，美国国家标准与技术局（NIST）的相关规定却不少，汇总见表11-8。

表 11-8　美国标准规范与信息化监管规定一览

生效年度	监管规定与标准规范	发布部门
2019	信息系统和技术控制目标（COBIT 标准）	信息系统审计与控制协会（ISACA）
2015	SP 800-171 保护非联邦信息系统和组织中的受控非机密信息	国家标准与技术局
2020	SP 800-213 联邦政府网络安全指南：制定物联网设备安全要求	国家标准与技术局
2020	SP 800-210 云系统通用访问控制指南	国家标准与技术局
2020	SP 800-209 存储基础设施安全指南	国家标准与技术局
2019	SP 800-205 访问控制系统的属性考虑	国家标准与技术局
2016	SP 800-184 网络安全事件恢复指南	国家标准与技术局
2020	SP 800-175 联邦政府使用密码标准指南：密码机制	国家标准与技术局
2016	SP 800-175a 联邦政府使用密码标准指南：指令、任务和政策	国家标准与技术局
2015	SP 800-161 联邦信息系统和组织的供应链风险管理实践	国家标准与技术局
2016	SP 800-154 以数据为中心的系统威胁建模指南	国家标准与技术局
2016	SP 800-150 网络威胁信息共享指南	国家标准与技术局
2011	SP 800-144 公共云计算安全和隐私指南	国家标准与技术局
2011	SP 800-137 联邦信息系统和组织的信息安全持续监测	国家标准与技术局
2019	SP 800-128 以安全为中心的信息系统配置管理指南	国家标准与技术局
2007	SP 800-100 信息安全手册：管理人员指南	国家标准与技术局
2020	SP 800-53 Rev. 5 信息系统和组织的安全和隐私控制	国家标准与技术局
2015	SP 800-53 Rev. 4 联邦信息系统和组织的安全和隐私控制	国家标准与技术局
2014	SP 800-53A 评估联系信息系统和组织的安全和隐私控制：建立有效的评估计划	国家标准与技术局
2003	SP 800-59 确定信息系统为国家安全系统的准则	国家标准与技术局
2003	SP 800-50 建立信息技术安全意识与培训计划	国家标准与技术局

生效年度	监管规定与标准规范	发布部门
2002	SP 800-47 信息技术系统互联安全指南	国家标准与技术局
2011	SP 800-39 管理信息安全风险：组织、任务和信息系统视图	国家标准与技术局
2018	SP 800-37 Rev. 2 信息系统和组织的风险管理框架：一种安全和隐私的系统生命周期方法	国家标准与技术局
2010	SP 800-34 Rev. 1 联邦信息系统应急计划指南	国家标准与技术局
2012	SP 800-30 Rev. 1 风险评估指南	国家标准与技术局
2017	SP 800-12 Rev. 1 信息安全概论	国家标准与技术局
1980	NAIC 保险信息和隐私保护示例法	美国保险监督官协会
2000	消费者金额和健康信息隐私条例	美国保险监督官协会

表 11-8 列示不一定齐全，但至少说明美国保险业信息化监管有以下几个特征：一是美国专门针对银行保险业监管规定、标准规范远远少于我国监管部门；二是行业标准规范、指南由单一部门制定，没有九龙治水的现象；三是金融机构更多的是遵循联邦政府或州政府的法案，法律约束较强；四是监管规定、标准规范也是主要围绕信息安全、数据安全、信息化风险管理、保护消费者利益和个人隐私保护等五个方面来制定；五是相关监管规定和标准规范不断修订完善，相较于我国，标准规范成熟完整。上述特征是与欧美保险市场及其监管环境相对成熟有着密切的关系。

另外，金融科技（FinTech）具有颠覆传统金融模式的潜力，以极快的速度开发新技术新产品，以提高效率，降低成本，成为全球创投圈追捧的对象。但因为相对滞后的监管体制，以及各州之间监管条例的差异。当创新和监管发生冲突时，最重要的一项原则是监管合规的优先级应该高于技术，任何创新不能背离金融业内在经营规律，不能违反保险保障之本质。相关当事方应该为此营造一个更为有利的环境。以下的案例值得我们当下思考。

一是 2017 年 4 月，美国保险监督官协会（NAIC）与 30 多个州的保险监管机构共同成立了一支"创新科技特别小组"，该小组将致力于填补监管条例与快速发展的保险科技之间的缺口。这支特别小组的目标很明确：一是营造孵化创新的环境，二是鼓励保险科技以及传统保险公司与州监管部门多多合作，三是在保证消费者利益的前提下，促进市场竞争发展。监管部门借助保险科技公司的帮助，明确自己在保险科技生态圈中的定位和作用。

二是对于市场的参与者来说，最重要的是先去了解监管规则，以及规则背后的底层逻辑。只有如此，创业者和投资者们才能确保其开发的产品首先能满足监管的要求，然后再是满足市场的要求，从而实现技术和产品的价值。

美国部分州的保险监管部门最近对广告语做出了规定，"超低价格"（Killer Price）

和"快速理赔"（Immediate Claim Payments）等词汇被列入重点调查对象。先进的软件系统让快速理赔得以成真，但是能在几分钟之内就完成的理赔案件是少数，一般都是需要满足特定的条件，宣传快速理赔的保险公司必须将这些特定的条件提前告知客户，让客户知道自己所买服务的真实面貌。另外，过分简单的承保和理赔流程会给骗保行为制造可乘之机。监管部门并不希望保险公司用花里胡哨的营销来糊弄消费者，也不希望保险公司受到骗保等欺诈行为以及随之而来的金融风险的困扰。

美国有相关的合规技术方案提供商为保险科技创新提供合规的技术服务。Covi Analytics 是一家技术服务商，他们为客户提供 CaaS 服务（Compliance-as-a-Service，监管即服务），其软件利用 AI 的机器学习技术帮助银行和保险公司更高效，更自动化地去匹配监管的要求。HELM 是一家解决方案的供应商，他们的方案能帮助客户在复杂的监管条例中游刃有余，让他们更深入地理解与自己利益相关的监管条例。Quan Template 专门提供包括监管报告在内的数据分析服务。REG UK 开发了一个服务于经纪人的监管合规平台，为其客户提供金融行业内的公司、融资、交易、监管变化等动态信息，并且会重点寻找与经纪人行业利益相关的信息。

虽然国内保险行业与美国保险业相比，处于不同的发展阶段和发展水平，国内的监管环境也与美国大不相同。但他山之石可以攻玉，这对我国信息化工作来说不无借鉴意义。

11.3　信息化管理法规与监管规定的完善

基于我国信息化法规条例、标准规范，以及银行保险业监管规定的现状，借鉴美国等国家相应的法规、监管规定和标准规范等，对我国信息化法规与监管规定的完善思路作如下思考。

一、确立牵头部门，避免政出多门

党中央、国务院应该责成国务院司法部与网信办为牵头单位，联合政府相关部门和金融监管部门，分国家层面的法规条例、部门规章制度、监管规定三个层面进行统一规划，协调相关部门，邀请行业专家学者，分头成立专家小组，开展信息化方面的法规条例、部门规章和监管规定的研究或起草工作，并将有关法规条例的立项计划上报全国人大审核，以确保三者之间合理衔接，使部门规章或监管规定成为法规条例的有机补充，使法规条得到有效执行。

二、加快制定相关信息化法规

信息化方面的法律、条例、规章和监管文件的制定，应以国家利益、网络空间主权、基础设施安全保护、消费者利益保护、个人隐私保护、信息安全、数据安全、信息化风险管理等为主要方面开展立法研究。以 2021 年 7 月滴滴出行科技有限公司（我国主要的共享汽车平台）在美国上市所引起的连锁监管反应为例，充分说明了信息安全，尤其事关国计民生、国家安全利益等方面的信息数据安全的重要性。所以建立数据资源的确权、开放、流通以及交易的相关法规，并在实践中加以不断完善，从而在运行机制上进一步完善数据产权保护制度，为数据安全、个人隐私与信息保护提供法规制度保障是立法之首要。

已经颁布的《个人信息保护法》《网络安全法》《数据安全法》是我国整体信息安全的主要法律框架。从目前的情况来看，最迫切的工作便是加强以下方面的立法工作，《网络安全等级保护法》《电子交易法和电子商务法》《信息安全管理法》《支付系统安全法》《网络犯罪法》等立法工作。这些法规与银行保险业是息息相关的。已经颁布和未来制定的信息化法规将形成一个周全的信息安全法律体系，全面规范金融行业信息安全与合规工作。

这里需要注意的是，所颁布法规的可操作性，要加强法规的释法工作，根据执法过程中出现的问题，适时修订完善。

三、抓紧修订完善金融行业相关法规

我国目前的金融立法框架主要是基于传统金融业务，《人民银行法》《商业银行法》《社会保险法》《保险法》和《海商法》等金融法律修订生效的时间大多在 2015 年前后，相对于近年来信息化对金融业态的深度改变，现行的金融行业相关法律有了一定的局限性，尚未考虑到互联网、自助化、自动化、电子化、数字化等发展的现实状况。为此金融法规的修订完善需要考虑以信息技术、互联互通等全面数字化现状及其对金融业的影响，尤其要考虑对交易合同订立与履行、消费者权益保护、数据安全、网上欺诈、隐私保护等方面的影响，以及金融科技公司（互联网银行、保险公司）的准入等因素，以银行、保险内在经营规律、保险必须坚守保障为基本原则等，以消费者利益为出发点，全面思考银行保险法规的修订完善。如有必要可以制定《网络银行法》和《网络保险法》。

四、加强对新技术风险监管

信息技术是先进生产力的方向，是金融业创新发展的重要推手，也会引发相关信息化风险，为此监管部门要加强对云计算、物联网、区块链、大数据和无人驾驶等新技术在银行、保险业引入与应用所产生的信息安全风险的监管，同时要强化这方面的信息安全风险评估与立法研究，有立法权的地区可以责成相关部门先行先试，开展法规条例制定的探索。

坚持创新发展与风险防范并重是实现又好又快发展的两把利器。发达国家对金融业创新发展和信息化监管的基本策略是"宽松"与"谨慎"相结合，宽松态度主要针对创新发展而言，激发经营主体的积极性和避免限制其拓展空间，需要给予一定的支持；谨慎态度则针对创新发展所产生的风险，尤其是系统性、中高频率风险，以加强

对风险的防范与控制，更好地保护消费者的利益。

五、全面修订完善监管规定

对金融业的监管要以实现可感知、可度量、可监管为目标。要根据新近颁布的《数据安全法》等最新法规条例，把有助于银行保险业监管作为金融科技应用的重要出发点，针对银行、保险业信息化监管文件存在的问题，结合相关标准规范实施过程中利弊分析，以信息化最新情况以及发展趋势，在试行和征求意见的基础上，全面修订完善，正式颁布相关监管文件。银保监会可以推动银保监管文件的趋同，以提升保险业监管水平。当前要尽快制定《银行保险机构信息化监管规定》。

结合实际，洋为中用。借鉴国外信息化法规、规章和银行、保险业监管规定，充分考虑我国银行、保险行业信息技术现状与发展趋势，充分考虑信息安全、数据安全、风险管理等信息化水平参差不齐，信息化投入普遍不足等客观实际情况，从法规、制度、标准和规范，以及监管动向、适用程度、合规成本、见效时间和技术支持等多个维度进行研究借鉴和内化，高标准、分行业、分对象、分阶段实施。

六、建立金融科技准入制度

金融科技的创新发展推动了电子商务、网络银行、网络保险等新渠道、新业务的发展，互联网金融机构发展相当迅速。由于监管法规的不完善，有的借科技创新之名，大行其非法经营之目的，完全背离了银行或保险的本质，背离了金融业内在经营规律，背离了消费者利益保护之初衷。金融科技必然会变革传统的银行、保险模式、也对监管规则产生挑战，但任何创新都不能背离金融安全与稳定，不能背离消费者权益保护等初衷，应坚持银行保险业内在经营规律，坚持保险保障之本质、时时与监管规则和监管逻辑"对表"。因此，有必要建立金融科技企业的准入制度，严厉打击不合法的互联网金融平台。

七、坚持依法治理核心要义

借鉴美国信息化法律、法案和保险业监管的经验，以法规条例为主，部门规章、监管规定为辅，体现依法治国的精神。不断完善法规的释法工作，体现法律执行的可操作性，在实践中不断予以完善。

11.4 "偿二代"下信息化风险评估机制之完善

一、"偿二代"下信息化风险评估

根据"偿二代"《保险公司偿付能力监管规则第 10 号：风险综合评级（分类监管）》和《保险公司偿付能力监管规则第 11 号：偿付能力风险管理要求与评估》，针对特定风险的外部环境、分布特征、预期损失、历史经验数据、日常监管信息等多种因素，从制度健全性和遵循有效性两大方面，对可量化及难以量化风险进行风险综合评级，采用加权平均法计算难以量化风险的综合得分。《〈保险机构信息化风险非现场监管报表〉暨启用保险机构信息化风险非现场监管信息系统的通知》是落实偿二代信息化风险监管的最主要文件。

报表共分为四大类 25 张，分别为：年度报告（1 个）、年度报表（16 个）、季度报表（2 个）以及临时报表（6 个）。年度报告（YR）系该保险机构本年度信息化风险管理情况概要总结。年度报表（Y）主要评级数据源，每年填报全部 16 张，系该保险机构本年度各方面相关工作的分类详述，如《Y1 信息科技治理情况表》需保险机构填写本年度信息化工作目标与规划、信息科技治理架构、信息科技发展环境等信息科技治理方面的内容。季度报表（Q）主要针对需持续、相对高频率监管的"重要信息系统运行情况"和"信息科技项目情况"。临时报表（T）为事件触发型报表，当保险机构出现诸如重大组织机构变更、重大规划变更、重大人员变更以及重大突发事件等情况时填报。

"指标"即评判要求和标准，按照信息化风险管理的监管要求划分了九个领域的"监管内容"，每个"监管内容"划分若干"监管指标"，每个"监管指标"又划分若干"评估点"。

每项"监管内容"均有一个或多个报表与之对应，每项"评估点"在报表中均有相应的填报内容，通过报表的填报，能够真实准确地反映保险机构对监管要求的落实情况。

监管人员可根据"报表"填报情况，并依据"指标"中具体要求的评分标准，评定目标保险机构的每"评估点"得分，表 11-9 全面反映了信息化风险评估指标与风险点。

表 11-9 "偿二代"下信息化风险综合评估

监管内容	监管指标	评估点
1. 信息科技治理（KJZL）	监管指标：3 个	评估点：11 个
2. 信息科技风险管理（FXGL）	监管指标：3 个	评估点：11 个
3. 信息安全（XXAQ）	监管指标：9 个	评估点：18 个
4. 信息系统开发与测试（KFCS）	监管指标：4 个	评估点：17 个
5. 信息系统运行（XTYX）	监管指标：6 个	评估点：15 个
6. 灾难恢复管理（ZNHF）	监管指标：6 个	评估点：20 个
7. 外包与采购（WBCG）	监管指标：3 个	评估点：9 个
8. 互联网保险（HLWBX）	监管指标：3 个	评估点：14 个
9. 信息科技审计（SJ）	监管指标：5 个	评估点：13 个
共计	监管指标：42 个	评估点：128 个

以信息化治理为例，对指标和评估点进行说明，如表 11-10 所示。

表 11-10　信息化治理监管指标与评估点

监管指标	评估点
信息化目标与规划（10 分）	（1）工作目标与规划制定（5 分）
	（2）规划实施与定期评估（5 分）
信息科技治理架构（40 分）	（1）董事会职责（8 分） 信息化工作委员会（8 分）
	（2）信息化工作直接责任人（8 分）
	（3）信息科技部门（8 分）
	（4）信息化人员配备（8 分）
信息科技发展环境（50 分）	（1）信息化水平（10 分）
	（2）信息化工作经费（10 分）
	（3）信息化工作考核（10 分）
	（4）信息技术能力（10 分）
	（5）信息化人力资源规划与培训（10 分）

对检查发现的问题、报表上报及时性、信息正确与否等，视情况扣减，扣减项目：迟报、漏报、瞒报，扣减 1~10 分；重大安全事故未采取应急有效措施或处理不力，造成重大损失和不良影响，扣减 10~30 分。安全监管部门检查中发现重大风险，扣减对应指标分值。拒绝或妨碍检查监督，扣减 10~30 分。

二、信息化风险监管评估存在的问题

自《〈保险机构信息化风险非现场监管报表〉暨启用保险机构信息化风险非现场监管信息系统的通知》实施以来，我国信息化风险评估存在以下问题：

评估标准执行与评分起点不一致，目前对保险（集团）公司信息化风险评级主要由其所在地的监管机构实施，各银保监局执行标准、评分起点不一致，此问题有所突出。目前信息化风险指标体系中定性指标偏多，监管人员打分凭印象、主观打分，且以非现场为主，并未从信息化风险管理、信息安全专业技术角度，对保险（集团）公司的信息化管理情况进行评估，通过对几项指标的监管评估是无法促使保险公司建立信息化风险管理体系的，也就无法保证信息化风险管理机制的建立完善和有效遵循。

这种评分方式如前述信息安全等级保护与系统定级一样，也可能导致盲信息的存在，评估结果不一定是保险机构信息化风险管理和控制能力的真实反映。评估人员也有可能受制于自身经验、专业、情绪、心情等多因素影响，存在死扣制度得分，评估有失公允等现象，而对制度执行的遵行性、有效性以及存在的问题顾及较少，不能自上而下恰当评估被监管对象信息化风险管理水平的高低，乃至存在盲人摸象的感觉。

尚未实现信息化风险的可感知、可度量、可监管。目前信息安全、网络安全等信息化风险管理评估的技术含量不高，没有连接被监管对象的监控平台或系统，尚未客观真实评估信息安全风险在保险（集团）公司的管控情况。风险识别和度量等工具几乎没有用处，也并未从信息化风险管理角度来对保险公司的管理情况进行评估。

仅仅通过一套指标的监督，对保险公司建立信息化风险管理体系的效用不大，也就无法真正保证信息化风险管理机制的有效执行，反而可能造成保险公司只针对几个指标进行差事式的应付，而失去了监管的效果。目前的信息化风险管理评估也未根据信息化风险的特征，从全局、动态等多角度来加以考虑，带来的后果是信息化风险管理与评估处于静止状态。

非现场监管报表流于形式。保险机构信息化风险非现场监管报表由保险机构自行填写，存在报喜不报忧的现象，报表过于繁杂、重点不突出，监管部门核实少，非现场监管报表填报及其非现场监管流于形式，有浪费资源之嫌。

信息化风险评估权重较小。根据《保险公司法人机构风险综合评级（分类监管）具体评价标准（试行）》第七条规定，操作风险共有九个方面，信息化风险为其中之一，不加以赋值，占比为九分之一。信息化风险渗透于保险集团经营管理的方方面面，从信息化发展趋势和信息化风险管理重要性角度讲，信息化风险作为操作风险管理的全部也不为过。图 11-1 说明了信息化风险在风险综合评级中的基本现状。

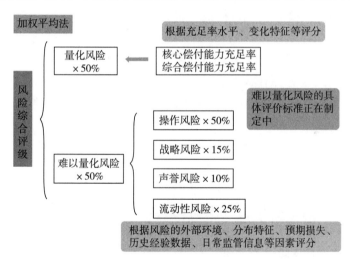

图 11-1　风险综合评级

风险管理综合评级的结果与资本直接挂钩，建立了对保险机构风险管理能力激励约束机制，直接体现在偿付能力充足率指标上，见图 11-2。

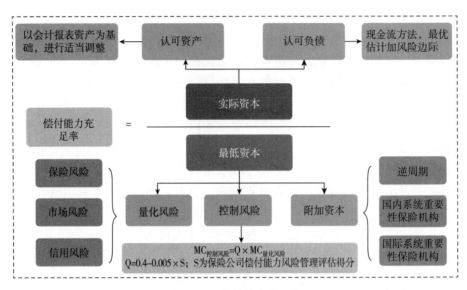

图11-2 偿付能力充足率

图11-2中控制风险公式中的 S 为保险公司偿付能力风险管理评估得分,该评分由量化风险和难以量化风险评估分数构成。难以量化的风险有操作风险、战略风险、声誉风险和流动性风险等四项,操作风险在难以量化风险综合评级得分中占比约25%,以总体比例和分项比例乘积计算,操作风险在风险综合评级中占比也就约为10%,即使信息化风险为操作风险的全部,也就10%左右,对资本节约影响微乎及微,何况操作风险总共有九种类型。这样的评估权重与保险(集团)公司在信息化方面的投入、信息化风险管理的重要性极不相称。

三、完善建议

如前所述,信息化风险管理关乎行业安全,乃至国家安全,因此保险行业无论怎么重视信息化风险管理都不为过。在修订完善偿二代二期工程监管文件时,应作如下思考予以完善。

(一)统一信息化风险评价主体

建议保险(集团)公司,尤其是主要保险(集团)公司(全球或全国系统重要性保险公司)的信息化风险管理评估统一由银保监会组织实施,避免各地监管机构分头实施。这是由信息化评级的专业性决定的。为此银保监会应抽调具有信息安全、网络安全、信息化风险管理背景的监管人员和保险业内的专业人才,组成专家评审小组,执行统一的标准,尽可能使评估打分趋于一致性、可比性。

银保监会应实行自评估与抽查评估相结合,但必须做到三年全覆盖,对主要保险(集团)公司的信息化风险管理进行每年一次全面的现场评估。

(二)调动保险(集团)公司的积极性

提高操作风险评估得分在难以量化风险中的权重,明确信息化风险管理包括信息安全、信息系统连续性运行计划、网络安全、数据安全、应用安全、外包风险管理等主要信息化风险和合规风险管理，加大其在风险综合评级中的权重。进而合理提高信息化风险在难以量化风险综合评级中的占比。只有这样才会调动保险（集团）公司的积极性，进一步强化信息化风险管理，确保信息系统安全稳定、连续性运行，进而提高保险公司业务连续性管理能力。

或者对二支柱的操作风险进行修改，将信息化风险从操作风险中分离出来，与保险业务、公司治理、资金业务等方面的风险并列为五类难以量化的风险，并合理提高其评估权重。通过将信息化风险与最低资本要求直接挂钩，进一步加大信息化风险管理对风险资本的影响程度；促使保险机构的高管更加重视信息化风险管理，使信息化风险管理的投入能真正落实到资本金的节省上来，从而对保险机构产生真金白银的影响。

（三）修订《保险机构信息化风险非现场监管报表及评价体系》

第一，要重点突出，简化监管报表体系，其次对信息化风险制定专门的评价标准，对信息化风险管理评估规则、指标、评估点进行全面修订，简化一般指标、突出关键指标，更多从定量、客观性角度进行评估，避免主观印象打分。第二，要从基础设施与设备保护、灾备管理、人员管理、资源投入、应用安全、信息化风险管理、信息安全、数据安全、网络安全、信息系统连续性运行计划（灾难恢复DRP）等多个维度，客观公正地对信息化风险能力进行评估。第三，还应开展信息化风险的专项检查，从体系建设、人员、流程、技术、工具以及内部审计等多个层面对保险（集团）公司的信息化风险进行评价。

要从全局角度、动态角度等评估信息化治理、信息化制度执行的遵循性和有效性、多维度评估信息化风险管理的渐进性、完善性和实效性。要建立一票否决制或者对重大信息化管理没有执行到位的，信息化风险评估得分不得高于70分的评估机制。

（四）其他

通过对接保险（集团）公司信息安全监控平台，直观真实了解信息化管理质量指标、关键风险指标、安全基线检测、数据中心监控等情况，自动获取保险机构第一手信息与资料，真正实现可感知、可度量之监管目标。

对信息安全、网络安全等信息化风险管理与合规等方面的法规条例、部门规章、监管规定、公司制度执行的齐全性、遵循性和有效性三个维度赋值权重，将信息化风险评价结果直接反映到公司的风险综合评级以及偿付能力风险管理评估的得分中，并最终影响公司的最低资本及偿付能力。

与保险业偿付能力监管相类似，银行业有资本充足率监管，商业银行也有信息化监管报表的填报，对照上述保险业存在的问题，有则改之。

11.5 信息化相关认证及其标准介绍

软件开发、系统运维、信息化风险管理、信息安全管理等方面的标准化、规范化和程序化，以及工作的重要性催生了信息化技术、管理、运营与服务等方面的认证。信息化认证是提升金融（集团）公司信息安全、风险管理与合规工作水平、信息化运行质量和效率、专业服务品质的重要举措，也是提升市场竞争力的一个有效工具。

信息化认证主要大类有技术认证、质量认证、产品认证、管理认证、服务认证和安全认证等，进一步细分包括内部控制、信息安全体系、网络安全体系、信息化服务、质量管理、信息化管理、数据中心运行等认证。认证工作可根据需要开展全部或局部的认证。

一、国际认证的类型、依据与组织

国际上普遍采用的相关信息化标准文件主要来自信息化发达国家相关机构、知名的信息化国际组织或协会，认证组织主要是其授权的相关机构，见表 11-11。

表 11-11　国际主要信息化认证种类

认证类型	认证依据	认证频率	认证组织
能力成熟度	CMMI 认证	3 年	美国卡耐基梅隆大学软件工程研究所（Software Engineering Institute，SEI）等
安全管理	ISO27001 认证	3 年	中国质量认证中心 上海质量体系审核中心 中国船级社质量认证公司 等
服务管理	ISO20000 认证	3 年	DNV-挪威船级社 CCRC-中国网络安全审查技术与认证中心 BVQI-法国船级社等
数据治理	ISO38505 认证	3 年	英国标准学会（BSI）等

（一）CMMI 认证

软件能力成熟度模型集成（Capability Maturity Model Integration for Software，CMMI）是在软件能力成熟度模型（Capability Maturity Model for Software，CMM）的基础上发展而来的。CMMI 是由美国卡耐基梅隆大学软件工程研究所（Software Engineering Institute，SEI）组织全世界的软件过程改进和软件开发管理方面的专家历时四年开发出来，并在全世界推广实施的一种软件能力成熟度评估标准规范，主要用于指导软件开发过程的改进和进行软件开发能力的评估。

（二）ISO/IEC27001 认证

信息安全管理 ISO/IEC27001 的前身为英国的 BS7799 标准，作为世界上应用最广泛的信息安全管理标准，以实现持续改善的目标，给所有行业的机构都明确了信息安全管理体系的基本要求，为信息安全管理体系的建立、实施、运行和保持改进提供了有效的参考。

采用信息安全管理体系应是信息化治理组织的一项战略决策。通过信息安全管理体系的认证和建设来保护数据信息的保密性、完整性、可用性，并对相关风险进行有效的管控。该标准指出信息安全的建设是一个系统工程，需要对信息的各个处理环节进行统一的综合考虑、规划和构架，并要时时兼顾组织内外环境的不断变化，任何环节上的缺陷都会对企业信息安全构成威胁。

（三）ISO20000 认证

ISO20000 是第一个关于信息技术服务管理（IT Service Management）领域的国际标准。作为认证组织的信息技术运营和服务交付管理水平的国际标准，ISO20000 具体规定了信息化服务管理行业向其客户有效提供一体化的管理过程应建立的相关标准规范和要求，帮助识别和管理信息技术服务交付的关键过程，保证提供有效的信息化服务以满足客户和业务的需求。

ISO20000 标准由两部分组成：第一部分规范了信息技术服务过程包含的 13 个流程，是认证的依据；第二部分主要涉及信息化服务管理过程的最佳实践指南，旨在为实施信息技术服务管理体系提供指导。ISO20000 所涉及的范围主要包括四个方面：管理职责（主要包括职责分工、文件要求与能力、意识和培训三大模块）、服务管理的计划与实施（包括"P-D-C-A"四个核心过程模块）、新的或变更服务的计划与实施（针对新的或变更服务的流程管理）和服务管理流程（包括五大核心过程组，分别为服务提供过程、关系过程、解决过程、控制过程及发布过程）。

（四）ISO38505 认证

ISO38505 数据治理安全认证是全球首个针对企业数据安全治理的管理体系认证，代表了数据治理安全的国际通行要求。数据治理安全是全球新兴的安全理念，包括企业数据资产的安全管理、数据使用的安全管控、数据治理的安全稽核等。数据治理安全体系是一种动态安全体系，面向的是支持业务系统的数据。数据是可以流转、使用和共享的，并从治理和技术两个视角看数据服务及技术生命周期，进行安全等级的划分。

随着信息技术的创新发展与引入，一些新的认证服务相应产生，云安全国际认证（CSA STAR）就是典型例子。该认证是一项全新而有针对性的国际专业认证项目，由英国标准协会和国际云安全权威组织云安全联盟（CSA）联合推出的 STAR（Security, Trust & Assurance Registry）认证项目。云安全国际认证以 ISO/IEC 27001 认证为基础，结合云端安全控制矩阵（Cloud Control Matrix, CCM）的要求，运用英国标准协会（BSI）提供的成熟度模型和评估方法，为提供和使用云计算的任何组织，给出独立第三方外审结论。云安全认证从沟通和利益相关者的参与，策略、计划、流程和系统性方法，技术和能力，所有权、领导力和管理，监督和测量等五个维度，综合评估云端安全管理和技术能力。我国阿里云成为全球第一个获得 CSA STAR 全球金牌认证的公司。

二、我国信息化认证

我国与国际上信息化认证类型、依据大致相同。认证组织主要由官方设立，以中国网络安全审查技术与认证中心（CCRC）为例，我国信息化认证主要种类如表 11-12 所示。

表 11-12　中国信息化认证主要种类一览

认证大类	认证名称	认证依据	认证频率
数据安全认证	数据安全管理认证	GB/T 37988—2019	三年一次
产品认证	APP 安全认证	移动互联网应用程序（APP）安全认证实施细则	一年一次
	网络关键设备和网络安全专用产品安全认证	网络关键设备和网络安全专用产品安全认证实施细则	一年一次
	国家信息安全产品认证	不同的产品有其不同认证规则	一年一次
	IT 产品信息安全认证	信息技术安全评估准则和相关技术要求，不同的产品有不同的认证标准	一年一次
体系认证	信息安全管理体系认证（Information Security Management Systems，ISMS）	GB/T 22080/ISO/IEC27001	三年一次
	信息技术—服务管理体系（Information Technology Service Management Systems，ITSMS）	GB/T24405.1/ISO/IEC20000-1	三年一次
	业务连续性管理体系（Business Continuity Management Systems，BCMS）	GB/T30146/ISO22301	三年一次
	质量管理体系（Quality Management Systems，QMS）	GB/T19001/ISO9001	三年一次

认证大类	认证名称	认证依据	认证频率
体系认证	数据中心服务能力成熟度认证	GB/T 33136—2016	三年一次
	隐私信息管理体系认证	ISO/IEC27701：2019《安全技术 GB/T22080 和 GB/T22081 针对隐私信息管理的扩展 要求和指南》和 GB/T 22080—2016《信息技术 安全技术 信息安全管理体系要求》	三年一次
	环境管理体系（Environmental Management Systems，EMS）	GB/T 24001/ISO14001	三年一次
服务认证	信息安全服务资质认证	对特定类别的信息安全服务，有具体的评价标准。例如，信息安全应急处理服务资质认证的依据是《网络与信息安全应急处理服务资质评估方法》（YD/T 1799—2008），信息安全风险评估服务资质认证的依据是《信息安全技术 信息安全风险评估规范》（GB/T 20984—2007）与《信息安全风险评估服务资质认证实施规则》（ISCCC-SV-002）。	三年一次
专业资格认证	信息安全保障人员认证（Certified Information Security Assurance Worker，CISAW）	资格考试	一年两次
	网络安全应急响应工程师（Cyber Security Emergency Response Engineer，CSERE）	资格考试	一年两次
	信息系统审计师（Information System Auditor，ISA）	资格考试	一年两次

　　一些行业协会、地方机构或民间组织也设立相应的服务机构开展信息化相关资质认证，认证依据和种类与上表大致相同，在此不再赘述。

　　金融（集团）公司应根据实际情况，开展全面或局部的资质认证，原则上尽可能参与认证，以推动信息化管理水平的提高。需要注意的是获颁的认证资格证书说明的是某个时点的信息化资质状态。信息化风险是动态的，信息化风险管理、信息安全管理等工作不能因此获得认证而停止，必须以永远在路上的姿态，抓好信息化管理工作，而且资格证书都是有有效期的。

持证能够让一个组织向社会及其相关方证明其信息安全、技术能力和服务能力等方面具有某种资质的有效方式。认证制度成为提升信息化管理水平的一个重要外部推手，通过独立且专业的第三方机构资格认证，并定期检查和复评换证，从而实现持续的体检、排查和控制风险，提升全员信息安全风险管理意识。通过认证能够保证或证明机构所有部门或局部对通过认证部分的信息安全的承诺，提升股东及客户的信任力，向其客户、竞争对手、供应商、员工和投资方展示其在业内的资质状况，向政府和行业主管部门、监管部门证明组织对相关法律法规的符合性。另外，获得国际认可的认证证书，有利于走出去拓展国外市场，大型商业银行保险机构都有境外机构或国际业务往来，国际认证有利于发展国际业务。

鉴于国际标准在全球的影响力，为充分借鉴国外先进成熟的信息化风险管理与服务经验等，少走弯路。2000年以来，一些行业领先的银行保险机构，尤其是跨国经营和与国际业务往来的机构，通过贯标和参加国外相关认证等方式来推动提升自身的信息化管理水平，以提升客户对其信心保障和选择意愿。金融机构需要申请信息安全管理体系等方面认证，应当按照国家有关规定及监管部门要求，选择国家认证认可监督管理部门批准的机构进行认证，并与认证机构签订安全和保密协议，以确保国家、行业和自身的数据信息、技术能力的安全。如国内有相应同类的认证组织，则以参加国内认证为宜，这也是国家与行业信息安全与保密工作的需要。

随着技术和业务的创新发展，国内外相关组织所颁布的认证制度、标准和规范与时俱进，不断推出新的版本。金融（集团）公司要根据最新的认证要求、制度标准和流程规范，不断予以完善信息技术标准、运营管理能力和信息化安全与风险管理等，以实现换证成功或资格认证继续有效。

12. 结语

12.1 信息化管理模式优化之意义

按照监管规定，传统商业银行和保险公司应属地化经营，建立省级，乃至地、县级分支机构，需要办公职场、设备、人事、行政、财务、业务等部门一应俱全，可能存在资源没有有效整合、重复投资、人员冗杂、工作负荷程度不高、设备闲置等现象，规模经济效益难以凸显。近年来，金融行业竞争日趋激烈，尤其是保险行业利润空间受到极大压缩，承保利润处于亏损或者盈亏平衡乃是常态，中小保险公司生存异常艰难。这对保险机构扩大再生产，尤其是信息化方面的投入，倍感压力。数字化深刻地改变了金融行业业态，金融科技成为金融行业核心竞争力之一。信息化管理优化模式应运而生，对保险集团来说更为迫切。

一、有利于降本增效提质，助力实现集团发展战略目标

优化模式是基于共享基础上的信息化集中管理，金融集团必须站在集团全局角度，对其信息化组织架构、共享层级、共享内容、集中程度、业务流程等进行了重构。信息中心实质上是组织架构、专业团队、信息技术、数据资源、设备资产、财务资金等诸方面的集成。优化模式是行业实践的总结，并被逐步采用，绝非偶然，这与该模式带来的众多利益是分不开的。

有助于降本增效提质。优化模式将可以共享的信息化服务分层集中在一起，合理处理了共享与集中的关系、前端与后端的关系、标准化与个性化之间的关系，极大地提高了集团信息化运营的质量和效率，降低了建设、运营和时间成本。以服务化架构思想、领域驱动设计理念和模块化开发方法为核心的技术共享应用开发机制与组织，基于技术平台、组件、模块和服务，进行分层、分组、集成开发应用，可以实现自主知识产权、应用系统标准组件等在集团内的共享使用，提高信息化服务质量和效率，避免重复投资和开发，更好地控制信息化投入成本。另外，优化模式也有助于推动两核专业化经营、标准化流程、平台化运营，实现烦琐的、重复性强的单元业务标准化、流程化处理，有利于提升专业化水平、运营效率和客户体验。

加速信息技术与流程标准化进程。共享基础上集中，既有利于标准化技术与工作流程的对接与推广，又有利于各种数据和技术的统一与共享，也有利于前台和客户端

个性化的需要。以渣打银行为例，优化模式建立之前，其在每一个国家分支机构的银行系统都采用不同的电脑管理软件，根据自己的需求增加新的应用软件，造成提交的管理报表无法及时汇总。规划之时，渣打银行对信息化服务共享职能重新梳理，对各分支机构的计算机系统进行检查和整合，建立了信息化服务共享的逻辑与技术标准，信息技术标准化、规范化、流程化明显提高，实现了创新发展的转型。

有利于集团外延与内涵发展。优化管理模式的建立有利于收购和兼并其他企业时操作更为容易。其一是信息化管理进行有效整合，运营管理流程标准已经建立；其二是由于已经有了信息化集中共享平台，所要整合的主要是核心业务，而后台服务的提供一般并不需要再增加新的费用。Philip Morris 公司在收购 Wilkes-Barre 公司时，由于不需要再整合其后台部门，因此将主要精力放在它的主营业务上，从而不仅在较短的时间内成功吸纳了它的主营业务，而且提高了原来的工作效率，使 Wilkes-Barre 在员工人在数减少了 15% 的情况下，营业收入提高了 30%。

数据资源共享及其价值不断得到提升。数据资源统一集中是优化管理模式所致的必然产物，信息中心/数据中心聚集了集团所有各种结构化和非结构化数据，通过建立数据资源统一集中管理制度，打破数据壁垒，使数据孤岛连接起来共享，通过数据挖掘、分析，使数据产生价值，为子公司的银保互动、精准营销、客户服务、保险精算、风险管理等提供了有力支持。

优化模式本身是一个可以变型、升级的信息化服务共享集中管理机制，是灵活的框架。也就是说，针对集团内外环境的变化，经营范围扩大、发展战略和定位变化，它可以吸收有益成分，进一步优化理顺信息化管理模式。正因为这一非固化的兼容特性让我们相信这一模式完全可以推动业务、财务、客户服务等诸方面的组织设计、管理流程、控制模式和管理效率走向一个新的台阶，同时根据战略需要、业务发展、具体实践不断调整，直至最佳模式。

优化模式的意义已远超过单纯降本增效提质之初衷，中后台统一标准的工作程序，可避免地区和业务部门之间出现标准执行的偏差和内部管理的"黑洞"现象，数据的集中与透明无疑对公司管理层、董事会了解各机构经营管理真实性、取信于股东，乃至社会公众具有利好因素；数据资源的分析挖掘可以带来再生效益，对提升集团和专业公司的市场竞争力具有重要意义。

二、有助于重构金融集团内信息化服务与管理逻辑

优化模式确立了集团内信息化服务共享的经济理论支撑、逻辑安排、产品属性和制度安排等；正确处理了信息化服务共享与集中的关系；论述了共享的层级、内容，提出了集团信息化管理组织形态；最终解决了集团信息化服务不是集中越多越经济这一核心问题。优化模式有助于理顺集团董事会、管理层、相关专业委员会、信息科技部、信息中心与子公司的关系；有助于理顺信息化治理、管理及其组织形态，进而充分调动各方的积极性；有助于提高信息中心的内部客户和外部客户的服务满意度。

金融集团五大业务板块之间有着利益内生关联性，板块内部公司之间关联性更为密切一些。保险集团内保险板块信息化服务共享的内在逻辑重构对其他金融集团及其内设版块也有参考作用，各板块应结合内部各公司经营管理的特点和可供共享的实际情况，推进板块内信息化服务共享集中，否则宜采取各自为政的运营管理。盲目的行政干预，实行强制大集中，会造成适得其反的效果。

近年来，大型商业银行、保险公司纷纷将信息中心改制注册为独立法人的金融科技公司，成为金融行业时髦的事儿，似乎成立金融科技公司就能增加金融科技含量，还有可能享受高科技公司的税收优惠政策，就是对创新发展的重视。优化模式的研究回答了金融科技公司应该在什么情况下才能成立。时间会证明绝大多数金融科技服务有限公司没有外部市场业务的机会，仍然为集团内部服务，其实就是信息中心，但却陡增了内部协调难度、税负成本的增加、不经济性会渐显出来。

三、有助于地方政府与金融集团正确决策

优化模式对地方政府推动金融中心、数据港或数据交易中心建设，对金融集团后援中心的建设有以下几点启示：一是后援中心的建设规模应根据集团经营规模，信息化服务等共享集中程度而定（还有两核集中、客服服务集中等），避免贪大求全、土地荒废、投资决策浪费等；二是后援中心一般为集团内部服务，不直接产生营业收入，地方政府不能寄希望于增加地方税收收入；三是后援中心是耗能大户，对电力供应要求极高，如地方能源紧缺，相关决策团队都需要综合权衡；四是以数据中心为主的后援中心对物理环境安全要求极高，故后援中心选址必须确保安全第一；五是数据交易中心建设要有足够的、刻度比例接近的同类数据（包括非金融类数据），可供共享交易。六是后援中心位置选择一般远离金融集团总部，以分散地理集中之风险，为降低建设成本，可以选择非经济发达地区。这些启示可为政府部门和金融集团决策提供了理论实践与决策参考，也与国家最近提出的"东数西算"工程布局相一致。

2022年3月，国家发展改革委、中央网信办、工业和信息化部、国家能源局联合印发文件，同意在京津冀、长三角、粤港澳大湾区、成渝、内蒙古、贵州、甘肃、宁夏启动建设国家算力枢纽节点，并规划了张家口等10个国家数据中心集群。至此，全国一体化大数据中心体系完成了总体布局设计，"东数西算"工程正式全面启动。"东数西算工程"就是把东部密集的算力需求有序引导到西部，优化数据中心建设布局，使数据要素跨域流动，打通"数"动脉，织就全国算力一张网，既缓解了东部能源紧张的问题，也给西部开辟一条发展新路。促进东西部协同联动。简单地说，就是让西部的算力资源更充分地支撑东部数据的运算，更好为数字化发展赋能。

12.2　信息化风险管理之重要性

一、国家安全视角

数字化时代，各行各业与信息技术深度融合，对其依赖日益增强。与此同时，包括网络安全威胁在内的信息化风险日益突出，并向政治、经济、文化、社会、国防等领域传导渗透；国家关键信息基础设施面临较大的风险隐患，难以有效应对有组织的高强度网络攻击，这对世界各国来说都是一个难题，信息安全面临严峻的挑战。信息化风险管理，尤其是信息安全成为各级组织全面风险管理及其重要的内容。

2016 年 4 月 19 日，习近平总书记在网络安全和信息化座谈会上的讲话中指出：金融、能源、电力、通信、交通等领域的关键信息基础设施是经济社会运行的神经中枢，是网络安全的重中之重，也是可能遭到重点攻击的目标。物理隔离防线可被跨网入侵，电力调配指令可被恶意篡改，金融交易信息可被窃取，这些都是重大风险隐患。不出问题则已，一出就可能导致交通中断、金融紊乱、电力瘫痪等重大风险，具有很大的破坏性和杀伤力。我们必须深入研究，采取有效措施，切实做好国家关键信息基础设施安全防护体系。

习近平总书记在 2018 年 4 月 20 日召开的全国网络安全和信息化工作会议上指出，要树立正确的网络安全观，加强信息基础设施网络安全防护，加强网络安全信息统筹机制、手段、平台建设，加强网络安全事件应急指挥能力建设，积极发展网络安全产业，做到关口前移，防患于未然。要落实关键信息基础设施防护责任，行业、企业作为关键信息基础设施运营者承担主体防护责任，主管部门履行好监管责任。要依法严厉打击网络黑客、电信网络诈骗、侵犯公民个人隐私等违法犯罪行为，切断网络犯罪利益链条，持续形成高压态势，维护人民群众合法权益。要深入开展网络安全知识技能宣传普及，提高广大人民群众网络安全意识和防护技能。

网络安全为人民，网络安全靠人民，维护网络安全是全社会共同责任，需要政府、企业、社会组织、广大网民共同参与，共筑网络安全防线。《网络安全法》提出了网络空间主权的原则，包括一个国家在建设运营、维护和使用网络，以及网络安全的监督管理方面拥有自主决定权，在网络空间可以独立自主地处理内外事务，享有在网络空间的管辖权、独立权、自卫权和平等权等权利，是国家主权的重要组成部分。网络空间不是法外之地，遵守法律，维护国家主权是立法的基本原则。

国家层面的信息安全还包括数据安全、交易安全、公民隐私保护等多方面，根据不同的信息化风险领域，明确保护对象、保护层级、保护措施。哪些方面要重兵把守、严防死守，哪些方面由地方政府保障、适度防范，哪些方面由市场力量防护，都要有一本清清楚楚的账。

网络环境下的信息安全作为一种非传统安全，近年来，国家间在信息网络空间的竞争日趋激烈，已成为国家安全的重要组成部分，金融安全也面临严峻的挑战。

二、金融行业安全视角

金融行业是国家经济运行的中枢，是事关国计民生的基础服务行业，与人们的工作和生活又有着重要而紧密的联系。金融业高度依赖网络系统，承载着大量的、敏感的、有价值的数据，网络空间越大，业务规模越大，容易成为黑客攻击的目标，信息安全负担较重。

保险行业是最为开放的金融领域，行业竞争压力不断增大，信息化投入受到限制，信息化水平滞后于其他金融行业的发展水平，加上业内可供选择的信息技术服务商不多，保险（集团）公司的核心系统"同质化"程度较高，信息系统的建设往往存在"重功能、轻数据、轻安全"的现象。有限的资源主要投入于开发建设、运营维保领域，信息安全、网络安全和数据安全等投入不足，数据管理长期的缺位导致对信息系统的管理呈现"黑盒"现象，对自身信息系统内数据的分布与流转情况缺乏了解，更谈不上数据挖掘分析及其应用了。银行业信息化的境况要比保险业好些。

由于人为因素、技术漏洞、管理缺陷和内外部故意攻击等原因，信息安全风险都会直接或间接地导致业务收入减少、资产设备损失、法律和声誉等方面的风险，也可以说是唯一能够导致一个企业主要业务在瞬间瘫痪的风险。信息化风险已成为金融业生产经营过程的主要风险之一、是全面风险管理最为重要的环节。

金融（集团）公司必须全面完善信息化治理，优化信息化管理模式，严格执行信息化风险管理机制，夯实信息化风险四道防线的管控机制。信息安全风险管理属于共享的清单之一，金融（集团）公司要贯彻落实国家法规条例、部门规章、监管规定和行业标准规范，制定全面的信息化风险管理规划，构建健全的信息安全框架体系，为集团系统提供标准、规范的信息化风险管理服务。不断研究信息安全新风险、新要求、新法规，以业务数据安全为核心，加强信息系统的内部管控，以满足平台扩展以及面向互联网提供金融产品和服务的趋势。

三、风险资本视角

金融行业都有风险资本占用这一概念。对保险机构而言，信息化风险管控好坏直接影响到风险综合评估的得分，影响到保险机构的偿付能力，进而影响到保险机构的最低资本要求。对银行而言，会直接影响到资本充足率，进而影响到风险资本占用。所以金融（集团）公司应强化信息化风险的管理，确保系统连续性运行计划的实现，增强业务连续性管理能力，降低风险资本的占用，提高资金的使用效益。

12.3 主要研究成果及其运用

总结归纳前面的创作与思考，所取得的主要研究成果或结论列示如下。

1. 基于共享经济经典理论、共享发展理念和社会产品属性理论，提出了金融集团内可供共享的信息化服务之产品属性是俱乐部产品，且偏向于私人产品。信息化服务共享不是共享经济的一种形态，而是基于俱乐部产品理论，落实共享发展理念的一种制度安排，明确了金融集团信息化服务共享的理论依据。

2. 研究确立了集团内信息化服务集中的基本逻辑是共享前提下的分层集中，共享是前提，分层是基础，集中是实现共享的管理手段。这一逻辑是集团信息化治理架构和信息化管理模式的根本遵循，解决了信息化服务不是集中程度越高越经济等相关问题。

3. 基于现行信息化治理模式归纳分析，结合信息化治理影响因素，针对面临的共性问题，提出了集团信息化治理"横与纵"的优化治理框架。

4. 信息化管理模式由多重因素决定，结合对金融集团三种信息化管理模式和两个信息化服务共享变革案例的研究，提出了以共享为前提的信息化服务分层集中管理之优化模式。

5. 基于信息化治理框架和优化模式，针对金融集团信息化管理中存在的共性问题，对信息化管理组织形态及其职责边界提出了优化方案，以理顺集团内信息化工作，形成一加一大于二的合力。

6. 根据风险的一般定义，针对现有相关信息化风险定义的局限性，提出了信息化风险组成要素和新定义；在全面研究了信息化风险分类与特征的基础上，提出了信息化风险的最佳分类方法；完整阐述了信息化风险与他类风险的关系，尤其是与操作风险的关系，分析了信息化风险形成机理。对优化模式下金融集团所面临的特有风险及其具体对策也进行了研究。

7. 系统归纳介绍了信息化风险识别与评估方法，信息化风险事件及其等级，确立了信息化风险损失数据库建立的路径。在此基础上对信息化风险损失计量模型进行研究，并以贝叶斯网络信息化风险计量作了案例介绍。

8. 基于信息化风险分类特征和形成机理的研究，进一步完善了信息化风险管理流程机制，即风险识别、风险评估、风险防范（运行监控、应急恢复、剩余风险评估与处置）、分析改进（绩效评价、问题整改、策略选择）。

9. 通过对比研究相关信息化风险管理机制，对金融集团信息化风险管理机制作了优化选择。

10. 信息化风险需要管理机制、技术工具的双重管控，为此对信息化治理的制衡要素、信息化质量管理、信息化风险管理、信息安全管理等方面的制度、技术、工具、方法和指标体系等作了系统研究。

11. 信息化风险管理的目的是确保信息系统安全平稳运行。这是实现业务连续性管理的最重要的保证，没有之二，为此研究了优化模式下信息系统连续性运行计划（灾难恢复计划）的可操作性途径。

12. 在对比分析了金融机构信息化风险与业务风险之间的关联性与差异性的基础

上，对信息化风险管理政策进行了全面研究，认为金融机构总体风险管理政策对信息化风险管理提出了要求，但没有考虑信息化风险定义的复杂性及其独有的特征，可能会阻碍金融科技的创新发展，具有不可操作性；进而提出了符合金融机构金融科技发展定位的信息化风险管理政策、风险偏好选择、容忍度和关键风险指标及其限额体系。

13. 任何组织的信息化资源投入都是有限的，中小型银行和保险公司更是捉襟见肘。基于信息化风险特征之绝对性、普遍性等特征，对信息安全风险管理的经济效益进行了研究。

14. 根据风险管理三道防线理论，对信息化风险管理五道防线的重构和建设进行了研究，认为一道防线应包括信息技术的业务部门和用户部门，一点五道防线为介于一、二道防线之间的信息安全防线，四道防线是问责追责部门，即纪检监察部门；全面阐述了五道防线的各自职责，并提出了前四道防线的信息化建设方向。

15. 在对我国现行信息化管理的法律条例，部门规章、行业规范，监管规定、标准规范等分析研究的基础上，参考了美国信息化管理法案和相关监管规定，提出了信息化管理在法规条例、部门规章、行业监管、技术标准规范四个层面完善的建议，并对C-ROSS 制度框架第 10 号和 11 号关于信息风险评估的完善进行了研究。

本书相关研究成果为金融机构，尤其是金融集团在完善信息化治理结构与信息化管理模式时提供了理论支撑和实践方案，为信息化风险管理提供了系统的解决方案，也为国家相关主管部门和行业监管部门就信息化立法、规章条例和监管规定的制定或修订提供了思路，其他行业也可从中选择参考。

初稿成于 2021 年 7 月 26 日

二稿成于 2021 年 9 月 12 日

定稿于 2021 年 11 月 7 日

终稿成于 2022 年 7 月 13 日

参考文献

［1］中华人民共和国保险法［M］. 北京：中国法制出版社，2009.

［2］中国银行保险监督管理委员会. 保险集团公司监督管理办法. 2021（13 号令）.

［3］中国保险监督管理委员会. 保险公司信息系统安全管理指引（试行）. 2011（68 号）.

［4］中国银行保险监督管理委员会. 保险公司偿付能力管理规定. 2021（1 号令）.

［5］（美）保罗·萨缪尔森（Paul A. Samuelson），（美）威廉·诺德豪斯（William D. Nordhaus），萧琛主译. 经济学. 北京：人民邮电出版社，2004.

［6］中国国家标准化管理委员会等：GB/T 22239—2019，信息安全技术 信息系统安全等级保护基本要求［S］.

［7］中国金融业标准化委员会：JR/T 0092—2019，移动金融客户端应用软件安全管理规范［S］.

［8］李训昶. 信息技术在保险公司经营管理中的应用研究［J］. 商情，2017（7）.

［9］中国银行业监督管理委员会.《银行业金融机构信息科技非现场监管报表》报送有关事宜的通知，2010（21 号）.

［10］万强. 保险企业 SDL 安全平台建设［J］. 电子技术与软件工程，2021（6）.

［11］国际标准化委员会. ISO 发布的 ISO31000《风险管理指南》，2018.

［12］石兴. 巨灾风险可保性与巨灾保险研究［M］，北京：中国金融出版社，2010.

［13］中国银行业监督管理委员会. 商业银行信息科技风险管理指引. 2009（19 号）.

［14］中国保险监督管理委员会统计信息部. 保险业信息化风险非现场监管报表及风险评价体系. 2014（10）.

［15］国际信息系统审计和控制协会（ISACA）. 信息及相关技术控制目标. 2013.

［16］阎庆民. 银行业金融机构信息科技风险监管研究［M］. 北京：中国金融出版社，2013.

［17］巴塞尔银行监管委员会. 新巴塞尔资本协议［M］. 2004（6）.

［18］中国国家标准化管理委员会等. GB/T 20988—2007 信息安全技术 信息系统灾难恢复规范，2007.

［19］公安部、国家保密局、国家密码管理局和国务院信息化工作办公室等. 信息安全等级保护管理办法. 2007（公通字 43 号）.

［20］中国国家标准化管理委员会等 . GB/T 22240—2020 信息安全技术　网络安全等级保护定级指南，2020.

［21］国际标准化组织（ISO）. ISO/IEC27001 信息安全管理体系标准，2005.

［22］符伟 . 基于模糊影响图的信息安全风险评估研究［J］. 国防科技大学学报，2011.

［23］徐本双 . 浅析我国金融业信息安全的风险防范［J］. 网络与信息，2012.

［24］谢宗晓 . VaR 法在信息安全风险评估中的应用探讨［J］. 微计算机信息，2006（22）.

［25］Heidi A Lawson. 美国保险科技如何应对监管难题？ ［J］. 凤凰财经WEMONEY，2017.

［26］邢玲等 . 信息共享理论与网络体系结构［M］. 北京：科学出版社，2011.

［27］中国人寿保险公司信息技术部 . 保险企业信息安全管理框架体系的构建［J］. 中国金融电脑，2012（6）.

［28］保险信息系统风险评估与预警系统课题组 . 保险企业信息安全保障能力指标体系构建［J］. 金融电子化，2008（12）.

［29］中国保险监督管理委员会 . 保险机构信息化监管规定（征求意见稿），2015.

［30］中国保险监督管理委员会 . 保险公司信息化管理工作指引（试行），2009（133 号）.

［31］中国保险监督管理委员会 . 保险业信息系统灾难恢复管理指引，2008（20 号）.

［32］中国保险监督管理委员会 . 保险公司偿付能力监管规则，第 10 号、第 11 号 .

［33］陈昊、鲁政委 . 防患于未然，金融机构业务连续性管理怎么做［J］. 鲁政委世界观，2020（3）.

［34］美国联邦金融机构检查委员会 . 业务连续性管理手册，2019（11）.

［35］顾晓锋 . 保险公司的信息系统审计［J］. 中国金融电脑，2005（6）.

［36］中国人寿保险服务有限公司信息技术部 . 保险企业信息安全管理框架体系的构建［J］. 中国金融电脑，2012（08）.

［37］深度解析：为什么保险业数字化转型迫在眉睫［J］. 保观，2021-01-09.

［38］吴博 . 操作风险管理视角下的商业银行信息科技风险管理研究［J］. 新金融，2010（259）.

［39］石小可 . 金融机构信息化风险管理防线重构及其建设研究［J］. 中国保险，2022（7）.

［40］魏华林，林宝清 . 保险学原理［M］. 北京：高等教育出版社，2012.

［41］中华人民共和国个人信息保护法［M］. 北京：中国法制出版社，2021（8）.

［42］中国银行保险监督管理委员会 . 互联网保险业务监管办法 . 2020（13 号）.

［43］ISACA. The Risk It Framework，2009.

［44］ISACA. COBIT（Control Objectives for Information and related Technology），2019.

［45］国际标准化组织（ISO）. ISO/IEC27001 信息安全管理体系（Information Security Management Systems，ISMS），2013.

［46］The Committee of Sponsoring Organizations of the Treadway Commission：Enterprise Risk Management（ERM），2017.

［47］全国金融标准化技术委员会保险分技术委员会. 保险信息安全风险评估指标体系规范.（标准编号为 JR/T0058-2010）. 2010 年 7 月 13 日.

［48］巴塞尔银行监管委员会、国际证监会组织和国际保险监督官组织联合论坛. 金融集团监管原则，2012 版.

［49］中国银行保险监督管理委员. 银行保险机构信息科技外包风险监管办法. 2021（141 号）.

［50］中国银行保险监督管理委员. 保险公司信息系统安全管理指引（试行）. 2011（68 号）.

后　记

2016 年 12 月，敝人获批为上海市领军金才，2017 年 7 月申请的《C-ROSS 制度框架下，保险集团信息化集中运营模式之操作风险管控路径——基于共享中心的案例研究》获上海市金融工作局立项，并获课题经费资助，研究周期自定为一年。

课题获批后，我们成立了课题小组，在肖红、薛忠胜、刘惠民和喻良雨的帮助下，忙中偷闲，开了几次小组讨论会，收集了一些资料，形成了一个极为简短的课题目录和工作方案。

2017 年 5 月，敝人受托具体牵头共享服务中心（太平金融共享服务有限公司）体制机制改革方案研究，这是中心成立以来头一遭，兹事体大，关系复杂，方案经过几次调整优化，直至次年下半年，共享服务中心改制为太平金融科技服务（上海）有限公司时才告一段落。同一期间，公司先后接受了集团开展的巡视，配合国家审计署、中央巡视组对集团开展审计和巡视之延伸审计与巡视，本人也负责具体牵头配合工作。2019 年，太平金运从太平金科分设，重要工作一项接一项，且都是在不同时间段的头等大事，面广量大、持续时间长。再加上自家造房和多次装修，公事家事叠加，不得已中止了近两年时间。但课题事宜一直萦绕于我的脑海，成了一个挥之不去的心事，偶然还动动笔划几下，断断续续地思考，以期完善课题框架。

课题组成员是相关部门的骨干，工作实在较忙，创作只能利用业余时间。中断期间，有两人工作发生了变动，有的因难以坚持下去选择退出，课题组濒临解散。2019 年中，敝人想重新提笔，但手感沉重，思路迟钝，有点泄气，有点茫然了，不知从何抓起。

2019 年 10 月，上海市金融工作局对课题进行问询考核时，进展几乎为零。敝人深知业余时间创作之艰辛，于是提出终止课题，退回课题经费，打退堂鼓了。夜深人静之时扪心自问，又觉得通过自身努力还是能够完成的，畏难而退也不是我的性格（除非是自己不可控、或即使努力，估计也难以完成）。出于对课题的心存不舍、对前期付出的不甘心，本人慎重决定重启课题研究，向金融局申请课题延期至 2021 年，并决定在完成课题的基础上还要出版。既要对市金融局负责，又要对读者负责，必须全力以赴，尽可能追求完美又是敝人的性格使然。

2020 年伊始，新冠肺炎疫情集中暴发，周末、节假日和所有业余时间什么地方都不能去，所住小区有了病例后，只能待在家里办公一个星期，也为敝人提供了潜心研究的机会。课题重新开始，本人边完善目录框架、边研究思考，边收集资料。在反思前期思考所沉淀积累的基础上，重新确定了研究方向和内容，经过不下 30 多次的微调，课题确定为《金融集团信息化管理模式优化与风险管控路径研究——以保险集团为例》。之所以确定这个题目，原因如下：一是基于 C-ROSS 制度框架，保险集团信息化集中模式下操作风险的研究，限制了课题研究的内容。二是研究内容为银行保险业，而非本人受雇单位，故取消了原先的副标题。三是我国保险业市场化竞争不断加剧，消费者权益保护不断加强，监管规则不断完善并趋严，加上保险消费者的自我觉醒，保险业承保利润和投资利润双轮驱动的高光时刻已经不再。保险集团信息化服务全部集中以来，内部就信息化投资预算、服务质量与效率、成本分摊、客户体验等方面的矛盾因此而渐显，并逐步加剧，而大型商业银行、金融控股集团也有类似情况。如何改革优化金融集团信息化管理模式，以实现降本增效提质之目的，是本人感兴趣的内容，故增加了信息化管理模式的研究。四是信息化管理模式与信息化风险管理密切相关，只有信息化管理模式理顺了，才能进一步加强信息化风险管理和信息安全管理，信息安全风险管理的重要性需要扩展课题研究内容。五是增加新的副标题，主要考虑本书相关章节和内容是以保险集团为例展开。

新冠肺炎疫情稍微缓解后恢复上班已是三月下旬了，第一章至第四章的草稿有点成形了，其他章节也写了不少内容，于是请薛忠胜和喻良雨讨论了三次，他们给了不少高见，但因工作实在较忙，阶段性工作任务又多，不堪重负的他俩也退出了课题组。利用"五一"假期，敝人不断静心琢磨，收集了不少素材，起草了一个较为完整的课题研究框架目录，并初步拟定了详细的研究内容，各章节的内容也创作了不少。2020年 5 月 6 日，韩国斌、曾春被邀请加入课题组，我们开始了新的课题研究征程。

本书的第一、二、三、四、七、九、十和十二章由石兴创作，第五章和第六章由石兴和曾春一起创作，第八章和第十一章由石兴和韩国斌一起创作。每次讨论，大家都对第五至第十一章提出了很好的建议。全书由石兴总纂修改定稿。

初稿完成后，敝人全面修改不下 30 多次，只要打开笔记本，总能发现不少诸如内容、图例、语句、错别字、用词、逻辑、秩序等方面的问题；有的词不达意，有的前后重复，有的逻辑存在矛盾，需要大动作修改、增删和调整；不要小看标点符号，用错点错会导致读者的理解迥异。目录于 2021 年 7 月第一稿完成之时才基本确定，国庆期间才最终敲定。在与中国金融出版社编辑部主任孔德蕴老师商量后，他认为书名应该尽可能简化，不要太长，考虑到大型商业银行、金融控股集团与保险集团的经营范围、内部业务板块相类似，金融行业的信息化风险都是操作风险，有很多共通性，故取消了新的副标题。本书最终定名为《金融集团信息化管理模式与风险管控》。

本书历经前后约三年时间。人生有几个三年，这是一个不短时间的征程。敝人再次深深地体会到工作之余坐板凳搞创作是非常艰辛的历程，整个创作期间需要耐得住寂寞，查阅大量资料进行论证创作，几乎没有节假日、周末和下班休息时间，高铁、飞机上笔记本都不离手，凝神思考创作、一遍遍修改的镜像历历在目，因为这是硬任务，得想办法抓紧完成，否则太熬人了。

有时心无旁骛、废寝忘食，时常已至深夜；有时想起一个小点，打开笔记本准备稍微修改一下，但一坐就是一两个小时；最为悲催的是，有时一天只能写一页纸不到，就是写不出来，第二天还觉得不妥，需要推倒重来；每当才思枯竭，本人只能放下，或者草草写点东西，了作暂时的过关，重新拾笔时，犹如换了一个角度，偶然还会有神来之笔；有时太累了，早早洗洗睡觉，凌晨三四点就又起来创作了；工作越是忙，创作压力大，锻炼不放松，早起锻炼之余，还要记下夜间之偶得，游泳时也给了我不少灵感；有时为了创作的连续性，接连一个多月不锻炼；2020 年 7 月至 8 月，牵头对太平养老产业巡视，日夜加班加点之外不忘零星时间思考；有时为了一个标题或一个开头语，几经反复思考才搞定；2020 年 11 月，即使疝气手术住院休息期间，也是笔耕不止；2021 年 9 月 12 日，受台风影响，秋雨绵绵，雨停了，本人在自家小院翻地种菜，权当锻炼身体，下雨了，打开笔记本继续修改，一副古人耕读之场景；2021 年 11 月，肠道息肉摘除手术期间，完成了交付稿的校对工作；市内办事，宁愿乘坐地铁，带上小条子，以便思考修改。三年多时间就这么过来了。

2021 年 11 月稿子提交给出版社后，总感到有点急了，之后向出版社更新了两稿，但总觉得书中还是存在一些问题。2022 年 3 月中旬，上海大面积暴发新冠病毒变异毒株奥密克戎，按照规定，敝人只能宅家抗疫，在思考提炼一些专题论文时，对书稿又作了不少修改和补充，3 月下旬，出版社稿子出来后，我又进行了全面勘误，最终在 3 月底将校对清单交给出版社，才算彻底完成，一块石头终于落地了。

这是第四本书。敝人又一次深深体会到开卷有益的真正含义，时间是可以挤出来的，也再一次体会到了化压力为动力，持之以恒终有收获，享受成果的快乐。

衷心感谢薛忠胜、喻良雨、王瑞、谢飞翔、肖红、刘惠民给敝人的支持和帮助！衷心感谢韩国斌和曾春在关键时刻的慷慨援手，你们的加入给了敝人信心，2020 年 5 月以后，课题得到了实质性的进展，你们不厌其烦地完成了本人提出的 N 次修改意见，在此表示内心深深的谢意！

敝人曾先后分管营销、产品、两核和再保等方面的工作，2014 年加盟中国太平保险集团以来，在金科或金运一直从事信息化和核保核赔两方面的风险管理和相关业务工作。所以本书的创作有点跨界、有点难，所费的心血非常人所能想象。创作的角度不仅要立足于金融行业角度，更要立足于读者的角度，提出可操作性的解决方案。所以内容不仅要有宏观立意，还要有微观解析，更要有读者的关注。

信息化工作的门外汉写就拙作，水平有限无疑。书中肯定还存在很多错误，一些观点也会存在仁者见仁，智者见智情况。金融机构可根据自身的实际作出选择参考。如有不对，权当作为一个靶子供大家批评指正。

书中直接引用一些作者的原文，也没有跟令我深受启发的作者——打招呼，在此一并致以深深的感谢和歉意！

回顾自己的职业生涯，忙了大半辈子，多少情怀在忙忙碌碌中消失。本书付印后，不会再写专业书了，需要放慢工作和生活的节奏，做自己有兴趣的事儿了，这回要来真的，否则有点对不起自己了。

为了慰问自己长达三年多的艰辛笔耕，敝人买了一辆心仪的 SUV，驶向有诗和梦想的远方……

但敝人一直会记牢自己来自哪儿，初心是什么，终将何处依。

石岩

2022 年 7 月 16 日